2023
上海职业教育事业
蓝皮书

VOCATIONAL EDUCATION
IN SHANGHAI 2023

主　编　周汉民
副主编　胡　卫　张　岚　毛丽娟

上海科学技术文献出版社
Shanghai Scientific and Technological Literature Press

图书在版编目（CIP）数据

2023上海职业教育事业蓝皮书/周汉民主编．—上海：上海科学技术文献出版社，2023
ISBN 978-7-5439-8942-9

Ⅰ．① 2… Ⅱ．①周… Ⅲ．①职业教育—教育事业—研究报告—上海—2023　Ⅳ．① G527.51

中国国家版本馆 CIP 数据核字 (2023) 第 196221 号

责任编辑：于学松
封面设计：冯祖忻

2023 上海职业教育事业蓝皮书
2023 SHANGHAI ZHIYE JIAOYU SHIYE LANPISHU
主编　周汉民　副主编　胡卫　张岚　毛丽娟
出版发行：上海科学技术文献出版社
地　　址：上海市长乐路 746 号
邮政编码：200040
经　　销：全国新华书店
印　　刷：上海展强印刷有限公司
开　　本：720mm×1000mm　1/16
印　　张：22.25
字　　数：431 000
版　　次：2023 年 11 月第 1 版　2023 年 11 月第 1 次印刷
书　　号：ISBN 978-7-5439-8942-9
定　　价：98.00 元
http://www.sstlp.com

编撰委员会名单

主　编：周汉民

副主编：胡　卫　张　岚　毛丽娟

编　委：郭　扬　马庆发　刘旭东　毕鹏宇　马建超
　　　　李　鹰　张　晨　雷正光　王　琴　董　奇
　　　　罗尧成　施蕾生　匡　瑛　徐　朔

编　辑：方孟梅　王黎明　黎同炎　何朝霞　包　晨
　　　　黄婷婷　朱　懿　谢轶成　朱松杰　王茹婷

序

时光荏苒,岁月如梭。《上海职业教育事业蓝皮书》丛书的编撰工作转眼已走过了十年。

这十年,见证了中国特色社会主义进入新时代后的新变化,是党中央、国务院推动我国职业教育大改革、大发展、大提高的时期。2013年11月,《中共中央关于全面深化改革若干重大问题的决定》提出"加快现代职业教育体系建设,深化产教融合、校企合作,培养高素质劳动者和技能型人才"。2017年10月,中共十九大报告提出"完善职业教育和培训体系,深化产教融合、校企合作"。2019年1月,国务院印发《国家职业教育改革实施方案》(职教20条),正式确定职业教育的类型定位。2022年5月,《中华人民共和国职业教育法》颁布,从法律上确定了职业教育同普通教育的平等地位,也赋予中华职教社新的职能与使命。2022年10月,中共二十大召开,要求"统筹职业教育、高等教育、继续教育协同创新,推进职普融通、产教融合、科教融汇,优化职业教育类型定位",再次明确了职业教育的发展方向。党和国家对职业教育的重视程度越来越高,职业教育的发展道路也越来越宽广。

这十年,也是上海顺应时代和区域经济社会发展大势,在职业教育探索方面不断取得丰硕成果的时期。作为我国第一个职业教育团体的地方组织,上海中华职业教育社勇于担当,积极作为,深入进行职业教育改革理论探索与发展实践总结。2014年,正处于创新驱动、转型发展中的上海,肩负着建设"四个中心"、实现"四个率先"的历史重任,在人才资源开发与利用上更当先行一步。于是,上海中华职业教育社联合上海市教科院、华东师范大学的有关专家学者,着手

编撰全国第一本职业教育事业发展蓝皮书,并于2014年4月向社会发布《2014上海职业教育事业蓝皮书》。自此,编撰发布年度《蓝皮书》成为上海中华职教社的一项重要工作和资政建言功能的重要体现。2023年,是全面贯彻落实中共二十大精神的开局之年,是"十四五"规划承上启下的关键之年,《蓝皮书》丛书也迎来具有特别意蕴的第十本。全书着力贯彻中共二十大精神、中央统战工作领导小组关于职教社的意见精神,突出总结性、现实性和前瞻性,兼顾组织发展、创新转型、民生关切,充分体现十年里程碑的特殊意义。现在,《2023上海职业教育事业蓝皮书》即将与读者朋友见面。

事非经过不知难。十年编撰十本《蓝皮书》,十年坚持不辍,殊为不易,源于我们对立社初心的不渝坚守和对事业发展的自我要求。

十年来,我们始终坚持开拓创新的总基调。《蓝皮书》的出版是全国职教界的第一次,本身就是职教社事业发展的重大创新。正如百年前中华职业教育社在上海开创我国职业教育之先河一样,《蓝皮书》也着力挖掘黄炎培职教思想的当代价值,致力于在新形势下发展职业教育,积极寻求新时代职业教育高质量发展新思路、新举措和新模式,探索壮大中华职教社事业发展的新方式、新途径、新方案。

十年来,我们始终坚持服务大局的主线。《蓝皮书》始终坚持围绕中心,服务大局,全面研究和探索职教理论政策,及时展示职教实践成果,积极服务区域经济社会改革发展,把发展现代职教,提升上海城市能级作为编撰工作推进的主线。《蓝皮书》突出专业性和独立性、客观性和实证性,通过科学判断时代背景,梳理年度成绩,深入剖析问题,提出策略建议,为推进上海职业教育高质量发展及特大型城市建设,提供政策性咨询及理论与实践性参考。

十年来,我们始终坚持呈现经典的标准。《蓝皮书》真实记录了上海职业教育改革发展的历史与现状、政策与成就、瓶颈与成因、探索与实践,以全新的形式全面反映职业教育的运行轨迹、发展趋势和突破路径,严格呈现作为史料类经典文献的纪实性,既为进一步研究和探索上海职业教育发展之路提供了可借鉴资料,又可以作为一些研究机构、专家学者了解及研究上海职业教育的参考文献,深刻见证中国式职业教育道路的探索历程。

"十年磨一剑",《蓝皮书》已经成为上海中华职教社进入新时代开创的重要品牌工程，受到上至国家领导人，下至职业教育一线教师的肯定和欢迎，为新时代中国特色职业教育理论的探索与实践作出了应有贡献。

十年，对于《蓝皮书》的编撰来说也只是个开始。未来，我们将继续奋楫笃行，以中共二十大精神为指引，与时俱进，锐意创新，聚焦现代职业教育高质量发展，持续彰显职业教育理论研究和实践探索的广度和深度，着力将《蓝皮书》打造成为发挥智库作用的重要平台和载体，奋力谱写新时代上海职业教育改革发展新篇章。

周汉民

2023年8月

目 录

第一部分　上海职业教育改革发展报告

一、上海职业教育发展概况 / 4

（一）中等职业教育 / 4

（二）高等职业教育 / 6

（三）职业技能培训 / 8

二、上海职业教育发展的成就与经验 / 11

（一）扎实推进"三全育人"综合改革，打造特色育人新格局 / 11

（二）对接上海产业发展需求，专业与产业实现深度融合发展 / 14

（三）"引育用管"并举，推动"双师"建设体系化 / 16

（四）强化课程教材建设，夯实人才培养根基 / 18

（五）对外合作交流基础扎实，国际化发展路径清晰 / 19

三、统筹"三教"推进"三融"，优化职业教育类型定位 / 22

（一）贯彻职普融通新理念，实现优质教育资源共建共享 / 22

（二）践行产教融合新模式，构建校企深度合作有效机制 / 24

（三）探索科教融汇新路径，提升职教科技服务产业水平 / 26

四、落实新修订的《职业教育法》，推动职业教育高质量发展 / 28

（一）内涵建设与外延拓展并举，推进职业本科院校建设 / 28

　　(二)适应新型产业体系发展需要,推动高水平职业院校发展 / 29

　　(三)发挥长学制人才培养优势,探索新型高职院校建设改革 / 30

　　(四)深化产教融合校企合作,推进中国特色学徒制试点工作 / 31

　　(五)扎实推进《职业教育法》落地,破解职教高质量发展"瓶颈" / 32

五、面向"四新"优化专业设置,培养新型职业人才 / 35

　　(一)制定并开展政策文件评估,科学引领职教专业改革发展 / 35

　　(二)深化专业建设与培养模式改革,提升技术技能人才质量 / 36

　　(三)深化专业与产业协同发展,创新职业人才培养体制机制 / 38

　　(四)着眼多主体的综合施策,实现院校专业设置的持续优化 / 38

六、大力推进职业教育数字化转型,提升数字技术赋能人才培养质量 / 40

　　(一)发挥数字化平台功用,解决职业教育教学问题 / 40

　　(二)利用信息技术手段,构建线上教学质量保障体系 / 41

　　(三)搭建论坛交流平台,营建教育数字化改革环境 / 42

　　(四)重视网络安全防护,保障教育数字化平稳转型 / 43

第二部分　上海职业教育专题研究

一、中国特色的职业教育、高等教育、继续教育"三教统筹" / 47

　　(一)建设高质量教育体系的必然要求 / 47

　　(二)教育体系发展阶段性的重要表现 / 50

　　(三)推动协调发展与协同创新的若干思考 / 53

二、统筹三教协同创新的阻碍与对策之理论分析 / 58

　　(一)一般系统结构理论的核心观点 / 58

　　(二)三教之间的关系类型及主要问题 / 60

　　(三)统筹三教协同创新的对策建议 / 66

三、统筹三教发展的政策演变、现实动力与未来建议 / 69

 （一）统筹三教发展的政策演变脉络 / 69

 （二）新时期统筹三教协同创新的现实动力 / 72

 （三）统筹三教协同创新面临的主要问题 / 74

 （四）未来统筹三教协同创新的若干建议 / 76

四、借鉴德国统筹协调机制探索三教协同创新之路 / 80

 （一）对德国三类教育关系的简要辨析 / 80

 （二）德国统筹三类教育协调发展的机制分析 / 83

 （三）关于我国统筹三教协同创新的发展路径思考 / 88

五、高质量教育体系视角下上海三教统筹协调发展的现状与建议 / 93

 （一）政策要求与现实需求 / 93

 （二）历史演变与现状分析 / 95

 （三）针对上海的对策建议 / 97

六、从新《职教法》看统筹推进职业教育与普通教育协调发展 / 100

 （一）我国《职教法》一脉相承的立法精髓 / 100

 （二）对当前职业教育改革发展的重大现实意义 / 101

 （三）依法统筹推进职普协调发展的若干建议 / 107

七、链接：大职教视野下的高质量发展——访《中华职业教育发展评价报告》编委会执行副主任马树超 / 110

第三部分 上海职业教育案例分析

一、课程思政篇 / 117

 英语口语教学中课程思政实践案例 / 117

 中职生劳动教育的实践探索 / 123

推进思政一体化 共筑育人同心圆——以上海电机学院附属科技学校（上海市临港科技学校）思政一体化建设为例 / 130

中高职贯通酒店管理与数字化运营专业"课程思政"一体化实施路径研究
——以《酒店英语会话》课程为例 / 135

融入黄炎培职业教育思想的中职英语"课程思政"教学模式研究 / 140

视听融合 以听促说 中职英语课程思政实践探索 / 145

二、艺术熏陶篇 / 151

戏曲人物造型教学中创新运用中国特色色彩元素研究 / 151

浅论中职戏曲艺术教育 / 160

艺术高校民族班表演教学的现代性与民族性融合探究——以上海戏剧学院藏班表演教学为例 / 163

三、教学改革篇 / 173

新课标下中职语文小说单元教学案例研究——以《语文》上册第四版第三单元为例 / 173

学科核心素养视阈下中职历史课模块化教学探微——以《中等职业学校历史课程标准》"1.9—1.14"学习专题为例 / 178

优化情境创设，激发探究活力——以《1+X物流初级技能》课程为例 / 184

基于教学过程对接工作流程的中职商务英语教学实践探究——以《跨境电商英语》为例 / 193

中职语文教学与德育融合的路径探析 / 200

四、内涵建设篇 / 205

企业沙盘在中职思政课教学中的应用——以《中国特色社会主义》经济单元教学为例 / 205

元宇宙关键技术在智能新能源汽车技术教学应用的设想 / 210

微信学习平台在中职汽车机械常识课程中的建设与运用研究 / 216

中职校体系化资源超市系统的构建与实践研究 / 222

深化校企多方合作 推进贯通协同育人——信息安全技术应用专业"1+3"产业学院建设探索 / 235

五、对口支援篇 / 240

沟通从"心"开始 育人方显实效——以上海现代化工职业学院云南班学生为例 / 240

浅谈"三扶"视角下的学生教育管理——以上海石化工业学校沪滇办学为例 / 243

在沪云南中职学生教育管理策略的初探与实践——以191 旅游01（云南班）学生为例 / 249

非沪籍中职生"三阶递进式"创业教育实践 / 254

以"1+X"证书试点驱动计算机专业群课程改革 / 261

六、职教发展篇 / 266

"五年一贯制"新型高职院校英语课程体系构建初探：现实挑战、理论框架与实践向度 / 266

协同"老字号"企业出海 共筑商科丝绸之路——"双渠道 四模块 云平台"课程输出模式探索与实践 / 277

澳洲TAFE培训包中资格证书要求的职业能力标准的变迁研究——以运输与物流培训包物流三级资格证书为例 / 283

中等职业学校教师教科研管理实践探索——以上海市医药学校为例 / 288

中高贯通实训教学"数智化"改革——信息安全技术应用专业"数智"资源中心的建设与实践 / 292

七、评价诊断篇 / 298

构顶层 抓亮点 重组织 讲方法——上海市医药学校质量年报编制实践的探讨 / 298

基于悦测评的对比性持续默读行动研究报告 / 302

以诊改为抓手　推进中职思政课程建设——以上海石化工业学校思政课程建设为例 / 309

高职院校科研评价指标的构建研究 / 313

第四部分　2022年上海中华职业教育社事业报告

一、大力推进建言献策、理论探索 / 324

　　（一）建言献策有声有色 / 324

　　（二）职教探索稳步推进 / 325

　　（三）课题研究持续发力 / 326

二、积极推进职业教育实践 / 328

　　（一）举办职教沙龙，深度聚焦上海职教实践 / 328

　　（二）组织"中华杯"职业技能竞赛 / 329

三、大力拓展社会服务功能 / 330

　　（一）恢复"中华"牌学校办学 / 330

　　（二）大力开展公益讲座 / 332

　　（三）发放第十批"中华助学金" / 333

四、全面加强自身建设 / 334

　　（一）加强理论武装 / 334

　　（二）加强党史、统战史、社史教育 / 335

　　（三）加强组织队伍建设 / 337

后记 / 339

第一部分

上海职业教育改革发展报告

第一部分 上海职业教育改革发展报告

2022 年，党的二十大提出了中国式现代化的重大命题，赋予教育在全面建设社会主义现代化国家新征程中新的战略地位、历史使命和发展格局，并明确要求"统筹职业教育、高等教育、继续教育协同创新，推进职普融通、产教融合、科教融汇，优化职业教育类型定位"，指明了职业教育融入科教兴国战略、人才强国战略和创新驱动发展战略的努力方向。

2022 年，新修订的《中华人民共和国职业教育法》正式颁布并施行，从法律意义上首次明确了"职业教育是与普通教育具有同等重要地位的教育类型"。中共中央办公厅、国务院办公厅联袂印发了《关于加强新时代高技能人才队伍建设的意见》和《关于深化现代职业教育体系建设改革的意见》，为推动现代职业教育高质量发展提供了行动指南。

2022 年上海职业教育的改革发展，以优化职业教育类型定位为目标，以推动职业教育高质量发展为核心；通过深化产教融合、校企合作推进职业教育教学改革；对接产业要求创新人才培养模式，培养高素质技术技能人才；大力探索在线教育改革，推进职业教育的数字化转型；积极落实党的二十大报告精神和新职教法有关规定，大力开展职业教育的理论研究与实践探索，在推动职业教育更好地服务国家战略、服务上海和长三角区域经济社会发展、服务学生的成长成才上取得了可喜成效。

一、上海职业教育发展概况[1]

（一）中等职业教育

2022 年，上海中等职业教育服务国家和上海发展战略，对接区域、行业、企业发展需求，落实职业教育改革发展的政策要求，深入推进育人方式、办学模式、管理体制、保障机制改革，呈现出高质量发展态势。据 2021 年度统计，上海共有普通中等职业学校 79 所，其中：职业高中 23 所，中等专业学校 50 所，中等技工学校 6 所。普通中等职业学校全日制在校生 9.76 万人，比上年增加 8.57%。

2022 年，上海市教委印发《推进上海职业学校优化专业布局结构的指导意见》（沪教委职〔2022〕30 号），根据新版职业教育专业目录和专业设置管理办法，合理规划引导专业设置。各中职学校对接上海战略产业、区域、行业发展需求，动态调整专业设置、推进专业群建设，专业点总数近 750 个，相比 2022 年增加 20 个左右。上海各中职学校对标教育部《职业教育专业目录（2021）》，完成数字媒体技术应用等 12 个中等职业教育专业教学标准开发。上海市教委持续完善贯通教育教学标准体系，实施了第一批 22 个中高职贯通专业教学标准，完成了第二批 10 个中高职贯通专业教学标准开发，并颁布中高职贯通专业的数学、英语、信息技术的课程标准（试行稿）。

2022 年，上海中职毕业生总数为 29533 人，就业（含升学）学生数为 28251 人，虽然受到疫情影响，但就业率仍然达到 95.66%。2022 年，上海中职 28251 名就业（含升学）学生中，升学学生数为 21547 人，占全部就业学生的 76.27%，以职教高考和贯通培养升学为主。64 所中职学校填报数据显示，升学学生中，进入专科占比 89.12%，进入普通本科占比 6.43%，进入职业本科占比 4.45%。

近 5 年上海中职就业学生中升学比例，见图 1。

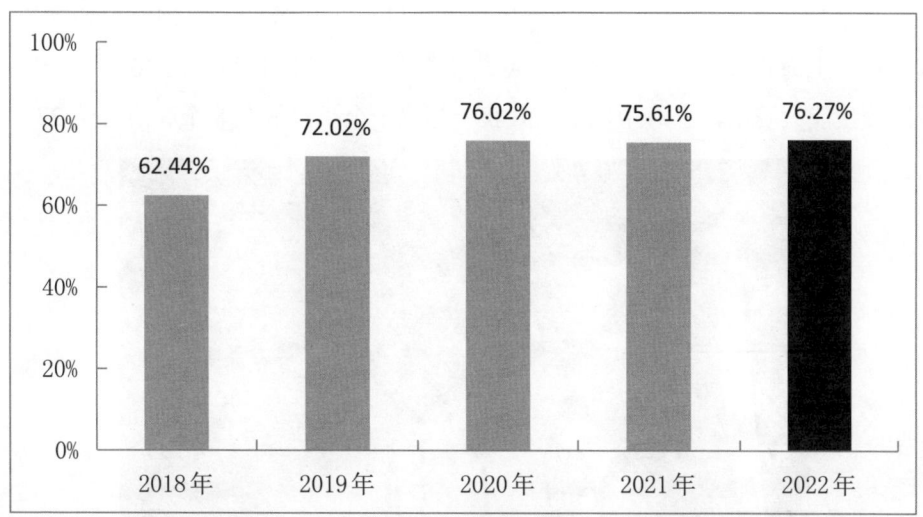

图 1　近 5 年上海中职就业学生中升学比例

2022 年，上海中职直接就业的毕业生平均起薪为 4343.27 元，相比往年有所增加。2022 年，上海市 6704 名直接就业的毕业生中，70.24% 从事第三产业，29.30% 从事第二产业，0.46% 从事第一产业。[2]（图 2）

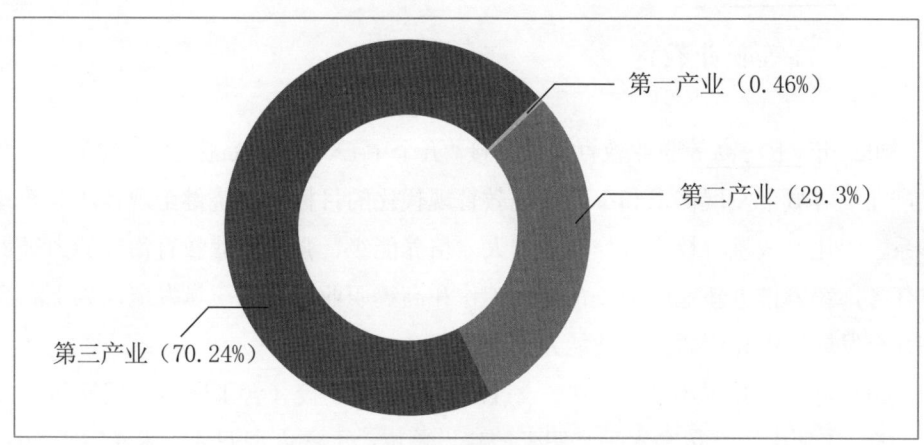

图 2　2022 年上海中职直接就业学生三次产业分布

2022 年，上海中职学校参加第八届中国国际"互联网 +"大学生创新创业大赛（上海赛区），获得 21 项金奖、40 项银奖、120 项铜奖、345 项优胜奖、6 个单项奖、21 个指导教师奖、15 个优秀组织奖。在 2022 年世界技能大赛特别赛中，上海市城市科技学校教师邵茹鹏获得精细木工项目金牌（图3）、上海新闻出版职业技术学校学生顾俊杰获印刷媒体技术项目金牌（图5）、上海市城市建设工程学校（上海市园林学校）学生杨灵芝获得花艺项目优胜奖；在2022年全国职业院校技能大赛中，上海中职学校共获一等奖1个、二等奖8个、三等奖27个。

图3　上海市城市科技学校邵茹鹏获2022世界技能大赛特别赛精细木工项目金牌

（二）高等职业教育

2022年，上海高等职业教育主动对接"五个中心""四大品牌""五个新城""九大产业"等城市发展需求和率先实现教育现代化的目标，围绕健全现代职业教育体系、深化产教融合校企合作、提升人才培养能级、强化职业教育治理能力等重点任务，统筹推进新冠肺炎疫情防控工作和高等职业教育高质量发展，为上海经济社会发展提供高素质技术技能人才支撑。

2022年，本市共有21所独立设置的高等职业学校（含1所本科层次职业技术大学，1所中国特色高水平高职学校建设单位；上海南湖职业技术学院于2021年9月首次招生，故未计算在内），其中11所公办、10所民办。年报采集数据显示，21所独立设置的高等职业学校共有在校生12.1万人。2021年，上海高职生均一般公共预算教育支出超过3.3万元，较2020年增长了6431.54元，增长比例为23.72%。上海高职院校生均教学科研仪器设备值24797.77元/生，生均校内实践教学工位数 0.74 个 / 生，校园网主干最大带宽达到 2 万兆，校园网出口带宽约 1394.13 兆。

上海高等职业教育紧密对接上海产业发展战略，聚焦三大先导产业、六大产业集群等重点领域对于高素质人才的现实需求，新增智能机器人技术、智能制造装备技术、航空发动机装配调试技术等三年制专科高职普通专业 38 个，四年制职业本科专业点 6 个，"高本贯通"专业 9 个。2022 年，上海高等职业教育持续推进国家"双高计划"和上海"双高"建设。立项建设 10 所高水平高职学校与 50 个高水平高职专业群。上海电子信息职业技术学院与上海城建职业学院结合优势专业，对标职业本科的建设要求，积极筹备申报职业本科专业 15 个。

2022 年，上海市高等职业教育毕业生总数为 40661 人，毕业去向落实率为 96.91%，在疫情影响下依旧保持较高水平。毕业生面向第一产业就业人数占比为 1.99%，第二产业就业人数占比为 27.6%，相比 2021 年有所提高；第三产业就业人数占比为 70.41%。

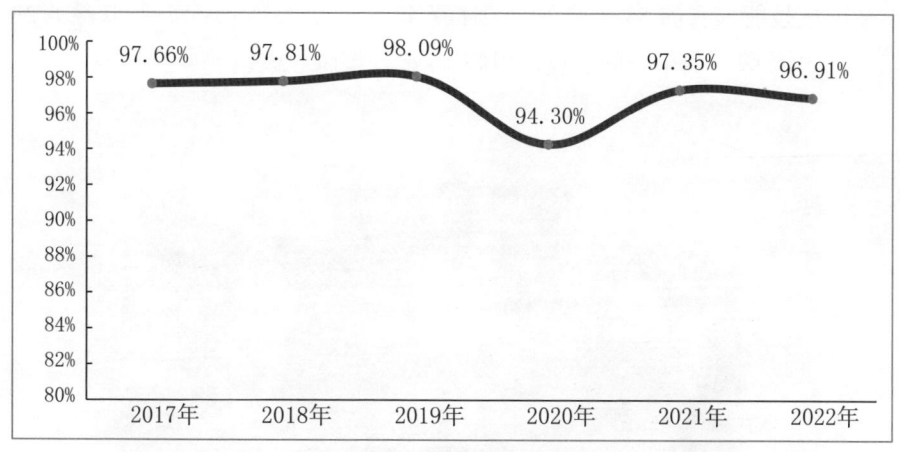

图 4　2017～2022 年上海高职院校毕业生半年后就业率

2022 年上海高等职业教育 40661 名毕业生中，升学人数为 7056 人，比 2021 年增加 3153 人；升学率为 17.35%，比 2021 年增长 6 个百分点。2016—2022 年，上海高等职业教育毕业生入职半年后平均月收入总体呈上升趋势，由 3597 元增至 4963 元。2022 年，上海高职院校毕业三年职位晋级比例达到 44.61%。其中，公办院校和民办院校毕业三年职位晋级比例分别为 49.78% 和 38.92%。图 4 为 2017～2022 年上海高职院校毕业生半年后就业率。

上海高等职业教育在探索创新创业教育改革过程中，坚持以立德树人为根本任务，推动创新创业教育深层次融入人才培养全过程，打造创新创业教育、创新创业实践、创新创业大赛、项目孵化、职业对接的全链条创新创业工作机制。近年来，上海市政府和各高职院校不断加大学生创新创业工作扶持力度，"十三五"以来高职毕业生自主创业人群规模快速增长。但近3年受疫情影响有所下降，相比2021年，2022年高职毕业生自主创业比例稳中略降，平均创业率为0.97%。民办院校毕业生自主创业比例连续8年高于公办院校。2022年，民办院校学生的创业比例总体为1.65%，公办院校毕业生的创业比例为0.28%。

上海高职学生积极参与各级各类技能大赛、创新创业大赛等，认真备战第46届世界技能大赛，展示了上海高职学生的风采。2022年世界技能大赛特别赛上海市共选送了6名参赛选手参加6个项目的角逐，累计夺得精细木工、印刷媒体技术、货运代理项目3枚金牌，网站设计与开发、健康和社会照护项目2枚铜牌，花艺项目1个优胜奖。2022年共有25个高职院校、107支参赛队，报名参加全国职业院校技能大赛的55个赛项，团体赛42个，个人赛13个。共取得了29个奖项，65枚奖牌，其中金牌3枚，银牌10枚，铜牌52枚。

图5　上海出版印刷高等专科学校顾俊杰获2022年世界技能大赛特别赛印刷媒体项目金牌

（三）职业技能培训

2022年上海市持续推进职业技能提升行动，大规模开展职业技能培训，大力推动技能人才队伍建设。共支持企业开展新型学徒制培训14769人，超额完成市政府实事项目1万人的目标，和全年1.2万人目标；全市补贴性职业技能培训162.13万人次，超额完成100万人次目标；本市新增取得高级工及以上证书31190人（其中新增取得技师、高级技师证书4781人），完成全年目标任务。

落实疫情防控要求，加大援企稳岗力度。按照市培联办统一部署，印发文件有序做好暂停和恢复本市各类职业技能培训和评价机构线下服务有关工作，督促各区、各有关单位做好指导服务和监督管理。在2022年内，将企业职工线上培训补贴次数从1次增加到3次，指导各区做好企业职工线上培训补贴审核拨付，助力企业应对疫情影响稳定岗位。截至12月底，全市各区申请培训项目的企业共18170家，备案通过的12882家，拟培训179.95万人次。

明确2025职业技能培训目标，持续推进职业技能提升行动。印发《上海市人力资源和社会保障局等四部门关于印发＜落实国家"十四五"职业技能培训规划的实施方案＞的通知》，明确到2025年职业技能培训预期目标，提出完善终身职业技能培训体系等9方面37条落实举措。印发《关于进一步推进企业新型学徒制培训有关事项的通知》，优化评审备案方式、完善评审规则、调整线上比例限制、加强指导服务，高质量完成"支持培养万名企业新型学徒"市政府实事项目。同时，落实人社部2022年"春暖农民工"服务行动要求，市人社局、市就促中心依托本市"互联网＋职业技能培训"线上培训平台，鼓励外省市户籍从业人员就地过春节、免费学技能，活动期间平台访问总量达68万人次。

规范基地属地化管理，构建多方协同技能人才培养机制。持续推进高技能人才培养基地属地化管理工作，发布第一批高技能人才培养基地部门协同和属地化管理名单（共82家）。在本市重点产业领域的优质院校、龙头企业中挂牌发展新型技师学院，在落实相关经费资助、引进技能培训人才、畅通师资职业发展通道等方面给予政策支持，探索构建多方协同的技能人才培养机制。

多措并举，深入推动技能人才评价。一是大力推进用人单位技能评价。出台《关于推进用人单位开展职业技能等级认定工作有关事项的通知（试行）》，聚焦申报条件和对象范围进行政策优化。支持并指导具备条件的用人单位突破年龄、学历、资历的限制，结合职业道德、日常表现、工作业绩等方面开展直接认定，进一步拓展技能人才成长通道。贯彻落实新八级工职业技能等级制度改革的要求，支持上海航天设备制造总厂有限公司等24家单位启动特级技师评聘试点，充分发挥

高技能领军人才的示范带头作用。截至12月底，本市用人单位技能人才评价机构累计167家，含央企分支机构67家、市属企业18家、行业协会54家、区属企业28家。二是加快推进社会化培训评价。市人社局会同行业主管部门、各区人社局、市级行业协会开展了第三批社会化评价项目征集遴选，保卫管理员等21个职业（工种）纳入社会化评价项目范围。截至12月底，全市各区审批的社会培训机构累计543家。三是分步推进院校技能评价。健全完善职业学校学生职业技能等级认定体系，研究制定《关于推动职业学校开展职业技能等级认定工作的通知》，出台《关于做好本市高等院校学生参加职业技能评价工作的通知》，将政策范围从职业学校扩大到普通本科院校、成人高校。截至12月底，已有91所院校通过了评估（包括53所中职学校、21所高职学校、15所本科高校、2所成人高校），相关专业毕业学年学生可直接申报相应等级的职业技能等级认定。

参考文献

[1] 本部分所有内容和相关数据除有专门注明来源之处以外，均直接引自《2023上海中等职业教育质量年度报告》和《2023上海高等职业教育质量年度报告》.

[2] "就业质量"数据来自历年《上海市中等职业学校毕业生就业情况》.

二、上海职业教育发展的成就与经验

(一) 扎实推进"三全育人"综合改革,打造特色育人新格局

加强党对职业教育的全面领导。上海中等职业教育持续完善党对职业教育全面领导的体制机制,全市、各区、各校都成立党委教育工作领导小组及其办事机构,形成党对职业教育工作领导纵到底、横到边、全覆盖的格局,切实发挥党组织政治核心作用,以党建工作带动学校的德育建设、校园文化建设、教学改革、群团组织建设等各项工作,助力构建三全育人职业教育大思政格局。

构建职业教育大思政格局。2022年,作为国家"三全育人"综合改革试点区,上海中等职业学校配齐、配强思政教师队伍,校均思政课程教师9人、德育工作人员20人、班主任44人,7名教师参加全国职业院校技能大赛中职学校班主任能力比赛获一等奖2个、二等奖3个、三等奖2个;全面推进"大思政课"建设,加强以习近平新时代中国特色社会主义思想为核心内容的思政课程群、教材体系建设,加强党史、新中国史、改革开放史、社会主义发展史教育和爱国主义、集体主义、社会主义教育,组织开展系列活动,引导广大师生厚植爱国情怀,坚定理想信念;攻坚职业院校"三全育人"综合改革,总结职业院校"三全育人"推进情况,指导上海济光职业技术学院、上海信息技术学校有关工作入选教育部职业院校"三全育人"典型案例,培育了一批课程思政示范课程、教学名师、教学团队和教学研究示范中心。

培养学生职业综合素质。上海中等职业教育坚持全面发展理念,完善"文化素质+职业技能"高考,启动上海市中职学生学业水平考试办法修订工作,组织开展"技能成才、强国有我"主题教育和文明风采活动等。德育活动学生参与数

近15万人次,其中国家级德育活动近7000人次、省级4.4万人次。同时,中职学校通过搭建劳模工作室、大师工作室、开展劳模工匠进校园活动等方式,推动劳模工匠精神感染人、言行熏陶人、故事教育人。2022年,虽然受到疫情影响,但学生各项测评合格率都稳中有升,学生、家长、教职工满意度都在96%左右;就业率保持95%以上,其中升学比例超过3/4,以进入专科为主,直接就业以进入第三产业为主,就业起薪增加;学生综合素质表现优异,在2022年世界技能大赛特别赛、全国职业院校技能大赛,以及各级各类技能、创新创业、综合素养比赛中摘金夺银。

党建引领多层面贯彻二十大精神。上海高等职业院校以习近平新时代中国特色社会主义思想武装学生党员,发挥党建引领,以党建带团建,多层面多形式学习贯彻党的二十大精神,以主题党日活动为抓手,积极开展"职教生心中的二十大"活动,通过"市级示范+校际协同+学校推进"工作体系开展集体大备课,书记校长讲专题思政课,开展系列主题党(团)日和班会活动,组织收看"同上一堂思政大课",累计举办各类活动410余场,参与人数近20万人次,切实将党的二十大精神融入立德树人工作各方面、全过程。

发挥主课堂作用落实三全育人。上海高职院校深入学习贯彻习近平新时代中国特色社会主义思想,推进思政课程和课程思政全覆盖。结合不同专业人才培养特点和专业能力素质要求,培育和传承工匠精神,开展劳动和启蒙教育,发挥专业课程承载的思想政治教育功能,动员教师协作开展课程思政教育教学改革,创新教学方式,将学生变为课堂主体,调动学生主动学习的积极性,通过网络平台组织开设了习近平新时代中国特色社会主义思想系列讲座,全面落实立德树人根本任务。2022年,本市职业院校发起成立上海市职业教育德育工作联盟,旨在构建共研共建共享的长效机制,推动职业院校"三全育人""大思政课"建设综合改革,形成一批可复制、可推广的经验成果。

传承和培育工匠精神。上海高职院校积极设立劳模工作室、大师工作室,推动劳模精神感染人、劳模言行熏陶人、劳模故事教育人。结合上海本地非遗优势,将掐丝珐琅、海派盘扣、扎染等非遗技艺引入课程,开设了以非遗技艺传承为特色的实践创新创业课程,使学生在增强自身专业能力的同时,宣传和推广非遗文化,进而传承和培育工匠精神。上海高职院校广泛开展"技能成才 强国有我"主题教育活动、"技能传承中华优秀传统文化"展示活动,通过主题征文、职业生涯规划设计、职业教育榜样人物典型案例征集、"未来工匠说""榜样故事我来说"优秀视频遴选，以及非遗技艺技能和艺术设计作品推荐等活动形式，教育引导学生弘扬劳动精神、传承工匠精神，形成了一批优质示范资源。

提升综合素养，厚植工匠特质

上海市南湖职业学校注重"红色匠人"培养，《铸魂•固本•赋能：职业学校"红色匠人"培养模式的构建与实践》获得上海市职业教育成果奖特等奖。该校依托虹口区"文化三地"（虹口是"党的诞生地"和"初心始发地"重要区域，被誉为"海派文化的发祥地、先进文化的策源地、文化名人的聚集地"）的优势，坚持开展红色戏剧进校园、红色记忆走访、行走的"虹"课程、"研习红色经典，学做信仰传人"系列活动等虹口特色项目；打造全域"大思政课"，将思政教育、工匠精神培养融入课堂教学、校园文化、主题活动、社会实践、网络文化等教育教学全过程，培育新时代的红色匠人。

上海信息技术学校深入推进"三全育人"综合改革。2022年，该校成功申报《中职物理课程思政资源建设与实践研究》《基于"三全育人"视域下的云南学生劳动教育研究与实践》2项上海市课程思政研究项目、开展6项校级课程思政项目；承办全国中等职业学校《信息技术》课程思政集体备课会、上海市智能机器人职业教育集团课程思政集体备课展示活动，教师在2022年全国中职班主任能力比赛中获得一等奖。该校还创建智慧校园网上党史学习教育平台，开展"小马成长坊"和"习新社"系列学党史活动，组织党史故事会、红歌赛、知识竞赛、老干部访谈等一系列内容丰富、形式新颖、贯穿全年的活动。

上海旅游高等专科学校持续推进文化育人体系建设，开设《中国传统文化》《中国旅游文化》《旅游中国》等20余门相关课程，切实发挥人文素养课程的育人作用。通过举办上海红色遗产保护、传播与旅游开发研讨会等方式，传承革命传统与红色基因。形成文化素质教育运行的有效机制，获1项教育部旅游行指委(全国行业职业教育教学指导委员会)职业院校文化素质教育研究重点课题。学生作品获上海市"青春力量•责任担当"志愿抗疫优秀案例"二等奖"。旅游外语学院团总支荣获"上海市五四红旗团支部"。

上海城建职业学院创新成立新时代劳模（工匠）精神教育中心，与上海建工集团等共建了21个劳模育人实践基地。聘请了100多名劳模担任德育导师，

60多名劳模担任特聘教授,编写出版《劳模精神导论》《劳模精神与劳动教育》《大学生眼中的劳模》等教材。开办劳模(工匠)精神教育实验班,开设《走近劳模》等课程,每年开展劳模面对面等专题活动30多场次。被评为上海市级"新时代劳模(工匠)文化教育教学基地""全国职业院校文化建设100强",《劳模(工匠)精神引领的"三全"劳育模式探索实践》收录教育部《劳动教育典型工作法汇编》。

(二)对接上海产业发展需求,专业与产业实现深度融合发展

专业布局结构持续优化调整。2022年,上海市教委印发《推进上海职业学校优化专业布局结构的指导意见》(沪教委职〔2022〕30号),根据新版职业教育专业目录和专业设置管理办法,结合上海经济社会高质量发展需要,合理规划引导专业设置。各中职学校对接上海战略产业、区域、行业发展需求,动态调整专业设置、推进专业群建设,专业点总数近750个,相比2022年增加20个左右。

围绕"四大功能""四大品牌""五个中心""五型经济""九大产业""五个新城"等城市发展需求,各高职院校紧密对接上海产业发展战略,聚焦三大先导产业、六大产业集群等重点领域对于高素质人才的现实需求,新增智能机器人技术、智能制造装备技术、航空发动机装配调试技术等三年制专科高职普通专业38个,四年制职业本科专业点6个,"高本贯通"专业9个。

强化专业标准"龙头"引领作用。对标教育部《职业教育专业目录(2021)》,完成数字媒体技术应用等12个中等职业教育专业教学标准开发。上海市教委持续完善贯通教育教学标准体系,实施了第一批22个中高职贯通专业教学标准,完成了第二批10个中高职贯通专业教学标准开发,并颁布中高职贯通专业的数学、英语、信息技术的课程标准(试行稿)。

高水平专业群建设稳步推进。2022年,上海高等职业教育持续推进国家"双高计划"和上海"双高"建设。作为国家"双高计划"的上海工艺美术职业学院完成中期检查工作,形成《上海市"双高计划"建设绩效中期评价报告》,同期制定《上海市推进高水平高职学校和专业群建设方案(2022—2024年)》(沪教委职〔2022〕15号),立项建设10所高水平高职学校与50个高水平高职专业群。上海电子信息职业技术学院与上海城建职业学院结合优势专业,对标职业本科的建设要求,积极筹备申报职业本科专业15个。

校企合作有效性持续提升。2022年，上海中职学校合作企业共计2275家，其中，500强企业累计203家；企业提供的校内实践教学设备值3600余万元，与企业共建职工培训基地90余个。订单培养学生数近4500人，学徒制培养学生近2500人，合作企业接收教师企业实践近700人，校均合作企业接收学生实习比例为71.0%。各中职学校高度重视实习过程管理，与实习单位共同制订实习计划，选派经验丰富的实习指导教师和专门人员全程指导、共同管理学生实习，并通过系列制度建设保障实习成效和学生权益。

30家规模企业发布参与高职教育人才培养质量年度报告，企业参与学校人才培养实现全覆盖，校企双主体、校企命运共同体意识进一步显现。2022年，校企共同开发教材233本，企业提供的校内实践教学设备值3617.21万元，企业兼职教师年课时总量22.6万课时。

持续探索中国特色现代学徒制。继续实践中国特色现代学徒制，积极探索建立现代学徒制长效双主体育人机制，创新人才培养模式，优化师资队伍，切实保障现代学徒制试点人才培养质量，立项第七批15个现代学徒制试点项目，形成《中国特色学徒制人才培养指导手册》框架。探索培养产业教授、产业导师、产业讲师三级产业师资人才。

稳步推进1+X证书试点工作。2022年，本市68所院校（中职学校40所、高职21所、本科7所）共有255个专业点申报1+X证书考证，参加考证报考人数达2.9万人，涉及1+X证书155个。开展1+X证书制度试点典型案例的征集、评审与汇编完成《上海市职业院校1+X证书制度试点优秀案例汇编（2022年）》，撰写了《1+X证书制度试点实施与监测情况报告》。

凸显类型特色，推进专业高质量发展

上海市现代职业技术学校打造"一条主线，四个专业群"，即以"新商贸"为主线，以现代旅游服务、现代商贸服务、现代信息服务、现代交通服务为主要专业群，既对接"数字长宁"和"大虹桥商务区"发展，又与上海"四大品牌"建设相呼应。

沪东中华造船集团高级技工学校对接企业发展战略与技术技能人才需求，构建了"船舶类""机电类"两大专业群。2022年，该校完成船舶电气装置安装

与调试、船体修造技术两个专业的国家专业教学标准与专业简介制定，立项《船舶电气装置安装与调试》上海市级专业教学标准开发项目，完成《船舶电焊工艺教学资源》《船体装配技能基础模块》等专业教学资源的开发与建设，并出版《船舶电气调式》《船舶电气安装——电气施工图纸识读》两本校本教材。

上海电影艺术学院以"技术创新、应用创新、模式创新"为内核打造专业群，精准对接产业链需求，提升人才培养适应性。虚拟影视制作、演艺新空间、数字娱乐等3个专业群先后被列为上海高水平高职专业群建设项目。虚拟影视制作专业群基于"虚实共生、虚实联动"的理念，秉承"重创意、载人文、精技术、擅推广"的理念，搭建虚拟影视仿真实训平台，建设全国领先的虚拟影视制作专业群。

上海旅游高等专科学校西餐烹饪工艺专业以产教赛研融合背景下的西餐主题宴会项目设计为平台，对应国际国内大型活动接待、高级餐厅节日菜单、世界技能大赛烹饪项目比赛标准、国家人社部《西式烹调师》《西式面点师》职业标准，对标国外著名院校西餐烹饪专业教学模式，构建了一套具有新时代中国式现代化的西餐烹饪工艺专业教学体系及产教赛研融合的学生专业能力培养阶梯型教学体系。

（三）"引育用管"并举，推动"双师"建设体系化

成立上海市职业技术教师教育学院。2021年10月25日，上海市职业技术教师教育学院在上海第二工业大学揭牌成立。学院坚持需求导向、任务驱动，围绕国家重大战略，瞄准上海市重点领域（产业类）紧缺的一线技术技能型人才，跟踪产业升级和技术变革趋势，聚焦高端装备业、新一代信息技术、现代服务业等领域产业需求，精准对接职业院校师资需求，开展定制化人才培养，紧紧围绕"高水平""有特色"加强建设。首批招生专业为电子信息，分3个方向：大数据与智能信息服务、计算机与人工智能和电子与测控技术，共招收50名研究生。

开展制度化教师培训和企业实践工作。2022年，上海继续开展中职新进教师规范化培训工作，完成七、八期新进教师规范化培训；依托国培基地和教师素质提升计划，组织开展职业院校教务处长、骨干教师、教师下企业实践等项目培训，

教师参加国家级培训 5700 余人次、省级培训 16000 余人次、区级培训 8000 余人次、行业企业培训近 3000 人次。上海高职开展新进教师规范化班主任、教师下企业实践等培训，共有 3832 人次的专任教师参加了培训，年培训量达 5.4 万（人日）。

持续推进教师发展项目。上海中职继续深化教师教学创新团队、名师工作室、技能大师工作室建设，组织立项 36 个中职市级教师教学创新团队、25 个中职名师工作室。上海高职推进 2022 年度教师发展项目、平台建设，立项 8 个高职名师工作室、9 个技能大师工作室，组织市级教师教学能力大赛，打造"大思政课"教师发展平台。

"双师型"教师比例提升。2022 年，上海中职学校在编在岗专业教师 4018 人，占专任教师总数的 53.9%，超过《中等职业学校设置标准》（教职成〔2010〕12 号）规定中 50% 的要求。其中，双师型教师 2941 人，占专业教师的 73.2%，相比上一年度 71.5% 略有提高。上海高职院校双师素质专任教师比例 56.62%，高级专业技术职务专任教师比例 24.27%。

多措并举，推进高质量教师队伍建设

上海市商业学校多措并举提升教师队伍能力，一是加强教学创新团队建设，促进教师个体发展转向共同发展，形成集聚与示范效应；二是通过校企合作，组织教师开展电子教材、活页式、工作手册式校本教材建设；三是"以赛促教、以赛促学"，激发教师在各项活动中开展终身学习、教学反思、同伴合作和行动研究；四是注重教师培训，全年组织开展师资培训 1848 人次；五是鼓励教师参与多种形式的企业实践，9 名教师报名参加了上海市教委组织的教师企业顶岗实践活动，有 25 位教师参加了校级企业实践基地实践学习活动。

上海工艺美术职业学院搭建校内＋企业、国内＋国际"双向引智"平台，建立双主体专业带头人机制，打造"课程思政教学、大师技艺传承、产教融合创新、国际艺术创作"四位一体师资团队生态发展圈，依托校内产教融合实训基地，通过联合文创公司、行业协会、艺术博物馆，开发系列"非遗技艺＋文创"产教融合典型教学案例。明确以非遗传承性保护人才培养、非遗技术技能研究等为主要科研、创作方向，鼓励艺术、技术、材料、产业、市场的跨界研究。在全国职业院校教师教学能力比赛等教学大赛中获奖 12 项，形成教师教学创新团队 6 个。完成横纵向科研项目 41 项，展览或大赛获奖 486 次。

上海城建职业学院通过"引育用管"并举、改革创新制度化,大力推动"双师"建设体系化。使用方面:企业兼职教师广泛参与学校专业人培方案修订,课程、教材与实训基地建设,劳模工匠精神育人,专业课行业企业兼职教师授课比例超20%。管理方面:通过择优选聘、协议管理、建档立册、有进有出,一体化强化规范建设;通过纳入学校教师考核体系与教学质量评价体系,一体化强化绩效管理;通过改善工作条件、保证薪酬待遇、足额经费保障,一体化强化条件支持。学校"双师型"教师占比72%,企业兼职教师占比超45%,是教育部"双师型"教师培养培训基地。

(四)强化课程教材建设,夯实人才培养根基

推动课程数字化资源建设。2022年,上海各中职学校校均开设课程308门,注重将新技术、新工艺、新规范纳入课程标准和教学内容,将职业技能等级标准等有关内容融入专业课程教学,促进职业技能等级证书与学历证书相互融通。同时,重视两个课堂的课程建设,近6万人次在校生调研显示,在校生课堂育人满意度为96.03%,课外育人满意度为95.32%。2022年,上海中职学校积极利用现代信息技术推动人才培养模式改革,推进国家、省、校三级专业教学资源库建设应用,上线37门、立项60门市级在线开放课程,认定15门课程为上海市中职精品在线课程,4门课程被认定为国家在线精品课程。上海高等职业教育完成第二批市级示范性专业教学资源库立项评审工作,共立项10个市级示范性资源库。上海21所高职院校教学计划课程总数为14502门,其中,课证融通课程数为1028门,占比7.08%,较2021年上升1.7个百分点;网络教学课程数为3694门,较2021年上升2.57个百分点。在线精品课程总数由2021年的165门上升为497门,增长两倍,课均学生数为154人。

推动现代信息技术与教育教学深度融合。上海高等职业教育上半年克服疫情影响,上海高职院校普遍开展项目教学、情境教学、模块化教学,推动现代信息技术与教育教学深度融合,提高课堂教学质量。完善"岗课赛证"综合育人机制,推进"1+X"证书在课程体系中的融入,按照生产实际和岗位需求设计开发课程,开发模块化、系统化的实训课程体系,推动能力本位课程的开发与运用。

推进高质量教材建设。2022年,上海市教委推进实施《上海市职业院校教

材管理实施细则》，持续完善国家统编教材、国家规划教材、市级规划教材以及院校自编教材的教材体系，加强教材编写、选用、使用等情况和流程的检查和抽查，指导学校规范教材管理。完成首批30本中职市级规划教材编写，启动第二批15本中职市级规划教材编写，完成首批15本世赛项目转化系列教材编写。遴选并推荐72本教材参评"十四五"首批职业教育国家规划教材。

强化数字化教学资源建设，赋能教育教学

上海市工业技术学校积极开展数字化背景下的教学资源建设，《逆向工程》被评为2022年职业教育国家在线精品课程，《VR全景摄影》获批市级在线开放课程建设；开发"工业技术AI"小程序并运用在理论课程中，监测学生的学习情况等；推进国家级虚拟仿真实训基地建设，完成智能制造（航天领域）国家级虚拟仿真实训基地《机械产品零件设计》《机械产品计算机辅助工艺分析》2门课程建设，完成《虚拟演播技术》虚拟仿真课程资源的制作，并配套建设了校企合作教材。

上海市医药学校历经多年持续的课程建设与优化，形成了《固体制剂设备安装与调试》开放课程，2020年被评为首批上海市精品在线开放课程，2022年被评为职业教育国家在线精品课程。该专业与合作企业共同设计开发课程资源，将典型工作任务转换为学习任务，实现虚拟仿真资源项目全覆盖。同时，该专业的课程资源已辐射推广至药物制剂技术课程中，参与国家资源库建设，也服务于上海勃林格殷格翰药业有限公司、上海医药行业协会等企业行业的培训工作，获得企业和行业一致好评。

上海旅游高等专科学校扎实推动教育数字化转型。2022年，学校在已有75门数字化课程基础上，继续建设19门数字化课程，目前，学校共有94门数字化课程，其中6门课程为市级精品在线开放课程，3门课程被推荐参加国家级精品在线课程评选，3门课程推荐参加市级精品在线开放课程评选；约70门课程被认定为长三角学分互认课程，累计选课人数超4000人。4门课程纳入国家智慧教育平台，2门虚拟仿真课程纳入上海市智慧教育平台。

（五）对外合作交流基础扎实，国际化发展路径清晰

"项目化"推进国际合作交流。上海获得2026年第48届世界技能大赛主办权。

在疫情及未来其他不确定性因素导致流动受阻的情况下，以跨境教育和"在地国际化"为抓手，积极应对挑战，中外合作项目继续推进，引进外国优质教育资源，提升职业教育国际化水平。经上海市教委认证，全市有8所中职学校开展了14个中外合作办学项目，每年招收800名左右的学生，特点在于公共基础课程由中方负责，专业课程由外方负责，毕业后获得双学历证书，或获得本市学历证书与外方技能证书。2022年，上海高职院校中外合作专业数达20个，在校生2285人。

开发国际水平专业教学标准。自2012年起，上海共开发完成汽车运用与维修、护理、制药技术等近100个专业的国际水平专业教学标准，涉及15个专业大类，分别对接德国、美国、英国等9个发达国家和欧盟等国际组织的相关职业能力标准。2022年，上海中等职业学校开发并被国（境）外采用的专业教学标准数有14个，开发并被国（境）外采用的课程标准有17个。同时，各中职学校在试点过程中还引入了一批国际权威的职业资格证书，如德国AHK行业协会相关证书、英国IMI职业资格证书等，3000余名学生获得国外权威职业资格证书。

输出上海职业教育标准。上海中职学校携手国外学校、跨国公司和企业，共同制定国际水平的专业标准和课程标准，2022年共有17门课程被国（境）外采用。上海高职院校聚焦标准输出，通过课程标准、培训标准输出，开发海外认证"中文+职业技能"专业标准，2022年，上海城建职业学院食品质量与安全专业和企业联合开发"食品合规管理职业技能等级标准"，目前已在"一带一路"沿线国家推广实施。2022年，学校参加坦桑尼亚国家职业标准开发项目，先后有4个职业标准成功立项；参加非洲国家（冈比亚）职业标准开发，机电一体化技术员NTA—8、管道和管件维修技术员NTA—6顺利立项。

"中文+职业技能"服务"一带一路"建设。上海职业教育以中文为切入点，建设"中文+职业技能"推广基地、人才培养基地、产业服务基地，建立国际认证培训中心等，推广"观光汉语"系列"语言+文化+专业"三位一体项目，为"一带一路"共建国家培养语言过关、技术过硬的复合型专业技能人才，促进中国技术技艺、文化和工匠精神传播。"中文+职业技能"融合并进的国际教育合作模式是以中文教育为切入点、技能培训为核心点的教育合作，破解了职业院校学历教育国际生培养、职业教育和产业"携手出海"所面临的语言文化、教学标准、教学资源、师资等方面的难题，着力构建起上海职业教育与世界对话、交流的有效通道，为人类命运共同体构建注入上海职业教育的新动力和载体。

表 1　2022 年上海高职中外合作办学情况

序号	院校	中外合作办学专业数（个）	中外合作办学在校生数（人）
1	上海出版印刷高等专科学校	5	632
2	上海工商外国语职业学院	2	545
3	上海电子信息职业技术学院	2	460
4	上海民航职业技术学院	1	254
5	上海城建职业学院	2	231
6	上海旅游高等专科学校	1	51
7	上海邦德职业技术学院	2	40
8	上海思博职业技术学院	1	27
9	上海工艺美术职业学院	1	23
10	上海震旦职业学院	2	22

表 2　上海中职中外合作项目

序号	学校名称	项目名称	每期招生人数
1	上海信息技术学校	上海信息技术学校与澳大利亚昆士兰州布里斯班 TAFE 技术学院合作举办商务助理专业中等职业教育项目	60
2	上海市商业学校	上海市商业学校与澳大利亚西悉尼技术与继续教育学院合作举办国际商务专业中等职业教育项目	80
3	上海商业会计学校	上海商业会计学校与澳大利亚昆士兰州布里斯班技术与继续教育学院合作举办会计专业中等职业教育项目	60
4	上海电子工业学校	上海电子工业学校与德国普法基尔辛国立职业学校合作举办电子技术应用专业中等职业教育项目	30
5		上海电子工业学校与德国普法基尔辛国立职业学校合作举办电气技术应用专业中等职业教育项目	30
6		上海电子工业学校与德国普法基尔辛国立职业学校合作举办机电技术应用专业中等职业教育项目	60
7		上海电子工业学校与德国普法基尔辛国立职业学校合作举办计算机网络技术专业中等职业教育项目	30
8	上海市医药学校	上海市医药学校与加拿大百年理工学院合作举办药剂（药品营销）专业中等职业教育项目	40
9		上海市医药学校与澳大利亚博士山技术与继续教育学院合作举办药剂（药品物流）专业中等职业教育项目	80
10		上海市医药学校与澳大利亚博士山技术与继续教育学院合作举办制药技术（药物制剂）专业中等职业教育项目	80
11		上海市医药学校与澳大利亚博士山技术与继续教育学院合作举办药剂（药品营销）专业中等职业教育项目	80
12	上海电力工业学校	上海电力工业学校与澳大利亚启思蒙学院合作举办供用电技术专业高级中等学历教育项目	100
13	上海市材料工程学校	上海市材料工程学校与美国南西雅图社区学院合作举办机电设备安装与维修专业中等职业教育项目	80
14	上海市临港科技学校	上海市临港科技学校与意大利对外烹饪学院合作举办烹饪课程非学历教育项目	24

2023上海职业教育事业蓝皮书

三、统筹"三教"推进"三融"，优化职业教育类型定位

党的二十大报告强调，加快建设高质量教育体系，统筹职业教育、高等教育、继续教育（以下简称"三教"）协同创新，推进职普融通、产教融合、科教融汇（以下简称"三融"），优化职业教育类型定位。高等教育、职业教育、继续教育统筹协调发展、协同创新，是新时代加快建设高质量教育体系的重要举措，也是支撑中国式现代化建设的重要支柱。

推动"三教"统筹协调发展与协同创新，是用系统化思维构建服务全民终身学习的教育体系的战略举措，对于立足新发展阶段、服务新发展格局、建设高质量教育体系、促进学习型社会和技能型社会建设意义重大。统筹"三教"协同创新，旨在探索一条中国式统筹协调发展之路，这需要政府完善制度与政策设计，需要职业教育发挥关键作用，需要社会确立起建设技能型社会的价值认同，共同推进学历、能力和贡献等值同效，着力解决高质量教育体系建设过程中技能人才成长的配套政策不够完善等问题。"三教"协同创新可分为知识协同、组织协同和战略协同3个层面。其中，知识协同是基础，组织协同是关键，战略协同是指引。本年度蓝皮书将在后面部分安排专题研究探讨如何统筹"三教"协同创新，此处着重论述上海"三融"的改革推进情况及思考。

（一）贯彻职普融通新理念，实现优质教育资源共建共享

有学者认为，"职普融通"与过去所说的"普职融通"语境之间的最大区别在于："职普融通"旨在更加强调"职"向"普"的正向引领和辐射，要从职业

教育的类型出发，从"沟通"走向"融通"，主动或自觉地提前渗透连接普通教育。职业教育既是教育强国中不可或缺的中坚支撑，又是一种崭新的技术型技能人才培养新样态。《2022年上海市教育委员会职业教育工作要点》指出，要促进不同类型教育横向融通，优化职业学校职业体验日活动，在普通中小学实施职业启蒙教育，为初中学生综合素质评价提供平台。探索推动中职学校与普通高中在课程、教材、师资、教研等方面交流合作与资源共享。落实职普融通新理念，下一步要在科学设计融通方案、积极创新融通模式、不断强化融通举措上下功夫，在具体的实施举措上，本市的相关工作开展应关注如下方面。

一是进一步加强中学职业体验活动的开展

《上海市教育委员会关于开展2022年上海市学生职业体验日活动的通知》指出，中学职业体验活动周以"体验职业，发现自己，启迪未来"为主题，以"为了每一个学生的终身发展"核心理念为指导，旨在进一步促进职普融通，加强中小学生劳动教育和职业启蒙教育，弘扬劳模精神、工匠精神，让中小学生"走进一所职校、体验一个项目、了解一门职业、感受一种文化"，培养职业兴趣和职业意识，展示职业教育改革与发展成果，增强职业教育社会影响力和吸引力，培育和弘扬"劳动光荣、技能宝贵、创造伟大"的时代风尚。以"上海市学生职业体验日•高职高专体验活动"线上体验项目为例，2022年，上海城建职业学院、上海出版印刷高等专科学校、上海农林职业技术学院等8所职业院校推出10余个体验项目，涵盖了医疗、农业、服务业等产业，涉及VR技术、电子科技、摄影摄像制作、宠物医疗、学前教育等多个行业和领域，吸引了全市众多中小学生前来体验。但从总体实施情况来看，相关活动的开展，在彰显活动的"职业体验"属性，扩大学生参与"职业体验"规模等方面仍需得到关注和加强。

二是推动中职学校与普通高中的深度合作

为构建上海现代职业教育体系，推动职普协调发展、相互融通，上海近几年也在探索中职学校与普通高中学生的学籍互转、学分互认，让不同禀赋和需要的学生能够多次选择、多样化成才。如上海音乐学院附属黄浦比乐中学与上海市商贸旅游学校签订合作协议，双方阐释了各自的办学理念和培养目标，梳理了学校近年来在内涵建设方面的举措、成效及创新创业活动的成果，推进双方在课程建设、师资培训、职业体验和资源共享等方面开展全方位的合作。但总体而言，如何在普通高中进一步体现职业教育的实践理念，提升学生的职业生涯规划意识，

无论是在组织的质量上，还是在参与的规模上，都需要市教育行政部门从顶层设计的维度，通过专门的政策制定予以加强。

三是实现践行职普融通理念与提升职业教育质量、服务学生个性化成长有机结合

推进职普融通，其重点在于让不同禀赋和需要的学生能够多次选择、多样化成才，让职业教育人才成长通道"宽"起来。后期，上海的相关改革可从如下方面进行组织实施：一是努力提升职业院校办学吸引力。依托"双高计划""提质培优行动计划"等，持续开展教学改革，努力提高学校和专业群的办学水平，让更多的青年学子认可职业教育。二是服务学生多样化学习需要。强化素质教育导向，根据学生成长规律和全面发展需要，在提升学生专业能力的同时，加强对学生通识能力和职业素养的培养，为学生的多样化发展打好基础。三是加强人才的一体化培养。高职院校要主动与优质中职学校对接，落实国家新版专业目录和教学标准的一体化设计，积极开展五年一贯制或中本贯通人才培养。

（二）践行产教融合新模式，构建校企深度合作有效机制

产教融合是职业院校为提高其人才培养质量而与行业企业开展的深度合作。根据《2022年上海市教育委员会职业教育工作要点》，上海将深化产教融合型城市建设，支持鼓励学校与头部企业深度合作，推动成立5个左右市级现代产业学院；依托上海市"1+X"专家委员会，根据产业需求，结合学校特点，推动上海职业学校科学选用证书，完善人才培养方案；加强职教集团建设。探索职教集团实体化运作，对标"3+6"新型产业体系，新建若干职教集团或推动部分职教集团转型发展。指导职教集团做好教师培训、人才需求发布、资源建设等工作。在如何通过推进产教协同育人机制来深化产教融合、校企合作上，上海职业院校应在已有相关卓有成效探索的基础上，在如下方面开展深度的改革实践。

一是通过深度开展现代学徒制试点建设改革，培养企业需要的应用型人才

2022年，上海市职业院校发布了第七批现代学徒制试点项目立项名单，有21所职业院校成为上海市现代学徒制试点院校，项目试点的范围进一步扩大，教学模式日益多元，成效愈发明显。如上海交通职业技术学院的汽车工业协会永达现代学徒制项目自实施以来已形成具有校企合作、国际化培养、工学交替特色的教学模式，取得了良好成效。项目将3年的教学活动系统地安排在学校和企业，

理论与实践交替进行。一年级为学徒准备期，以校内教学为主，企业实习为辅；二年级为准学徒期，采用每周3天在学校、2天在企业的"3+2"教学方式，学生分别以学生和学徒的身份跟随教师和师傅学习；三年级为学徒期，除四周的校内教学外，均为企业学徒。总体而言，上海职业院校的现代学徒制试点在院校专业的覆盖面，尤其是在试点的运行机制及保障举措上，还需得到改革加强，后续可通过示范试点的评比、先进经验的分享交流，以及加强试点的过程管理与考核激励等举措，推动现代学徒制试点的高质量建设。

二是推进职业院校产业学院建设落地，探索校企紧密型合作体制机制

产业学院建设是推动产教融合的一个重要载体。上海的许多职业院校都开展了产业学院的改革实践，如上海科学技术职业学院牵手世界级头部企业，中德先进职业教育合作项目、法国施耐德电气绿色低碳产教融合项目、德国普瑞米勒先进机床技术中心、腾讯云人工智能产业学院、百度Apollo智能网联汽车产业学院等重大项目均已全面启动，还与中科院应用物理研究所开展氢能技术人才培养项目、与公安三所开展智能安防技术人才培养项目等。上海电子信息职业技术学院与奇安信科技集团股份有限公司签订产教融合战略合作协议，建立申安网络安全产业学院。申安网络安全产业学院是上海深化职业教育改革，建设产教融合型城市，促进校企协同育人，培养高素质技术技能人才所做的一项重要探索。旨在通过创新机制，打造示范标杆；提升内涵，培养产业人才；练好内功，领跑技术创新；融入区域，提升服务能级。上海出版印刷高等专科学校旨在通过睿泰产业学院的建设，打造高质量的出版数媒实训基地，提升师生的市场意识与服务能力，同时，通过筹办相关产业论坛，探索应用型本科类职业院校发展的体制机制建设。为了推动产业学院建设取得更大成效，可以推进市域内的产业学院联盟建设，通过建立相应的认定和评价指标体系，规范和推动产业学院的建设发展。

三是积极探索产教融合共同体建设，推进技术技能人才的高质量培养

上海现代职业教育体系的"产教融合"特征着力点在于：一是构建都市层面的市域产教融合共同体；二是探索基于长三角区域的行业产教融合共同体。在推动产教融合的深入改革上，本市职业院校继续"苦练内功"，着力从扩大有效供给入手，突破传统合作模式的弊端，有效破解校企两张皮的问题。今后的相关改革工作实施要着力关注如下方面：一是职业院校要着力提升区域经济服务能力。坚持以需求为导向，主动争取政府支持，积极推进与行业、企业等教育要素重组，在专业设置、实训基地共建共享、科技服务能力提升等方面与区域产业和经济社

会发展紧密对接。二是不断深化产教融合的层次和内涵。各职业院校要积极争取与技术先进、管理规范、社会责任感强的规模以上企业深度合作，共同搭建人才供需信息平台，在专业设置、课程建设、教材开发、教学设计与实施等方面共建共享，形成产教深度融合的命运共同体。三是通过创新国际合作机制，实践探索职业人才高质量培养的新路径。服务国际产能合作和中国企业走出去需求，坚持国外资源创造性转化、本土资源创新型发展，开发优质专业教学标准、课程标准、课程资源和培训项目，积极参与"鲁班工坊""中文＋职业技能"建设，主动开展标准、资源输出和国际化人才、走出去企业本土人才培养。

（三）探索科教融汇新路径，提升职教科技服务产业水平

科教融汇是推进科教融合培养人才，以学生全面发展为中心，加强科研与教学的结合，推动学校与科研院所深度合作培养人才，实现人才的高质量培养与有效成长。结合二十大报告，科教融汇表达了在"融合汇聚"之后，要"开辟发展新领域新赛道，不断塑造发展新动能新优势"，要"聚天下英才而用之"。上海市教育委员会要求以科教融汇为方向，主动服务上海产业转型升级，助力长三角区域发展，切实提高上海职业教育的质量、适应性和吸引力，培养更多高素质技术技能人才、能工巧匠、大国工匠。

一是探索职业教育产科教创新联盟建设的运行机制

产科教创新联盟建设是推进科教融汇的一项有效举措。2022年12月，在上海电子信息职业技术学院召开了长三角职业教育产科教创新联盟成立大会。成立这一联盟既是持续深化产教融合的模式探索，也是立足长三角提升服务区域发展能力的必由之路。为激活"科教融汇"新动能，上海建设管理职业学院有一个"上海城市更新技术创新实验中心"，瞄准城市更新产业优化方向，该中心通过资源共享、专家互聘、项目联建等方式，将在学科建设、科研项目等领域深入合作，学院还力邀上海教育科学研究院、上海交大智慧创新能源学院、同济大学建筑与设计学院、华东师大数据科学学院、上海师大信息电机学院等知名高校，共同参与产教融合共同体建设，借助科研机构、高校专业优势和科研资源，以高水平科研支撑住建行业技能人才培养。后续要在现有改革实践的基础上总结有效经验，通过运行机制层面的探索，推进联盟建设的高质量发展。

二是通过"立地式"研发精准解决企业的技术难题

上海职业院校根据各自的学科专业特点，立足行业和区域经济社会发展，大力开展"立地式"研发。上海出版印刷高等专科学校确立了"三服务"的科研工作理念，通过绿色与智能柔版印刷国家新闻出版署重点实验室、上海市绿色包装专业技术服务平台、上海出版传媒研究院、上海市高技能人才培养研究中心等省部级科研平台的建设，凝炼了学校科技服务工作的方向和特色，同时，也很好地服务了相关行业企业的建设发展。在上海电子信息职业技术学院，学校科研工作聚焦数字设计技术、精密加工技术、智能控制技术、工业互联集成技术四大方向，力求解决产业、行业面临的关键共性问题。上海职业院校后续要真正树立起技术服务的理念，在加强内涵建设的过程中要把握提供什么样的技术，要解决企业在生产实践中实际的技术难题，比如工艺问题、产品升级问题、售后服务质量的问题等。

三是做好推进科教融汇工作的相关支撑条件建设

现代职业教育体系要彰显"科教融汇"的特征，一是要强化高层次技术技能人才培养。完善职业教育专业动态调整机制，紧密对接产业链，服务创新链，以科学技术、科学研究推进教学改革、资源建设和评价标准等创新变革，把科技资源转化为育人资源，面向数字化、网络化、智能化生产服务一线培养更多现场工程师和高素质技术技能人才。二是提升教师综合能力。积极将企业工程技术人员、高技能人才、管理人员和能工巧匠等人才引入职业教育师资队伍，鼓励产业导师联合院校教师共同组建高水平创新团队，及时把新方法、新技术、新工艺、新标准引入教学实践，在科学研究中出精品教材、开发实践项目和研制教学装备，提升育人质量。三是加强技术创新中心建设。主动与政府、行业、企业深度合作，建立以工程研究中心、技术协同创新中心、未来产业学院、技术技能大师工作室等为载体的技术技能创新服务平台，面向区域、行业企业开展技术改造、工艺改进、产品升级服务，担当起科技成果转化"中试车间"的重任，同时，在这一过程中，培养出更多的高素质技术技能型人才。

上海职业教育"三融"工作的改革实施，还要注重与上海"五个新城"建设中的"产城融合"有机结合，以更好地发挥职业教育服务城市建设的作用。上海的新城建设也为上海职业教育的改革发展提供了更加广阔的新舞台。对于上海来说，职普融通是基础、产教融合是核心、科教融合是新机遇，上海的职业院校在科教融汇的新城建设中应把"产教融合"作为实现"产城融合"的着力点，形成区校合作的有效载体和牢固纽带。

四、落实新修订的《职业教育法》，推动职业教育高质量发展

2022年5月开始实施新修订的《中华人民共和国职业教育法》指出，"为了推动职业教育高质量发展，提高劳动者素质和技术技能水平，促进就业创业，建设教育强国、人力资源强国和技能型社会，推进社会主义现代化建设，根据宪法，制定本法。"可见，"高质量发展"已成为我国职业教育在新发展阶段的重要发展导向和目标追求。上海高度重视职业教育的高质量发展，在新修订的《职业教育法》精神的指导下，需要通过一系列政策文件落实并不断强化职业教育内涵建设，具体可从职业本科院校、高水平高职院校、新型高职院校三类职业院校建设和现代学徒制试点等方面开展相应的改革工作。

（一）内涵建设与外延拓展并举，推进职业本科院校建设

推进职业本科院校建设是完善现代职业教育体系的重要内容，也是上海职业教育高质量发展的载体之一。2022年，上海市加大了职业本科院校建设推进步伐，在既有职业本科院校内涵建设和新成立职业本科院校方面做了较多工作。2022年上海市教育委员会关于教育和职业教育的工作要点，分别对"推进本科层次职业教育试点，推进符合条件的高职院校升格为本科层次职业技术大学"和"做好本科层次职业教育专业建设及新增专业备案，加强本科层次职业教育专业质量监控"作了明确规定，提供了政策上的保障与支撑。

与此同时，上海市教委在推进职业本科院校建设的实践上出台了一系列举措，主要突出表现在：一是完成职业本科院校成为职业教育学士学位授予单位和新设专业审核工作。通过听取上海中侨职业技术大学的工作汇报、实地考察、对象访

谈和专家组汇总评议等法定审核流程，该校成为本市首家职业教育学士学位授予单位；同时，市教委高标准、高起点、高质量完成了上海中侨职业技术大学新设专业的审核工作。二是开展新设职业本科院校的前期准备和论证工作。上海城建职业学院开展了本科层次职业教育专业设置可行性论证会，上海电子信息职业技术学院则完成了职业本科创办可行性研究。市教委同时完成了上海城建职业学院、上海电子信息职业技术学院申办本科院校前的专业论证工作。相关工作既促进了已有职业本科院校的内涵建设与质量提升，也为本市新设立两所职业本科院校，拓展职业教育的办学外延奠定了良好基础。

推进职业本科院校建设，已成为上海市职业教育高质量发展的重要内容。在后述的相关工作开展中，职业本科院校建设改革要牢牢瞄准技术技能人才的培养定位，牢牢瞄准产业岗位需求来做调整与推进。

（二）适应新型产业体系发展需要，推动高水平职业院校发展

新的发展阶段，高水平高职院校的建设是实现职业教育更高质量发展的有力支撑。专业是高职院校办学和人才培养的基点，专业建设是高职院校内涵发展的重要抓手，建设一批高水平专业是高水平学校建设的题中之意。推进高水平高职院校建设，核心是高水平专业群的打造。2022年，上海以职业教育适应新型产业体系发展为目标，高度重视高水平高职院校和专业群建设，并在政策和实践上有力推进，有力地推动了职业教育的高质量发展。

上海市教育委员会高度重视高水平高职院校与高水平专业群的建设与发展，印发《关于＜上海市推进高水平高职学校和专业群建设方案（2022—2024年）＞的通知》（沪教委职〔2022〕15号），明确"重点支持和建设国内领先、国际一流的1～3所本科职业技术大学、4～8所专科高职学校、5～10所新型高职学校，建成50个左右具有国内标杆性和国际影响力的高水平高职专业群"，从制度层面明确了上海高水平高职院校和专业群建设的规划蓝图，为本市高水平高职院校和专业群建设提供了制度基础。在实践层面，上海市教委高度重视高水平高职院校和专业群建设，先后两批发布《关于公布上海高水平高职专业群建设名单（2022—2024年）的通知》，共计立项建设10所高水平高职学校与50个高水平专业群。

上海市推进高水平高职学校和专业群建设的目标是努力形成与上海高质量新

型产业体系发展相适应的高等职业教育，夯实上海技术技能人才战略基础，要坚持分类施策、目标导向、增量发展、绩效评价的原则，利用好市域产教融合共同体建设这一有力的改革载体，推动本市职业教育的示范引领与重点建设，实现职业教育的高质量发展。

（三）发挥长学制人才培养优势，探索新型高职院校建设改革

五年一贯制培养模式代表着上海市职业教育新的布局和重构现代职教体系的发展方向。较长的学制教育更加注重对学生的立德树人和职业素养的培育，以及对1+X证书获证能力的教育教学，引导学生掌握必要的应用型、复合型技术技能，能适应工作变化，有生涯发展的空间。

2022年，上海市新型高职院校建设进行了积极探索，取得了较好的成绩。在政策层面，上海市的相关文件十分注重推进本市的新型高职院校建设。2022年上海市教育委员会关于教育和职业教育的工作要点，对上海推进五年一贯制新型高职进行了明确规定，包括支持多方主体举办新型高职院校（五年一贯制），相关高职院校转型为新型高职，提升新设新型高职的办学质量等诸多方面。在实践层面，上海交通职业技术学院、上海农林职业技术学院完成了五年一贯制新型高职体制改革工作。同时，上海科创职业技术学院、上海闵行职业技术学院、上海现代化工职业学院、上海建设管理职业技术学院获市政府建设五年一贯制高职院校正式批复，完成17个新专业备案工作。这些新型高职院校在办学体制上具有如下特征：一是探索"市区共管、以区为主"的高等职业教育管理与办学体制。新设立的4所新型高职院校具有"市区共管、以区为主"的特点。4所院校分别隶属于松江区政府、闵行区政府、金山区政府、市住房城乡建设管理委，但在业务上均接受市教委统一管理。相较于目前较多高职院校隶属于上海市教育委员会，这是一种管理与办学体制上的新型探索。二是在办学层次上实现了新的突破。新型高职院校采用"五年一贯制"，融中等职业教育和高等职业教育于一体、实施五年一贯制培养模式的高等职业院校。相较于目前的3+2中高职贯通培养和3年制高职办学层次，这类院校具有学校内部"五年一贯制"的特征，是现代职教体系内部纵向贯通的有益探索，且紧扣我国高质量发展新阶段区域技术技能人才培养的现实需求，强调技术技能人才培养的整体性、系统性和协同性。

上海在探索新型高职院校建设的改革过程中，要科学地把握新型高职的"新"的内涵，即办学理念的革故鼎新、运行机制的开拓创新、培养模式的守正求新、服务行业的锐意出新，着力在课程体系的实施改革上下功夫，要综合各方需求，适时调整优化专业设置；依托职教集团，全面推动校企深度合作；推进师资培养培训，打造优秀教学团队；贯彻一体化理念，实施过程性考核评价；健全管理制度，落实全面质量保障体系。

（四）深化产教融合校企合作，推进中国特色学徒制试点工作

现代学徒制是以校企双重主体育人为根本，以"学生""学徒"双重身份为保证，以岗位成才为路径，是一种全新的深层次职业教育的工学结合人才培养形式。新修订的《职业教育法》对"推行中国特色学徒制"进行了规定，因而推进职业教育的高质量发展，应强化现代学徒制的建设与完善工作。上海职业教育的现代学徒制起步较早，在建立科学领导决策体系、建立完善校企一体化育人机制、建立多元投入制度、加强"双导师"队伍建设等方面积累了诸多有效的举措和经验，已成为推动上海职业教育高质量发展的一个重要制度载体。2022年，上海在前期推进现代学徒制建设试点工作成绩的基础上，继续完善现代学徒制体制机制建设工作。

2022年上海市教育委员会关于教育和职业教育的工作要点，明确提出"推进中国特色现代学徒制试点"，在具体目标上规定"新增10个左右市级现代学徒制专业点，完善现代学徒制质量评价体系"。同时明确将现代学徒制置于"深化产教融合校企合作"的背景下开展。在具体实施上，上海市教委发布了上海市职业院校第七批现代学徒制试点项目立项名单，上海职业院校联合龙头企业，立项开展飞机电子设备维修、生物制药技术、虚拟现实技术应用等15个中国特色现代学徒制试点。项目试点共涉及21家单位，其中普通本科高校2所，职业本科院校1所，高职院校12所，中职学校6所；涉及学校专业16个。上海现代学徒制试点单位的重点工作包括探索建立现代学徒制长效双主体育人机制，不断创新人才培养模式，优化师资队伍等，项目试点有利于促进行业、企业参与职业教育人才培养全过程，提高人才的培养质量和针对性。

中国特色学徒制试点工作尽管已开展多年，但仍然存在很多困难，大都在"准

实验"条件下通过专门政策扶植得以实现，影响其发展的关键性问题是缺乏健全的制度保障，没有校企合作的协调管理机制和机构，顶层设计尚未形成。同时，工业文化传统和学徒文化传统的欠缺也制约了学徒制的发展。在如何推进中国特色学徒制的建设上，首先要建立相应运行机制和保障制度，要鼓励企业积极参与学徒制建设，使其认识到学徒培训的社会价值和经济价值；要建立跨越传统的教育管理和人力资源管理部门的学徒管理和服务机构，实现职能的优化和整合；此外，还要建立企业学徒指导师傅任职资格和管理制度，为中国特色学徒制试点的实施提供有力的制度支持保障。

（五）扎实推进《职业教育法》落地，破解职教高质量发展"瓶颈"

《职业教育法》的修订完成来之不易，是推进职业教育改革发展的重要法制保障。就上海市职业教育而言，尽管2022年取得了一定的成绩，但由于新修订的职教法条款在本市的落实尚处于起步阶段，其高质量发展还存在类型教育特色不够明显，现代职教体系不够健全，内部治理架构不够完善，制度保障能力还需提升等方面的不足。未来落实新修订的《职业教育法》精神，推动职业教育高质量发展，需要聚焦解决上述问题，破解发展瓶颈，在如下几个方面释放深入改革之张力。

一是强化类型教育，努力办出职教特色

新修订的《职业教育法》强调，"职业教育是与普通教育具有同等重要地位的教育类型，把《国家职业教育改革实施方案》中关于"职业教育是类型教育"的改革要求上升为国家法律意志。从实践来看，本市职业教育相较于普通教育，在入学生源、办学资源、就业支持等方面，还存在不够"类型化"的方面，"地位平等"的目标未能完全形成。因而，推动上海职业教育的高质量发展，要将形成职业教育的"类型特色"作为首要任务，充分认识确立职业教育"类型教育"的重大意义，积极研究类型教育的规律和特征，同时在服务面向、人才培养模式、人才培养目标、培养重点等内容上进行"类型化"的实践探索，使本市职业教育尤其是高等职业教育真正成为本市经济社会发展的有力助推器和有效支撑力量。

二是完善治理结构，建设现代职教体系

新修订的《职业教育法》着力构建纵向贯通、横向融通、教育培训并重、服务全民终身学习的现代职业教育体系。未来上海应强化建设职普融通、纵向贯通、职业教育与职业培训并重的现代职教体系,加快健全一体化的职业学校体系。中职要筑牢学生知识和技能基础;专科高职要提质培优,支持优质专科高职学校实施职业本科教育;职业本科要稳步发展;还要适时探索职业教育类型的研究生教育。此外,要加快建立本市"职教高考"制度,持续深化"文化素质+职业技能"考试招生制度改革;要在普通教育和职业教育间构建起"立交桥",为学生提供多样化的成长成才空间和通道,满足高质量的教育体系全面、平衡、多样化的要求;还要完善职业学校教育与职业培训的学习成果融通与互认,推进学分银行建设,加强实施主体之间的有效互通。

三是遵循办学规律,提升治理水平

新修订的《职业教育法》增加了职业学校和职业培训机构,对职业学校的治理提出了明确要求。当前,本市职业学校在内部治理水平上还不够理想。未来上海职业教育的高质量发展要不断遵循职业教育办学规律,提升治理能力和水平。这就要求本市职业教育要坚持党委领导下的校长负责制,加强党的全面领导,并支持校长依法全面负责学校教学科研和行政管理工作;要重视和加强学校学术组织、教职工代表大会制度和工会等群团组织、政行企校多元参与的理事会建设,以及校院两级管理体制机制建设;要夯实学校治理的章程、制度、标准、数据和技术基础,努力为高水平治理创造条件;要大力加强教师队伍建设,为职业院校高质量发展和高水平治理提供人才支撑。

四是完善相关政策,强化职业教育的保障

新修订的《职业教育法》加大了对经费投入和学生权益的保护,同时划定了法律红线。当前,本市职业教育的办学经费相较于本科院校,还有一定的差距。未来上海职业教育的高质量发展,需要健全经费投入制度,发挥政府统筹主导作用,通过多种渠道举措保障经费投入到位。同时维护学生合法权益,杜绝实习实训中将学生作为廉价劳动力、侵害学生合法权利等问题的发生,在升学、就业等职业生涯发展方面,要消除学校和用人单位的歧视政策,做到平等对待,用法律形式有效破除社会偏见。还要加强法律制裁措施,强化对参与职业教育的企业、学校、培训机构、行政部门等各单位或个人法律责任的明确,依规惩处相关违法行为。

在落实新修订的《职业教育法》的过程中，中华职教社被赋予重要使命与职责。中华职教社作为具有统战性、教育性、民间性的群众团体，是我国职业教育事业发展的重要组成部分，是党和政府推进职业教育的重要力量，是加快构建现代职业教育体系，以及建设教育强国、人力资源强国和技能型社会的有力助手。新修订的《职业教育法》明确规定，"行业主管部门、工会和中华职业教育社等群团组织、行业组织可以根据需要，参与制定职业教育专业目录和相关职业教育标准，开展人才需求预测、职业生涯发展研究及信息咨询，培育供需匹配的产教融合服务组织，举办或者联合举办职业学校、职业培训机构，组织、协调、指导相关企业、事业单位、社会组织举办职业学校、职业培训机构。"基于上述规定，上海中华职教社在新的历史时期，如何充分发挥好团结引导、协调关系、建言献策、理论研究、社会服务，以及交流合作等任务使命，对于推动上海现代职业教育的高质量发展，提高劳动者素质和技术技能水平，进一步培养大国工匠，为全面建设社会主义提供有力的人才和技能支撑具有重要的意义。

五、面向"四新"优化专业设置,培养新型职业人才

习近平总书记在党的二十大报告中指出,教育、科技、人才是全面建设社会主义现代化国家的基础性、战略性支撑。必须坚持科技是第一生产力、人才是第一资源、创新是第一动力,深入实施科教兴国战略、人才强国战略、创新驱动发展战略,开辟发展新领域新赛道,不断塑造发展新动能新优势。开辟"新领域新赛道"旨在通过深化科技体制改革,将科技、教育、人才与创新有机结合,立足创新链的整体发展和长远发展,立足我国人力资本优势,集聚全球科技综合要素,形成新的产业与技术优势,推进产业智能化、绿色化、融合化,建设具有完整性、先进性、安全性的现代化产业体系,解决科技与社会发展中的重大难题,实现原始基础创新和颠覆性创新,进而塑造新动能新优势。这为职业教育前途广阔大有可为指明了方向和重点任务,上海职业教育改革发展要围绕加快教育科技人才三大强国建设着力优化类型定位,主动服务国家战略和区域经济社会发展的需求,紧密围绕"四新"要求,通过颁布系列政策文件,采取有效改革举措,致力于培养一大批新型的职业人才。

(一)制定并开展政策文件评估,科学引领职教专业改革发展

职教专业的改革发展,必须发挥政府政策的顶层设计及统筹引导的作用。过去一段时间中,上海出台了一系列的政策,很好地引导了职业教育专业的建设发展。上海市人民政府办公厅印发的《上海市先进制造业发展"十四五"规划》提出,要发挥上海产业基础和资源禀赋优势,以集成电路、生物医药、人工智能三大先导产业为引领,大力发展电子信息、生命健康、汽车、高端装备、先进材料、

时尚消费品六大重点产业，构建"3+6"新型产业体系，打造具有国际竞争力的高端产业集群。为强化高端产业引领功能，积极布局未来发展新赛道，上海还出台了《上海打造未来产业创新高地发展壮大未来产业集群行动方案》，提出布局未来健康、未来智能、未来能源、未来空间、未来材料等"五大方向、16个领域"未来产业，打造未来产业集群。上海市还发布了《上海职业教育高质量发展行动计划（219—2022年）》，对接上海产业地图，优化职业教育专业布局，提出加紧布局人工智能、生物医药、集成电路、航空航天、汽车制造、船舶制造等战略性新兴产业与先进制造业，以及家政、养老、护理、学前教育、酒店管理等民生事业领域和现代服务业领域的相关专业，调整关闭部分不符合经济社会发展需要或重复设置率高的专业点。上海市教委颁布的《上海市推进高水平高职学校和专业群建设方案（2022—2024年）》文件中，也提出要积极建设一批高水平专业群，主动服务"五个中心""四大品牌""五个新城"等上海重大战略发展需求，对接上海高质量产业体系，瞄准技术变革和产业优化升级方向，推进产教融合、校企合作，促进教育链、人才链与产业链、创新链有效衔接，形成一批高水平专业群。

后续相关工作的开展，要着眼3个取向：一是政策的实施落地，要把相关政策的执行落地作为一项重要工作予以抓实；二是政策的问题聚焦，要开展政策实施的调查与评估工作，对政策实施过程中出现的问题进行总结反馈；三是政策的持续完善，针对调查评估中发现的问题，对政策的内容进行调整完善。总之，要通过政策文件的制定与完善，为建立优化的职教专业体系，更好地适应上海产业体系的建设发展提供有力保障。

（二）深化专业建设与培养模式改革，提升技术技能人才质量

提升技术技能人才质量，是职业教育改革的核心，是面向"四新"优化专业设置的落脚点，后续的相关改革工作，可在深化专业建设与人才培养模式改革上进行发力。

一是聚焦服务新型产业体系，推进重点专业建设

上海高校要根据相关政策的要求，面向新领域调整优化专业布局，打通科技创新与产业发展的链条，实现专业服务"3+6"新型产业体系，将三大先导产业

放在更加突出的位置。2022年,上海高校共有专科专业点880个,涉及专科专业236个,分布在34所院校中(含本科院校)。上海高校所设置的236个高职专科专业中,属于三大先导产业的专业有67个,占总专业的28.39%;属于六大重点产业的专业有170个,占总专业的72.03%。相关职业院校通过"提质培优"计划的实施、高水平专业群的建设工程,有力推进了重点发展专业的内涵建设工作,实现了对上海新型产业服务体系建设的有力支撑。

后续上海职业院校的专业建设工作,还需进一步加大调整优化的力度。要通过政策文件引导、专业人员指导、考核评价推进等举措,通过重点专业建设的示范引导,使专业建设更好地发挥服务本市新型产业体系的作用。

二是围绕技术技能人才培养,深化1+X证书制度试点

上海职业院校1+X证书制度试点工作在彰显区域产业特征、发挥引领带动作用、推动龙头企业参与、推进人才培养改革、实现理论科学指导实践等方面呈现出鲜明特点。相关院校通过多途径融入证书标准,积极探索专业建设与技术技能型人才的培养改革:第一,推进书证融通,引入行业与岗位技能标准,融入专业人才培养方案。如上海城建职业学院将"1+X"BIM技能标准融入信息化管理专业、建筑工程技术人才培养方案,修订完成的建设项目信息化管理专业人才培养方案,被作为经典案例在国培及考评会议上进行分享,主编或参编的"1+X"BIM证书系列教材也已正式出版。第二,积极参与证书开发和资源建设,打造微学院与微专业。如上海旅游高等专科学校积极参与行业龙头企业合作,成立产教融合微学院,开设定制微专业,并与携程集团共同开发了国内行业认可的旅行定制师1+X证书,并出版了相应的教材,开发了数字化课程。此外,上海职业院校还通过实施1+X证书制度试点教师专项培训机构、推进相关实践实训基地建设、改革教学与评价方式、深化管理体制改革等举措,在培养高质量的技术技能人才上取得了明显成效。

当前,本市的1+X证书制度试点已进入深化改革期,碰到诸如院校推进的意愿不足、试点证书的专业覆盖面不够、试点证书的质量不高,以及1+X证书的社会认可度不足等问题,后续要在证书的社会化开发、实施质量的多主体保障,以及深入推进"书证融通"的多模式实施上进行改革探索,充分发挥1+X证书制度对于提升本市职业院校技术技能人才培养质量的重要作用。

（三）深化专业与产业协同发展，创新职业人才培养体制机制

一是深化产业学院建设，人才培养紧密对接产业实际

当前，聚焦本市三大先导产业、六大产业集群，上海各职业院校与百度集团、奇安信集团、理想汽车、东湖集团等成立若干现代产业学院。相关企业通过深度、全过程参与职业院校的办学活动，加大"订单式"人才培养力度，推动学校人才培养与产业实际需求的紧密对接。后续产业学院的深化建设，要坚持专业设置以产业行业需求、岗位需求为导向，探索服务国家和区域发展的新路径，打破院校内部的专业壁垒和政策壁垒，凝练产教融合多方协同的育人机制，为提高产业竞争力和汇聚发展新动能提供人才支持和智力支撑。

二是推进现代学徒制试点，培养高素质技术技能人才

现代学徒制是贯彻落实"深化产教融合，校企合作"要求的有效举措。《上海职业教育高质量发展行动计划（2019—2022年）》指出，上海市选取技术性、实践性较强的专业，全面推行现代学徒制，建立100个现代学徒制试点专业，推动学校招生和企业招工相衔接，明确学生学徒"双重身份"，强化学校和企业"双主体"实施。上海职业院校深化中国特色现代学徒制工作，启动中国特色现代学徒制试点，联合龙头企业，开展了飞机电子设备维修、生物制药技术、虚拟现实技术应用等15个中国特色现代学徒制试点，通过现代学徒制试点工作，实现了"学生毕业即可上岗""企业合作积极性提高""培养标准接轨国际"等多方面的人才培养成效。推进现代学徒制试点工作，后续要在实现"德技并修"的职业教育发展方向的目标性指引上下功夫，要健全校企协同"德技并修"的育人机制，健全具备"德技并修"育人能力的师资队伍，同时，通过健全校企双元主体参与的人才培养方案编制机制，实现现代学徒制试点工作更好地服务于高素质技术技能人才培养的目标。

（四）着眼多主体的综合施策，实现院校专业设置的持续优化

抢抓新赛道、培育新动能是上海构筑未来发展优势和持续发展动力的战略方

向,《上海打造未来产业创新高地发展壮大未来产业集群行动方案》制定了上海未来产业的发展目标：到 2030 年，在未来健康、未来智能、未来能源、未来空间、未来材料等领域涌现一批具有世界影响力的硬核成果、创新企业和领军人才，未来产业产值达到 5000 亿元左右。到 2035 年，形成若干领跑全球的未来产业集群。着眼开辟新领域新赛道、塑造新动能新优势，需要采取综合施策，通过职业院校专业设置的持续优化，实现上海建设高质量产业体系的发展目标。

一是着眼新赛道风口推进政策的创新支持

通过强化更有针对性的政策支持，聚焦不同技术领域和不同阶段的专业创新，优化职业教育布局结构，以合并、托管等措施，合理优化职业院校布局和高水平专业建设计划，聚焦区域发展与行业需求，分层分类提供资金、人才、空间和服务等支持，着力推动形成具有创新策源意义、引领赛道风口的"核爆点"。构建专门的政策体系，做好顶层设计，强化统筹协调职能，加强对"四新"相关专业建设的规划引导与监测管理。

二是改革高校的管理体制推进校企深度融合

随着技术复杂度的提升，仅仅依靠单一专业的知识将越来越难以完成某项复杂的任务，难以培养出适应时代发展、企业需求的技术技能型人才。职业院校要主动规划内部系统结构，寻求适应校内多学科融合交互的运行机制，提高教育教学效能。同时，兼顾专业设置的稳定性与职业岗位的灵活性，深化校企合作的专业设置机制，让行业、企业全程参与专业设置，实现行业、企业、学校在专业设置中的多元参与。

三是依托上海的综合优势推动产业革新进步

开辟新领域新赛道、塑造新动能新优势，要充分发挥上海的综合优势。一是国际影响力优势，要注重加强与世界高水平职业院校、产业龙头企业等方面的合作，共同制定人才培养方案，共同推进专业建设，培养具有国际视野、体现国际标准要求的技术技能人才。二是区位优势，要围绕上海城市功能定位和产业发展方向，推动新职业、新工种、新赛道的拓展。三是人力资源优势，继续完善由技能培训、学历教育、技术创新、竞赛晋级、等级认定、激励表彰等构成的职工技能形成体系，着眼未来产业发展方向，根据新产业新技术的发展需求，进一步发挥人才优势，形成人才集聚效应。

六、大力推进职业教育数字化转型，提升数字技术赋能人才培养质量

新修订的《职业教育法》将信息化单列一个条款，反映了职业教育信息化的时代特征，在已有政策的基础上进一步推进职业教育的数字化转型工作。教育部职业教育与成人教育司司长陈子季指出："教育数字化既是大势所趋，又是当务之急，给职业教育的变革超车带来了历史机遇。"上海职业教育在推进数字化的过程中，按照"需求牵引、应用为王、成熟先上、技术保障"工作原则，以平台升级、资源开发为内容，以条件硬化、应用优化、质量强化为目标，促进职业教育数字化转型整体跃升，建设职业教育数字化"1+5"体系，持续开发优质数字教学资源，构建国家、省、校三级资源库互为补充、使用广泛的应用体系，继续面向量大面广的专业课分级遴选一批在线开放课程，推动建设数字化、融媒体教材，加快虚拟仿真实训基地建设，启动职业学校信息化标杆学校建设试点，不断夯实职业教育信息化工作基础，服务高质量发展。

2022年，上海各职业院校积极贯彻落实《上海市教育信息化2.0行动计划》《上海市教育数字化转型实施方案（2021—2023）》《上海市教育数字化转型"十四五"规划》《2022年上海市教育委员会职业教育工作要点》等文件精神，在开展疫情防控工作、守护好师生健康安全的前提下有效开展在线教学工作，充分利用数字信息化手段、在线开放课程、建设数字化及融媒体教材、虚拟仿真实训基地，开展各类形式的线上教育，认真落实"停课不停教、停课不停学"，有效提升了新时代上海市职业教育信息化发展水平，保障了本市职业院校的人才培养质量。

（一）发挥数字化平台功用，解决职业教育教学问题

注重数字化学习中心建设，充分利用各类数字化课程教学平台、专业教学资

源库平台和仿真数字平台，推进职业教育数字化基础设施升级，促进校园网与 5G 网络融合，助力解决职业教育教学中一直存在的"三高三难"（高投入、高损耗、高风险及难实施、难观摩、难再现）问题。

一是利用数字化课程教学平台开展线上教学

充分利用"空中课堂"在线教育平台、云立方教学平台、学习通平台、腾讯会议直播授课、"超星+腾讯会议及建筑云"平台、Blackboard 网络教学平台。充分利用网络教学平台，通过直播、录播、翻转课等多种形式，实施开展签到、答疑辅导、过程考核、互动交流等线上教学活动。

二是建设专业教学资源库平台满足个性化需求

《2022 年上海市教育委员会职业教育工作要点》提出了丰富数字化教学资源目标建设的目标，指出要继续开发中职网络课程，上线总量达 70 门。完成中高职在线开放课程各 250 门总量目标。加强高职市级专业教学资源库建设，完善资源库平台，做好前期立项、培育项目的验收工作。在具体院校的实践上，上海建筑职业教育集团开展以 BIM 技术为载体的"多学科融合交叉"的教学内容及教学模式创新；编制了专业课程标准、典型工程的施工案例，增设了装配式建筑施工技术、建筑施工新技术、BIM 技术等新课程；结合产教融合校企双元育人，将新技术、新工艺、新规范纳入活页式教材之中，形成多元课程资源，满足个性化教学需求。

三是持续完善仿真数字平台助力教学实训

加强市级示范性虚拟仿真实训室建设过程评价，推进虚拟仿真实训资源开发，推动建设数字化、融媒体教材，加快虚拟仿真实训基地建设，启动职业学校信息化标杆学校建设试点，强化师生信息素养，推动职业学校数字校园建设，探索运用数字技术服务教育教学改革实践，提高课堂教学效率，促进学生个性发展。利用"5G+XR"的实训课堂、NooBook、电路 Multisim、欧倍尔、优奕课、数林等仿真操作平台、虚拟仿真实训基地，打造"虚实结合"的实训场景和实践教学体系，学生可以在课间和课后进行仿真训练，讨论工艺参数操作方法，也可录制线上测试过程视频，通过回看查漏补缺，更好地提高对仿真参数控制的准确性和稳定性。

（二）利用信息技术手段，构建线上教学质量保障体系

一是建立线上教学质量的制度保障办法

制定专项管理办法，成立工作小组，建立线上教学日报告机制和线上教学教研制度。组织教学督导开展线上随堂听课，充分掌握线上教学实际情况，及时进行反馈和指导，确保线上教学规范有序的同时教学质量得到保障。有院校充分发挥学院、系部、教研室三级督导体系作用，强化"教""学""管"闭环管理，每周定期召开线上教研工作例会，听取各教学部门线上教学开展情况及遇到的困难，同时还组织以系部和教研室为单位，围绕线上教学特色做法、作业设计开展专题交流研讨，取长补短，共同提高。

二是提供线上教学质量的信息技术保障

注重教学大数据中心建设、教学业务一网通办建设和运用，通过学习平台的后台实时数据的统计分析来检查与管理线上课程，加强课堂教学质量监测，及时掌握学生实际学习情况和教学进展情况。在这一方面，有院校将大数据平台作为保障教学质量的重要抓手，通过在线督导，做好数据收集、分析，在平台中设置预警参数，及时发现在线教学存在的问题，针对在线教学提出可行性策略，进而促进教师与学生发展。同时，教学平台向所有教师、督导、管理干部开放，可随时观摩优秀教师的线上课堂，相互学习、相互促进、共同提高。

三是实施线上教学质量的标杆保障

如本市职业院校开展了"白玉兰杯"虚拟现实和增强现实应用场景典型案例的征集活动，即在全面推动上海城市数字化转型背景下，选拔包含以虚拟现实和增强现实技术为核心，融合其他相关技术，并成功运用在数字教育、数字体育、数字文旅等领域的虚拟现实和增强现实技术优秀标杆应用案例，助力虚拟现实和增强现实技术赋能千行百业，打造上海市数字化转型标杆。《数字房车虚拟仿真实验平台》《5G+MR 文史馆智慧文旅》《滚装船作业仿真平台》等入选"白玉兰杯"虚拟现实和增强现实应用场景典型案例。

（三）搭建论坛交流平台，营建教育数字化改革环境

2022第十九届上海教育博览会通过线上展示、虚拟体验、直播论坛、实践活动等渠道，多视角展示了上海教育数字化转型带来的新变化、新成果。而在此次教育博览会上召开的"数字新时代 教育大未来"上海教育数字化转型高峰论坛，汇集业内外专家、学者、龙头企业，聚焦教育热点与难点，通过对教育数字化转

型多视角审视、多维度探讨，以鲜活案例展示领先的教育数字化转型技术与方案，交流教育数字化转型经验与实践，同与会者分享教育改革创新思想和理念，在观点阐述和碰撞中互相探讨、分析、研究，共同感受数字赋能的教育新时代。

在该年度的上海教育博览会上，"教博会云体验"板块首次通过新技术，从上海市教育信息化应用标杆培育校中遴选多个类型的"教育应用场景"，展现申城教育"更智能化的学习"面貌。同时，各类在线校园文化风采展示系列活动，则多角度地呈现了数字化背景下，学校个性化、多元化、高质量的校园文化生活和学生健康向上的精神风貌。

（四）重视网络安全防护，保障教育数字化平稳转型

上海成立网信工作领导小组，落实网络安全责任制；围绕数据、技术、系统、网络等方面安全，构建与教育数字化转型相适应的网络安全管理体系；建立教育系统网络安全月度通报制度，建设网络安全监测、通报、整改系统，健全教育网络安全预警体系；严格执行安全等级保护制度，确保各类教育平台安全有序运行；加强安全培训与宣传，建立常态化网络安全演练和培训考评机制，促进网络安全宣传教育进校园、进课堂、进课程。

尽管2022年上海职业教育在推进数字化转型的过程中采取了诸多创新举措，并取得了实际成效，但也存在着对职业教育数字化转型工作认识不够、重视不足的问题。此外，职业院校数字化转型投入大、周期长、成效慢，增加了新的负担，部分院校相关工作的开展遭遇瓶颈。此外，职业教育数字化转型需伴随着职业教育工作者信息素养的提升，在这一方面，不同发展水平的院校之间存在较大差距。如何持续推进职业教育数字化转型和在线教育改革，以及如何充分利用数字化平台及资源等丰硕成果，助力职业教育高质量"变轨超车"式发展，成为上海职教人必须关注和解决的重要命题，后续需深入推进如下方面的工作：

一是增强理论学习，增进科学认识

激励职业院校教育教学工作者开展职业教育数字化理论及实践的研究，通过组织大型数字化教育论坛，普及职业教育数字化转型的公共性知识及相关政策精神，提升职业院校教育工作者和受教育者对数字化转型的认知重视程度，树立数字化教育理念，增强参与具体改革实践工作的信心、热情和积极性，熟练掌握数

字化教育手段，总结在线教育教学经验，提升数字化教育素养。

二是建好数字基座，筑牢转型基石

建议由政府相关部门牵头、职业院校极力配合建好数字基座，筑牢职业院校数字化转型基石，从体系设计、数字平台、虚拟仿真、网络学习空间等方向推动数字基座建设及持续升级，打造"人人皆学、处处能学、时时可学"的数字化学习环境，在减轻职业院校数字化办学压力和成本的基础上，注重满足不同院校的个性化需求，使得不同发展水平的院校共享职业教育数字化转型红利，促进教育公平。

三是拓展应用场景，创新教学方式

上海职业院校在推进数字化转型的过程中，要注重丰富拓展数字化应用场景，进一步打破时间和空间对职业院校育人场所的限制，创新职业院校育人手段和形式，提升数字化场景应用水平，提高教育教学质量。通过信息技术助力教、学、考、管、评各教学环节，实现课程内容呈现形式多样化、教学评价基于海量数据、各类管理事务"一网通办"等目标。善于整理和分析职业教育数字化工作中积累的大数据，基于数据分析不断优化数字化基座系统，精准定位解决问题并完善教育教学方法，持续提升职业教育办学质量。

四是加强制度建设，防范风险危机

在职业教育数字化转型过程中，教育领域中的"人"呈现"符号"化趋势，主体意识逐渐削弱；教育场域中的个体隐私将更加频繁地暴露在数字环境中，隐私安全、数据安全等面临更大挑战；在"虚拟教育场所"情境下，传统教育中的人文意蕴、情感教育、生活教育甚至生命教育等不同程度上可能出现弱化。为此，应正视及防范数字化转型带来的风险和危机，遵循教育发展、学校办学、数字化转型的运行规律，实现数字化转型与推进传统教育有效互补支撑，把握好数字化转型的推进方式和节奏，加强相关制度建设，形成风险预警及处置机制，有效提高相关风险的化解能力。

数字产业化和产业数字化给职业教育的改革发展带来空前机遇和挑战，也有力地推动了职业教育的数字化转型工作。职业教育发展及数字化转型是一项系统工程，相关工作的开展需要确立全局观点和协同思维，要进一步提高对职业教育数字化转型的战略认识与站位，树立职业教育数字化转型的理性发展观，包括各级政府教育行政部门、学校、教师、学生及其他利益相关者要共同努力，协同推进职业教育的数字化转型工作。

第二部分

上海职业教育专题研究

第二部分

工程地质分析原理

一、中国特色的职业教育、高等教育、继续教育"三教统筹"

党的十九届四中全会明确提出,完善职业技术教育、高等教育、继续教育统筹协调发展机制。2022年党的二十大报告进一步强调,加快建设高质量教育体系,统筹职业教育、高等教育、继续教育协同创新,推进职普融通、产教融合、科教融汇,优化职业教育类型定位。高等教育、职业教育、继续教育(以下简称"三教")统筹协调发展、协同创新,是新时期加快建设高质量教育体系的重要举措,也是支撑中国式现代化建设的重要支柱。高质量教育体系建设不仅需要制度和政策推进,很大程度上还决定于社会对各类教育的价值、情感和心理期待。本文拟从建设高质量教育体系对三教统筹协调发展的要求、三教关系发展的阶段性特点以及思考建议等角度进行分析。

(一)建设高质量教育体系的必然要求

高质量教育体系建设是我国进入高质量发展阶段的新要求。2017年习近平总书记在十九大报告上明确指出,我国经济已由高速增长阶段转向高质量发展阶段。2020年十九届五中全会明确提出"建设高质量教育体系",二十大报告进一步强调"加快建设高质量教育体系"。建设高质量教育体系是立足新发展阶段、贯彻新发展理念、服务新发展格局在教育领域的集中体现,反映的是系统化和协同化,是教育领域综合改革的进一步深化,关键在于提高各级各类教育的社会认同价值,旨在解决人民日益增长的对高质量教育的需要和不平衡不充分的发展之间的矛盾。

1. 高质量教育体系的要义是体系,这是三教统筹协调发展的系统论基础

高质量教育体系首先是一个体系（即系统），创立一般系统论的生物学家贝塔朗菲认为，系统是相互作用的诸元素的综合体[1]。系统影响子系统的活动与相互作用，子系统原本相互独立的功能和活动在系统中被组织和关联，使子系统在系统内的行为的组织和秩序发生改变[2]。作为教育体系的子系统，高等教育、职业教育、继续教育各自发挥着特定的功能并且相互联系相互关联，组成了一个不可分割的整体。三教协调发展要求更加注重体系发展的整体效能。因此要在教育体系中研究高等教育、职业教育和继续教育，而不是孤立的、单独的研究。"协调发展"很大程度上就是从系统角度、全局高度，对子系统理想发展状态的要求。1991年《关于国民经济和社会发展十年规划和第八个五年计划纲要的报告》在我国经济社会发展中较早提出"协调发展"的概念，即"协调（发展）就是按比例发展"，十七大把"协调发展"作为"科学发展观"的内核，十八届五中全会进一步把"协调发展"作为新发展理念的五大核心理念之一。二十大开启加快建设高质量教育体系新征程，教育发展环境面临深刻复杂变化，改革发展中矛盾错综复杂，必须从系统观念出发加以谋划和解决发展不平衡不充分问题，全面协调推动各层次、各类型教育高质量发展。推动三教协同创新，有望成为推进整个教育事业高质量发展的新路径。

2. 高质量教育体系的基本要求是各级各类教育高质量，这是三教统筹协调发展的价值论基础

高质量教育体系是建设教育强国的前提和基础，作为一个大系统，高质量教育体系既包含高质量的高等教育，也包括高质量的职业教育和继续教育。高质量教育体系建设的一个重要前提是要努力缩小这三类教育的价值认同差异，这就需要职业教育与高等教育、继续教育统筹协调发展。目前的教育价值认同差异是影响这三类教育协调发展的直接因素。教育价值认同差异存在于社会的各个方面，既有传统文化方面的原因，也有教育政策和劳动人事制度改革滞后于经济社会发展阶段、难以发挥引领社会价值观方面的原因，强化了"唯学历、唯文凭"的价值观，使劳动价值难以得到社会认同，也影响了各级行政部门落实职业教育、继续教育高质量发展政策的积极性，持续循环往复，"五唯"顽障痼疾难以破除，也成为实现共同富裕的制约因素。

改革开放以来我国经济高速发展，促进了现代化进程的加速实现，在此过程中各地也形成了以追求GDP为中心的发展观。与此同时，日益广泛的社会竞争、对选优任能的不完全理解以及由此导致的政府和社会组织简单粗暴地以大学文凭、大学排名为依据的选人用人机制直接导致文凭主义现象日益严重,进而将这种竞争机制透射到教育系统里来[3]。受这种绩效主义、文凭主义的影响,高等教育毛入学率、每十万人口在校大学生数等成为各地追求的发展目标,虽然短期内带来了高等教育大发展,但也导致结构失调、质量分化和教育内卷等问题,职业教育、继续教育逐渐式微,教育焦虑、教育竞争不断强化。2021年习近平总书记在中央财经委员会第十次会议上强调,要在高质量发展中促进共同富裕。新世纪以来,我国"两基"目标达成,区域教育均衡发展、城乡教育一体化发展取得很大成效,教育基本矛盾转化为人民群众对优质教育资源的巨大需求与优质教育资源供给不足的矛盾,教育类型间的统筹协调发展亟待提上议事日程。尤其是在高等教育普及化水平极大提高的背景下,这种价值认同差异进而加重质量分化、教育内卷、社会焦虑等问题。没有三教整体的高质量发展和弱势教育类型的全面振兴,就无法全面缩小阶层差异、城乡差异、区域差异,就无法真正实现共同富裕。

3. 建设高质量教育体系的根本目的是要让各类教育的学生都能得到全面而健康发展

目前职业教育在校学生数占高中阶段与大学教育阶段适龄青年数量的一半,发展好职业教育对于整个青年一代的健康成长具有重大的意义,对于加快构建新发展格局、建设现代化产业体系、全面推进乡村振兴、促进区域协调发展,尤其是推动革命老区和边疆地区加快建设具有非常重大的现实意义。因此,职业教育高质量发展并非仅仅体现在学历高或层次高、项目多和获奖多,而应主要体现在面向合适的学生提供适合的教育上[4]。2002年我国进入高等教育大众化阶段,2019年进入高等教育普及化阶段,根据马丁·特罗提出的高等教育大众化理论,大众化、普及化是关于高等教育发展的一种"预警"理论,并不是目标理论,其核心不是"量"的扩展,而是"质"的变化,高等教育体系和结构优化是实现高等教育大众化和普及化的制度保障;尤其是与西方高等教育大众化主要是解决适龄青年接受高等教育的机会问题不同,我国高等教育大众化不仅要解决适龄青年的入学机会,还要解决毕业生就业问题[5]。鉴于就业市场和人力资源的"金字塔"结构,我国高等教育普及化阶段更加需要多样化的类型和层次。在多样化的体系和结构中,才能更好地形成一个高质量的教育生态系统,组成系统的各级各类教育才能各安其所、各得其位,真正发展出以学生为本的高质量教育体系。2022

年新《职业教育法》提出建设技能型社会。从学历文凭主义到技能型社会建设，是我国教育理念的重大变革，是提高技能型人才地位的重大机遇。建设技能型社会，让"三百六十行，行行出状元"，将成为三教高质量发展和协同创新的重要价值引领与保障支撑。

（二）教育体系发展阶段性的重要表现

坚持系统观念，是推进教育体系建设的重要方法论。毛泽东在《矛盾论》中提出，不但要研究每一个大系统的物质运动形式的特殊的矛盾性及其所规定的本质，而且要研究每一个物质运动形式在其发展长途中的每一个过程的特殊的矛盾及其本质[6]。每个历史阶段都有不同的发展认识、发展需求和发展重点，因此在不同历史阶段发展三类教育的动力不同，三教之间的关系呈现不同特点，这是教育体系发展阶段性的重要表征。

1. 三教关系的政策演变呈现3个阶段的价值认同特点

1949年中华人民共和国建立以来，适应经济社会发展和人民大众受教育的需求，在政府宏观政策引导下，高等教育、职业教育、继续教育取得前所未有的发展，三教之间的关系不断升级、内涵不断丰富，大体呈现出相对独立、沟通衔接再到统筹协调的3个阶段特征。

第一阶段是三教偏重相对独立发展的阶段。20世纪50年代至20世纪末，高等教育、职业教育、继续教育是在"一穷二白"的基础上发展起来的，实现的是"从无到有"的跨越。从价值观的角度分析，这一阶段各类教育都有较高的价值认同，精英阶段的高等教育作为社会稀缺资源而受到社会追捧，职业教育和成人（继续）教育具有的学历补偿功能也持续受到社会认同。因此，三教发展更多侧重的是各自体系的构建和完善、各自制度的建立和健全，三者之间的关系偏重于相对独立发展。如1951年《政务院关于改革学制的决定》、1985年《中共中央关于教育体制改革的决定》、1993年《中国教育改革和发展纲要》等重要政策文件都分别对"三教"发展提出具体要求。1995年《教育法》明确规定，国家实行高等教育的学校教育制度、职业教育制度和成人教育制度，进一步明确了三教法律地位。

第二阶段是三教进入相互沟通衔接的阶段。21世纪初，一方面是面对经济高速增长全面提升劳动者素质的迫切要求，以及人民群众日益增长的受教育需求；

另一方面是伴随高等教育迈向大众化阶段高校入学机会增加了,以及职业教育与成人(继续)教育学历补偿功能弱化后的社会价值认同差异突显。为此,国家从政策上逐步加强三者相互间的链接,初步构建了三教互相联通的体系框架。如1999年《中共中央、国务院关于深化教育改革全面推进素质教育的决定》提出要构建与社会主义市场经济体制和教育内在规律相适应、不同类型教育相互沟通相互衔接的教育体制,2007年《国家教育事业发展"十一五"规划纲要》、2010年《国家中长期教育改革和发展规划纲要(2010—2020年)》、2012年《国家教育事业发展第十二个五年规划》、2017年《国家教育事业发展"十三五"规划》进一步强调要促进不同类型教育之间的衔接和沟通等。

第三阶段是促进三教统筹协调发展的阶段。2019年习近平总书记在十九届四中全会指出,新时代改革更多面对的是深层次体制机制问题,对改革顶层设计的要求更高,对改革的系统性、整体性、协同性要求更强。相应地,高等教育、职业教育、继续教育进入体系化发展新阶段,更加强调三教统筹协调发展和协同创新。一方面,伴随高等教育毛入学率超过50%进入普及化新阶段,适龄青年进入高校机会更易获得,对发展高质量高等教育提出更高要求;另一方面,新时期建设现代化产业体系,全面推进乡村振兴,促进区域协调发展等任务要求,对发展高质量职业教育和继续教育提出更高期待。新《职业教育法》要求推动教育体系内和职业教育的结构优化,开辟稳步发展职教本科新赛道,引导职业教育进入高质量发展新阶段。

2. 3个阶段的发展契合了高等教育从精英化到普及化进程

三教关系演变反映了对三类教育价值的认识,是三教发展动力的外在表现。弗鲁姆的期望理论认为,人总是渴求满足一定的需要并设法达到一定的目标,当这一目标尚未实现时表现为一种期望,成为对个人动机的一种激发力量,激发力量的大小取决于目标价值和期望概率(期望值)的乘积[7]。参照该理论,发展各类教育的动力大小可以用公式 $M=\Sigma V \times E$ 来解释,M 表示发展某种教育的动力;V 表示目标价值,指相关各方对发展教育满足自身需求的价值的认识;E 是期望概率,指相关各方权衡多方面因素后认为实现目标价值的可能性。该理论说明,如果相关各方把某类教育的价值看得很大,估计实现的概率也很高,那么这个目标激发的动力就越大。分析发现,由于高等教育是整个教育体系的高端和龙头[8](V值高),三教关系演变契合了高等教育大众化与普及化进程,一定程度上体现了高等教育的牵引作用。

在"相对独立"阶段，我国大体处于高等教育精英化阶段，三教之间是互补型关系。中专教育毕业生是专业技术人才序列，目标价值和社会认可度（V值）较高，职业教育有序发展支撑了中华人民共和国成立初期的工业体系构建，并在改革开放初期为经济结构变化培养训练大批专门家和技术人才，弥补了高考"独木桥"的不足。在政策支持下，函授、电大以及成人自考等一系列配套系统开始运转实施，将成人教育作为普通教育体系的补充[9]，成人教育承担了补充学历教育（V值）的重要作用。

在"沟通衔接"阶段，2002年我国进入高等教育大众化，三教之间竞争型关系的特点更加突出。职业教育进入国家扩招政策推动下的大发展，尤其是高职教育异军突起，逐步成为拓宽人才成长通道和解决经济驱动力的重要力量，但是由于历史、文化和发展阶段性的限制，职业教育在整个教育体系中处于"低端"和不受重视的处境（V值下降）。十六大报告首次使用"继续教育"替代既往的"成人教育"概念[10]，随着高等教育和职业教育的快速发展，继续教育作为补充教育的地位逐渐式微（V值下降），作为终身教育体系组成部分的作用不断强化[11]。

在"统筹协调"阶段，2019年我国进入高等教育普及化，聚焦构建服务全民终身学习的教育体系的目标，"三教"之间更加注重协调型关系。高等教育在体系中的引领作用更加彰显，这就要求高等教育、职业教育、继续教育要更好树立共同体意识，强化系统观念，凝聚发展共识，振兴弱势教育类型，增强政策协同，把控好政策外溢效应，避免给高质量教育体系建设造成冲击。

3．三教规模结构变化决定了高等教育的牵引作用

2020年，我国普通本科招生443.1万人，高职（专科）招生524.3万人，高等继续教育（含成人本专科和网络本专科）招生641.7万人，三者占比分别达到27.5%、32.6%、39.9%，中职招生644.7万人。进一步分析三教规模结构的历史演变[12]，三教之间结构关系的变化总体反映了学历上移的趋势，一定程度上决定了高等教育在三教协调发展中的主导性地位。

从普通本科教育来看，20世纪80年代以来，普通本科招生规模持续稳定增长，1984年至2001年由28.4万人增加到138.2万人，年均增加6.5万人；2002年至2018年大众化阶段由158.8万人增加到422.2万人，年均增加16.5万人，建成了世界最大规模的高等教育体系。

从职业教育来看（含中职、高职），2020年招生规模达到1169万人，仅比历史最高值2009年少12.9万人，高职招生规模在职业教育招生总规模的占比不断上升，由1984年的7.5%持续上升至2002年的24.9%，进而达到2019年的44.6%，反映了经济高速发展和产业转型升级过程中技术技能人才培养学历层次的高移。

从继续教育来看，以高等继续教育为例，其招生持续保持较大规模，但在三教中所占比例有所下降。在1984—2001年高等教育精英化阶段，其每年占比的平均值为53.4%；2002—2018年高等教育大众化阶段，其每年占比的平均值降至38.5%，伴随高等教育的大众化和普及化，继续教育的学历补偿性功能正在下降。其中，本科层次招生规模占高等继续教育招生总规模的比例不断上升，由1984年的16.2%上升至2002年的33.3%、2019年的42.5%，专科层次不断下降，反映了伴随经济社会发展人们对更高学历层次的追求和学历上移的趋势。

（三）推动协调发展与协同创新的若干思考

统筹三教协同发展，加快建设高质量教育体系，强化现代化建设人才支撑，是中国式现代化的重要组成部分。三教协同发展涵盖协调发展和协同创新，更需要提高全局意识和战略思维能力，把系统观念贯穿到三教发展全过程，把握好全局和局部关系，克服急功近利、急于求成思想，有效汇聚三教各类创新资源和创新要素，突破不同创新主体之间的壁垒，实现深度合作，提升三教协调发展、协同创新效能。

1. 坚持守正创新，探索中国式三教统筹协调发展之路

二十大报告指出，我们从事的是前无古人的伟大事业，守正才能不迷失方向、不犯颠覆性错误，创新才能把握时代、引领时代。70多年来，三教发展筚路蓝缕、起起伏伏，从"一穷二白"到"世界最大规模"，从"规模发展"转向"质量提高"，从"单兵突进"转向"统筹协调"，并且强调机制建设和协同创新，正在走出一条中国式三教统筹协调发展之路，可以说已经成为中国式现代化新道路的组成部分。

中国式三教统筹协调发展之路是教育规模巨大的发展之路，我国建成了世界

最大规模的高等教育体系、职业教育体系,各种形式的高等教育在学总规模、中职在校生规模超过 5500 万人[13],统筹三教协同创新的艰巨性和复杂性前所未有,发展途径和推进方式也必然具有自己的特点。

中国式三教统筹协调发展之路是加快建设高质量教育体系之路,从世界最大规模的教育体系走向高质量的教育体系,是以人民为中心发展思想的重要体现,在高等教育快速普及化的进程中,推动三教的高质量发展和协同创新,让教育现代化建设成果更多更公平地惠及各类学生,是办好人民满意的教育,实现共同富裕奋斗目标的重要方面。

中国式三教统筹协调发展之路是服务支撑科教兴国、人才强国之路,二十大报告强调深入实施科教兴国战略、人才强国战略、创新驱动发展战略,开辟发展新领域新赛道,不断塑造发展新动能新优势,突显了教育的战略性、基础性地位。推动三教统筹协调发展、协同创新,是完善人才战略布局的重要举措,对于加快建设国家战略人才力量意义重大。

2. 坚持系统思维,强化政府统筹作用

当前教育改革进入深水区和攻坚区,加快建设高质量教育体系、推动三教改革发展更要加强整体性和协同性,把握好全局和局部、当前和长远、宏观和微观的关系,加强前瞻性思考、全局性谋划、整体性推进。尤其是高等教育进入普及化阶段,建设高质量教育体系必须坚持系统思维。根据历年出生率和出生人口测算[14],在 2040 年以前,我国高等教育适龄人口呈现波动升降趋势,目前至 2028 年为下降趋势(降至 8000 万左右),2029—2034 年为上升趋势(2034 年达到最高峰值 9100 万左右,大约相当于 2019 年前后的适龄人口数),2035 年后再次进入下降趋势(降至 8000 万以下)。因此仅就高等教育毛入学率而言,高等教育普及化发展的规模指标已经不再迫切,国家高等教育发展政策和战略应当作出适应性调整[15]。三教协调发展、协同创新是一项综合性、系统性工程,需要在政府的统筹与主导下,真正认清高等教育普及化阶段三教协调发展、协同创新的目标任务,破除大众化阶段的发展观念。

三教之间的关系总体上正在由相对独立、沟通衔接走向统筹协调发展阶段,三教统筹协调发展机制建设更加紧迫。其重点应该是有效激发并发挥高等教育的引领作用,建强三大体系(提升各自 V 值),扩展沟通途径(拉高各自 E 值),建立协调机制(更大激发各自 M 值)。一是完善自我发展机制,充分发挥高等教育的牵引作用，发挥"双一流"建设高校的龙头作用和高校集群的溢出效应，坚持一流院校发展与多样化目标建设并举并重，带动引领三教整体发展；优化职业教育类型定位，推动建设适应新型工业化、信息化、城镇化、农业现代化需要的中国特色职业教育体系；明确继续教育办学定位，解决无序扩招，推动规范办学，通过深化改革实现可持续发展。二是健全沟通衔接机制，超越部门主义、本位主义，建立双向互认、纵向流动的立交桥，完善三教相互衔接沟通的框架体系，推动各地深入探索"中—高""中—本""高—本"协同创新，注重系统培养具有职业认同、就业乐业、服务地方精神的高技能人才。三是构建互补互融机制，重在通过"大部制"协调推进，形成三教相互支撑、不可割裂的有机体系。在发挥高等教育引领作用的过程中，需要教育部门跳出高教管理部门的角度考虑问题，劳动部门跳出技能工人发展部门的角度考虑问题。

3. 坚持问题导向，加快解决瓶颈问题

问题是时代的声音，回答并指导解决问题是理论的根本任务[16]。职业教育高质量发展是高质量教育体系建设的重要组成部分，高质量教育体系建设面临职业教育高质量发展的瓶颈难题。长期以来，高等教育、职业教育、继续教育在人们的观念中存在高低之分、层次之别，近年来职业教育缺乏吸引力、不受社会认可问题更加突显。中职学校办学基础薄弱，"空、小、散、弱"问题突出，高职学校三年扩招413万人，严重稀释了教学资源[17]。根据本文提出的发展教育的动力理论，发展职业教育缺乏动力的主要原因是，地方政府、学校、家长、企业和社会等尚未充分认识职业教育的价值（V值），高技能人才的重要作用和战略地位未被重视，职业教育难以得到认同和支持。学历型社会下的学历、能力与贡献的价值不同，严重影响各级部门重视技能、社会崇尚技能、人人拥有技能的技能型社会建设。正如《国家职业教育改革实施方案》所指出的，技能人才成长的配套政策不够完善是职业教育发展面临的重大问题之一。职业教育有没有前途，关键就在能不能撬动技术工人的社会待遇和社会地位。

国家重视高技能人才队伍建设，职业教育踏上新征程新起点。2002年中央提出人才强国战略，明确要建设党政人才、企业经营管理人才、专业技术人才3支队伍。二十大进一步强调深入实施人才强国战略，要求加快培养造就大师、战略科学家、一流科技领军人才和创新团队、青年科技人才、卓越工程师、大国工匠、高技能人才等7支国家战略人才力量。高技能人才列入新百年新征程的人才强国

战略具有突破性意义，反映了职业教育前途广阔、大有可为，将推动高等教育和职业教育培养目标多样化。在高等教育普及化过程中推进"三教"统筹，作为统筹主体的政府，需要解决的瓶颈问题是增强发展职业教育的动力（M 值），而增强动力的前提就是提高吸引力（V 值）。人社部已出台"新八级工"制度，在原有的"五级"基础上，往下补设学徒工，往上增设特级技师和首席技师[18]。中办、国办进一步要求完善技能要素参与分配制度，强调用人单位在聘的高技能人才比照相应层级专业技术人员享受同等待遇[19]。打通劳动制度与教育制度、职业教育与普通教育、职业资格证书与学历证书之间的壁垒，推动职业资格证书与学历证书等值等效，真正实现职业教育、继续教育与普通教育具有同等重要的地位，高等教育、职业教育、继续教育服务新发展格局、服务社会主义现代化强国建设的巨大能量就能够充分发挥出来，就一定能够前途无量、大有可为。

参考文献

[1]　[奥] 贝塔朗菲. 一般系统论 [M]. 林康义，等译. 北京：清华大学出版社. 1987: 3.

[2]　林福永. 一般系统结构理论 [M]. 广州：暨南大学出版社，1998: 5-6.

[3]　范国睿. 高质量教育体系建设：价值、内涵与制度保障 [J]. 南京师大学报（社会科学版），2022(2).

[4]　中华职业教育社. 中华职业教育发展评价报告（2022）[M]. 北京：中共中央党校出版社，2022: 5-6.

[5]　邬大光. 探索高等教育普及化的"大国道路"[J]. 中国高教研究，2021(2).

[6]　毛泽东. 毛泽东选集（第 1 卷）[M]. 北京：外文出版社，1965: 321.

[7]　马树超. 区域职业教育均衡发展 [M]. 北京：科学出版社，2011:59.

[8]　吴岩. 中国式现代化与高等教育改革创新发展 [J]. 中国高教研究，2022(11).

[9]　史秋衡，黄蕴蓓. 高质量教育体系的主要功能是服务全民终身学习 [J]. 中国高等教育，2021(21).

[10]　韩民. 终身学习体系概念研究 [J]. 宁波大学学报（教育科学版），2019(6).

[11]　别敦荣. 高等教育普及化背景下发展高等继续教育的深度思考 [J]. 终身教育研究，2022(3).

[12]　教育部. 历年教育统计数据 [EB/OL]. （2021-08-30）[2022-10-20]. http://www.moe.gov.cn/jyb_sjzl/moe_560/2020/.

[13]　教育部. 2021 年全国教育事业发展统计公报 [EB/OL].(2022-09-14)[2022-10-25]. http://www.

moe.gov.cn/jyb_sjzl/sjzl_fztjgb/202209/t20220914_660850.html.

[14] 国家统计局.中国统计年鉴 2021[EB/OL].(2021-9-1)[2022-10-15]. http://www.stats.gov.cn/tjsj/ndsj/2021/indexch.htm.

[15] 别敦荣.高等教育普及化背景下高职院校的发展前景与战略选择[J].广东技术师范大学学报,2022(2).

[16] 习近平.高举中国特色社会主义伟大旗帜为全面建设社会主义现代化国家而团结奋斗——在中国共产党第二十次全国代表大会上的报告[Z].2022-10-25.

[17] 教育部.关于《职业学校办学条件达标工程实施方案》答记者问[EB/OL].(2022-11-16)[2022-11-17].http://www.moe.gov.cn/jyb_xwfb/s271/202211/t20221116_993441.html.

[18] 人力资源社会保障部.关于健全完善新时代技能人才职业技能等级制度的意见（试行）（人社部发〔2022〕14 号）[Z].2022-03-18.

[19] 中共中央办公厅,国务院办公厅.关于加强新时代高技能人才队伍建设的意见[Z].2022-10-07.

（执笔：马树超、郭文富）

二、统筹三教协同创新的阻碍与对策之理论分析

党的二十大报告明确要求"统筹职业教育、高等教育、继续教育协同创新"。推动高等教育、职业教育、继续教育统筹协调发展和协同创新,是新时代加快建设高质量教育体系的必然要求,也是推动职业教育和继续教育高质量发展的新路径,具有前瞻性、全局性、整体性推进"三教"高质量发展的战略意义[1]。统筹职业教育、高等教育与继续教育(以下简称"三教")协同创新的基础是三教协调发展,换句话说,协同创新是三教协调发展的目标,三教协调发展是实现协同创新的前提。当前,各级各类教育繁荣发展,尤其是伴随高等教育快速普及化,三教之间面临着诸如"规模"和"经费"两个结构性指标"不协调"等一系列问题[2]。如何更好地推动三教统筹协调发展与协同创新,需要从理论和实践层面多维度重新审视三者之间的关系,以及影响三者协调或协同关系的核心要素。

一般系统结构理论是在一般系统论基础上衍生的理论,更为关注系统之间的关系和影响系统运行的要素,其对于分析三教协调发展和协同创新,不可谓是一种新的研究思路。因此,本文尝试从一般系统结构理论视角出发,对三教统筹协调发展进行研究,通过分析三教之间关系特征,进而分析关系"失调"的表征及其原因,进而从多角度提出对策建议,对于缓解三教之间失调的关系结构问题,促进三教之间的协同创新,具有一定的理论和实践意义,也可为优化三教协同创新政策设计提供借鉴和依据。

(一)一般系统结构理论的核心观点

协调一词,最早出自明冯梦龙《东周列国志》第四十七回:"凤声与箫声,唱和如一，宫商协调，喤喤盈耳。"原指宫音和商音配合才能发出美妙的音乐。现代汉语中，协调可用作形容词和动词，一般指搭配得适当，使配合得适当协调就是正确处理组织内外各种关系，为组织正常运转创造良好的条件和环境，促进组织目标的实现。因此，要推进职业教育与高等教育、继续教育之间协调发展和协同创新，就是要分析三者之间是否存在不协调即"失调"问题，也就是要分析三者之间关系存在的问题。换句话说，就是要回答"三教之间存在怎样的关系？""各类关系存在什么问题或风险？""影响关系形成的因素有哪些？""如何发挥作用？"等问题。

20世纪末，我国学者林福永等在一般系统论基础上提出了一般系统结构理论（以下简称"系统结构论"），运用数理方法赋予系统论以严密的逻辑架构，特别适用于对要素众多、关联错综、层次模糊、环境扰动的复杂系统的分析与研究。他提出，在具体的系统研究中，经常不得不把构成系统的某些部分看作是基本部分。对于任一给定的系统 $Z(n)$，在恒定的系统环境 $E(s)$ 中，系统状态和系统行为能够发生变化，并受到系统层次结构中的支配层次上的系统结构的支配。系统要素之间关联是重要的研究对象[3]。余运洋等（1995）根据要素相互作用性质对要素之间的关系进行了分类描述。他认为，任意系统 $Z(n)$ 是由 n 个相互关联的要素（Element）e_1, e_2……, e_n 为完成某种特定功能所形成的整体。其中关系（Relation）R_{ij} 是指要素 e_i 对要素 e_j 产生作用的因子，要素 e_i 通过作用因子 R_{ij} 对要素 e_j 产生作用，使得要素 e_i 与 e_j 之间产生关联[4]（如图1）。关系 R_{ij} 是一种变量，它不仅揭示要素 e_i 对要素 e_j 产生的作用，而且定量地揭示和描述要素之间作用量的大小。因此，可以分为互依关系、控制关系、竞争关系、破坏关系、吞噬关系、互拆关系等六大关系类型[5]。

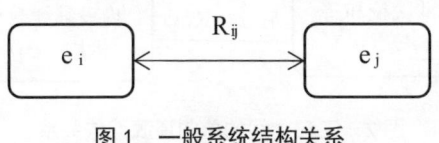

图1　一般系统结构关系

因此，在系统论视野下，职业教育、高等教育和继续教育均是现代教育体系的重要组成部分，同时也可以看成是3个相对独立的系统。三教之间存在的"不协调"问题，也可以看做是系统外部尚缺少正常运转所需要的良好的条件和环境，三教作为教育体系的子系统，未能正确处理彼此之间的各种关系，难以促进三教协调发展和协同创新目标的实现。而系统结构论进一步清晰描绘了系统之间的关系类型，并提出了影响系统之间关系的因子[6]。从系统结构论角度看，三教作为教育体系的子系统也是要素，对其之间关系的研究既要找到中间产生作用的因子，也要找到该作用因子对两个要素所产生的作用，才能确定要素之间的关系类型和问题。

（二）三教之间的关系类型及主要问题

从系统结构论出发，我们发现影响三教之间关系的有资源、管理、生源等三大作用因子，可以将三教的关系分别归以互依关系、控制关系、竞争关系、破坏关系、吞噬关系等五大类，并在此基础上分析该种关系可能存在的问题或风险。

1. 互依关系：职业教育、高等教育与继续教育存在单向资源互依关系

从中观办学层面看，职业教育与继续教育、高等教育与继续教育均存在一定程度上的单向互依关系。系统结构论认为，所谓互依关系，分为单向互依关系与双向互依关系。若某一要素 e_j 所需要的某种物质、能量和信息是由另一要素 e_i 提供的，那么这两个要素之间的关系 R^s_{ij} 就叫单向互依关系。目前我国继续教育的办学主体有两类，一类为开放大学等独立设置的以继续教育为主的院校，生源主要来自社会学习者；另一部分为依托职业院校和普通高等院校下属的继续教育二级机构，此类继续教育机构在办学过程中所需的教学场地、教师等资源来自上述两个主体，此时职业院校和普通高等院校作为资源的输入源，其下设的继续教育机构作为输出场所，因此分别形成单向资源互依关系（见图2）。

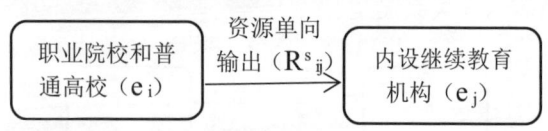

图2　三教之间的单向资源互依关系

单向资源互依关系的形成主要源自继续教育学习者诉求旺盛但独立设置的继续教育院校自身规模有限导致的。随着产业技术的不断升级，对于从业人员的学历和能力要求不断提高，在职人员的继续教育诉求持续提升。以往由行业和企业举办的职工大学逐步转型或关停，目前开展继续教育的机构主要是开放大学和业

余大学，其规模和专业往往较为有限。因此需要借助普通高校和职业院校的资源提供继续教育。

这种单向互依关系使得继续教育的总体规模和教学质量往往难以把控。开设继续教育的高等院校和职业院校由于财政投入机制和评价导向的不同，所给予继续教育的关注和资源投入差别较大。比如，对于办学经费相对紧张的地方本科院校和职业院校而言，往往将继续教育视为创收的"钱袋子"，容易忽视专业设置、广告宣传、办学点设置和管理等方面的规范性，因此出现多种乱象。而公认办学质量较高的985、211等重点名校，由于经费来源充裕，同时继续教育也并不作为办学质量评价的重要内容，因此往往视继续教育为可有可无，导致其下设的继续教育机构处于边缘化地位，人员、经费甚至规模等均难以保证[7]。尤其是随着2016年《高等学历继续教育专业设置管理办法》等一系列文件的发布，大批重点名校宣布停止开设继续教育，其办学规模占比持续下降。这对于继续教育而言，丧失了部分优质高等教育资源输入。

2. 控制关系：职业教育与高等教育存在双向管理控制关系

系统结构论认为，控制关系包含单项与双向两种。所谓单项控制关系，即某一要素 e_j 的全部或部分行为和功能是由另一要素的功能决定的，则称他们之间的关系为单向控制关系，用 R^c_{ij} 来表示。如果两个要素 e_i 和 e_j 之间，既有 e_i 对 e_j 的单向控制关系，也含有 e_j 对 e_i 的单向控制关系，则从这两个要素之间是一种双向控制关系。分别用 R^{dc}_{ij} 和 R^{cd}_{ji} 的表示。

在教育管理层面，职业教育与高等教育存在双向管理控制关系。《高等教育法》第68条规定："本法所称高等学校是指大学、独立设置的学院和高等专科学校，其中包括高等职业学校和成人高等学校。"也就是说，高等教育的行政管理部门具有专科及以上职业教育机构的管理职能，专科和本科层次的职业学校要同时接受高等教育和职业教育两个管理部门的管理。因此高等教育管理部门对职业教育办学机构存在单向控制关系。同时，高等学校开展的非学历继续教育的管理权限在职业教育管理部门（如，职业与成人教育司下设高等继续教育处），由此也存在单向控制关系。因此可以说，在教育管理和办学机构层面，职业教育与高等教育存在局部的双向管理控制关系（见图3）。

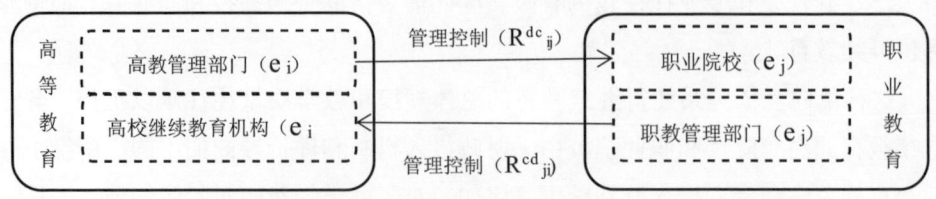

图 3 职业教育与高等教育双向管理控制关系

回顾历史不难发现,这种双向管理控制关系的形成主要与国家教育体系转型相对于专科层析教育和继续教育的定位变化有关。中华人民共和国建立之初,我国教育体系和院校调整主要参照苏联模式,以培养经济建设的专门人才为核心,因此当时的专科学校作为大学和专门学院"预备"班,带有明显的层次性而非类型性,因此其管理自然在高等教育管理部门。继续教育从是否具有学历角度划分,可分为学历继续教育和非学历教育,非学历教育主要是与岗位或职业内容紧密相关的专业技术教育,具有典型的职业教育特征,因此高校的继续教育工作由职业教育管理部门。

笔者认为,双向管理控制关系的存在,看上去关系复杂,但相互制约的关系才更为未稳定,也有利于三教协调发展和协同创新。但值得注意的是其中存在一定的风险和阻碍。一是专科和本科层次的职业学校在办学过程中要同时参照《高等教育法》和《职业教育法》两部法的约束,并接受双重部门管理,可能会使得部分职业学校,尤其是本科职业学校的办学定位模糊甚至产生摇摆。二是在推进全民终身学习的过程中,由于高等继续教育的工作主要在职业教育管理部门内的下层科室,级别相对较低,因此在引导和督促普通本科院校时往往显得捉襟见肘[8]。

3. 竞争关系:高等教育和职业教育存在经费竞争和生源竞争

系统结构论认为,如果 e_i 和 e_j 两个要素需要的同一输入都是由要素 e_k 提供的,或者要素 e_k 的某种输入由 e_i 和 e_j 提供,且 e_i 和 e_j 之间再没有其他物质、能力和信息的减缓关系,那么 e_i 和 e_j 之间称为竞争关系(R^m_{ji} 和 R^m_{ij})。竞争关系往往处于两种状态,当 e_i 和 e_j 得到充分输出,则竞争不会出现,称为潜伏状态;若 e_i 和 e_j 输入不充分或输出过剩,e_i 和 e_j 之间就会展开竞争,即为竞争的激化状态。要素之间的竞争一方面可以改进整个系统的功能,但另一方面也可以导致系统功能的下降和崩溃。

职业教育和高等教育之间存在的竞争关系,主要体现在经费竞争和生源竞争两大方面。在办学投入方面,我国公办学校占比高,并且长期以财政经费投入为主,换句话说,高等院校和职业院校两类院校的主要办学经费是依靠中央和地方政府输入的,地方财政经费作为共同输入要素有着天然的相对有限性,造成院校经费输入的不充分,进而产生竞争关系。而公办院校无论是地方本科院校还是高职院校的公共经费主要与生源规模有关。因此,生源竞争是表象,经费竞争是实质(见图4)。

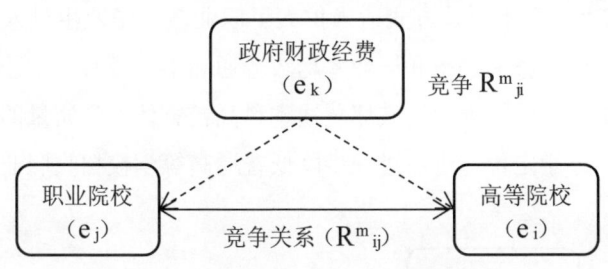

图4 职业教育与高等教育竞争关系

在中观办学层面,长期以来,我国高等教育逐步从精英化向大众化阶段迈进,普通高等学校和高等职业院校招生规模稳步扩大,使得高中阶段生源向两类院校输入。近年来,随着现代职业教育体系的不断完善、职业院校办学质量的提高、本科层次职业院校的出现等,职业教育尤其是高职院校对高中阶段毕业生的吸引力显著增强。而部分地方本科院校由于定位模糊、学术优势和就业优势均不明显等原因,对应届生的吸引力不断下降。部分地方本科院校与职业院校形成生源竞争关系。在部分地区高等教育整体毛入学率较高,因而两者的竞争关系处于潜伏状态;而在高等教育和高等职业教育资源相对充足而生源相对不足的地区,生源竞争呈现激化状态。据推算,未来10年左右,我国高等教育总规模将净增1000万人左右,主要面向由于地域、经济、文化、制度等原因未能接受高等教育的适龄人口和非适龄人口,主要包括农村及偏远地区的人口、中等职业教育学生以及需要兼顾工作的在职人员[9]。这将促使地区内部生源竞争进一步激化。

4. 破坏关系:职业教育和继续教育生源输入对高等教育产生"破坏"

在微观办学层面,高等教育办学者往往认为职业教育生源输入产生办学质量"破坏关系"。所谓破坏关系,系统结构论认为,如果要素 e_i 的输入传给要素 e_j 之后,或要素 e_j 接收要素 e_i 的输出后,削弱了要素 e_j 的功能,则二者之间的关系称为破坏关系,用 R^b_{ij} 表示,其中 e_i 为破坏要素,e_j 为被破坏要素。

长期以来，普通高等学校招收的生源主要以普通高中毕业生为主，招收中职和高职专科毕业生的规模有限，同时，普通高等学校的继续教育机构在相对优质的高等院校中普遍处于边缘地位，其招收的学历和非学历继续教育学习者也相对处于弱势地位。其原因主要在于，高等教育在从精英化向大众化转变过程中，仍有大部分高等教育办学者受传统文化影响，将普通高等教育以"精英主义"自居，对职业教育、继续教育的生源存在歧视、鄙视心理。虽然近年来地方本科院校通过"中本贯通""专升本"等方式适当扩大了职业教育毕业生进入普通本科院校的规模和比例，但课程通过率和毕业率均较普通高中生源有一定差距，使得办学者将职业教育毕业生的输入视为破坏普通本科高校整体办学质量的"洪水猛兽"，影响其"精英"办学定位，进而进一步降低普通高等学校招收职业教育学生的积极性（见图5）。

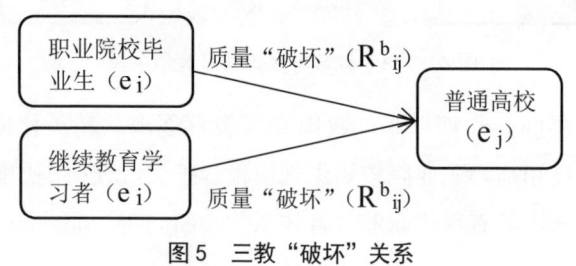

图5 三教"破坏"关系

之所以称之为"主观"上的破坏关系，是因为职业教育毕业生、成人学习者进入普通高等学校是学习者完成终身学习的必要过程，其规模扩大可反映出教育体系在服务全民终身学习的整体水平。也就是客观上，对整个教育系统而言是利大于弊。系统结构论认为，破坏关系有时会增强系统的功能，有时则会削弱整个系统的功能。笔者认为，这种主观上的"破坏关系"不仅不会削弱高等教育的办学功能，反而是会增强其社会服务的功能的有力体现。之所以高等院校认为其存在破坏关系，一部分原因在于中职生先前学习基础薄弱，二是"中本贯通"模式下转段考试相对标准低；三是高等院校也缺少针对此类生源的教育内容和方式、考评体系等转变[10]。

5. 吞食关系：职业教育与高等教育存在院校间的吞食关系

所谓吞食关系，系统结构论认为，如要素 e_i 的输入是要素 e_j 本身，而且 e_j 输入到 e_i 之后，e_j 原有基本属性完全消失，则称 e_i 与 e_j 之间的关系为吞食关系，用 R^e_{ij} 表示，其中 e_i 叫吞食要素，e_j 叫被吞食要素。从办学层面看，职业教育与高等教育存在吞食关系，并且吞食现象有所复现。受传统精英主义教育观和财政经费投入等因素影响，普通教育相比职业教育更有吸引力。因此在 20 世纪末高等教育大发展时期，曾经出现大批职业学校通过被本科院校合并的方式实现间接升格。并校后，职业学校原有的教学资源和师资很难保持职业教育的属性，因此客观上形成吞食关系（见图 6）。

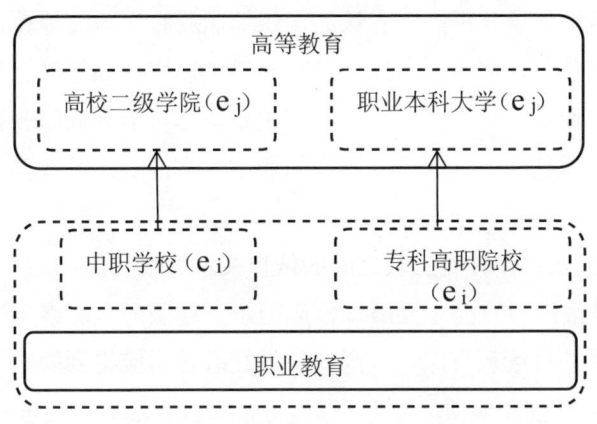

图 6　职业教育与高等教育吞食关系

本科高校对于职业院校的吞食，主要源自两点，一是从文化角度看，"士农工商"的等级观念，使得大众对于培养"精英"人才的本科高校普遍高看一眼，职业院校教师的身份随着并入会"升格"一级，从职校老师变为大学教师，积极性之高不必多言。二是从经费角度看，本科高校由于其行政级别更高、规模更大，其获得财政和社会投入的经费往往几倍于职业院校。因此，本科院校可以扩大规模进而获取更多资源，职业院校并入后拥有更好的社会地位和更高的待遇，可谓是"两全其美"。与其说是本科高校对职业院校的吞食，其实很大一部分职业院校是主动地"投怀送抱式"地被吞食。

中等职业教育在普及高中阶段教育和建设中国特色职业教育体系过程中发挥了重要作用，因此，保障中等职业教育的规模是稳固职业教育体系的重要基础。虽然 2005 年前后国家曾要求中等职业学校原则上不升格为高等职业院校或并入高等学校，就是要防止职业教育资源的整体流失影响教育结构。但是，随着近年来政策松动，各地又逐渐出现了多种形式的并校现象。看似可以扩大高等教育的资源规模，但对于地方教育结构的平稳发展产生冲击，如果不加以制止，则不仅会影响职业教育的整体规模和功能发挥，还会加剧地区教育结构和人才供给结构

的失衡问题[11]。当下，正有一批高职院校正在努力升格成为本科职业大学，未来能否坚持职业教育类型化的办学定位同样值得担忧。

（三）统筹三教协同创新的对策建议

基于系统结构理论分析，笔者认为，统筹职业教育与高等教育、继续教育的协调发展与协同创新，应维系好职业教育与继续教育、高等教育与继续教育的单向互依关系，与职业教育之间的双向控制关系，尽可能降低职业教育与高等教育生源竞争关系或保持在潜伏状态，转变职业教育生源对高等教育的破坏关系，更要避免或减少吞食关系的产生。

1. 完善相关法律，转变三教之间的依存关系形式

高等院校是继续教育的重要战场，应当承担起服务全民终身学习的重任，积极开展多种形式的继续教育服务。因此，继续教育本应得到的法律保护，转变其对职业教育、高等教育单项的依存关系。《高等教育法》中，继续教育作为高等学校的一项义务加以限定，但对于如何保障继续教育的规范实施、未履行义务的实施主体需承担哪些法律责任等均无规定，因此很难保障继续教育的法律地位。比如，《高等教育法》提及继续教育仅有一次，即第23条"高等学校和其他高等教育机构应当根据社会需要和自身办学条件，承担实施继续教育的工作。"因此，建议修订完善《高等教育法》，进一步明确高等学校承担继续教育、服务"终身学习"等社会服务的法律义务和责任。其次，加快制定《终身教育法》，明确继续教育或终身教育的合法地位，提高继续教育在教育体系中的重要作用，尤其是不同办学主体开展继续教育的功能定位、职责与权限、规模与投入等问题。

2. 明确管理权限，优化职业教育与高等教育之间的双向控制关系

正如上文所述，双向管理控制关系是把双刃剑，要更好地发挥支撑三教协调发展和协同创新的作用，而尽量规避其风险。因此，需要优化双向控制关系的作用内容与方式。首先，应优化高等教育部门对于专科及以上层次职业教育院校的管理权限，明确专科及以上层次职业院校的管理权限由高等教育部门和职业教育管理部门协同管理，为协调发展提供制度基础。其次，对于高等学校学历和非学历继续教育的管理权限，建议从原高等教育管理和职教管理部门，划转到继续教育或终身教育管理部门，形成统筹管理的格局。在教育部和各地教育行政部门中，分别增设终身教育司（处），统筹管理各级各类学校继续教育、社区教育、老年教育等，捋顺部门管理职能。

3. 转变投入机制，避免职业教育与高等教育竞争关系激化

正如上文所述，造成职业教育与高等教育竞争关系主要在两个要素，一个是经费，一个是生源，而且二者息息相关。生源竞争背后很大一部分原因在于办学财政经费投入机制。系统结构论认为，要素之间的竞争一方面可以改进整个系统的功能，另一方面也可能导致系统功能的下降和崩溃。因此，要避免职业教育与高等教育竞争关系激化，就要完善办学投入机制，保持二者关系处于潜伏状态。未来，高等教育以每年1%～2%的增速扩大，地方财政经费相对有限，因此经费竞争必然持续存在，关键在于如何将其控制在"潜伏状态"。因此，要完善社会资本举办职业教育与高等教育激励机制，稳步扩大社会力量举办和参与举办三类教育，同时加强对民办院校规范管理；其次，要深入推进放管服改革，引导地方本科院校服务社会，积极开展继续教育，引导"自创自用"经费，降低对财政经费的依赖；三是要强化政府履职评价，将经费投入、教育结构的均衡性纳入地方政府考核，引导地方政府稳步调整高等教育和职业教育规模，保障经费投入。

4. 优化质量评价，减缓职业教育、继续教育生源对高等教育的"破坏关系"

在高等教育下，破坏关系主要的作用因子是学生。因此就要从职业教育、继续教育生源的入口、培养过程和毕业出口等关键节点入手，减少或缓解高等教育管理者眼中的"破坏关系"。一是优化分类考试制度。在现有自主招生、"中本贯通"考试、新建的"职教高考"和注册入学考核中，增加专业技能和专业理论考试的比重，守住入口关。同时完善"补习"教育制度，弥补职业教育、继续教育生源相关理论知识储备结构。二是严控职业院校、继续教育机构课程考核质量标准与毕业标准，以严格的课程考核质量管控来营造良好学习风气，从"严进宽出"向"宽进严出"转变，引导学习者对教育类型进行理性选择，从而转变高等教育对职业教育和继续教育的教学质量观念。三是针对此类生源的教育内容和方式、考评体系等要及时转变，比如将毕业设计、论文写作，调整为设计发明、创新创业项目等侧重实践的考核，进一步提高学生学习体验和积极性，全面反映教学质量。

5. 加强政策引导，避免产生普通高校对职业院校的吞食关系

吞食关系的产生，主要源自高等教育在办学投入、评价导向等方面相对职业

教育仍具有一定优势。随着高等教育整体进入普及化发展阶段，人民群众对接受高等教育的需求扩增，职业教育办学层次高移，部分普通本科学校可能产生进一步扩大办学规模的愿望，使得部分中职学校的发展面临坚守中等办学层次，还是升格发展方向的迷茫，这两大因素共同导致中职并入高校的可能性大大提升。因此，建议国家层面及时制定相关政策，引导中职或高职院校坚守就业导向办学定位，加强对中职、高职学校撤、并等备案审核，防止或减少中职或高职院校学校并入普通本科院校。二是要加大对职业院校的基本办学投入，尤其是对办学条件相对薄弱地区的人、财、物系统化投入，保障职业学校。三是要加强监管，通过政府履职评价、国务院职业教育评估等途径，对于职业学校规模减小的情况进行督查，引导地方政府合理统筹三教协调发展。

参考文献

[1] 马树超,郭文富.走中国特色"三教"统筹协同发展之路[J].中国高教研究,2023,(01): 8-13.

[2] 张晨,马树超,杨琳.谈新《职教法》"统筹推进职业教育与普通教育协调发展"[J].中国高教研究，2022，(06):97-102.

[3] 林福永.一般系统结构理论[M].广州：暨南大学出版社,1998: 34-36.

[4] 林福永,吴健中.一般系统结构理论及其应用（Ⅰ）[J].系统工程学报，1997(03): 3-12.

[5] 余运洋,吴健中,董建萍.一般系统结构关联描述[J].桂林电子工业学院学报，1995,(Z1): 51-55.

[6] 林福永,吴健中.一般系统结构理论及其应用（Ⅱ）[J].系统工程学报，1997(04): 13-22.

[7] 别敦荣,李祥,汤晓蒙,刘晓,孙俊华.职业技术教育、高等教育、继续教育统筹协调发展——"构建服务全民终身学习的教育体系"笔会系列一[J].终身教育研究，2020，31(02): 3-18.

[8] 董玉霞.高等继续教育与全日制高等教育协调发展研究[J].成人教育，2019，39(11): 6-10.

[9] 刘涤.普通高等教育和职业高等教育协调发展研究[C].辽宁省高等教育学会2016年学术年会暨第七届中青年学者论坛三等奖论文集.2016: 639-643..

[10] 杨启光.统筹高等教育与职业技术教育协调发展：国际经验与我国的重点[J].中国成人教育，2021(19): 19-23.

[11] 马小玲.职业教育、高等教育、继续教育统筹协调发展机制研究[J].文化创新比较研究，2021，5(04): 12-14.

（执笔：王启龙）

三、统筹三教发展的政策演变、现实动力与未来建议

2019年党的十九届四中全会提出,完善职业技术教育、高等教育、继续教育统筹协调发展机制。2022年党的二十大报告进一步明确,加快建设高质量教育体系,统筹职业教育、高等教育、继续教育协同创新。2023年习近平总书记在中央政治局第五次集体学习时强调,统筹职业教育、高等教育、继续教育。这是新时代站在推进国家治理体系和治理能力现代化的高度,用系统化思维构建服务全民终身学习的教育体系的战略举措,对于加快建设高质量教育体系、建设教育强国、服务高质量发展、支撑引领中国式现代化意义重大。目前关于职业教育、高等教育、继续教育(以下简称"三教")关系的学术研究处于起步阶段,有代表性的观点比如张力认为,统筹三教协同创新,对开拓三教可持续发展新局面具有非常重要的导向意义[1];马树超等认为,三教正在探索一条中国式统筹协调发展之路[2];张晨等认为,"规模"和"经费"是"协调发展"需要重点关注的两个结构性指标[3]。但总体上看,目前涵盖三教的全面、综合、系统研究比较缺乏,相关研究更多集中在三教中两教间的关系。那么,三教关系的历史脉络、现实驱动力以及统筹发展走向如何,是一个有待深入研究的课题。

(一)统筹三教发展的政策演变脉络

中华人民共和国成立以来,适应经济社会发展和人民大众受教育的需求,在政府宏观政策引导下,职业教育与高等教育、继续教育取得前所未有的发展,三教之间的关系不断升级、内涵不断丰富,大体呈现出相对独立、沟通衔接再到统筹协调的3个阶段特征。

1. 三教偏重相对独立发展阶段

中华人民共和国成立至 20 世纪末，职业教育、高等教育、继续教育都是在"一穷二白"的基础上发展起来的，实现的是"从无到有"的跨越，三者发展更多侧重的是各自体系的构建和完善、各自制度的建立和健全，三者之间的关系偏重于相对独立发展。中华人民共和国初期，面对百业待兴和广大劳动人民提高文化水平的需要，1951 年《政务院关于改革学制的决定》明确提出，高等学校（包括专科学校）要为国家培养具有高级专门知识的建设人才，中等专业学校按照国家建设需要实施各类的中等专业教育等，并要求各级政府设立各级各类补习学校和函授学校。1985 年，在经济体制改革全面展开的形势下，《中共中央关于教育体制改革的决定》明确提出要使职业技术教育得到广泛的发展，高等学校的潜力和活力得到充分的发挥，学校教育和学校外、学校后的教育并举，同时强调有关干部、职工、农民的成人教育和广播电视教育是教育事业极为重要的组成部分。1993 年，《中国教育改革和发展纲要》提出，积极发展职业技术教育、成人教育和高等教育。1995 年，《教育法》第十七条规定"国家实行学前教育、初等教育、中等教育、高等教育的学校教育制度"，第十九条规定国家实行职业教育制度和成人教育制度，进一步明确了三教的法律地位。

在"相对独立"发展阶段，我国大体处于高等教育精英化阶段，职业教育弥补了高考"独木桥"的瓶颈难题，成人教育承担了补充学历教育的重要作用，三类教育能够得到人民群众的认同，三者快速发展为三教关系的进一步演变和深化奠定重要基础。

2. 三教强调相互沟通衔接阶段

20 世纪末以来，面对经济高速增长全面提升劳动者素质的迫切要求，以及人民群众日益增长的受教育需求，三教进入沟通衔接发展新阶段，三者逐步加强相互间的链接，尤其是以考试招生制度改革为突破口，初步建构了三教互相联通的体系框架。1999 年，《中共中央、国务院关于深化教育改革全面推进素质教育的决定》提出，构建与社会主义市场经济体制和教育内在规律相适应、不同类型教育相互沟通相互衔接的教育体制，高等学校和中等职业学校要创造条件实行弹性的学习制度，放宽招生和入学的年龄限制，大力发展现代远程教育、职业资格证书教育和其他继续教育。2007 年《国家教育事业发展"十一五"规划纲要》要求，建立各级各类教育相互衔接、相互沟通的教育体系。2010 年《国家中长期教育改革和发展规划纲要（2010—2020年）》进一步明确，构建灵活开放的终身教育体系，促进各级各类教育纵向衔接、横向沟通，并提出组织开展终身教育体制机制建设试点，建立区域内普通教育、职业教育、继续教育之间的沟通机制。2012年《国家教育事业发展第十二个五年规划》进一步要求，促进不同类型教育之间的衔接和沟通，搭建通过各种学习途径成才的"立交桥"。2014年，教育部等六部门印发的《现代职业教育体系建设规划（2014—2020年）》则要求统筹职业教育和普通教育、继续教育发展，并提出了涵盖职业教育、高等教育、继续教育的教育体系基本框架。2017年，《国家教育事业发展"十三五"规划》进而提出，建立健全职业教育与普通教育、学历教育与非学历教育、职前教育与职后教育沟通衔接的机制。

在"沟通衔接"阶段，高等教育通过扩招实现规模快速提升，2002年我国进入高等教育大众化，老百姓接受更高层次教育的需求进一步激发，三类教育的社会认同度出现分化，职业教育、继续教育的价值认同下降，高等教育的龙头地位逐步显现。国家系列政策促进了三者的沟通衔接，统筹"三教"发展从要素层面进一步上升到体系层面。

3. 三教促进统筹协调发展阶段

2019年，习近平总书记在党的十九届四中全会上指出，新时代改革更多面对的是深层次体制机制问题，对改革顶层设计的要求更高，对改革的系统性、整体性、协同性要求更强。相应地，职业教育、高等教育、继续教育进入体系化发展新阶段，更加强调三教统筹协调发展。十九届四中全会提出构建服务全民终身学习的教育体系，要求完善职业技术教育、高等教育、继续教育统筹协调发展机制。《中国教育现代化2035》明确提出，构建服务全民的终身学习体系，强化职业学校和高等学校的继续教育与社会培训服务功能，开展多类型多形式的职工继续教育。2020年，中共中央、国务院《深化新时代教育评价改革总体方案》强调要推动构建服务全民终身学习的教育体系，要求健全职业学校评价，推动健全终身职业技能培训制度；探索开展高校服务全民终身学习情况评价，促进学习型社会建设。《中共中央关于制定国民经济和社会发展第十四个五年规划和二〇三五年远景目标的建议》中明确提出，建设高质量教育体系，增强职业技术教育适应性，提高高等教育质量，发挥在线教育优势，完善终身学习体系，建设学习型社会。2022年，中办、国办《关于深化现代职业教育体系建设改革的意见》强调，统筹职业教育、高等教育、继续教育协同创新，有序有效推进现代职业教育体系建设改革，切实提高职业教育的质量、适应性和吸引力。

在"统筹协调"阶段，2019年我国进入高等教育普及化，建成世界最大的高等教育体系、职业教育体系，高等教育在教育体系中的引领作用更加彰显。与此同时，中国式现代化对国家战略人才、学习型社会、技能型社会建设提出更高要求，统筹三教协调发展和协同创新的任务更加迫切。

70多年来，三教发展筚路蓝缕、起起伏伏，从"一穷二白"到"世界最大规模"，从"规模发展"转向"质量发展"，从"单兵突进"转向"统筹协调"，并且强调"协同创新"，正在走出一条具有中国特色的三教统筹之路。三教是由3个子系统组成的大系统，三教关系的政策演变体现了子系统自身，及其相互间关系流的变化，反映了三教关系的具体内涵与价值取向。从教育体系的视角来看，三教从"相对独立"到"沟通衔接"再转向"统筹协调"，3个阶段的演变契合了高等教育精英化、大众化、普及化进程，体现了高等教育的主导作用。从内涵价值的视角来看，三教统筹发展不仅包含规模结构的协调，还包括各类教育的功能分工，以及相互间的沟通衔接、机制建设和价值认同等。三教间的关系不断深化，这既是三教自身持续探索的自然结果，也是经济社会发展阶段性特征的外化表现。新时期，协同创新成为三教统筹发展的最新要求和目标指向。

（二）新时期统筹三教协同创新的现实动力

2020年习近平总书记在经济社会领域专家座谈会上指出，我国已进入高质量发展阶段，社会主要矛盾已经转化为人民日益增长的美好生活需要和不平衡不充分的发展之间的矛盾。推动三教统筹协同创新，既是满足人民日益增长的美好生活需要，也是解决发展不平衡不充分问题的需要。党的二十大开启中国式现代化新征程，高质量发展新阶段对统筹三教协同创新提出新要求，成为统筹三教发展的动力之源。

1. 经济高质量发展要求三教统筹协同提升人才供给能级

人才是衡量一个国家综合国力的重要指标[4]。古典经济学家亚当·斯密较早提出人力资本在经济增长中的重要作用，舒尔茨的人力资本理论进一步强调人力资本是促进经济增长的主要原因。人力资本可以通过直接增加劳动力、提高劳动力操作水平、推动技术创新、促进产业升级、提高全员劳动生产率等方式助力经济发展[5]，可以说，没有人的发展是不存在的，也是没有价值的。十八大以来，国家作出以高质量发展为主题、以供给侧结构性改革为主线、建设现代化经济体系等重大决策，推动国内生产总值突破百万亿元大关、人均国内生产总值超过一万美元，我国经济转向高质量发展之路[6]。经济增长的动力由传统产业逐渐转向依靠新技术、新产品的现代产业，以2020年为例，新产业、新业态、新模式逆势成长，全年规模以上工业中高技术制造业、装备制造业、战略性新兴服务业等增加值分别比上年增长7.1%、6.6%、8.3%，新能源汽车、集成电路产量分别比上年增长17.3%、29.6%[7]。经济高质量发展的基础是人力资源高质量发展，人力资源高质量发展的前提是技术技能升级。但有调研显示，我国高技能人才占比较低，企业技能劳动者求人倍率一直在1.5以上，高级技工求人倍率达到2以上[8]。推动经济高质量发展，要求从注重人才数量、规模转向更加注重人才质量、效能，三教统筹协调发展是高质量人才供给的基本前提。

2. 人口结构变化要求三教统筹协同提高人力资源质量

人口结构和劳动力供给是经济发展水平和质量的重要影响因素。改革开放以来我国经济社会发展取得巨大成绩，有研究表明，经济高速增长的重要源泉之一是以充足的劳动力供给和高储蓄率等为主要表现的人口红利[9][10]。近年来，我国人口年龄结构发生了明显变化，劳动年龄人口（即15～64岁人口）总量在2015年达到峰值10.10亿，至2020年下降为9.69亿，大体相当于2008年的总量；65岁以上人口呈明显上升趋势，2020年总量达到1.91亿，相比2008年增长了74%，老年抚养比达到19.7%，人口老龄化进一步加剧[11]。与此同时，未来我国经济产业发展的重点是保持制造业比重基本稳定、巩固壮大实体经济根基，这对一定数量和更高质量产业工人的需求是持续的。积极应对新的人口结构变化，至少可以从两个方面着手提高人力资本，一是提升人力资源质量，从数量型转向质量型；二是积极应对老龄化，学会与老龄化共舞[12]。在此过程中，职业教育、高等教育、继续教育可以发挥更大的作用。舒尔茨认为，学校教育和在职培训是人力资本形成的主要途径[13]。面对传统的数量型人口红利正在加快消失的现实情况，如何统筹协调学校教育和在职培训，形成一个更高质量、更高效率的终身学习体系，是一个亟待思考的问题。三教领域涵盖了学校教育的终端和在职培训的全段，覆盖了劳动年龄人口和老龄人口，打通三教之间的壁垒，推动三教统筹协同创新，正是终身学习体系的关键环节，也是应对人口结构变化的战略举措。

3. 高质量教育体系建设要求深化三教统筹协调内部改革

建设教育强国是以中国式现代化全面推进中华民族伟大复兴的基础工程，建设教育强国要求加快建设高质量教育体系[14]。习近平总书记在十九届五中全会上第一次明确提出"建设高质量教育体系"，二十大报告进一步强调"加快建设高质量教育体系"。至2020年，我国普通高校2738所，其中，本科院校1270所、高职院校1468所，高等教育毛入学率达到54.4%[15]，高等教育普及化程度进一步提高。普通本科招生占整个高等教育招生的28.69%，高职教育招生占32.42%，各种形式的高等学历继续教育（包括成人、开放、自考获得学历的）占38.98%，全国涉及高等学历继续教育的学校数达到1891所[16]。全国高中阶段教育学校2.45万所，其中，中等职业学校9896所，高中阶段毛入学率达到91.2%。类型多样、层次多元、规模庞大的三教为高质量教育体系建设奠定现实基础。高质量教育体系体现了系统的理念，这就要求进一步把教育体系作为一个整体看待，不能画地为牢、各自为政、自我封闭，教育系统各阶段、各方面、各环节需要更加有机的衔接和整体设计、统筹协调[17]。尤其是伴随高等教育普及化程度的提高，传统生源数量变化和非传统生源涌入，将在一定程度上引发三教的格局性变化。与此同时，国家现代化将推动劳动力市场从普通劳动力为主转化为专业性劳动力为主[18]，这将对职业教育、继续教育提出更高的要求。因此从系统化、体系化的思维角度去看未来的教育改革，其重要的聚集点和关键环节就是推动三教统筹协调发展和协同创新，这是推动教育供给侧结构性改革，挖掘教育供给体系的质量和效率，提升人力资本潜能的重要手段。

（三）统筹三教协同创新面临的主要问题

当前，世界之变、时代之变、历史之变对高质量教育体系建设提出系列挑战，我国经济升级、人口变化与教育变革对职业教育、高等教育、继续教育发展提出新的更高要求，推动三教统筹协调发展、协同创新的政策号令已经发出，但反观现实实践，统筹三教协同创新仍然面临一些瓶颈难题，亟待重视解决。

1. 价值理念上存在观念阻碍与制度障碍

热爱教育、关心教育、愿意接受更多的教育，是中华民族在几千年历史中形成的文化传统。基于此，长期以来，职业教育、高等教育、继续教育在人们的观念中存在高低之分、层次之别。该现象和问题既受历史文化因素的影响，也是发展阶段性的表现，无关对错，但这种价值理念影响了"三教"统筹协调发展。职业教育缺乏吸引力，不受社会认可，教育系统内部关于职教是"二流教育""次等教育"等观念严重，继续教育不受重视。高等教育和职业教育分别沿着学术和职业的轨道独立运行，存在制度隔离与边界鸿沟问题[19]。应充分认识到，若一国仅靠全面普及普通教育（即使普及普通高等教育），却没有适应人力资源市场需求的职业教育和继续教育，就很难保证经济社会可持续发展[20]。统筹三教协同创新面临深层次的观念阻碍和制度障碍，面临多元主体利益分配问题，亟待在新时代教育综合改革中，加大改革创新深度力度，完善三教统筹协调发展的体制机制。尤其是基于传统文化影响和教育体系现状，当前迫切需要加快建立健全高等教育引领的三教协同创新机制。

2. 体制机制上存在阶段困境与结构矛盾

职业教育、高等教育、继续教育是教育体系的重要组成部分，三者统筹协调发展和协同创新是高质量教育体系的应有之义。三教之间从相对独立、沟通衔接再到统筹协调的3个阶段是基于发展事实的逻辑想象和经验判断，符号象征意义大于现实实践意义，实际上3个阶段并不是完全的前后递进关系，而是一些相对灵活的区间，3个阶段可以交叉并进、共同存在，后期阶段的到来并不会完全取代前期阶段，但如果没有前两个阶段的充分发展，就没有办法完全实现第三阶段的愿景目标。在不同发展阶段的过渡过程中，三教之间所发生的质的变化更值得关注。目前，第一阶段存在短板，比如，职业教育体系不健全，类型教育的核心理念、核心价值、标准体系有待明确和落地；继续教育发展失范，质量参差不齐。第二阶段存在瓶颈，比如，高等教育、职业教育体系沟通不畅，继续教育体系游离在外，产业界与教育界沟通不畅，信息不对称，人才培养供给侧和产业需求侧在结构、质量、水平上还不能完全适应，学科专业建设与产业转型升级不相适应等，对统筹三教协同创新提出更高要求。

3. 关键环节上缺乏标准体系与操作路径

统筹职业教育、高等教育、继续教育协同创新涉及政府、学校、学生、企业、社会等多元主体，是一个复杂的系统工程，因此在推进过程中要注重把握核心节点，起到"牵一发而动全身"的作用，而"招生入口""培养过程""毕业出口"

三大关键点的统筹协调就是这一系统工程的核心抓手。从这个角度来看，目前统筹三教协同创新的实然应对仍然存在诸多瓶颈问题有待解决，三教沟通衔接存在等级标准模糊、融通机制与要素沟通不明等问题[21]，在"入口关"分类考试招生制度尚不完善，规模、结构、层次布局有待优化，在"培养关"高校分类发展路径不清晰，培养标准体系不健全、不兼容、不等值，产教深度融合体系尚未形成，在"出口关"缺乏互认、转化平台，国家资历框架尚未形成，在"保障关"各类教育资源配置与其功能定位尚不匹配等。

（四）未来统筹三教协同创新的若干建议

一般系统结构理论认为，复杂系统行为是由复杂系统的信息流、物流、能量流、资金流、人力资源流等关系流共同决定和支配的[22]。参照该理论，促进三教复杂系统统筹协同创新应重点关注其关系流的确定、变化及发展，那么首先应该是明确三教结构关系，厘清目标明确、结构合理的关系流；其次是理顺运行机制，形成适应需求、持续优化的关系流；第三是抓住核心要素，建构具有自组织功能的关系流。

1. 健全统筹管理体系

统筹三教协同创新是一个系统工程，因此要在价值理念上树立一体化和体系化思维，健全统筹管理体系，推动三教从竞争性思维转向合作性思维，从自身"小逻辑"转向服从发展"大逻辑"，构建服务终身学习的高质量教育体系。三教之间的关系进入统筹协调发展阶段时，三教的教育理念、功能定位、课程教学、管理模式等应该出现新的变化，应该转向整体发展观，从体制机制、结构类型、评价导向、发展保障等方面进行流程再造和机制塑造。首先，明确三教各自功能定位，推动职业教育、高等教育和继续教育能够充分且有效地发挥各自功能。全面研究职业教育、高等教育、继续教育及新教育形态等不同学段、不同层次、不同类型、不同形态的教育高质量发展的理念、目标、任务、政策措施等[23]。促进三教规模结构协调，尤其是普通本科与高职、普通本科与职业本科、专科高职与职业本科，及其与继续教育之间等。其次，创新构建分类发展体系，比如，可以在研究型、应用型和职业技能型的高校分类体系框架下，构建区域普通高校分类发展和分类管理体系[24]。加强资源配置改革，建立健全与分类发展体系相匹配的资源保障体系，推动各类教育各安其位、百舸争流、百花齐放。最终，站在建设学习型社会的高度，明确新时代三教之间的关系，高等教育与职业教育突出"融通"，高等教育与继续教育体现"全纳"，职业教育与继续教育强调"并重"，在此基础上，打造服务终身学习体系的教育共同体。

2. 优化协调运行机制

当前，三教之间的关系总体上正在由相对独立、沟通衔接走向统筹协调发展阶段，统筹三教协同创新机制建设更加紧迫，其重点应该是立足高等教育与职业教育、继续教育统筹协调发展的目标，有效激发并发挥高等教育的主导作用，建强三大体系、扩展沟通途径、建立协调机制，通过补第一阶段（相对独立阶段）的短板、解第二阶段（沟通衔接阶段）的症结，推动实现第三阶段的统筹协调发展。首先，完善自我发展机制，重在由三教各自主管部门推进实施，形成高质量的职业教育、高等教育和继续教育。高等教育既要在高质量教育体系中发挥创新引领作用，也要服务高等教育普及化阶段的多样化需求。职业教育要优化类型定位，推动建设适应新型工业化、信息化、城镇化、农业现代化需要的中国特色职业教育体系。继续教育要明确办学定位，解决无序扩招，推动规范办学，通过深化改革实现可持续发展。其次，健全沟通衔接机制，重在形成跨部门沟通途径，形成三教相互衔接沟通的框架体系。比如，高等教育和职业教育要超越部门主义、本位主义，建立双向互认、纵向流动的立交桥；职业教育要落实"职业教育与培训并举"的法定职责，把开展产业工人的技能培训作为业务范围，让职业培训成为职业院校的主业。最后，构建互补互融机制，重在通过"大部制"协调推进，形成三教相互支撑、不可割裂的有机体系。各个部门、各个领域"单兵突进式"改革，往往更多是向自身利益倾斜的，因此有必要建立一个超脱部门利益的改革协调机构[25]。

3. 聚焦改革关键环节

三教领域基础性制度体系基本形成，为推进三教统筹协同创新打下了坚实基础。在三教统筹协调发展的新阶段，还要更好地"突出系统集成、协同高效"[26]，更好地体现"强烈的问题导向和鲜明的实践特色"，聚焦关键环节、核心问题，形成高等教育主导的统筹三教协同创新动力机制。首先，入口上完善招生考试制度，健全"文化素质+职业技能"的考试招生办法，完善省级统筹、综合评价、多元录取的"职教高考"制度，改善学生通过普通高考"千军万马过独木桥"的问题，缓解家长对学生"出路"问题的焦虑。其次，培养过程中加强标准体系建设，三教统筹协调的核心内涵在于课程、教学与师资，其中相互认可的标准体系建设是根本，这也是推动三教内涵式发展的关键。同时，要深化产教融合，推进产学研协同创新，推动改革试点，形成目标导向、绩效导向、结果导向的产学研协同创新、产教融合体制机制，优化完善多元主体利益分配，推动院校充分重视行业企业利益。最后，出口上构建国家资历框架，实现学习者在职业教育、高等教育和继续教育不同系统之间的学分转换。比如，欧洲理事会出台《欧洲资格框架》（European Qualification Framework，EQF），形成横向上知识、技能、责任与自主性层级因素与纵向上基础教育至博士或同等学历教育层级因素相互贯通的资格体[27]。聚焦等值性的资历框架可搭建三教之间相互认可的桥梁，能够有效打破制度割裂的状态，是推动三教统筹协调发展和协同创新的重要举措。

参考文献

[1] 张力. 开拓职业教育、高等教育、继续教育可持续发展新局面 [N]. 中国教育报，2023-01-31(03).

[2] 马树超，郭文富. 走中国特色"三教"统筹协同发展之路 [J]. 中国高教研究，2023(01): 8-13.

[3] 张晨，马树超，杨琳. 谈新《职教法》"统筹推进职业教育与普通教育协调发展" [J]. 中国高教研究，2022(06): 97-102.

[4] 习近平. 深入实施新时代人才强国战略 加快建设世界重要人才中心和创新高地 [N]. 人民日报，2021-09-29(01).

[5] 陈耀. 高质量发展把对人才的要求推向新高度 [J]. 中国党政干部论坛，2018(06): 32-35.

[6] 中共中央关于党的百年奋斗重大成就和历史经验的决议 [N]. 人民日报，2021-11-17(01).

[7] 国家统计局. 中华人民共和国 2020 年国民经济和社会发展统计公报 [EB/OL]. (2021-2-28)[2021-12-20]. http://www.stats.gov.cn/tjsj/zxfb/202102/t20210227_1814154.html.

[8] 孙锐，孙彦玲. 构建面向高质量发展的人才工作体系：问题与对策 [J]. 科学学与科学技术管理，2021，42(02): 3-16.

[9] 刘鹤. 没有画上句号的增长奇迹 [R]. 吴敬琏等. 中国经济 50 人看三十年：回顾与分析 [M]. 北京：中国经济出版社，2008: 263-277.

[10] 蔡昉. 如何开启第二次人口红利？ [J]. 国际经济评论，2020(02): 9-24+4.

[11] 国家统计局. 中国统计年鉴 2021：人口年龄结构和抚养比 [EB/OL]. (2021-9-1) [2022-3-1]. http://www.stats.gov.cn/tjsj/ndsj/2021/indexch.htm.

[12] 蔡昉．如何开启第二次人口红利？[J]．国际经济评论，2020(02): 9-24+4.

[13] 陈耀．高质量发展把对人才的要求推向新高度[J]．中国党政干部论坛，2018(06): 32-35.

[14] 习近平．决胜全面建成小康社会 夺取新时代中国特色社会主义伟大胜利[N]．人民日报，2017-10-28(01).

[15] 教育部．2020年全国教育事业发展统计公报[EB/OL].(2021-8-27)[2022-2-25]. http://www.moe.gov.cn/jyb_sjzl/sjzl_fztjgb/202108/t20210827_555004.html.

[16] 林宇．高等继续教育改革发展的体会和思考[J]．在线学习，2021(11):29-31.

[17] 管培俊．建设高质量教育体系是教育强国的奠基工程[J]．教育研究，2021, 42(03): 12-15.

[18] 张晨，马树超，杨琳．谈新《职教法》"统筹推进职业教育与普通教育协调发展"[J]．中国高教研究，2022(06): 97-102.

[19] 杨启光．高等教育与职业技术教育发展如何更协调[N]．光明日报，2022-03-22(15).

[20] 张力．完善职业技术教育、高等教育、继续教育统筹协调发展机制[N]．中国教育报，2020-01-16(03).

[21] 刘宝存，张金明．国际视野下的高质量教育体系：内涵、挑战及建设路径[J]．重庆高教研究，2022, 10(01): 6-14.

[22] 林福永，孙凯．复杂网络关系流与行为关系定理——一般系统结构理论在复杂网络中的应用[J]．系统工程理论与实践，2007(09): 136-141.

[23] 吴岩．构建高质量发展体系 建设高等教育强国[N]．中国教育报，2020-12-08(1).

[24] 杨启光．高等教育与职业技术教育发展如何更协调[N]．光明日报，2022-03-22(15)

[25] 南方日报评论员．完善体制改革的统筹协调机制[N]．南方日报，2013-02-19(F02).

[26] 习近平．关于《中共中央关于坚持和完善中国特色社会主义制度 推进国家治理体系和治理能力现代化若干重大问题的决定》的说明[N]．人民日报，2019-11-06(004).

[27] 刘宝存，张金明．国际视野下的高质量教育体系：内涵、挑战及建设路径[J]．重庆高教研究，2022, 10(01): 6-14.

（执笔：郭文富）

四、借鉴德国统筹协调机制探索三教协同创新之路

党的二十大报告提出"统筹职业教育、高等教育、继续教育协同创新",这不仅是各类教育自身高质量发展的根本要求,也是优化职业教育类型定位的重要保障。而要实现三类教育的协同创新,前提和基础是其相互之间要建立起统筹协调的发展机制。在这方面,我们可从部分发达国家的相关经验中获取有益启示,本文以德国为例进行分析,以期探索我国在统筹三教协同创新中可供借鉴的思考和发展路径。

(一)对德国三类教育关系的简要辨析

1. 德国的三类教育简览

德国的高等教育(Hochschulbildung)与职业教育(Berufsbildung)之间历来具有极其明确的分界,无论是其经典的综合性大学(Universität),还是近半个世纪以来陆续兴起的应用科技大学(Fachhochschule)和职业学院/双元大学(Berufsakademie/Duale Hochschle)也都同样属于普通高等教育,都不是我国意义上的高等职业教育[1],而且也都不含高等专科这一层次。而德国职业教育最主要的模式当然是众所周知的校企合作"双元制"职业培训,但实际上德国高中阶段的职业类学校(统称为 Die Beruflichen Schulen)却有多种形式[2],除实施"职业初始教育"(Berufsausbildung)的两种职业学校,即双元制中的部分时间制职业学校(Berufsschule)和非双元制的全日制职业专业学校(Berufsfachschule)外,各联邦州还有很多以提供升学服务为主的职业类学校,如专门为应用科技大学输送生源的专业高中(Fachoberschule)以及帮助未取得完全初中学历者进入专业高中的职业补习学校（Berufsaufbauschule）、实施更加广泛升学教育的职业高中（Berufsoberschule）和职业/专业文理中学（Berufliche/Fache Gymnasium）等。这些学校作为主要体现传统高中教育与职业相结合的产物[3]，与企业为主体的双元制培训共同构成了德国的职业教育体系[4]。

至于德国的继续教育（Weiterbildung），因其联邦制国家的多元立法难以进行全面概括[5]，但仍可大致分为普通继续教育和职业继续教育两大形式[6]。前者作为社会化和市场化的普通继续教育承办机构资源十分丰富而多元，其中以国民大学（Volkshochschule）的占比为最大，学习供给选择面非常广且兼具灵活性；后者则是专指以《联邦职业教育法》为依据的"职业继续教育"（Berufliche Fortbildung），其本身就是德国职业教育中的一个有机组成部分，其学历层次实际相当于我国的高等专科学校教育，而这并不属于德国的高等教育。但笔者认为，尽管在德国的高等教育体系中确实找不到我们所理解的"高等职业教育"，但从横跨于他们职业教育和继续教育两大体系的"职业继续教育"培养目标指向来看，其所造就的技术员（Techniker）和技师（Meister）都是很典型的高技能人才，二者都来源于职业初始教育所产出的技术工人，通过一种非连续性学程的职业继续教育在专科/技师学校（Fach/Meisterschule）学习毕业后成长为架设在技术工人与工程师之间的桥梁，即承担着技术沟通、技术转换、技术管理等技术应用性工作重任的"中间人才"（Middle Man）[7]，而这无疑正是我国高等职业教育当前特别强调急需培养的所谓高技能人才。

2. 相互间的关系特征

从德国职业教育、高等教育、继续教育之间互相联结与发展的初始动力与指向来看，始终有一个明确统一的价值导向，那便是等值性。早在1984年联邦职业教育研究所就出台了《关于职业教育和普通教育等值性建议》，2009年文教部长联席会议又在1994、1997年基础上再次发布职业教育与普通教育等值性有关的声明，"普通教育与职业教育的等值性是联邦政府职业教育政策的核心任务""职业教育和职业继续教育的毕业生应享有与学术教育毕业生同等的晋升和收入机会""通过职业教育路径亦可进入包括大学学习的所有教育路径"等呼声也未曾间断[8]。为保证先期技能与实践经验的被认可，2019年出台的《国家继续教育战略》提出要推进技能认证工具的研发，在德国国内构建起标准化的程序来对个人在一定情况下获得的职业技能或能力进行评估与论证[9]，以达到等值的要求。因此，德国职业教育与高等教育、继续教育统筹协调的核心目标或者是基点也正是这种等值性,即不同教育可通过多样化的方式使得学习者的学习内容被认同,学习价值得到平等的体现,这是德国各类教育统筹协调发展的基础和优势所在。

在此统一价值目标的引领下,似可勾勒出德国三大类教育之间的关系特征:一是相对独立,各大教育类型之间首先呈现的是相对独立的关系,相互之间有明显的分野与界限,每类教育都有各自完善的体系,有自己清晰的层次与功能架构:职业教育体系完整而多元,高等教育追求精英教育的架构始终牢固稳定,而继续教育的普职双轨发展则更是清晰明了;二是价值互认,各类教育之间基于其等值性的重要基础和对彼此质量的信任,加之超乎严格的质量监控与保证体系,使得等值性得到延伸,各类教育彼此之间的教学质量能得到充分认可与信任,由此构建起不同类型教育之间价值认可及互换的基础;三是功能互补,在不同类型教育之间进行衔接或融通时,各类教育有类似于补习或加强性质的模块可供学习者选择,通过功能多样的补习或加强模块达到等值性,实现相互之间的顺利衔接与过渡,因此功能的互补性也是各类教育的重要关系特征;四是衔接融通,三类教育层次清晰,学制多样而灵活,对不同路径的可选择性较强,衔接紧凑并有很多链接点彼此互通,只是在不同链接点上互通的条件不同,完成某一阶段学习后既可选择从业也可接受职业继续教育,还可以进入普通教育的领域,增强了学生选择与二次选择的可能性[10]。

尤其值得注意的是,德国的职业继续教育作为一种非连续性的学程,凡培养技术员和技师的专科学校,其入学资格都明确规定必须建立在职业初始教育和职业实践经验的双重基础上,即不允许直接招收职业初始教育学校的应届毕业生入学,而是从已有若干年工作经历的在职工作人员中招生[11]。具体而言,只有通过三年左右的双元制职业培训合格毕业后并在企业中至少工作两年的技术工人,才有资格进入全日制技术员学校(一般为二年制的国立专科学校);而要进入技师学校或技师培训班(技师学校多数为业余的专科学校,多种形式的技师培训班则具有更多非学历教育的色彩),则双元制毕业后至少要在企业技术工人的岗位上工作三至五年[12]。对于这种具有鲜明德国特色的职业继续教育,如果我们借用联合国教科文组织建议使用的广义"职业技术教育"概念(TVET – Technical and Vocational Education and Training)来解释的话,正可以将其理解为是建立在培养技能型人才的狭义"职业教育"(Vocational Education/Training)基础上的"技术教育"(Technical Education),由此突出了以工学交替的非连续学程培养高技能人才(其本质上是一种技术型人才)的明确目标[13]。

(二)德国统筹三类教育协调发展的机制分析

德国三大教育类型之间总体来看发展较为协调,主要体现在衔接与融通两个方面。衔接,即不同层次、不同学程、不同类型之间的对接,以取得进入相关学程的可能性,如无高校入学资格的职业教育毕业生可通过补习性质或加强性质的模块学习而进入高校学习;融通,即成果互认与兑换,个人在此前学程或职业实践中获得的知识和能力,可通过转换成一定的资历等级或学分换算,进而有机会进入下一个学程,缩短学习期限。究其原因,实质上是德国在统筹协调发展各大教育类型时,其运行机制产生了积极的推动作用,保障其协调效果的实现[14]。其协调发展的核心优势可归纳为等值认同、制度保障、评价推进三个方面,即不同教育体系之间的等值性追求和认可、完善的法律制度规范体系的保障和质量监控评价的严格执行。用不同教育类型之间的等值性来构建起融通与协调的根基,为互认与兑换提供必要条件;用完善的制度要求来平衡三者之间的社会关系,为三者互动提供坚实保障;用有效的评价手段来反向引导三类教育在办学过程中的利益关系和质量保证。

1. 动力机制——三教协调发展的源始力量

(1)构筑完善的法律制度体系,确保执行有法可依。德国政府比较注重各类教育之间的融通发展和不同学程、不同教育类型之间的等值性,因此相关法律、政策、制度、标准规范等都比较健全,通过对相关要素及各方权责与关系等的约定,保障了教育体系内部的融通运转。联邦层面的基本法、职业教育法、教育扶助法、高校总纲法、职业培训条例等都是德国重要的教育法律与条例。《联邦职业教育法》规定企业应当承担的职业教育与培训的任务和责任,而《劳动促进法》及各州的相关法规则对企业在继续教育方面的义务进行了明确界定。为保障公民参与继续教育,德国政府专门在法律制度上进行规范,通过制订相关制度文件及设立教育假等方式使继续教育有资金与时间的保证,相关的法律有2019年的《资格机会法》、2020年的《明日工作法》和《晋升培训促进法》[15]。自1974年德国教育委员会提出高中阶段基于融通性的教育改革目标和1975年的《关于职业教育要点的阶段计划》，到2015年的《通过职业教育进入大学——路径和准入》和2019年的《国家继续教育战略》等一系列相关的文本，从不同视角和层面对各类教育之间的联接、融通提出了建议和规范要求，以促进不同教育类型之间的互补性和合作潜力，为不同人群提供适合的和可能的成长路径。对于横跨职业教育和继续教育两大体系的职业继续教育，更是由《联邦职业教育法》直接统一了国家层面的法定要求，即要求专科/技师学校的入学者除了具备职业初始教育的学历以外还必须具备企业实践方面的基础和年限，由此形成了以非连续性学程培养技术员和技师等高技能人才的这一德国独有的模式[16]。

(2) 建立有效的组织协调方式，保证落实推进有力。德国在三类教育统筹协调发展中积极完善相关组织机构，从联邦与州政府层面到相关发展部门来共同协调完成相关工作，明确各方职责。联邦教育与研究部的职责是对教育整体改革发展提出规划、协调各州教育工作，并建立一些协调机构；文化教育则由享有文化自主权的各州自治，各州教育部均内设有职能机构、研究机构、咨询机构。为提升公民应对当今社会变化的技能水平，保障继续教育适应性，德国联邦政府、各州政府会同社会工商会、联邦就业局、联邦就业和社会事务部、联邦教育与研究部等多部门来共同研制相应的制度文件。以德国资历框架（DQR）为例，其建设、实施工作是由联邦与州政府协调小组和DQR工作小组以2013年的《关于德国终身学习资格框架的联合决议》为法律基础开展的。联邦和州政府协调组主要由各州文教部长常设会议和联邦教育与研究部、各州经济部长会议和联邦经济与技术部、常设会议和联邦教育与研究部指定的6名代表组成，主要监控资历框架的资历分派与具体实施情况，负责德国资历框架与欧洲资格框架（EQF）的对接工作，维护DQR资格目录，为行业协会、雇主、培训机构提供DQR与EQF对接信息并指导对接工作等[17]。DQR工作小组作为重要的咨询机构，主要为其开发、实施与发展工作出谋划策，成员包含高教与职教机构的代表、行业企业及研究和实践的有关专家，极具代表性且广泛吸收了利益相关方参与。健全组织机构是政策落地的重要条件，也是细化落实与维持推进的根本推动力量，以严谨著称的德国在落实与贯彻环节也做到了细致与严谨，这也是其取得成效的根本要义。

2. 运行机制——三教协调发展的有效通路

(1) 构建顺畅的多级融通体系，保障衔接有径可循。在前期政策对话的不断促进下，德国教育体系融通性理念得以升华，最终形成融通机制的重要框架，具体分为几个层面的融通。一是中等教育阶段职业教育与普通教育之间的融通性，以 1974 年原德国教育委员会提出的普通学习和职业学习要有持续性联接为里程碑；二是高等教育阶段职业教育与学术教育之间的融通性，1984 年联邦职教研究所提及的融通性注重职业教育和学术教育的功能性平衡和教育路径的多样化选择，并强调两类教育之间相互过渡的两种形式存在之必要性；三是职业教育和高等教育之间的融通性主要指促进"有职业资格者"，即通过职业教育获得职业资格但没有大学入学资格的人群以类似同等学力的形式进入高等教育的可能性，以及受教育者由高等教育进入职业教育的可能性；四是高校之间的衔接，在应用科技大学读完本科者可以直接申请进入综合性大学进行硕士学习，而在应用科技大学读完硕士成绩优秀者同样可以进入综合性大学读博士，德国法律规定综合性大学和应用科技大学的毕业证无任何区别；五是继续教育与学术教育、职业教育之间的融通，2013 年联邦政府与州政府签署的德国终身学习资格框架联合决议中，将个人通过学术教育或者职业教育获得的相应的能力水平等逐步纳入资格评价框架内，并为这些公民颁发相关的能力证书。因此德国不同教育类型之间的衔接较为顺畅，比如求学者通过职业教育可以享有进入其他所有教育领域的通路，其前期的学业、前期的工作经历都会被认可，不会因为进入了某一类教育而出现"出路"受阻的问题，因此大大保障了学生可以按照自己的意愿和兴趣去选择不同的教育通路，保护了每一个人的学习兴趣和个人发展的无限可能。

（2）运用灵活的整合调节方法，促进运作转换有序。为完善共同对话的平台以保障融通机制的运行，并得到更广泛的如欧洲范围内的认可，必须构建起一个有共同语言逻辑的量度工具。如前述的 DQR 就是一个重要的推进力，它于 2007 年起草、2013 年正式颁布，是当前国际上较为完善且认可度较高的国家资历框架，因为它的推行才使得德国的职业资格证书制度更加客观公正、科学规范。DQR 以矩阵的形式对各项能力作了描述和分级，更加关注学习者的学习结果或成果，而对学习时间、地点和环境等因素则关注较少[18]。在这一资历体系中，职业教育与普通教育、继续教育，以及学术教育的等值性得到充分体现和实现，例如职业教育与学术教育的某一特定文凭可被相等对待与衡量，学士学位等值于技师资格、职业继续教育文凭与硕士学位等值，打破了学历资格与职业资格互不影响、各自发展的局面，搭建了各类教育资格认证中学习成果衔接、兑换与对接的"立交桥"。此外，两大辅助工具也起到了积极的调节作用，一是运用定性描述工具学分体系对学习成果进行定性描述,通过"学分"更加具象地呈现需要认可和换算的能力和实践经验,即资格的认可和换算,同时整合高等教育与职业教育的两大学分体系,使之通过对学习成果的认可和换算进行对话、对接;二是运用成果记录工具——欧洲通行证(Europass)将原本分散在职业教育、高等教育、人员交流、求职工作、语言能力等的成果整合到单一框架中,成为贯通学历教育与职业培训、整合非正规与非正式学习、衔接在校学习与职业生涯的桥梁。量度工具不仅是一个工具,也是一个媒介,更是保障整个体系与架构顺利运转的重要调节器,它的成功在于其精细化和有效性。基于此,任何个人都可以找到自己下一步发展的路径和更多的可能,也能找到未来更长时间发展的可能通路,在其中不会"淹没"他们的过去,他们所有曾经的付出与努力都会被尊重和认可。

3. 保障机制——三教协调发展的有力支撑

(1)筑牢严谨的质量监控体系,保证改革"有礼有节"。德国三类教育发展水平较高,源于其良好的质量监控和评价机制,其基础教育阶段的质量保障主要通过教学质量监测和教育质量监控来实现,高等教育阶段和职业教育阶段的质量保障主要通过学校自我监控和外部评价实施,继续教育中也有严格的标准与流程要求。德国的教育评价极其严格,其近乎严苛的高校毕业生淘汰率就是最好的例证,正是这种严谨的评价机制才造就了其教育水平的高质量。目前德国职业教育的质量管理体系构建始于2002年,形成了ISO9001、EFQM、Q2E 3种规范的质量管理体系,更加关注出口的质量和全员参与质量管理。各州在基于上述3种体系的基础上,构建了符合本州发展实际的兼具统一性与多样性的质量保障标准体系,例如巴登—符腾堡州在Q2E模式的基础上发展出以学校自主为核心的OES模式。为保证资历框架的认证质量和国际认可度,德国也基于欧盟2009年出台的《欧洲职业教育与培训质量保障框架》和《欧洲质量保障标准和指导方针》完善相关的质量保障体系,如在资格框架保障体系中,各参与主体为协同各级各类教育部门不断探索完善质量保障方法;双元制中的职业培训以《职业教育法》《质量保障准则》等为法律框架,由联邦职教所和雇主、工会负责制定职业培训的目标、内容及考试要求,制定质量标准并成立德国职业教育与培训质量保证参考点。继续教育中的远程教育也受到高度重视,其质量通过《远程教育法》中关于过程质量及质量评价的要求来保障,且其质量标准向用户开放[19]。大家都有一个共识,德国是一个非常严谨的国家，人们常说德国的产品可能用一辈子都不会坏，这其中一个很重要的原因正是基于其严格的质量监控体系，由此可见他们对于质量监控的特别强烈的追求，在教育领域也不例外，正是有了这样"执着"的质量监控要求，才有了其教育的高效率产出。

（2）构筑健全的统筹管理体制，促进统筹规范落地。德国三类教育统筹协调发展之所以能够成效显著，除了前述的完善的政策体系等外，很重要的一个因素就是落地精准，这必须归功于其健全的管理机制，即通过有效的管理手段，让政策强势落地并"照章办事"，有效推进。例如，政府通过统筹协调积极推动高等教育深度参与职业教育改革，并在标准上保障其地位均等，如德国《高等教育总纲法》于1998年修订后明确规定,德国综合性大学和应用科技大学都必须引入"学士—硕士"学位体系[20]，而且这两类高校学位的地位是一致的，只有专业上的不同而已[21]。德国政府的统筹协调不仅基于较为完善的法律制度体系，更在于统筹的具体落实到位以及统筹的有效性，他们在制度体系框架下更加关注治理和调控，以保证法律及政策切实落实到位。始于1980年的德国高校职业教育大会是其治理调控的重要手段，由大学牵头每两年举办一次，宗旨是为传播、推广职教领域内的新事物作贡献[22]，通过大会形式讨论和研究一些跨地区的普遍性问题，并达成共识、落实推广。此外，他们通过多种形式来提升管理效率，诸如搭建沟通平台、引导项目探索等；在为大学辍学者转向职业教育提供系统咨询、引导和帮助方面也做了许多努力，例如建设门户网站、组织商会专家咨询团队等；同时还鼓励支持开展各种试点研究项目，通过深入调研来解决现实问题并反馈到决策层，最终优化管理手段和方法。至于继续教育，因其涉及人群及开办机构的广泛性，其管理更趋开放性和灵活性，任何办学主体只要符合办学条件均可申请承担继续教育；但是其中由《联邦职业教育法》所严格界定的职业继续教育，虽然德国国内并不承认其具有高等教育学历，但我们在德国提交联合国教科文组织的统计数据中却清楚地看到，其技术员/技师学校在1997年版国际教育标准分类中是被明确归入ISCED5B而非ISCED5A的。因此笔者认为德国虽无高等职业教育之名但确有高等职业教育之实，这种国家统筹管理体制下的职业继续教育学制正是德国能够源源不断地产出高技能人才的切实保障。

（三）关于我国统筹三教协同创新的发展路径思考

回顾中国特色社会主义进入新时代的十年，从党的十八大确立"加快发展现代职业教育"、十九大强调"完善职业教育和培训体系"到二十大提出"统筹职业教育、高等教育、继续教育协同创新"，党中央对全国职业教育乃至整个教育体系的战略部署日益清晰。所谓"协同创新"，是一种优化结构的系统性概念，它基于对各主体相互间协调发展的有效统筹。当前我们正处于进一步激发各类教育的发展动力、促进高质量发展的重要历史节点，高质量发展可以促进不同教育类型之间的统筹协调发展，而宏观上的统筹协同创新也必然会促进各类教育的觉醒与突破，实现更高质量的发展[23]。因此，借鉴发达国家在统筹三类教育协调发展方面的经验，是我们贯彻落实党中央关于三教协同创新要求的一个必要基础。通过前述对德国统筹三教协调发展的机制分析，笔者认为对我们当前统筹三教协同创新具有一定参考价值，可以从中引发积极的思考和启迪，在此基础上探索我国统筹三教协同创新的基本发展路径。

1. 优化制度体系，推动各项政策细化落地

不断推进完善我国职业教育、高等教育、继续教育协调发展的法律制度体系建设，包括相关法律法规和政策等，相关文本要言之有据、突出重点、细化内涵，保障各项规定与相关政策等要素可分解、可落实，在政府的大力支持下健全组织架构、采取有效手段，有步骤、有计划地坚持不懈地推进制度体系完善和落实，对一些缺失的制度内容要逐步完善，对一些相互矛盾或不适应的条款要严格规范，逐步构建起三类教育之间平等的、稳定的法律关系。要梳理现行各政府部门的相关政策制度文本，厘清各项政策视角与要点，结合实际运用需求，强化深入调研，突破政策局限，提出调整思路与改进重点，消除空白地带，使相关制度和政策在执行过程中职责清楚、责任分明，能有效提高三类教育的市场反应能力和竞争能力。并对照实际落实情况推进制度体系建设，健全制度调整与优化长效机制，形成常规修订补缺制度规范[24]。

2. 注重价值认同，尊重多元主体努力贡献

由于受我国传统文化的深远影响，我们的教育体系中或多或少存在各类教育地位不等、互信不足、互认不够且有时难以在平等基础上对话的问题，这些因素直接导致在教育政策推进落实过程及实践中存在价值分裂、政策难推、壁垒难破

的障碍。价值与认识的统一是实现和推动发展的必要因素，因此必须在观念上、政策上引导人们打开格局、提高认识、加深认同，尽快构筑引领三类教育统筹协同创新的价值根基，使不同教育类型间顺畅衔接，拓宽人才成长通道，同时更必须充分尊重各多元主体的利益和它们所做出的贡献。而价值认同是一个由外到内的过程，要通过政策引导、社会宣传、媒体导向等渠道，逐步将三教协同创新作为三方共同协调发展的标的物凸显出来，形成共同的情感体验，并努力破解三教协调发展中的不利因素和消极行为，进一步统一认识，多部门协同，逐步建立共同的价值标准，共同构建互信互认的对话平台，从全局角度加强互相之间的发展认同感。

3. 提升关键能力，增强协同创新"家底""本钱"

高质量发展是改革的根本目标，也是各类教育之间建立信任、互相认可、共同对话的基础和"本钱"。因此在我国未来教育改革过程中，各类教育都要始终牢牢抓住"质量"这一准绳，推进课程改革、教法改革、评价模式改革等，强内功增实力，为三教统筹协同创新筑好根基；同样，通过三类教育衔接与融合有序提升教育高质量发展。必须坚持教育高质量发展的基本理念，注重发展的全局谋划和顶层设计，明确高质量发展须有道德意识和底线意识，站在经济全球化、教育信息化、文化多元化的视角布局教育未来发展要素，做好规划，关注发展中的重点，亦要关注发展中的风险，筑牢安全边界，抓好评价这一重要手段。要充分调动所有参与者的积极性和主动性，把握换位思维方式，保障改革多出成效。

4. 完善协调机制，激发学生学习的内生动力

推进三教统筹协同创新，必须有效推进治理体系改革，其中最直接的推动力就是完善的资格框架，而德国资格框架的先进经验确实值得借鉴。未来发展中必须进一步完善我国的资格框架体系，落实相关细则，明确对等原则和转换通道，并积极推广和有效落实，维护好三类教育互通的"立交桥"。注重规范整合管理机构，各类型教育要有明确的管理部门，管理体系清晰可见，并关注管理手段的科学化，处理好管理各方及各因素的关系，使管理能够促进内外齐心，寻找快速协调各方的最优解。不断完善国家职业资格框架，为用人单位提供可参考、可信任的职业技术价值参考，提高社会认可度，借鉴德国相关经验融入多种学习形式与成果，拓展劳动者终身学习的渠道选择，通过职业资格框架的有效设计清楚地展现出社会的真实需求。

5. 立足中国国情，建设服务全民终身学习的技能型社会

二十大报告提出的统筹三教协同创新，是对十九届四中全会关于完善三教统筹协调机制的发展，而这一要求基于构建服务全民终身学习的教育体系目标框架。但在我国学习型社会的建设中，目前在健全公共职业技能培训制度等方面与发达国家相比还存在较大差距，特别是由于传统教育观念影响造成技术技能人才特别是高技能人才的严重短缺，对照2035年基本建成技能型社会的新目标更是相距遥远。而要大力加强高技能人才的培养，首先必须尊重技术技能型人才成长的特殊规律，优化高技能人才的培养途径，在这方面德国统筹职业教育和继续教育、以非连续学程培养技术员/技师的模式无疑是一个极好的样板。当然，这种职业继续教育学制基于德国特有的社会文化和历史传承，就我国的现实国情而言是无法直接拿来复制的。但我们仍可在借鉴德国经验思路的基础上探索具有中国特色的协同创新，事实上我国新修订的职业教育法中建立健全"不同层次职业教育有效贯通，服务全民终身学习的现代职业教育体系"就是一个方向性的导引。德国从产业发展入手强调行业协会的权威导向，通过企业实践与学校教育两大领域之间的横向交替优化高技能人才的培养途径，中国特色的"中高职贯通"等实验模式则比较重视通过高等教育的引领实现职业教育学习者学历提升的现实性阶段目标，而从整个学习型社会与技能型社会建设的长远目标来看也有利于促进高等教育自身的改革。回顾20多年前曾在上海职教研究所工作的德国专家提出的建议，他们认为中国的高等职业教育不应局限于职业初始教育，更应建立在中等职业教育的基础上并有效扩展到继续教育领域，这样才能对增强职业教育的吸引力作出贡献[25]。我们在调研中有很多高技能人才成长成才的典型案例，发现他们接受职业教育的过程往往并非是在系统学制下的封闭式学校教育，由此设想能否通过三教协同创新构建一种中国特色的"非连续学程、往复式培训、工学交替、终身发展"模式，使之成为我国大力推进高技能人才培养、加快建成技能型社会的制度性保障。

三教统筹协同创新是一项庞大且复杂的工程，牵涉面极广，所涉及的管理方、实施方、利益方众多，各个部门、机构、社会组织等都会牵涉其中，需要构建起多元合作的发展框架，积极协调、理顺好各方关系和职能，各方一起同频共振、群策群力，才能切实推进三类教育实现统筹协同创新。

参考文献

[1] 姜大源. 德国"双元制"职业教育再解读 [J]. 中国职业技术教育，2013(33): 5-14.

[2] Bayerischen Staatsministerium für Unterricht，Kultus，Wissenschaft und Kunst. Informationen zur Schullaufbahn[M]. Roland Schneider，München，1993: 37-59.

[3] Walter Georg. Gymnasium und Beruf – Zur Entwicklung Beruflicher Gymnasien[J]. Bildung Und Erziehung，2014(1): 85-101.

[4] 牛金成. 德国学校职业教育体系及其特点 [J]. 职业技术教育，2018, 39(31): 71-72.

[5] Arbeitsgruppe Bilungsbericht am Max-Planck-Institut für Bildungsforschung. Das Bildungswesen in der Bundesrepublik Deutschland – Strukturen und Entwicklungen im Überblick[M]. Rowhlt，Hamburg，1994: 712-717.

[6] 庞学铨，克劳斯·迈泽尔. 中德成人教育比较研究 [M]. 北京：中国社会科学出版社，2004: 190-198.

[7] Guo Yang. Das chinesische Berufsbildungssystem[J]. Informationen für die Vermittlungsdienste der Bundesanstalt für Arbeit，Nürnberg，1996(35): 2199-2211.

[8] 唐慧，谢莉花. 德国教育体系中融通机制的构建 政策、举措与经验 [J]. 德国研究，2021, (2): 58-60.

[9] Deutsches Institut für Erwachsenenbildung. Nationale Weiterbildungsstrategie vorgestellt[EB/OL]. http://epale.ec.europa.eu/de/content/nationale-weiterbildungsstrategie-vorgestellt.

[10] 李益. 当代德国职业教育与高等教育的关系、融通与交叉 [J]. 德国研究，2016(3): 118-119.

[11] 高恒山. 德国高等职业教育 [M]. 沈阳：辽宁人民出版社，1997: 155-161.

[12] 郭扬. 高职院校课程模式开发基础 [M]. 北京：中国科学技术出版社，2010: 37.

[13] 马树超，郭扬. 高等职业教育——跨越·转型·提升 [M]. 北京：高等教育出版社，2008: 139-140.

[14] 姜大源. 德国职业教育体制机制改革与创新的战略决策 [J]. 中国职业技术教育，2010(30):50-51.

[15] 翟俊卿，张静. 面向未来的技能培训：德国《国家继续教育战略》解析 [J]. 职业技术教育，2021，42(30): 64-65.

[16] 郭扬. 高等职业教育三十年探索与研究 [M]. 北京：冶金工业出版社，2021: 132.

[17] 谢莉花，余小娟. 德国资格框架的资格标准构建：内容、策略与启示 [J]. 比较教育，2019(5): 39-40.

[18] 谢莉花，唐慧. 德国衔接、融通的职业教育体系建设的核心基础与实现路径 [J]. 高等教育研究，2021(6): 104-105.

[19] 许冰冰. 职业技能提升培训：德国职业继续教育的经验与启示 [J]. 成人教育，2020(8)：91-92.

[20] DG EAC Information Systems. Learning Opportunities and Qualifications in Europe[DB/OL]. [2019-03-02]. http://www.doc88.com/p-7384535968193.html?r=1.

[21] 张海宁. 德国应用技术大学办学对我国本科职业教育发展的启示——以德国卡尔斯鲁厄应用技术大学为例 [J]. 中国职业技术教育，2020(3)：50-51.

[22] 科林格，姜大源. 德国职业教育发展论坛——德国高校职教大会简介 [J]. 中国职业技术教育，2000(10)：54-55.

[23] 马树超，郭文富. 走中国特色"三教"统筹协同发展之路 [J]. 中国高教研究，2023(1)：8-9.

[24] 张晨，马树超，杨琳. 谈新《职教法》"统筹推进职业教育与普通教育协调发展" [J]. 中国高教研究，2022(6)：97-99.

[25] Gert Zinke. Vergleichende Überlegungen zur Höheren Beruflichen Bildung in der VR China und in der Bundesrepublik Deutschland[R]. Berufsbildung für die Arbeitswelt von morgen – Beiträge eines Symposiums anlässlich des 10. Jahres des RIBB-Shanghai，2001：242-250.

（执笔：黄芳、郭扬）

五、高质量教育体系视角下上海三教统筹协调发展的现状与建议

推动高等教育、职业技术教育、继续教育统筹协调发展，是用系统化思维构建服务全民终身学习的教育体系的战略举措，对于立足新发展阶段、服务新发展格局、建设高质量教育体系、促进学习型社会和技能型社会建设意义重大。

（一）政策要求与现实需求

百年变局和世纪疫情叠加影响，世界之变、时代之变、历史之变正以前所未有的方式展开，在大变局、大调整、大发展的大背景下，推动三教统筹协调发展是坚持扎根中国大地办教育，立足基本国情、服务经济需求、适应独特文化，解决发展不平衡不充分问题、满足人民日益增长的美好生活需要，实现教育高质量发展的战略举措。

1. 国家提出要求： 国家提出新时代三教统筹、建设高质量教育体系的新要求

2019年10月，十九届四中全会提出"构建服务全民终身学习的教育体系"，要求"完善职业技术教育、高等教育、继续教育统筹协调发展机制"。《中国教育现代化2035》明确提出，构建服务全民的终身学习体系，强化职业学校和高等学校的继续教育与社会培训服务功能，开展多类型多形式的职工继续教育。2020年10月，十九届五中全会明确"建设高质量教育体系""建成教育强国"，教育进入高质量发展新阶段。二十大报告指出"统筹职业教育、高等教育、继续教育协同创新，推进普职融通、产教融合、科教融汇，优化职业教育类型定位"。

2. 上海明确目标： 上海明确推动三教发展、总体建成高质量教育体系的新愿景

《上海市国民经济和社会发展第十四个五年规划和二〇三五年远景目标纲要》要求，切实办好人民满意的一流教育，深化高等教育内涵式发展，促进职业教育产教深度融合，引导高等学校和职业学校加强继续教育和社会培训服务，推进学习型社会建设。《上海市教育发展"十四五"规划》（沪府发〔2021〕18号）提出，构建公平、优质、便捷、多样的高质量教育体系，率先形成超大城市教育高质量发展模式，到2025年总体建成高质量教育体系。

3. **经济高质量发展要求：提升上海实体经济能级，要求三教统筹协调提升多样化人才供给能级**

当前我国经济转向高质量发展之路，已建立起全世界最完整的现代工业体系，拥有41个工业大类、207个工业中类、666个工业小类，500种主要工业产品中有四成以上产品的产量位居世界第一，完整的工业体系成为"大国重器"，有效增强了我国经济应对外部冲击的能力。2020年，上海工业增加值9656.5亿元，占地区生产总值的比例达到25.0%，远高于其他行业所占比重（金融业增加值占比18.5%），第二产业增加值中的93.8%来自工业，该比例高居全国榜首。聚焦"五基"领域持续推进工业强基，大力发展实体经济，坚定不移把制造业作为实体经济根基，要求统筹发挥三教作用，更好打造门类齐全、梯次合理的多样化人才体系。

4. **人口结构变化：适应本市人口老龄化，要求三教统筹协调提高人力资源质量**

近年来我国人口年龄结构发生了明显变化，劳动年龄人口（即15—64岁人口）总量在2015年达到峰值，为10.10亿，至2020年下降为9.69亿；65岁以上人口呈明显上升趋势，2020年总量达到1.91亿，老年抚养比达到19.7%。2020年，上海65岁以上老龄人口达到405万人，老龄人口占比高居全国第4位。从户籍人口来看，上海主要劳动年龄人口在2010年达到峰值，为1039.7万，至2020年持续下降为911.6万；2020年上海65岁以上人口382.45万，相比2008年增长了78.3%，人口老龄化进一步加剧。三教领域涵盖学校教育的终端和在职培训的全段，覆盖了劳动年龄人口和老龄人口，推动三教统筹协调发展，是应对人口结构变化的战略举措。

5. **高教深度普及：本市高等教育普及化深入发展，要求探索超大城市三教协调发展模式**

早在2012年，上海高等教育毛入学率已接近70%，进入高等教育普及化水平的中级阶段（毛入学率65%～80%）。至2020年，上海高等教育在学规模与适龄人口的比值达到2.0，高居全国第二。根据马丁·特罗提出的高等教育大众化理论，大众化、普及化是关于高等教育发展的一种"预警"理论，并不是目标理论，其核心不是"量"的扩展，而是"质"的变化，高等教育体系和结构优化是实现高等教育大众化和普及化的制度保障。上海高等教育普及化深入发展，此时需要更加关注高等教育的体系与结构，要从有利于产业结构升级、有利于开发人口质量红利、有利于解决就业问题、有利于促进经济社会和谐稳定发展等角度，探索超大城市三教协调发展模式。

6. 高校就业难题：本市稳就业保就业促就业，要求三教统筹协调优化人才供给结构

就业是最大的民生，也是经济发展最基本的支撑。在高等教育普及化进程中，解决大学生就业问题，对招生、培养、就业链接的要求更高，对高等教育结构协调性的要求更高。2020年，上海高校毕业生规模达22.3万人，位居全国第12位；《中国统计年鉴2021》显示，2020年上海城镇登记失业人员19.7万人，失业率为3.7%，位居全国第7位。今年以来，受疫情冲击，本市就业形势面临前所未有的风险挑战。强化就业优先政策，实现更高质量的充分就业，亟需三教统筹协调发力。

（二）历史演变与现状分析

中华人民共和国成立70年多来，三教发展从"一穷二白"到"规模发展"再转向"质量发展"，三教关系从"相对独立"到"沟通衔接"再转向强调"统筹协调"，内涵越来越丰富，要求越来越高，从要素层面上升到体系层面，三教统筹协调发展不仅包含规模结构的协调，还强调各类教育的功能分工，以及相互间的沟通衔接、机制建设和文化培育。

1. 十八大以来纵向变化情况

（1）普通本科招生规模取得唯一正增长。十八大以来，上海高等教育招生规模总体保持稳定。2013年，上海普通本科、高职高专、高等继续教育招生总规模为24.2万人，至2020年三者招生总规模为24.6万人。分类来看，2013—2020年，普通本科招生规模由9.01万人增加为9.82万人，增长8.9%；高职高专招生规模由4.70万人减少为4.42万人，下降5.9%；高等继续教育招生规模由10.48万人减少为 10.40 万人，下降 0.7%。三者招生规模中，普通本科取得唯一的正增长，高职高专下降幅度最大（见图 1，图 2）。

（2）三教之中高职的规模明显偏小。2014 年《国务院关于加快发展现代职业教育的决定》（国发〔2014〕19 号）要求，"高等职业教育规模占高等教育的一半以上"。2013 年至 2020 年，上海高职高专与普通本科招生规模的比值大体稳定 1∶2，在普通高等教育本专科招生中，高职高专所占比例仅达到 33% 左右，如果再加上研究生招生规模，高职高专所占比例仅为 1/5，与"占高等教育的一半以上"的要求存在很大差距。

（3）高等继续教育招生规模最大。2020 年，上海高等继续教育招生规模达到 10.4 万人，是普通本科的 1.06 倍、高职高专的 2.35 倍。在三教之中，高等继续教育规模举足轻重，这与继续教育不受重视的状况不符。

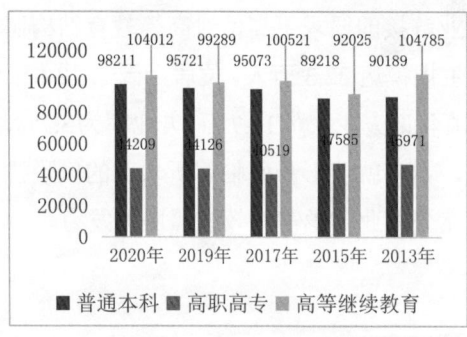
图 1　上海三教历年招生规模情况（人）

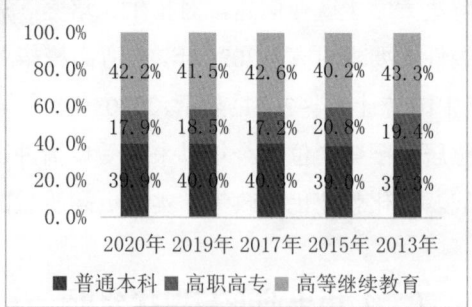
图 2　上海三教历年招生规模结构

数据来源：教育部历年教育统计数据 http://www.moe.gov.cn/jyb_sjzl/moe_560/2020/.

2．2020 年全国 31 省份横向比较情况

（1）上海高职高专招生规模在三教中所占比例偏低。2020 年，上海普通本科招生规模是高职高专的 2.2 倍，该比例高居全国第 2，仅次于北京（2020 年北京的工业增加值仅为上海的 43.7%），远高于全国总体水平的 0.85。与高职教育较发达的省份相比，上海高职规模占比明显偏低，比如，江苏、浙江、广东、重庆等省份普通本科与高职高专招生规模的比值分别为 0.91、1.02、0.52、0.78。

（2）上海高等继续教育招生规模所占比例比较合理。2020 年，上海高等继续教育招生规模占比达到 42.2%，该比例在全国位居第 3，仅次于北京、吉林，与全国总体水平的 39.9% 比较接近，符合促进市民终身学习终身发展，推进学习型社会建设的要求。

3. 目前存在的其他问题分析

一方面，价值理念上三教协调发展存在着观念阻碍与制度障碍。热爱教育、关心教育、愿意接受更多的教育，是中华民族在几千年历史中形成的文化传统。基于此，长期以来，高等教育、职业教育、继续教育在人们的观念中存在高低之分、层次之别。职业教育缺乏吸引力，不受社会认可，教育系统内部关于职教是"二流教育""次等教育"等观念严重，职业教育体系不健全，类型教育的核心理念、核心价值、标准体系有待明确和落地；继续教育不受重视，发展失范，质量参差不齐；高等教育、职业教育体系沟通不畅，继续教育体系游离在外，存在制度隔离与边界鸿沟问题。

另一方面，在核心抓手上三教协调发展存在着标准模糊与要素不明。"招生入口""培养过程""毕业出口"三大关键点是三教统筹协调、沟通衔接的核心抓手，但目前仍然存在诸多瓶颈问题有待解决，在"入口关"分类考试招生制度尚不完善，规模、结构、层次布局有待优化，在"培养关"高校分类发展路径不清晰，培养标准体系不健全、不兼容、不等值，产教深度融合体系尚未形成，在"出口关"缺乏互认、转化平台，在"保障关"各类教育资源配置与其功能定位尚不匹配等。

（三）针对上海的对策建议

1. 系统谋划、统筹设计、整体推进

（1）立足实现共同富裕的战略高度，明确三教统筹协调发展的重要性。实现共同富裕是社会主义的本质要求，是中国式现代化的重要特征。促进包括教育在内的区域协调发展，是构建新发展格局的重要内容，是推进共同富裕的内在要求和重要途径。没有三教的齐头并进和弱势教育类型的全面振兴，就无法全面缩小阶层差异、城乡差异，就无法真正实现共同富裕的奋斗目标。推动区域间教育协调发展已实施多年，区域内教育类型间的统筹协调亟待提上议事日程。尤其是在高等教育普及化水平极大提高的背景下，普通本科教育"一枝独秀"将会"挤占"其他教育类型的发展空间，导致教育结构不平衡，进而加重质量分化、教育内卷、社会焦虑等问题。

（2）贯彻新发展理念服务新发展格局，明确三教各自功能定位。树立一体化和体系化思维，明确三教各自功能定位，推动高等教育、职业教育和继续教育能

够充分且有效地发挥各自功能。推动三教从竞争性思维转向合作性思维，从自身"小逻辑"转向服从发展"大逻辑"。把党和国家的支持政策转化为强大的发展动力，既要以"国之大者"的胸怀，谋深谋远谋实，把促进弱势地位教育类型的全面振兴作为重大政治任务抓实抓好；又要解放思想，提升站位，从紧盯自身发展的"小圈子"，提升到服务本市经济社会发展和国家战略发展的"大格局"上来。

（3）积极调整本市高等教育战略布局，明确新时代三教之间的关系。全面研究高等教育、职业教育、继续教育等不同学段、不同层次、不同类型教育高质量发展的理念、目标、任务、政策措施等。促进三教规模结构协调，尤其是普通本科与高职、普通本科与职业本科、专科高职与职业本科，及其与继续教育之间等。加强资源配置改革，建立健全与分类发展体系相匹配的资源保障体系，推动各类教育各安其位、百花齐放。聚焦服务建设学习型社会、技能型社会，明确新时代三教之间的关系，高等教育与职业教育突出"融通"，高等教育与继续教育体现"全纳"，职业教育与继续教育强调"并重"，在此基础上，打造服务终身学习体系的教育共同体。

2. 健全机制、凝聚合力、优化运行

（1）完善自我发展机制。重在由三教各自主管部门推进实施，形成高质量的高等教育、职业教育和继续教育。高等教育既要在高质量教育体系中发挥创新引领作用，也要服务高等教育普及化阶段的多样化需求。职业教育要优化类型定位，推动建设适应具有世界影响力的社会主义现代化国际大都市需要的中国特色上海特点职业教育体系。继续教育要明确办学定位，解决无序扩招，推动规范办学，通过深化改革实现可持续发展。

（2）健全沟通衔接机制。重在形成跨部门沟通途径，形成三教相互衔接沟通的框架体系。比如，高等教育和职业教育要超越部门注意、本位主义，建立双向互认、纵向流动的立交桥；职业教育要落实"职业教育与培训并重"的法定职责，把开展产业工人的技能培训作为业务范围，让职业培训成为职业院校的主业。

（3）构建互补互融机制。重在通过"综合改革"协调推进，形成三教相互支撑、不可割裂的有机体系。各个部门、各个领域"单兵突进式"改革，往往更多是向自身利益倾斜的，因此有必要建立一个超脱部门利益的改革协调机构。通过多方协同、凝聚合力，形成以政府为主导，三教协调、联动发展，政府、学校、行业企业、科研院所等共同参与、协同推进的"交响乐"。

3. 抓住重点、精准施策、补齐短板

（1）建立高等教育主导的统筹协调发展机制。一方面，充分发挥高等教育的牵引作用，发挥高水平大学的龙头作用和高校集群的溢出效应，带动引领三教的整体发展，将三教协调发展成效转化为区域经济的支撑能力，走出一条扎根上海、服务长三角、面向全国乃至世界，具有内生动力和发展活力的特色发展之路。另一方面，高质量的高等教育普及化需要重塑"精英教育"理念，普及化高等教育的发展更加需要保护、支持精英教育，着力培养创新引领人才。

（2）加快推动职业教育类型化发展。以贯彻落实新《职业教育法》为契机，优化现代职业教育体系，推动职业教育高质量发展。上述规模、经费指标的分析只是揭示了高职教育发展的一些显性差距，更深层次的差距和短板往往是在理念、机制、环境上，需要在科学研判的基础上主动作为、奋力突破，通过实施"存量"能力提升工程、"增量"改革创新工程，多措并举加快发展职教本科，尽快补齐高职教育短板，重塑上海职业教育新优势。

（3）建立健全统筹协调发展的制度、标准体系。培养入口上完善省级统筹、综合评价、多元录取的"职教高考"制度，改善学生通过普通高考"千军万马过独木桥"的问题，缓解家长对学生"出路"问题的焦虑。培养过程中加强标准体系建设，三教统筹协调的核心内涵在于课程、教学与师资，其中相互认可的标准体系建设是根本，这也是推动三教内涵式发展的关键。培养出口上完善学分银行制度，健全各级各类学习成果认证机制，实现学习者在高等教育、职业教育和继续教育不同系统之间的学分转换。

（执笔：郭文富、马树超）

六、从新《职教法》看统筹推进职业教育与普通教育协调发展

2022年5月1日,十三届全国人大常委会第三十四次会议表决通过的新修订的《中华人民共和国职业教育法》(以下简称《职教法》)正式实施。新《职教法》第十四条提出"在义务教育后的不同阶段因地制宜、统筹推进职业教育与普通教育协调发展"具有重要现实意义,不仅继承了旧版《职教法》的立法精神,而且针对当前职业教育改革发展中的突出问题,通过立法加以指导推进,对于指引新时期职业教育高质量发展具有重要战略价值。

(一)我国《职教法》一脉相承的立法精髓

1. 新旧两版《职教法》在法律条款中的框架位置完全一致

新旧两版《职教法》都是在第二章"职业教育体系"的第一条对职业教育与普通教育的关系进行表述。新《职教法》第二章第一条(总第十四条)在定义了"职业教育体系"概念"国家建立健全适应经济社会发展需要,产教深度融合,职业学校教育和职业培训并重,职业教育与普通教育相互融通,不同层次职业教育有效贯通,服务全民终身学习的现代职业教育体系"之后,明确规定"国家优化教育结构,科学配置教育资源,在义务教育后的不同阶段因地制宜、统筹推进职业教育与普通教育协调发展"。旧版《职教法》则是在第二章第一条(总第十二条)定义"职业教育体系"概念的同时,明确"国家根据不同地区的经济发展水平和教育普及程度,实施以初中后为重点的不同阶段的教育分流,建立、健全职业学校教育与职业培训并举,并与其他教育相互沟通、协调发展的职业教育体系"。

2. 文字表述略有不同,但"协调发展"的核心要义没有变动

第一,"协调发展"的教育阶段没有改变。新版"在义务教育后的不同阶段"与旧版"实施以初中后为重点的不同阶段"并无二致,都包括了高中阶段和高等教育阶段两个"不同阶段"。第二,新版《职教法》"因地制宜"的表述与旧版《职教法》的"国家根据不同地区的经济发展水平和教育普及程度"也是一个意思。第三,尽管新《职教法》未提"教育分流"四字,但是其"在义务教育后的不同阶段因地制宜、统筹推进职业教育与普通教育协调发展"与旧版的"实施以初中后为重点的不同阶段的教育分流"是一个意思,只是角度略有不同。旧版《职教法》是从"学生发展"的角度谈初中毕业后受教育者(学生)在不同学校教育阶段的"流向",新《职教法》则是站在教育事业发展的角度,谈"统筹推进职业教育与普通教育协调发展"。如果就此得出:国家作出了不再坚持"总体保持中等职业学校和普通高中招生规模大体相当"和"保持高中阶段教育职普比大体相当"的重大政策调整,那显然就是误读。

3. "统筹推进"是新法对"协调发展"的继承和完善

新《职教法》第十四条在"职业教育体系"定义之后,进一步明确了构建职业教育体系的两个重要维度:一方面是"国家优化教育结构"。这里主要涉及两个比例:一是高中阶段中等职业教育和普通高中教育的比例结构,即《国家职业教育改革实施方案》要求的"职普比"大体相当;二是高等教育阶段普通本科和高职高专的比例结构,即2014年《国务院关于加快发展现代职业教育的决定》要求"高等职业教育规模占高等教育的一半以上"。与结构密切相关的是办学规模,而与规模直接相关的则是资源配置。由此引出新《职教法》关于构建职业教育体系的另一个重要维度——科学配置教育资源,包括人财物等。科学配置教育资源至少有3个原则:一要能够体现基本的办学规律,如职业教育强调实践教学,那么职业教育资源配置就要能够满足这个基本办学规律;二要能够体现成本规律,经费保障尤其是生均经费标准要能够体现和满足与基本办学规律相适应的成本开支;三要能够与事业发展规模相匹配,简而言之,资源配置要能够与办学规模、办学规律相匹配。

(二)对当前职业教育改革发展的重大现实意义

需要指出的是,《职教法》实施26年来,尽管职业教育事业取得了较大发展,但是从"国家优化教育结构,科学配置教育资源,在义务教育后的不同阶段因地制宜、统筹推进职业教育与普通教育协调发展"的角度看仍然存在不协调现象,主要表现在以下 3 个方面。

1. 教育结构不协调

从高中阶段教育结构看,教育部统计数据显示:1997 年(旧版《职教法》自 1996 年 9 月 1 日实施后的第一年)全国中等职业学校招生 415.85 万人(其中:中等专业学校招生 162.11 万人,技工学校招生 73.4 万人,职业高中招生 180.34 万人),普通高中招生 322.61 万人,中职学校招生比普通高中多 93.24 万人,占高中阶段招生 56.31%。2020 年全国中等职业学校招生 591.13 万人(其中:普通中专招生 272.69 万人,技工学校招生 160.06 万人,职业高中招生 158.38 万人),普通高中招生 876.44 万人,中职学校招生比普通高中少 285.31 万人,占高中阶段招生 40.28%。按照 2014 年《国务院关于加快发展现代职业教育的决定》"总体保持中等职业学校和普通高中招生规模大体相当"和 2019 年《国家职业教育改革实施方案》"保持高中阶段教育职普比大体相当"的要求:1997 年全国高中阶段招生的"职普比"约为 5.6∶4.4(中职招生大于普通高中),可以说"大体相当";而到了 2020 年全国的"职普比"为 4∶6(与 1997 年相比出现倒挂),与保持"大体相当"的要求存在差距。

从高等教育阶段的教育结构看,得益于 2019—2021 年《政府工作报告》列入"高职扩招三年行动目标"(即高职每年扩招 100 万)的直接推动,专科高职教育规模近年来有了明显发展,招生规模已经超过普通本科招生规模。但是,按照 2014 年《国务院关于加快发展现代职业教育的决定》关于"高等职业教育规模占高等教育的一半以上"的要求,高职在校生规模仍未达到高等教育规模的一半,高等职业教育发展仍然有空间。数据显示,2020 年,全国普通高校本专科招生为 967.45 万人,其中本科 443.12 万人,专科 524.34 万人,专科高职招生占普通本专科招生的 54.20%。如果再加上研究生招生 110.66 万人,专科高职招生占高等教育招生的 48.64%。同年,全国普通高校本专科在校生为 3285.29 万人,其中本科 1825.75 万人,专科 1459.55 万人,专科高职在校生占普通本专科在校生的 44.43%。如果再加上在校研究生 313.96 万人,专科高职在校生占高等教育在校生的 40.55%。

2. 经费结构不协调

与教育结构密切相关的是教育经费结构,尤其是国家财政性教育经费结构,这反映了政府对各级各类教育的支持保障力度和重视程度。从国家财政性教育经费对职业教育的支持看,对照《中国教育经费统计年鉴》可比数据年份,2007年全国各级各类教育机构的国家财政性教育经费收入为8289.21亿元,到了2019年达到40046.55亿元,增长3.83倍。同期,高中阶段国家财政性教育经费收入从2007年的1307.02亿元上升到2019年的6511.55亿元,增长3.98倍。其中,中等职业学校的国家财政性教育经费收入从512.96亿元上升到2302.11亿元,增长3.49倍;普通高中的国家财政性教育经费收入从794.82亿元上升到4209.44亿元,增长4.30倍。可见,近十多年来,中等职业学校的国家财政性教育经费收入增长倍数(3.49)不仅低于普通高中(4.30),而且低于全国各级各类教育机构整体水平(3.83)。数据显示,在国家财政性教育经费总量中,高中阶段占比总体保持稳定(从2007年的15.78%到2019年的16.26%)。但是,值得引起关注的是,普通高中占比从9.60%上升到10.51%,增长近1个百分点;中等职业学校占比从6.19%下降到5.75%,与普通高中的差距进一步拉大——从全国范围看,用于中等职业学校的国家财政性教育经费只有普通高中的一半左右(见表1)。

表1 国家财政性教育经费"在义务教育后的不同阶段"的分配结构

国家财政性教育经费		总额(千元)		增长倍数	占比/%	
		2007年	2019年	2019年/2007年-1	2007年	2019年
全国各级各类教育机构(合计)		828 021 421	4 004 654 525	3.84	100.00	100.00
高等教育阶段	高等本科学校	136 593 166	683 464 208	4.00	16.50	17.07
	高职高专学校	23 238 705	159 256 128	5.85	2.81	3.98
	小计	159 831 871	842 720 336	4.27	19.30	21.04
高中阶段	普通高中	79 481 949	420 944 265	4.30	9.60	10.51
	中等职业学校	51 219 569	230 210 815	3.49	6.19	5.75
	小计	130 701 518	651 155 080	3.98	15.78	16.26

注:根据相关年份《中国教育统计年鉴》和《中国劳动统计年鉴》数据计算分析。

同样,近10多年来,尽管高职高专学校在国家财政性教育经费中所占的比重增长了1个百分点(从2007年的2.81%上升到2019年的3.98%);但是与普通本科相比差距明显:普通本科高校在国家财政性教育经费总量中的占比从

16.50%上升到17.07%,远高于高职高专学校。从全国范围看,用于高职高专学校的国家财政性教育经费还不到普通本科高校的1/4。教育经费结构不协调现象不容忽视。

3. 各地之间不协调

与全国相比,部分省份义务教育阶段后教育结构不协调的情况更加突出。数据显示,2020年各地"总体保持中等职业学校和普通高中招生规模大体相当"和"保持高中阶段教育职普比大体相当"相对较好的省份有11个,具体包括浙江、海南、陕西、重庆、广东、四川、安徽、福建、新疆、江苏、山东,中职学校招生占高中阶段的比重超过了全国40%的整体水平,其中浙江中职招生占高中阶段的比例最高,接近一半,达47.53%。北京、青海和吉林等省市的职普比约为3∶7,当地中职招生仅占高中阶段招生的30%。按照"高等职业教育规模占高等教育的一半以上"的要求,2020年贵州、广西、新疆、江西、山东5个省份高职高专在校生规模超过了普通本科。也有部分高等教育资源比较丰富的省市,高职高专在校生规模占比不高,有的低于30%,但个别省份占比不高的原因是高等职业教育资源相对薄弱,亟待加强(见表2)。

从各地国家财政性教育经费结构看,依法落实新《职教法》第五十四条"国家优化教育经费支出结构,使职业教育经费投入与职业教育发展需求相适应"和第五十五条"各级人民政府应当按照事权和支出责任相适应的原则,根据职业教育办学规模、培养成本和办学质量等落实职业教育经费"等要求任重道远。

根据《中国教育经费统计年鉴》数据对比分析全国各省(自治区、直辖市)对当地高中阶段的地方普通高中与地方中职学校,以及高等教育阶段的地方普通本科学校与地方高职高专学校的国家财政性教育经费收入:从全国总体看,地方普通高中大约是地方中职学校的1.82倍;地方普通本科学校大约是地方高职高专学校的2.68倍。即"在义务教育后的不同阶段",各地政府用于普通教育的财政性教育经费远远大于职业教育,个别省市用于当地普通本科学校的财政性教育经费甚至是用于当地高职高专学校的12倍以上,个别省份用于当地普通高中的财政性教育经费是当地中职学校的近3倍(见表3)。

最为明显的是先进制造业和民生领域。一方面上海的落户政策和较高生活成本给非沪籍毕业生的生存压力较大,另一方面外地省市人才引进政策力度不断加强。上述原因导致每年约有40%的毕业生流入到其他城市就业,入职员工工作

表 2 全国各地 2020 年高中阶段和高等教育普通本专科学生的结构比例

地区	高中阶段招生数/万人								高等教育普通本专科学生数/万人				
	职普比		中等职业学校				普通高中	合计	专本比		专科	本科	合计
	职	普	普通中专	职业高中	技工学校	小计			专科	本科			
全国	4.0	6.0	272.69	158.38	160.06	591.13	876.44	1 467.57	4.4	5.6	1 459.55	1 825.75	3 285.29
北京	2.9	7.1	1.01	0.47	1.03	2.50	6.11	8.61	1.2	8.8	7.28	53.61	60.89
天津	3.6	6.4	1.99	0.71	0.86	3.56	6.24	9.80	3.6	6.4	20.39	36.82	57.22
河北	3.9	6.1	18.02	11.44	6.32	35.79	56.08	91.87	4.6	5.4	73.03	87.45	160.48
山西	3.9	6.1	3.68	7.01	3.52	14.20	22.12	36.32	3.7	6.3	31.46	52.74	84.20
内蒙古	3.4	6.6	2.73	3.90	0.70	7.33	14.31	21.64	4.4	5.6	21.56	27.11	48.66
辽宁	3.7	6.3	5.11	4.30	2.68	12.10	20.54	32.63	3.8	6.2	42.87	71.21	114.08
吉林	3.1	6.9	1.47	2.82	2.59	6.88	15.16	22.04	3.1	6.9	22.62	50.08	72.70
黑龙江	3.5	6.5	2.72	2.29	5.65	10.66	19.45	30.11	3.2	6.8	26.55	56.01	82.56
上海	3.6	6.4	2.56	0.74	-	3.30	5.97	9.27	2.6	7.4	14.07	40.00	54.07
江苏	4.2	5.8	17.99	2.74	10.39	31.12	42.34	73.46	4.2	5.8	84.06	117.41	201.47
浙江	4.8	5.2	3.41	16.62	5.64	25.67	28.34	54.01	4.2	5.8	48.75	66.13	114.87
安徽	4.3	5.7	18.78	2.34	8.47	29.58	39.08	68.66	4.8	5.2	65.84	71.00	136.85
福建	4.3	5.7	12.61	-	4.81	17.41	23.29	40.71	4.3	5.7	41.00	53.72	94.72
江西	3.9	6.1	11.60	6.02	7.33	24.96	38.51	63.47	5.1	4.9	63.18	61.02	124.20
山东	4.2	5.8	21.41	7.89	17.38	46.68	63.62	110.30	5.0	5.0	115.45	113.70	229.15
河南	3.9	6.1	30.35	7.28	11.60	49.23	78.44	127.66	5.0	5.0	124.15	125.07	249.22
湖北	3.7	6.3	11.36	3.68	3.58	18.62	31.32	49.94	4.2	5.8	68.29	93.40	161.69
湖南	3.9	6.1	4.67	18.60	5.50	28.77	44.89	73.66	4.8	5.2	72.85	78.18	151.03
广东	4.4	5.6	24.24	6.81	21.26	52.31	67.18	119.49	4.9	5.1	117.77	122.25	240.02
广西	4.0	6.0	21.14	-	6.24	27.37	40.87	68.24	5.3	4.7	62.41	56.00	118.42
海南	4.5	5.5	2.82	1.29	1.14	5.24	6.50	11.75	4.5	5.5	10.44	12.57	23.01
重庆	4.4	5.6	5.05	7.76	4.28	17.09	21.73	38.82	4.7	5.3	42.73	48.83	91.56
四川	4.3	5.7	14.27	15.54	6.32	36.13	47.38	83.51	4.5	5.5	80.71	99.38	180.09
贵州	3.4	6.6	4.53	8.70	3.93	17.16	33.13	50.29	5.3	4.7	44.62	39.40	84.02
云南	3.8	6.2	9.99	5.80	6.45	22.25	36.00	58.25	4.8	5.2	46.48	49.94	96.42
西藏	3.8	6.2	1.31	-	0.33	1.64	2.67	4.31	3.0	7.0	1.15	2.70	3.86
陕西	4.4	5.6	2.77	7.93	6.25	16.95	21.25	38.20	4.0	6.0	48.78	72.22	121.00
甘肃	3.5	6.5	5.77	2.03	1.46	9.26	17.18	26.44	4.7	5.3	27.36	30.75	58.11
青海	3.1	6.9	1.90	0.04	0.04	1.97	4.49	6.46	4.3	5.7	3.16	4.25	7.41
宁夏	3.6	6.4	1.19	1.40	0.63	3.23	5.68	8.91	3.9	6.1	5.73	8.94	14.67
新疆	4.2	5.8	6.24	2.26	3.69	12.19	16.57	28.76	5.1	4.9	24.82	23.85	48.67

注:按照相关政策规定,分析高中阶段"职普比"时采用"招生数";分析"高等职业教育规模"占比时采用"高等教育普通本专科学生数"。

表3 各地"国家财政性教育经费收入"在职业教育与普通教育的分配比例

地区	高等教育阶段		高中阶段	
	地方普通高等本科学校	地方普通高职高专学校	地方普通高中	地方中等职业学校
平均	2.68	1	1.82	1
北京	5.32	1	1.97	1
天津	3.57	1	2.35	1
河北	2.21	1	1.34	1
山西	3.56	1	1.78	1
内蒙古	2.03	1	2.37	1
辽宁	3.74	1	1.75	1
吉林	3.74	1	1.53	1
黑龙江	3.27	1	2.23	1
上海	12.16	1	1.61	1
江苏	2.16	1	1.66	1
浙江	3.61	1	1.40	1
安徽	1.57	1	1.71	1
福建	2.78	1	1.59	1
江西	2.65	1	2.49	1
山东	2.36	1	1.49	1
河南	2.18	1	1.87	1
湖北	2.24	1	2.41	1
湖南	1.36	1	1.88	1
广东	3.37	1	1.67	1
广西	2.35	1	1.69	1
海南	5.40	1	1.89	1
重庆	2.17	1	1.99	1
四川	1.97	1	2.11	1
贵州	2.11	1	2.94	1
云南	3.15	1	1.74	1
西藏	3.91	1	2.37	1
陕西	3.02	1	2.93	1
甘肃	1.65	1	2.37	1
青海	2.08	1	2.43	1
宁夏	1.99	1	2.16	1
新疆	2.41	1	1.97	1

注:根据相关年份《中国教育经费统计年鉴》数据计算分析。

一定年限后也有相当一部分离职回二三线城市再次就业的。先进制造业、民生领域中技术技能人才的发展体系与薪酬待遇缺乏吸引力，招聘的人才流失率高，本地人才又不愿意到这一行业就业。

（三）依法统筹推进职普协调发展的若干建议

面对当前职业教育改革发展中的结构不协调现象，迫切需要以新《职教法》颁布实施为契机，一方面狠抓"政府统筹"的主体责任落实，做到依法推进职业教育和普通教育协调发展"不缺位"；另一方面，深化"放管服"改革，依法激发职业学校和培训机构办学活力，做到推进产教融合、校企合作"不越位"。

1. 抓住"规模"和"经费"这两个结构指标，依法"优化教育结构，科学配置资源"，把"协调发展"落到实处

新《职教法》第三条明确提出"职业教育是与普通教育具有同等重要地位的教育类型"。但是数据显示，不少省（自治区、直辖市）高中阶段的中等职业教育招生和高等教育阶段的高等职业教育规模仍然偏低，有的地方甚至出现成倍差距。而从各级政府公共财政对职业教育的投入保障看，与同级普通教育相比差距更加明显，成倍差距更加普遍。职业教育与普通教育相比仍然处于薄弱环节。

当务之急，是要抓住新《职教法》颁布实施的契机，依法把"国家大力发展职业教育""国家采取措施，大力发展技工教育，全面提高产业工人素质"等法律条文落到实处，通过新《职教法》的执法检查，重点关注职业教育与普通教育"协调发展"的两个结构性指标。

一是规模结构的协调。即按照新《职教法》第八条赋予"国务院建立职业教育工作协调机制，统筹协调全国职业教育工作"的职权，以及"省、自治区、直辖市人民政府应当加强对本行政区域内职业教育工作的领导，明确设区的市、县级人民政府职业教育具体工作职责，统筹协调职业教育发展，组织开展督导评估"的职责，参照国务院关于"保持高中阶段教育职普比大体相当"和"高等职业教育规模占高等教育的一半以上"的要求，统筹推进各地职业教育与普通教育办学规模的协调发展。

二是经费结构的协调。即按照新《职教法》第五十四条"国家优化教育经费支出结构，使职业教育经费投入与职业教育发展需求相适应"和第五十五条

"各级人民政府应当按照事权和支出责任相适应的原则,根据职业教育办学规模、培养成本和办学质量等落实职业教育经费"等要求,加强执法检查力度,尽快扭转目前职业教育与普通教育国家财政性教育经费投入出现成倍差距的不协调的现象。

2. 明确任务、各司其职,依法落实"政府统筹、分级管理、地方为主、行业指导"的主体责任,做到政府管理"不缺位"

"协调发展"需要"统筹推进","统筹推进"需要明确主体责任。新《职教法》第六条明确规定"职业教育实行政府统筹、分级管理、地方为主、行业指导、校企合作、社会参与"。这是自1996年《职教法》实施以来,国家在立法层面对职业教育改革发展26年的实践经验总结,并以法律条文形式在新《职教法》中加以明确。当务之急是要依法落实。

第一,切实加强国务院对全国职业教育统筹协调。新《职教法》首次明确"国务院建立职业教育工作协调机制,统筹协调全国职业教育工作"。这就意味着全国职业教育统筹管理职能从原来的国务院教育行政部门"提级"到了国务院的层面,用实际行动彰显了"国家大力发展职业教育"(新《职教法》第三条)的坚定意志。

第二,教育部依法提供三项基本公共服务。新《职教法》在继承旧版"统筹规划、综合协调、宏观管理"三大职能的基础上,进一步明确了国务院教育行政部门管理职业教育的三项具体工作:一是"组织制定、修订职业教育专业目录";二是"完善职业教育教学等标准";三是"宏观管理指导职业学校教材建设"。这是国务院教育行政部门推动职业教育高质量发展需要而且应该做好的基本职责。

第三,省级人民政府要依法承担起"地方为主"的主体责任。新《职教法》通过突出省级人民政府功能定位,把原来"县级以上地方各级人民政府应当加强对本行政区域内职业教育工作的领导、统筹协调和督导评估"修订为"省、自治区、直辖市人民政府应当加强对本行政区域内职业教育工作的领导,明确设区的市、县级人民政府职业教育具体工作职责,统筹协调职业教育发展,组织开展督导评估"。由此可见,省级人民政府在"政府统筹""分级管理"和"地方为主"的管理格局当中,将依法承担不可替代的主体作用。需要强调的是,新《职教法》明确法律主体是"省、自治区、直辖市人民政府",而不是省级人民政府的"教育行政部门"。

第四，要强化行业尤其是行业主管部门对职业教育的指导作用。新《职教法》第二十三条第一次明确规定了行业主管部门的两项法定职责：一是"按照行业、产业人才需求加强对职业教育的指导"；二是"定期发布人才需求信息"。同时授权"行业主管部门、工会和中华职业教育社等群团组织、行业组织可以根据需要，参与制定职业教育专业目录和相关职业教育标准，开展人才需求预测、职业生涯发展研究及信息咨询，培育供需匹配的产教融合服务组织，举办或者联合举办职业学校、职业培训机构，组织、协调、指导相关企业、事业单位、社会组织举办职业学校、职业培训机构"。

3. 深化"放管服"改革，依法推进职业学校和职业培训机构"举办企业"和"开展经营活动"，做到激发基层办学活力"不越位"

职业教育的生命在于产教融合、校企合作。自黄炎培先生创建中华职业教育社起，中国职业教育近代史，就是一部实业兴邦、产业强国，工学结合、产教融合的改革史。因此，新《职教法》第四十条明确规定"职业学校、职业培训机构实施职业教育应当注重产教融合，实行校企合作"。此外，新《职教法》延续旧版第二十三条关于"职业学校、职业培训机构可以举办与职业教育有关的企业或者实习场所"的规定，明确职业学校、职业培训机构能够以"开展校企合作、提供社会服务或者以实习实训为目的举办企业、开展经营活动"，为职业学校和职业培训机构举办企业、开展经营活动提供了法律依据和法律保障。

尤其具有突破性和战略价值的是，新《职教法》第四十一条在上述基础上，进一步明确规定"职业学校、职业培训机构开展校企合作、提供社会服务或者以实习实训为目的举办企业、开展经营活动取得的收入用于改善办学条件；收入的一定比例可以用于支付教师、企业专家、外聘人员和受教育者的劳动报酬，也可以作为绩效工资来源，符合国家规定的可以不受绩效工资总量限制"。这一条款打破了当前职业教育"隔靴搔痒"式产教融合、校企合作的藩篱，为依法支持、鼓励和规范职业院校"开展校企合作、提供社会服务或者以实习实训为目的举办企业、开展经营活动"，依法支持和落实"收入用于改善办学条件""支付教师、企业专家、外聘人员和受教育者的劳动报酬"等提供了法制保障，必将激发职业教育改革的巨大活力和动能。

（执笔：张晨、马树超、杨琳）

七、链接：大职教视野下的高质量发展——访《中华职业教育发展评价报告》编委会执行副主任马树超

记者： 我们注意到，近些年您主持过多个与职业教育质量相关的报告编写工作，例如《中国高等职业教育质量年度报告》《高等职业院校适应社会需求能力评估报告》《中等职业学校办学能力评估报告》等，这次是《中华职业教育发展评价报告》，这些报告有哪些异同？

马树超： 确实，我从2012—2019年连续主持过8年的《中国高等职业教育质量年度报告》的编写，最近两年担任《中国职业教育质量年度报告》编写工作的总顾问。受国务院教育督导办的委托，我还在2016年主持《全国高等职业院校适应社会需求能力评估报告》《全国中等职业学校办学能力评估报告》的评估指标体系编制、发布、数据采集和评估报告编写工作，2018年和2020年作为该

项目的首席专家参与评估报告的编制。这次受中华职业教育社的邀请，作为编委会执行副主任和编写组总协调主持《中华职业教育发展评价报告》的研究与编制工作。这些报告有一个共同特点，都是基于协助完善职业教育质量保证体系的考虑，目的是助推职业教育事业改革，促进职业教育高质量发展。

这些报告又都有着自己个性化的特点，比如这次的《中华职业教育发展评价报告》，就有这样3个特点：一是体现了第三方评价特色。职业院校和教育行政部门开展的内部质量评价已逐渐走向制度化，但如何加强外

部评价，建立健全政府、学校、专业机构和社会组织等多元参与的教育评价体系，仍需探索与努力。中华职业教育社作为我国成立时间最早的职业教育专门机构，是党领导的群团组织之一，开展职业教育第三方评价既有良好基础和独特优势，也是自身履职尽责的应有作为。二是提出了职业教育发展指数模型。为了客观呈现各地职业教育发展差异，我们设计并计算出各省（自治区、直辖市）职业教育综合发展指数。三是实现了全口径职业教育评价。早在1925年，我国职业教育先驱黄炎培就提出"大职业教育主义"，我们面向学历职业教育和非学历职业教育，对全国职业院校（含技工学校）发展及相关政策落实情况进行了整体性评价，实现了全口径评价，具有"大职业教育主义"特色。

记者：翻看这本报告，我们发现，报告分为"机遇与挑战""现状与评价""分析与建议"3个部分，非常简洁，这种结构是基于什么考虑？

马树超：今年的《中华职业教育发展评价报告》是在去年《中华职业教育发展报告》基础上编写的，很多具体的数字和成就在发展报告里已经描述很清楚了，今年我们侧重评价，以省域为评价基本单位，从区域视角进行第三方评价。

报告第一部分"机遇与挑战"，其实是宏观背景评价。机遇偏重于"前途广阔、大有可为"，挑战则从四个方面提出问题。第一是办学导向上，要直面民生与就业结构性矛盾，我们在专栏里清晰指出，中等职业教育的基础地位发生动摇；第二是资源配置上，要适应人力资源强国建设要求，在专栏里指出，财政性教育经费对职业教育投入不乐观；第三是内涵提升上，要应对新一轮科技革命的挑战，在专栏里指出了新技术革命发展对我国劳动力市场的冲击；第四是增强适应性上，现代职教体系亟待自我完善，在专栏里指出了现阶段高等职业教育存在的几个质量问题。

第二部分"现状与评价"，主要从区域、院校、服务、环境4个维度对我国职业教育发展现状进行评价，是报告的主体部分。

第三部分"分析与建议"，我们跳出职业教育看职业教育，对职业教育发展存在的主要问题进行分析并提出建议。第一是聚精会神狠抓发展质量，主要想表达的是我们要集中精力办好自己的事情——行政部门要落实抓质量的主导责任，职业院校要明确抓质量的主体地位，教师队伍要发挥抓质量的关键作用。第二是内外合力优化发展环境，包括平衡供需结构，营造充分就业的社会环境；强化职教科研，改善教育教学的治理环境；落实政策保障，完善产教融合的制度环境；

加大宣传力度，把正信息社会的舆论环境；提升技能价值，加强监督监管的法治环境。2021年是我国技能型社会建设元年，在这一节里，我们试图给出从学历型社会转向技能型社会的路径。

记者： 在这本报告中，我们看到有很多观点都很值得深思。

马树超： 确实是，我们可以在报告中找到10个"点睛"的观点。

第一个是回答什么是职业教育的高质量，"职业教育高质量发展并非仅仅体现在学历高或层次高、项目多和获奖多，而应主要体现在面向合适的学生提供适合的教育上"。

第二个是分析升学趋势明显带来三大不利影响，"一是不利于缓解全国性'技工荒'问题，导致中国制造质量难以提升；二是不利于企业获得技术技能人才红利，导致企业对校企合作失去信心；三是不利于职业教育自身发展，导致职业教育普教化、应试化，丧失类型特色"。

第三个是说职业教育是类型教育，但不是另类教育，"既不能因为职业教育是类型教育，就关起门来使其成为'孤岛教育'；也不能因为职业教育与普通教育同等重要，就将其办成普通教育的'影子教育'"。

第四个是关于职教本科，"发挥政策正向激励作用，避免政策偏差的'逆向选择'。支持坚持就业导向、人才培养质量高的优质专科高职学校独立升格为职业本科学校。支持优质专科高职学校中产教深度融合、办学特色鲜明、培养质量较高的专业实施职业本科教育，避免因政策偏差而影响职业本科教育的公信力"。

第五个是关于就业和升学，"建设人力资源强国和技能型社会面临的主要矛盾将由提高人口受教育年限转向提高劳动者职业能力，全面提高劳动生产率"。我们建议要分别统计职业院校毕业生的就业率和升学率。

第六个是关于如何适应数字化时代高技能人才培养需求，"要创造条件，组建由教学专家、企业专家、信息技术专家组成的'三栖'教学团队"。

第七个是关于高等教育进入普及化阶段，"根据社会发展理论，一个国家和社会并非大学生越多越好，也不是拥有高学历的人越多越好"。"世界范围内高等教育普及化程度最高的前三个国家依次是土耳其、希腊、韩国，其毛入学率分别为107%、100%、100%左右，但这三个国家的高等教育质量并非世界前三。可见，把握高等教育规模扩张带来的变化是十分重要的"。

第八个是为职业院校教师减负，"教师面对需要付出更多精力的学生群体，却经常被各种教学以外的要求弄得无所适从、精疲力尽，很难把各种改革落实到课堂上，所以出现外面锣鼓喧天、课堂波澜不惊的情况"。

第九个是建议加强职业教育正面宣传和正面引导，"强化主流媒体和中小学教材宣传劳模精神、劳动精神、工匠精神和优秀技术技能人才案例的功能。同时，加强负面舆情管控，防止破窗效应发生，构建良好的职业教育舆论环境"。

第十个是建设技能型社会，要加快完善国家资格框架和职业资格证书制度，"打通劳动制度与教育制度、职业教育与普通教育、职业资格证书与学历证书之间的壁垒，推动职业资格证书与学历证书等值等效，真正实现职业教育与普通教育具有同等重要的地位"。

（原载《中国教育报》2022 年 9 月 13 日）

第三部分

上海职业教育案例分析

一、课程思政篇

课程思政是关系到"为谁培养人,培养什么人,怎样培养人"的大事,既是对各级各类教育提出的共性要求,也是对职业教育培养高素质劳动者和技术技能人才的专门要求。上海职业院校广大教师积极响应,八仙过海,各显神通,探索各色各样课程思政的途径与方法,积累了许许多多课程思政的宝贵经验。

英语口语教学中课程思政实践案例

高永亭

课程思政与中职英语如何进行有机融合是一线教学亟待解决的现实问题。以 Family gripes 为主题,通过师生共情导入问题、生生分享呈现问题、自我反思领悟问题、具体行动解决问题等一系列教学活动的实施,探索中职英语课程思政教育过程与教学过程相融合、语言形式与思想内容相融合、技能形成与品格塑造相融合的有效实践路径,实现课程思政"随风潜入夜,润物细无声"的育人效果。

一、实施背景

立德树人是当前职业教育的一项根本任务。英语是中等职业学校各专业学生必修的公共基础课程,兼具工具性和人文性。[1] 中职英语课程不仅承担着英语语言学习的任务,也承载着立德树人的重任。通过英语课程的系统学习,不仅丰富学生语言知识,提升听说读写技能,同时也使学生拓展国际视野、包容多样文化、增进家国情怀、增强民族自信、锤炼个性品格、发展健康审美、树立正确价值、践行法治观念等。要有效达成以上中职英语教学目标,课程思政是一条有效的解

决路径。

课程思政就是在学科知识、技能教学中融入政治思想和人文素养教育内容，通过外显的课堂教学活动，使政治思想和人文素养内容内化为学生的价值观念和自觉行动，达成学科知识、技能学习目标，实现立德树人根本任务，取得政治思想和人文素养教育与知识、技能教学双丰收。口语是一项重要的英语表达技能，学好英语口语对于提升中职学生英语口语应用能力、增强英语学习信心具有重要作用。案例是实践中解决真实存在的教学疑难问题的具体实例，具有典型性、代表性和实践性特征。因此，课程思政融入中职英语口语教学实践案例对于解决中职英语教学中的课程思政融合路径问题具有较强理论参考价值和实践指导意义。

二、实施方法和过程

（一）实施方法

1. 教学内容

教材是实现英语课程目标的重要载体，也是教师开展教学活动的主要依托。教学内容选自北京语言大学出版社引进的剑桥大学出版社教材《剑桥标准英语教程（Touchstone3A）》第四单元 Lesson A Family gripes 一课。[2] 该教材是一套针对英语作为外语学习者编写的具有革新意义的综合英语教程。以庞大的剑桥英语语料库为基石，根据英语的实际应用情况，向学习者展示真实语境中的语言，并提供明确的会话策略，以帮助学习者流利、自信地说出英语，提高语言交流能力和英语综合技能。教材不仅符合我国中职英语课程标准教学要求，更能反映英语语言的国际教学现状、满足时代发展对青少年学生英语语言能力的要求。

2. 教学对象

教学对象是我校22级中澳合作药剂专业班学生。中澳合作药剂专业是我校与澳大利亚博士山学院（Boxhill Institute of TAFE）合作举办的中外合作办学项目，自2004年开始距今已经有20年的办学历史。全班共有30名学生，平均年龄15岁左右，正处于从懵懂少年向成熟青年转折的重要心理发展阶段。

家庭是组成社会机体的基本细胞，家庭和谐是社会和谐的基础。随着年龄的增长、心理的成熟和生活阅历的丰富，中职学生逐渐产生了强烈的成人感和独立意识。不仅生活上渴望独立，在思想认识上也有自己独立的思考和见解。他们不再是绝对接受和服从别人意志的孩童，已经成长为具有独立思考能力的成人，需要平等对话的权利和机会。[3] "望子成龙，望女成凤"是众多中国父母的夙愿，可是很多家长在与孩子沟通交流时，不能与孩子平等对话，依然把他们当作孩童对待，导致父母子女之间产生指责和抱怨，引起家庭氛围的不和谐。

3. 教学目标

中澳合作药剂专业英语课程的培养目标是通过 3 个学期的学习，使学生英语水平达到中职英语课程标准的较高培养目标，通过 4 个学期的学习，使学生英语达到能够接受引进澳方专业课英语授课水平。学生进入我校中澳合作药剂专业学习时，已经系统完成了九年义务教育阶段的英语学习，具有一定的英语语言基础知识和听、说、读、写技能，但英语交流技能，尤其是口语交流技能不足、缺乏自信，需要进一步培养和提升。通过以 Family gripes 为主题的一系列教学活动的实施，使学生知识技能、思维品质、情感价值达成以下教学目标：

1) 知识技能

学习并掌握 Let/make/help/have+object+verb 和 Get/want/ask/tell+object+to+verb. 等句型及用法。

通过对 Family gripes 话题的探讨以及师生、生生之间的互动，培养学生的英语口语交际技能，提升英语口语交流信心。

2) 思维品质

通过互动交流呈现问题、自我反思分析问题、具体行动解决问题等一系列教学活动的实施，培养学生发现问题，分析问题和解决问题的良好思维品质。

3) 情感价值

通过学习体验和对 Family gripes 话题的深入探讨，使学生意识到 Family gripes 是父母对自己的关爱，从而增进学生对父母关爱的深刻理解，培养出学生浓厚的家国情怀。

4. 教学策略

采用交际型英语教学策略，以启发、引导为主要教学方式，鼓励学生积极参与主题讨论。强化学生的学习主体地位和学习体验过程，使学生的语言知识、交际技能在实践中逐步提高，情感价值观念在探讨中逐渐升华。

（二）实施过程

教学案例实施时间为 40 分钟（一节课）。首先通过师生共情导入问题，引起学生的学习兴趣。然后通过小组讨论生生分享的形式，让学生坦诚呈现自己的问题。最后通过自我反思深刻分析,让学生领悟问题产生的原因,并在自我醒悟的基础上让学生采取针对措施和具体行动,解决问题以消除父母的抱怨(如图1所示)。

教学步骤	教学活动	设计思路
Step 1 Lead in 导入问题	Teacher tells students "When I was at your age, my parent always asked me to eat much vegetables, but I didn't like them, I was really annoyed, this is my family gripe." then ask students: Do you have the same or similar family gripe from your parents?	教师通过个人过去父母对自己抱怨的亲身经历导入主题,引起学生的情感共鸣和学习兴趣。
Step 2 Exposition 呈现问题	Ask students to talk about their family gripes from their parents in pairs with the sentence pattern given below: 1.Let/make/help/have+object+verb. 2.Get/want/ask/tell+object+to+verb.	以小组为单位,学生使用所给英语句型,表达父母对自己的抱怨,不仅分享了个人情感,同时锻炼了英语口语和句型。
Step 3 Analysis 分析问题	Teacher ask students to discuss: Do you think family gripes from your parents reasonable? Why do your your parents gripe about you? Is it a family love?	通过"父母对自己的抱怨是否理性?"的分析,引导学生反思自己行为。通过"父母为什么对自己抱怨?"的探讨,使学生意识到抱怨是父母对自己的一种关爱。
Step 4 Solution 解决问题	Teacher ask students to discuss: What should we do to avoid family gripes?	当学生意识到父母的抱怨是合理的,也是对自己的关爱时,让学生思考:为了避免父母的抱怨,如何改正自己的问题?

图1 英语教学融入课程思政示意图

三、实施结果和效果

（一）实施结果

课程思政融入中职英语教学，不仅丰富学生语言知识、提升语言应用技能，而且让学生树立起正确的价值观念、锤炼良好品格。案例表明，课程思政融入中职英语教学具有现实可行性和可操作的实践路径，具体融合路径如下：

1. 教育过程与教学过程相融合

"课程思政不是教出来的知识，是在学生学习体验的过程中，教师引导学生筑起从内在自主升华提炼出的意识、观念、态度、情感、精神等。"[4] 本案例在进行教学设计时，以 Family gripes 为讨论主题、以学生为学习主体，以具体英语句型为载体，通过师生共情导入问题、生生分享呈现问题、自我反思领悟问题、具体行动解决问题等一系列教学活动的实施，让学生通过学习体验，自主挖掘和提炼主题思想价值，自主提升语言交流技能，实现了教育过程与教学过程的有机融合。

2. 语言形式与思想内容相融合

"语言作为一种符号系统，有其固定的形式和结构，学习语言就要学习和掌握这些语言形式和结构。同时，语言也是思想和文化的载体，在进行语言形式和结构学习时，学习者自然会受到语言所承载的思想观念和文化价值的浸润和影响。语言的重要功能是表达意义，意义的作用不仅是给人们某种确定性的解释，而且还要指导人的行为。"[5] 因此，教师在对学生进行语言教学时，不仅要让学生学习正确的语言形式和结构，也要让学生学习正确的思想观念和文化价值，以引导学生在成长过程中形成良好的行为习惯。本案例要求学生使用给定句型讨论 Family gripes 问题，就很好地体现了英语语言形式与健康思想内容相融合的课程思政理念。

3. 技能形成与品格塑造相融合

语言是交流思想、表达感情的重要交际工具，个体在社会中的发展和进步离不开语言技能的学习和掌握，而语言技能的形成需要不断地锤炼。中职生正处于从懵懂少年逐渐向思想独立的青年过渡时期，思想品格正处于发展关键阶段，而思想品格的塑造需要不断地影响和熏陶。本案例在进行英语口语交际能力训练时，通过"父母对自己抱怨是否理性""父母为什么对自己抱怨"等问题的深入探讨分析，引导学生反思自己行为，使学生逐渐意识到父母的抱怨是合

理的，也是对自己的一种关爱，由此深刻领悟到采取具体行动进行改正的必要性。在语言交际技能学习和训练过程中，学生自然会受到语言所承载文化价值的影响和熏陶，渐渐地思想品格就会得到良好塑造，语言技能形成与思想品格塑造实现了自然融合。

（二）实施效果

学生积极参与课堂教学活动，讨论问题深刻、理性，课堂气氛活跃热烈，不仅有效完成了课堂教学任务，同时达成了课程思政的教学目标。讨论问题时，学生们充分、合理地使用给定英语句型进行沟通和交流，达成了语言知识、技能学习目标。通过对 Family gripes 话题的深入探讨，学生们逐步认识到父母的抱怨是对自己的关爱，也清醒地意识到自己存在的问题，并深刻认识这些问题的危害以及需要认真克服改正的必要性，并在此基础上讨论针对不同问题的解决办法。实现了让学生在学习体验的过程中，自主挖掘家国情怀思想价值，树立正确的家庭价值观念和父母情感态度，达到了"随风潜入夜，润物细无声"的育人效果。

四、教学启示和展望

（一）教学启示

1. 坚持立德树人导向，科学处理课程教学与课程思政关系

中职英语教学坚持立德树人导向，不是要把英语课变成思想政治课，也不是将思想政治教育内容强加于英语课程教学之中，而是根据课程教学目标要求和具体的语言学习内容，合理、有度地融入政治思想和人文素养教育内容。一方面，课程思政不能脱离英语语言知识、技能的学习实际；另一方面，英语语言知识、技能的学习也不能缺乏正确的政治思想和人文素养内容引领，两者既互相独立、又互相依存于具体的英语课程教学实践之中。

2. 尊重学生主体地位，促进品德素养和语言能力协调发展

学生是英语学习的主体，英语课程教学应以学生的发展为中心。因此，在英语教学过程中，教师应突出学生在语言实践中的主体地位，遵循中职学生道德认知和语言技能发展规律，尊重学生个体差异，让不同学习风格、学习基础和学习能力的学生，通过语言实践提升英语语言技能，提升个人思想品德素养，最终实现学生品德素养和语言能力协调发展。

3. 重视语言场景应用，以多样活动引领学生体验学习过程

基于真实、具体的语言场景，设计多样的教学活动，引领学生积极体验学习过程。通过学习体验，不仅强化学生的英语口语应用能力，同时引起学生讨论与自己经历有关话题的兴趣，引导学生主动谈论自己真实的生活经历并乐于发表个人的独到见解。以多样活动引领学生体验学习过程，使学生在学习过程中享受到学习的快乐和收获，无疑会增强学生学习的积极性、主动性和创造性。

（二）教学展望

立德树人是教育的根本任务。课程作为实现教育教学任务的重要载体，承担着立德树人的重任。要想通过课程教学使学生正确的价值观念得到树立、思想灵魂得到塑造，在平时的学科教学中，教师应该时刻牢记课程思政的教育理念，将正确的政治思想和人文素养内容适量、适时地融入具体的学科教学实践之中。展望未来，通过各级各类教育工作者的共同努力，全员、全程、全课程的育人格局就会形成，各类课程与思政课同向、同行的协同效应就会产生，立德树人的教育根本任务就一定能够实现。

参考文献

[1] 中华人民共和国教育部. 中等职业学校英语课程标准)[M]. 北京：高等教育出版社，2020（05）：1.

[2] （英）麦卡锡（McCarthy, M.),（英）麦克卡顿, (McCarten, J.) （英）桑迪福德 (Saniford, H.). 剑桥标准英语教程 3A: 学生用书 [M]. 北京：北京语言大学出版社，2022（05）34-35.

[3] 高永亭等. 中职校学生家庭德育现状分析及对策. 思想理论教育 [J]. 2013(9)：44.

[4] 张媛. 显隐共行，落地中职英语课程思政. 中职英语联合教研活动（第一期）[R].2023.

[5] 卢永欣. 语言维度下的意识形态分析. 思想战线 [J]. 2010(3)：75.

（作者单位：上海市医药学校）

中职生劳动教育的实践探索

茅智勤　焦中琳

为了构建德智体美劳全面培养的教育体系，加强新时代大中小学劳动教育，2020 年 8 月，上海市委、市政府结合上海市实际，印发《关于全面加强新时代大中小学生劳动教育的实施意见》，提出职业院校要注重职业技术技能训练，结合专业特点，增强职业荣誉感，培育精益求精、爱岗敬业的工匠精神，立志成为扎根生产和服务一线的高素质技术技能型人才。如何更好地推进新修订的《职业教育法》中关于培育劳模精神、劳动精神、工匠精神的贯彻实施，培养培育国家所需要的新技能高技能的实用人才，如何激发学生职业劳动使命感、树立职业理想、培养职业精神，成为职业教育永恒的课题。

一、调研中职生劳动技能态度及现状

劳动是人自我实现的需要，也是幸福生活的源泉，劳动教育对中职生自由全面发展具有促进作用。为了解本校中职生劳动技能态度及相关现状，组织本校学生进行两轮问卷调查，共收到有效样本 200 份。其中一年级占 11%，二年级占 35%，三年级占 54%；女生占 61%，男生占 39%；独生子女占总体 43%。现就调研情况作具体分析：

（一）需提升劳动自觉

在被问道"觉得自身在学校或生活中投入劳动活动的次数多吗"时，认为自觉参加比较多，且是自愿参加的学生比例最高，但数据上半数不到；有 27.3% 的学生虽然参加比较多，但并非发自内心，而是觉得迫于某些原因而参加，仍有 27% 的学生参与不够。

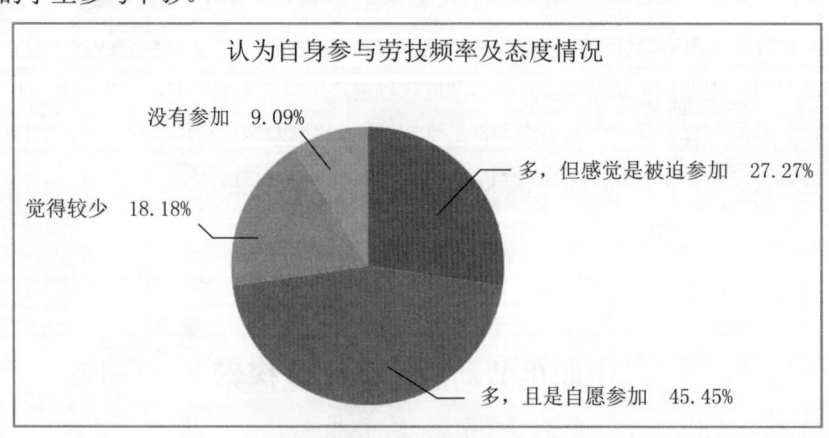

图 1　认为自身劳技参与频率及态度的调查结果

调研中发现中职生认为自身劳动观的形成受什么影响，排在第一位的是"自身思想觉悟的提高"，其次是"学校相关课程影响""社会舆论与媒体宣传的影响"。可见，增强学生劳动的内驱力对于学生形成良好的劳动观念十分重要。

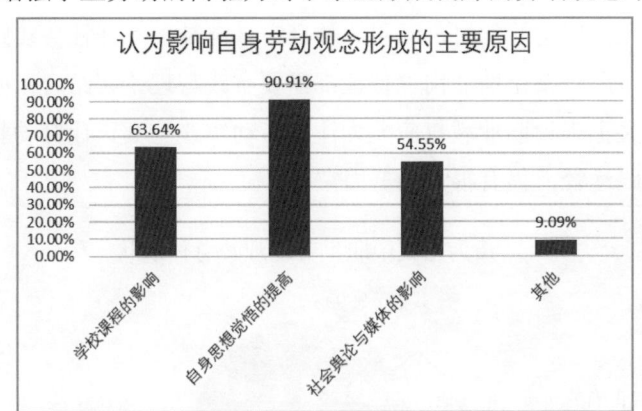

图 2　认为影响自身劳动观念形成的主要因素调查结果

（二）需培养劳动习惯

调查中显示 72.7% 的中职生意识到拥有良好的劳动习惯很重要，而 18% 的中职生对于劳动习惯养成没有足够重视，甚至有 9% 的中职生忽视了自身劳动习惯养成的重要性。一方面表示大多数中职生内心认可需要养成劳动习惯，另一方面在中职生群体中形成对于需要养成良好劳动习惯的共识并完善相关途径仍有很多工作需要努力。

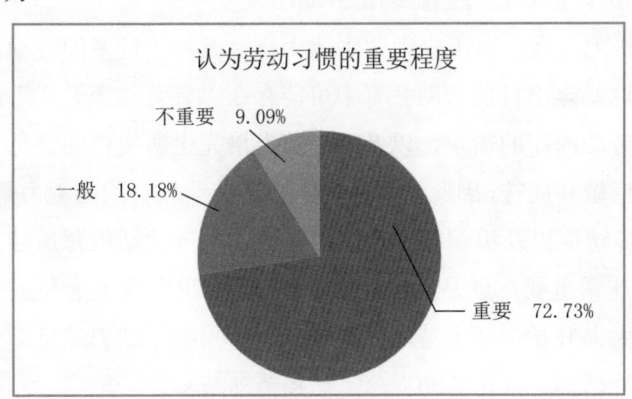

图 3　认为养成良好劳动习惯的重要程度调查结果

（三）需增加劳动实践

调查中对于当代中职生的劳动观与劳动总体情况，从中职生的视角，认为总体乐观，有正确劳动观，大部分能投身劳动中的仅占 27.2%；大多数认为中职生具有正确的劳动观，但在劳动教育的具体实施上存在问题，或者仅停留在思想上，没有真正去投身劳动，两者分别占 54.6% 和 9%。

普通教育注重理论的学习，而职业教育它一定是离不开社会实践的，在现实生活和工作中，胜任某个职业岗位往往都需要实践与理论相结合，而不仅仅是理论，从这个意义上来说职业教育应尤为注重劳动实践。真正让劳动教育化为中职生可实施的实践途径，仍有很大的努力空间。

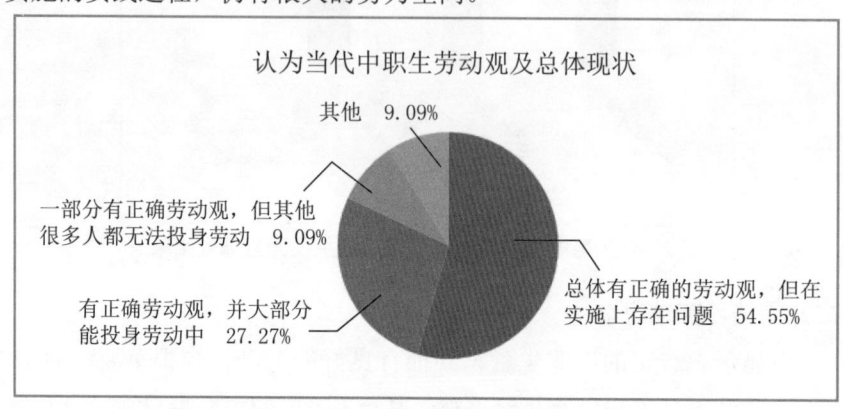

图 4　认为当代中职生劳动观及总体情况的调查结果

二、探索劳动教育的有效途径

（一）自主选择自我教育内驱端正劳动态度

在前期调研中发现，有不少中职生认为自己参加了较多的劳动，但更多的感觉是被迫的，这暴露出目前劳动教育中可能存在"有劳动少教育"的问题，未能唤醒学生对于劳动内在的需求，以及缺乏黄炎培先生所提倡的"劳工神圣"等对于劳动本身的崇敬和向往，因此如何激发中职生劳动教育的内驱力是突出的重点。

通过进一步访谈以及组织学生小组讨论，发现劳动动机背后涉及很多心理因素，其中一条非常重要，就是"自主选择"，让中职生自主选择进行劳动教育的方式，可以大大提升学生对于劳动的兴趣，越感兴趣，动力越足，劳动体验相应越好，形成良性循环，强化劳动观念，弘扬劳动精神。

由此，为学生创设劳动教育菜单，实现个性化劳动教育提升方案，根据学生现有基础及个性特点可以自主选择劳动教育活动进行有针对性的提升。此举帮助学生找到更契合自身接受教育的风格，促进自愿、认真负责、安全规范、坚持不懈地参与劳动，形成吃苦耐劳的品质，高效地提升了劳动素养。

学生分小组深入调研中职生目标劳动技能实践的具体情况，有团学等学生自治组织分层开展劳动教育。学生劳动教育自主学习分为有调研组、策划组、实施组、监管组、宣传组,通过劳动技能问卷、劳动倡议书、春风暖屋系列劳动实践活动、评价反馈通讯报道、评选魅力清荷人等丰富形式展开,学生通过自主选择,在自我教育的过程中传承职教一贯提倡的"双手万能""手脑并用""做学一体"等劳动思想,正确理解个人职业劳动与社会发展的紧密联系。加深体会劳动作为人类发展和社会进步的根本力量,认识劳动创造价值,领悟劳动的意义价值,从而树立正确的劳动观念,并增强劳动协作、团队合作能力,培养创造性劳动能力。

(二)评价量规及时反馈助力养成劳动习惯

在组织学生劳动实践活动中,发现及时给学生具体的评价反馈对于学生后续劳动实践存在一定的激励作用。如开展"春风暖屋"劳动实践活动时,开通线上线下评价渠道,让接受到学生志愿劳动服务的对象对学生劳动实践进行评价。学生能及时得到关于自己劳动服务态度、劳动服务时长、劳动质量的实时分层的反馈,相关数据不仅可以用作后期评选"劳动之星",更重要的是学生能从劳动评价中获得肯定或者努力的方向,这对于学生后续参加劳动实践的积极性有一定帮助。如收到在服务态度维度上受到好评的学生,会强化该学生在后续的劳动实践中注重保持良好的服务态度;在服务质量上需努力的学生,能了解到自己提升的方向等,并且分层能给到学生具体的小目标,在最近发展区上做高效的提升,逐步养成敬业乐群的习惯。

表一 中职生"春风暖屋"劳动系列活动评价量规

评价量规	非常满意	值得肯定	总体尚可	还需努力
劳动时长	劳动效率高时长正合适。	劳动效率一般,时间偏长。	劳动效率一般,时间偏短。	劳动效率低,且时长不足。
劳动态度	劳动服务热情主动、有礼貌,有责任心且吃苦耐劳,勤勤恳恳。	劳动服务主动、有礼貌、有耐心、有求必应。	服从劳动安排,有礼貌,且有始有终。	服务态度不够主动,畏难退缩,不走心。
劳动质量	完成度超乎预期,追求完美、细致、有创意。	达到预期,劳动品质符合需求、规范专业。	接近预期,完成准确或能及时纠正错误。	劳动效果不尽人意,需要返工。

劳动教育采用量规评价的同时,设立劳动积分手册,配套录入综合素质评价,每学期劳动积分与相关奖学金评比挂钩,增加学生对于劳动教育的间接兴趣和直接兴趣,内外动机双管齐下,帮助学生养成劳动习惯。

（三）场景升级风格匹配促进提升劳动技能

尝试给劳动教育创设不同场景，多感官综合运用，帮助学生在最适合的学习风格下，对于劳动教育的大道理，从"知道"升级为"体会"，达到实际效果。故借鉴目前国内外学者对于人类学习场景的划分：萤火、水源、洞穴和山顶，创设森林，即采集式的学习过程，运用职教源场馆资源等与劳动教育一一对应，尝试为中职生劳动技能教育升级。

图 5 不同类型场景下劳动教育综合感官运用提升效果

劳动素养和品质最终要在工作生活实践中体现，中职生更需要具备专业劳动技能。因此我们将主题活动、馆教融合作为育人途径，期望调动学生自主学习的积极性。鼓励学生发展自己个人爱好和特长的技能，积极参与各级各类劳动技能竞赛，考取专业技能证书。在多样化场景下升级的劳动教育，学生借助职教源先进的技术支持，体验声光电联动的感官冲击、人机互动的职教情景，身临其境，激发兴趣，受教受益；帮助学生突破时空，主动劳动实践，实现类型教育下的劳动技能学习方式的转型，把握专业劳动技能方法，追求劳动教育成效。学习和提高基本职业劳动技能。

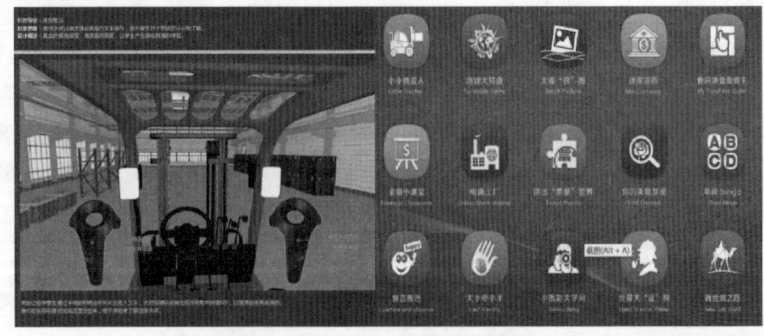

图 6 职教源虚拟劳动技能场景

三、研究的结论与收获

我们以"无边界的教育"为理念,将劳动教育贯通时空,全员、全程、全方位渗入到学生的日常学习生活中。激发使命,内润于心,外化于行,并在此过程中充分发挥学生主动性,收获了三项微成果:

(一)劳动教育须化被动为主动——指导微课题三项均完成

皮亚杰曾提出,老师教学根本不是教育,孩子自主发生的认知改变,才是真正的教育过程。教师通过探索更深刻地认为劳动教育作为一种由认知最终指向实践的过程更应让学生自己正为主角。

为此教师指导学生成立了劳动教育学习小组,引导学习风格适应"洞穴"场景的学生深入思考,从学生的视角反思劳动教育现状并设计改进方案,完成微课题《明星VS劳模——当代中职生偶像观》《探索当代青年劳动教育偏向》《探访职教源了解当代中职生自我提升方向》三组并成功参与上海市进馆有益活动,就劳动教育中的相关问题展开微讨论,边思考边探寻,在此过程中了解黄炎培劳动教育思想,发现,讨论,研究,剖析,如何化为行动。后期调研发现学生在经过微课题探索过程后对劳动的积极性在原有基础上有较大提升,自信心也有所提高,实现了劳动观念提升的效果。

(二)劳动教育须评价量规反馈——常态化劳动评价及积分

劳动习惯的养成是一个长期过程,学生需要获得及时且具体的反馈,从中获得持续发展的方向和动力。教师创设劳动教育评价量规,配合学生劳动实践活动。在"春风暖屋"等劳动系列实践活动中应用,并在"魅力清荷人"等评选中体现,在劳动教育的制度化和常态化上作了有益的探索。

劳动习惯的培养进而有效促使中职生在劳动实践中增强自尊、自信、自强等心理品质。激发中职生主动提升劳动技能的动机,养成劳动习惯,树立个人生涯发展方向,用亲身实践"知行合一",践行黄炎培先生"职业教育的目的:为个人谋生之准备,为个人服务社会之准备,为国家及世界增进生产力之准备"。承担社会责任,形成崇尚劳动、尊重劳动、热爱劳动的思想品德。

(三)劳动教育须借多样化场景——馆教融合劳动教育方案

劳动教育的升级是由内而外的,既需要学生内在的变化,也需要外在教育环境与之相适应的改变,让劳动教育在内外交互作用下找到最大的效应点。传统劳动教育"萤火"场景一对多的教育模式依然有很重要的作用,体现在日常德育课堂及每期的劳模讲座上；增加更多"水源"场景，发挥学生的能动性，多人充分讨论分享，开展各类劳动主题团学活动，如家务美食主题"光盘行动""脑力劳动VS体力劳动"辩论赛等；重视"洞穴"场景，给学生对劳动教育自我反思、自我独处、自我内化的过程，而这个过程又是可视化的，最终以学生微课题的形式呈现；特别创设"森林"场景，教师完成"手脑并用，幸福之源——职教源里悟劳育"馆教融合系列活动方案策划；最终在"山顶"场景中，学着与同伴合作，完成一项项劳动挑战任务，在不断强化中养成劳动习惯，提升劳动技能水平，实现主动劳动，热爱劳动。

参考文献

[1] 曹瑜，常宏明．黄炎培职教思想下现代学徒制工匠精神的探究．辽宁高职学报，2021.11.

[2] 姜汉荣．势之所趋：工匠精神的时代意义与内涵结构[J].中国职业技术教育（理论），2016.21.

[3] 董奇，雷正光．黄炎培职教思想对职教"顶层设计"的现实意义[J].职教论坛，2012（13）：80-83.

[4] 刘克勇．明确职业教育战略地位推动职业教育内涵式发展——《国家职业教育改革实施方案》学习体会，江苏省教育厅职教处副研究员，2019.

[5] 张政利，李云飞．黄炎培职教思想对高职院校高质量发展的启示．辽宁高职学报，2022.5.

[6] 胥望．黄炎培的职业道德教育思想及其当代意义[D].湖南大学硕士论文，2012:2.

（作者单位：上海商业会计学校）

推进思政一体化　共筑育人同心圆
——以上海电机学院附属科技学校
（上海市临港科技学校）思政一体化建设为例

唐佑铭　黄秀群

党的十八大以来，习近平总书记高度重视学校思想政治理论课建设。2019年3月18日，在全国思想政治理论课教师座谈会上，总书记系统阐述了大中小学思政课一体化建设的重要意义、现实状况和深化路径，为新形势下破解制约大中小学思政课一体化建设的难题，推动大中小学思政课一体化建设走深走实，提供了根本遵循、指明了行动方向、注入了强大动力。

一、案例实施背景

习近平总书记站在世界百年未有之大变局、党和国家事业发展新局，以及中华民族伟大复兴战略全局的高度，对加强学校思政课建设作出一系列重要部署，就推进大中小学思政课一体化建设提出一系列重要论述。大中小学思政课一体化建设是新时代思政课建设的重中之重，是党的教育方针真正落地、立德树人根本任务得以实现的必然路径。自2020年12月参加浦东新区大中小思政一体化工作签约暨启动仪式后，上海电机学院附属科技学校（上海市临港科技学校）深化认识，提高站位，切实贯彻《中共上海市委办公厅、上海市人民政府办公厅关于深化新时代学校思想政治理论课改革创新的实施意见》，围绕"推进思政一体化 共筑育人同心圆"，逐步形成了以党建引领团建，以中职校联动区域内大学的思政一体化形式，推进与上海电机学院马克思主义学院思想政治教育一体化建设工作。

二、案例实施方法和过程

（一）建立课程机制，搭建活动平台

1. 成立工作专班

学校成立工作专班，由党政班子成员为组员的领导小组，下设工作小组，由学生科、教务科、团委、德育教研组等相关部门负责同志组成，由学校德育分管副校长兼任工作组长。对涉及思政课建设的重大问题由学校领导小组成员集体讨论决定。

2. 召开联席会议，建立课程机制

2021年初开始，学校领导组主要负责同志、工作组成员与上海电机学院马克思主义学院范冬蛟院长及学院相关领导组成联席会议，就大中小思政一体化工作实践进行规划并推进实施。探索建立思政课教师一体化备课机制，加强两校思政课教师之间的沟通交流，促进形成人才培养的持续。结合深入学习贯彻习近平总书记在党史学习教育动员大会上的重要讲话精神和党中央《关于在全党开展党史学习教育的通知》精神，两校通过同备一堂课，尝试打造党史教育、《习近平新时代中国特色社会思想》精品课程，发挥上海电机学院马克思主义学院思政课教师理论指导优势，结合我校学生实际特点，合理规划教学内容、精心组织课堂教学、激发学生的学习兴趣，力求达到较好的学习效果，实现优质课例、示范教案、优秀讲义等优质资源共享。

3. 搭建活动平台

学校通过搭建大中小学思政课一体化活动平台，统筹开展政治学习、教学研究、集体备课、教学展示等活动。2021年上半年，结合中国共产党成立100周年，"两个一百年"历史交汇期的关键一年，学校与上海电机学院开展以学党史为主题的思政教师集体备课活动。上海电机学院马克思主义学院副院长宋洁、中国近现代史教研室主任张旭分别以《开天辟地的大事变：中国共产党的诞生》《中国共产党为什么能引领中华民族？》为题作了教学展示交流。

2022年10月18日，中国共产党第二十次全国代表大会召开。结合深入学习贯彻习近平总书记二十大的重要讲话精神，真正坚持做到学史明理、学史增信、学史崇德、学史力行，学校与上海电机学院马克思主义学院开展以学党史为主题的思政教师集体备课活动，进一步扎实推进课堂教学改革，努力构建高效课堂，有效提高课堂教学效率，使思政课入耳、入脑、入心。

（二）协同开展教研，促进共同提升

2022年11月16日，学校德育教研组联合上海电机学院马克思主义学院以"思政一体化教学研讨"为切入点组织了一次校际联合教研活动，深入探讨如何将二十大精神融入课堂教学中。

上海电机学院马克思主义学院陈兰芝、苗磊两位博士从高校角度带领学生们以社会实践的方式深入了解临港新片区的社会动态发展，领悟"人民城市、人民建"并由小见大，进一步了解中国式现代化成果，在实践中将党的理论下沉，鲜活地引入思政课堂。学校黄秀群老师从中职思政课的角度结合个人教学实践与探索阐述了3个方面的思政教学：在课程教材中融入二十大精神、以讲台为舞台宣传二十大精神、以学生活动为载体弘扬二十大精神。以课前课程资源整编、课中优化教学实践、课后落实学生活动综合开拓学生学习二十大精神的途径与渠道，将思政小课堂与社会大课堂相结合，不断内化学生对二十大精神的认识。

（三）推进思政课程与课程思政同向同行

习近平总书记指出："其他各门课都要守好一段渠、种好责任田，使各类课程与思想政治理论课同向同行,形成协同效应。"在思政课一体化建设和推进过程中,学校坚持创新思维,坚持思政课在课程体系建设中的政治引领和价值引领作用,通过一体化建设和推进工作,我们改变思政课孤军作战的现状,充分挖掘其他学科中的思政资源和素材进行德育和法治教育,不断增强各门课程的凝聚力,在大教育的环境中推进思政课一体化建设,实现知识传授与价值观引领共同推进,构建起全方位、全过程的育人格局。

在实践中统一思想,明确目标,营造三全育人的良好氛围,学校建设《智慧中国》课程,主要向学生介绍中国古今诸多领域的巨大成就,突出中国智慧对人类文明的伟大贡献,从而增强对古代中国辉煌历史的自豪感和对现代中国制造未来的自信心。特别是中国在高科技创新方面取得的最新成果,以及这些新技术的应用前景和将给社会带来的变化,同时将中国特色社会主义现代化强国建设与学生未来职业发展结合起来,通过跨越古代、近代、现代和将来4个维度,弘扬这些领域杰出人物的工匠精神,提高学生的职业素养,从而"润雨细无声"地在学生心中培养中国特色社会主义的道路自信、理论自信、制度自信、文化自信,成为具有较高职业精神和职业素养的技术复合型建设人才。

学校将思政元素积极融入专业课教学中,推进思政课程与课程思政同向同行。《电工基础》《机械制图》《液压与气压传动》设计了几个不同教学环节,例如《电工基础》共有10讲,笔者设计了8个思政教学环节、20个思政融入点;《机械制图》12讲,设计了7个教学环节、18个思政融入点;《液压与气压技术》共10讲,设计了8个教学环节、15个思政融入点,并整理将近70个思政教学辅助案例或材料供教学时参考、引用,希望能抛砖引玉,引发专业课教师的自己的灵感。

(四)开展专题讲座,赋能铸魂育人

2022年11月16日下午,学校邀请了上海电机学院马克思主义学院陈兰芝老师为全校教职员工作"以中国式现代化全面推进中华民族伟大复兴——深入学习党的二十大精神"专题报告。陈老师分3部分进行了分析讲解。第一部分,党的二十大的概况;第二部分,新时代10年的伟大变革推进和拓展了中国式现代化;第三部分,以中国式现代化全面推进中华民族伟大复兴。

陈老师的专题报告,让老师们深刻领会了以中国式现代化推进中华民族伟大复兴的使命任务,建设教育强国、科技强国、人才强国战略。结合学校人才培养

目标，牢记立德树人根本任务，践行为党育人、为国育才的教育初心，为培养德智体美劳全面发展的社会主义建设者和接班人而不懈努力。

（五）创新评价机制，提高教学水平

教学评价是以"教学"为对象的评价方式。一般包括教学活动中的教师教学效果、学生学习结果、教学内容、教学方法、教学环境、教学管理等全方位的评价。如何创新教学评价促进教学水平的提高，是我们在思政一体化工作推进中时刻关注的，在教学实践中我们也在不断探索。我们坚持教学评价应以"人"为出发点，突破传统的教学评价过于强调甄别与选拔功能的困境，尊重学生的个性差异及个性发展，立足于促进学生终身发展的教学评价。注重结果性评价和过程性评价相结合，在教学过程中不只关注学生取得的分数和成绩，还关注学生在学习过程中的变化与发展，关注学生最终达到的思想价值观的提升。学校依据《上海市中职学生综合素质评价实施意见》综合考查学生发展。对教师思政课教学效果每学期期末进行综合评定，依据《上海电机学院附属科技学校（上海市临港科技学校）思政课教师综合考核及奖励意见》，《上海电机学院附属科技学校（上海市临港科技学校）思政老师绩效津贴发放意见》进行考核奖励。

三、案例实施结果和效果

学校牢牢把握历史机遇，守底色，扬特色，根据立德树人培养要求，统筹好思政课程和课程思政"一盘棋"。近年来学校认真落实全国思想政治理论课座谈会议精神，把思政课程作为关键课程，在大中小思政一体化建设工作中积极作为，勇于探索，不断总结，与上海电机学院马克思主义学院联系互动，就课程体系、课程思政、评价机制等方面进行实践探索，形成了一体化备课、一体化研讨、一体化示范的良好格局。学校思政教师的政治和业务素质得到提高，思政课教学质量和水平得到提升。

四、案例启示和展望

"水本无华，相荡而成涟漪；石本无火，相击而发灵光。"上海电机学院附属科技学校（上海市临港科技学校）在开展大中小思政一体化共建系列活动中，不断凝心聚力，通过与上海电机学院马克思主义学院开展集体备课，引导思政教师准确把握思政课课程目标。未来我校将继续发挥思想政治教育特色，与上海电机学院在学生实习、教师培训、课题研究、观摩课程、课程教材资源共建等方面开

展合作，依托互联网新技术，优化整合两校资源，在合作中不断推进党的创新理论成果融入课堂教学实践。在"二十大"背景下协同推进大中小思政一体化活动建设，响应教学改革号召，构建完善的思政教育一体化立体格局。

（作者单位：上海电机学院附属科技学校（上海市临港科技学校））

中高职贯通酒店管理与数字化运营专业"课程思政"一体化实施路径研究
——以《酒店英语会话》课程为例

张志华 冯晓晖 黄 敏

随着人工智能的飞速发展和普及，酒店行业也面临创新发展与数字化转型，这对酒店专业人才培养提出了更高的要求。在专业课程教学的过程中，实现一体化设计、螺旋式上升的育人规律，最大限度培养学生综合职业素养，培养出符合时代发展需要的优秀酒店管理专业人才显得尤为重要。

一、落实酒店管理与数字化运营专业课程思政的重要性和必要性

（一）满足行业需求

目前人们在入住酒店时，不仅关注酒店的硬件设施，更关注酒店服务人员的服务态度及职业素养，对酒店人才的培养提出了更高的要求。因此，将思政课程融入专业教学当中，培育学生职业精神、工匠精神、创业创新等职业素养的能力，提升学生的服务意识，增强学生的责任意识，从而让学生的发展更符合现今酒店行业对人才的需求。

（二）满足全面育人的要求

职业院校一般将课程分为基础课和专业课两种，而思政课属于学生的基础课学习。在长期以来学习观念中，往往忽略了对于思政课程的学习，这就导致了学生专业技能得到了提升，而学生的思想水平和政治素养并没有达到行业和社会的要求。教师在教学中，关注更多的也是学生的专业知识和技能，对于学生职业道德、责任意识、职业素养的培养往往有所忽略。所以，职业院校需要重视对于学生思政思想的培养，使学生成长为社会需要的高素质技能人才。

二、酒店管理与数字化运营专业人才培养所存在的问题

为了满足酒店业对于人才的需要，在中高职贯通酒店管理与数字化运营专业教学过程中需要从两方面培养学生，一是专业技能的掌握，二是良好职业道德与素养的培养。

根据调研，从酒店对于所需人才的要求来看，学校对于专业人才的培养还存在以下问题：

1. 专业理论课程较多，学校及教师都没有对课程思政教育引起足够重视。

2. 对专业课程针对性"职业素养"元素的渗透和融入还不够充分，导致学生缺乏服务意识、责任感和道德意识。

3. 在专业教学中"重技能、轻素养"。专业教师在教学中也以知识和技能为主，职业素养教育的融入也相对零散，不成体系。

通过在专业课程中融入思政元素，使学生在熟练掌握服务技能的同时，能有效提高他们的综合职业素养。因为酒店管理相较其他课程的特殊性，需要学生具备更强的责任感、服务意识、语言沟通能力、团队合作意识等。

三、中高职贯通酒店管理与数字化运营专业"课程思政"一体化实施路径

（一）优化师资队伍，提升教学团队业务能力与素养

教师是课程思政的主力军和实施者，只有优化师资队伍，转变教师思维，才能保证专业课程与思政融合的教学效果。一直以来，职业院校都在强调技能型人才，在专业课程中重视技能的培养，忽视了职业素养教育。因此，职业院校教师需要转变意识，不断进行师德修养和思想政治教育的学习，积极进行课程思政的探索研究，不断提高专业课程思政教学能力。

作为教学过程中的重要参与者，专业教师直接影响着思政教育在酒店管理专业课程中的渗透效果，加强教学队伍建设，强化教师专业水平是课程思政教学实践的重要举措。专业教师在熟练掌握酒店专业课程理论与技能应用的基础上，还要对理论背后的育人思想和先进方法有所把握，并能够将其融入专业课程教学中，为思政教育有效开展奠定基础。

近年来，我们教学团队在教育教学、课程思政建设、科研创新等方面都取得了较大进步。1名教师获第一届上海市中等职业教育青教赛一等奖，1名教师获上海市第四届基础教育教学法比赛二等奖，5名教师获上海市职业院校技能大赛

教学能力比赛二等奖，1名教师获上海市中等职业学校第八届教师教学法比赛三等奖，2021团队成员主持开发的市级在线开放课程获评"优秀"等级，团队成员作为第三作者参与的《酒店管理职业教育卓越人才培养的探索与实践》教学成果获学院特等奖。

（二）优化人培方案，共建螺旋一体化课程思政体系

新时期酒店管理与数字化运营专业人才的培养需要适应星级酒店发展，具备较高的现代管理理论素养、人文素质、国际视野和社会责任的高服务素养人才。较其他专业拥有礼仪、语言、动手技能等全方位的服务素养外，酒店专业人才还需要具有较强抗压性、学习适应能力、团队精神、反应的灵活性等。

根据酒店管理专业人才培养方案、专业核心课程内容的特点，以及融入思政元素的契合点，对相关专业核心课程的教学内容进行了合理优化，在完善专业知识和技能教学目标的基础上，新增课程思政教学目标。不仅关注学生理论知识的掌握程度，还培养学生尊重他人、主动学习、善于思考、团队合作、平等待人、精益求精、爱国主义等价值观和人生观。

1. 确立"社会主义核心价值观"

在中职阶段就逐步引导学生正确认识现代服务业，对客服务的热情、诚挚；面对行业就业和收入起点不高的问题，追求自我实现与发展，脚踏实地地做好职业规划；抵制诱惑，提高安全意识。

2. 厚植爱国主义情怀，树立"四个自信"

在中职阶段将爱国主义教育融入教学各个环节。在专业实践课程中时刻注重引导和培养学生的政治觉悟和民族精神；规范学生职业形象的外在仪容仪表的同时，注重文化素养的内在积累，帮助学生塑造自我正面形象。

3. 弘扬"工匠精神"，业精于勤

在中高衔接阶段（即中职高年级至高职低年级阶段），进一步引导学生以敬业、精益、专注、创新的态度投身技能学习和训练、投身岗位工作，正确面对职业起点的问题，努力成为知识型、技能型、创新型人才，营造劳动光荣的社会风尚和精益求精的敬业风气。

4. 践行"人类命运共同体"理念

在高职阶段，注重培养学生对宾客文化差异的认知，学习跨文化知识，尊重民族差异、尊重信仰差异；践行绿色发展理念，培养节能降耗和节约成本意识。

最终形成螺旋形递进上升的课程思政体系。

（三）融合思政与素养，设计一体化专业课程教学模式

在酒店专业课程教学中，将课程思政与职业素养教育有机融合，实现专业知识、专业技能、思想政治素质与职业素养的一体化培养，培养既具有正确人生观和世界观，又具有脚踏实地、吃苦奉献的职业素养，同时掌握先进专业知识和技能的高素质专业人才。

以酒店专业英语课程为例，"知能素"一体化培养的专业课程教学模式设计，可以围绕以下环节和内容进行：

1. 改革专业课程教学目标，融入课程思政和职业素养目标

专业课程教学目标要服务于专业人才培养目标。中高贯通酒店管理专业的人才培养目标是培养能够推动中国酒店业发展的高素质专业人才。高素质不仅包括专业知识和专业技能，而且包括思想政治素质与职业素养。因此，要在原有专业知识与技能教学目标的基础上，融入思想政治素质与职业素养教学目标，在课程教学目标上实现"知能素"三者的融合统一。

例如，在中餐点餐的授课过程中，加入以下课程思政和职业素养目标：（1）引导学生在为外宾提供服务的过程中，自信沟通与交流，适时传播中国传统饮食文化，让外宾感受中华文化的魅力；（2）培养学生业精于勤，不断提升自身技能，全身心投身于酒店服务工作，成为对社会有用的智慧型、创新型人才。

2. 科学设计教学内容，实现课程思政和职业素养的有机融入

在课程思政和职业素养融合培养中，要通过对科学分析与系统化设计，在专业学科知识体系中寻找与思政教育与职业素养教学的"共振点"，实现"知能素"三者的有机结合。

例如，在推介鸡尾酒的授课过程中，适时添加和讲解某款鸡尾酒由来的传说故事，引导学生感受中华文化与西方文化背景的碰撞与融合，在秉持开放的全球视野，尊重世界优秀文明成果的同时，保持对自身文化的自信和定力。

3. 丰富课程教学方式，提升"知能素"培养教学效果

在课程教学中，可根据课程性质、教学目标和教学内容，采用多种教学手段，让学生从感觉和心理上乐于接受并积极参与。

例如，借助"i—Hotel"教学互动平台等信息化手段，配合教师课堂上的实时讲解，提高语言的听说运用效果。

4. 健全课程考核评价体系，形成"知能素"一体化培养效果正反馈

在"知能素"一体化培养的课程教学中，需要健全教学考核评价体系。在考核评价视角中，应从学生的学习态度、学习方法和学习效果等方面全面考核。在考核评价内容中，既包括学生对专业知识、专业技能的掌握程度，还要包括学生思想政治素质和职业素养的提升情况。通过过程性和终结性全面考核评价体系，形成培养效果的正向反馈，实现"知能素"一体化培养的课程教学目标，为个人成长和职业发展打下良好基础。

例如，在中职阶段，学生通过学习推介酒水的基本流程，能够达到的思政目标为感受中华文化与西方文化背景的碰撞与融合，在秉持开放的全球视野，尊重世界优秀文明成果，保持对自身文化的自信和定力；而在高职阶段，学生通过不断练习听、说识别外宾用餐需求的英语句型，学生不仅能尊重和感受文化差异，还能养成与外宾跨文化沟通和交流的意识，传播中国传统饮食文化，让外宾感受中华文化的魅力。

（四）举办各类教育教学实践活动，推进"三全育人"新格局

课程思政除了可以融入课程教学以外，教师还可以开展各类教育教学实践活动，将思政教育融入其中，拓宽课程思政教育渠道和教育形式，丰富课程思政教育资源，推进"全员育人、全程育人、全方位育人"新格局。例如：开展课程思政与职业素养相融的主题班会，培养学生建立正确的价值取向和行为准则，树立正确的职业道德观，领悟"敬业、勤业、精业、乐业"的职业精神；举办或组织学生参加各类专业技能大赛、专题讲座，拓展学生的知识层面和视野，提高专业技能水平的同时，还能提升学生的合作水平和竞争意识，培养学生"努力拼搏，精益求精，创新进取"的学习态度和工匠精神，全面提高学生的综合素养；积极开展"师徒制顶岗实习"实践活动，鼓励学生走出学校，将理论与实践有机结合，在实际工作中不仅能提升专业能力，还可以学会做人做事，努力成为"脑中有知识，心中有道义，手上有技术，脚下有实地"的职业人。

提升中高职贯通酒店管理与数字化运营专业学生思政水平是一个长期的培养过程，需要学校、教师全方位关注，结合当今酒店行业对于人才的需求，有效将思政元素融入专业课程当中，通过多样的教学方式促进学生学习掌握相应的课程内容，促进学生成长为全方位发展的酒店管理高素质人才。

参考文献

[1] 崔丽敏，徐云.高职学生"工匠精神"培育的影响因素及对策研究[J].现代职业教育，

2020，No.179(05):234-236.

[2] 赵宏池．新时代职专"课程思政"与"思政课程"同向同行探析 [J]．知识窗（教师版），2020(09):19.

[3] 冯春艳．高职院校"茶艺基础"课程思政的教学实践研究 [J]．工业技术与职业教育，2020，18(03):88-91.

[4] 邵东风，刘梅梅．传承工匠精神，践行匠人行为——"思政进课堂"在酒店管理专业实践教学中的应用 [J]．卷宗，2019，9(6):231.

[5] 罗东霞．"酒店运营管理"课程思政教学设计及实践 [J]．教育教学论坛，2020，(44):79-80.

[6] 陈梅花．五年一贯制人才培养模式的创新实践研究——以酒店管理专业为例 [J]．教育教学论坛，2020，(22):239-241.

（作者单位：上海市商业学校）

融入黄炎培职业教育思想的中职英语"课程思政"教学模式研究

沈旖芸

随着社会产业发展，国家职业教育改革实施方案的出台，中职学校的转型与发展迫在眉睫。课程思政已成为我国教育界广泛专注的话题，为各学科与课程思政融合提供了方向。而中职英语作为中职学生的必修课，影响着学生的价值观，是课程思政的主阵地。

一、课程思政概念及中职英语课程思政的基本优势

对于课程思政的概念，从本质上来说就是达到一种实现立德树人的教育目的。因此，教育工作者应该意识到，课程思政并非一门独立的课程，而是将思政教育的内容融入公共基础课、专业课的教学环节中，各位教育工作者共同营造不同学科协同育人、全方位育人的教育环境。只有认识到课程思政的重要性，才能将知识的讲授与价值的传递有机结合起来，真正实现教书育人的目标。

英语作为中职学生必修的基础课程，蕴含丰富的西方文化，影响着学生的价值观，是渗透课程思政的重要战场。首先，英语课是面向中职所有学生开设的必修课，每个学生每周平均有 6 节英语课，影响面广。其次，英语课程中涵盖了跨文化的内容和思想，如果正确引导学生客观看待中西方文化不同，同时通过融入

思政元素，增强学生的文化自信、民族自信。培养能够用英语讲好中国故事、传播中国文化的新时代中职学生。

二、中职英语课程实践的现状与实施困境

（一）学生课程参与积极性不高

对于课程教学而言，学生课程参与积极性一直是影响育人效果的重要因素。在传统中职英语课程中，学生课程参与积极性与主动性不高的情况长期存在，主要表现在以下几个方面：其一，由于缺乏对于英语技能重要性的认识，学生普遍缺乏英语学习动机和学习兴趣，对教师提问或设置的活动和任务的参与度相对较低；其二，受制于传统教育模式的影响，大多数中职院校的核心教学方式相对比较单一，缺乏进一步的拓展与创新。

（二）文教融合领域的课程实践探索不足

作为课程改革的参照和目标追求，课程教育与文化教育的深度融合是大势所趋。从当前中职英语课程实践的发展状况来看，英语课程教育与传统文化教育融合探索不足的情况长期存在，集中体现在以下两个方面：其一，英语课程实践缺乏对中华优秀传统文化的渗透，很多教师在备课时会忽略与课本内容相关的文化背景与文化常识，学生无法在课堂上感受传统文化的魅力；其二，课程评价侧重于英语知识和英语技能两个方面，对文化方面的评价关注程度有所不足。

（三）学科延展性社会实践育人价值缺失

在我国加强经济结构调整，深入推进"互联网+""中国制造2025"等重大国家战略背景下，职业教育作为一种培养技术技能人才的教育，要与国家发展相匹配[1]。不管是从政策来看，还是社会需求来看，职校对于怎样培养社会所需要的人才应当重视。从课程发展的内涵与外延来看，中职学校英语学科课程具有实践延展性的特点，对于强化学生责任意识、坚定社会理想信念具有重要意义。尽管经过长期探索，学科延展性社会实践活动形式与内容日渐多元化，但一定程度上忽略了社会实践活动的育人价值。因此，能够找到适合中职学生，培养其职业思想，同时能够进行学科延展的社会实践活动至关重要。融合黄炎培人文精神与职教思想的学科延展性社会实践活动无疑可以提高学生参与的积极性，同时增加对课程思想与内涵的认知深度，提高学生的责任担当，以及对社会贡献的使命感、荣誉感和幸福感。

三、黄炎培职教思想与中职英语课程思政的内在契合

（一）黄炎培职教思想研究进展与现实应用

目前，对于黄炎培职业教育理论和思想的研究具有代表性的观点主要集中在3个领域。其一，从历史视角上着重梳理黄炎培职业教育思想的缘起和特点、形成路径、当今价值，以及黄炎培当年对美中教育的比较研究。其二，由于关注点不同，学者们在理论层面上对黄炎培职业教育思想中体现出的学生观、职业道德观、爱国主义情怀、平民化情怀、人文关怀进行研究。其三，在实践层面上研究黄炎培职业教育思想对高职教育、对中职教育、对创新创业、对工匠精神培育的运用。由此可见黄炎培职业教育思想至今仍闪烁着智慧的光芒，它在不断地被传承和创新式地运用，因而历久弥新。

（二）黄炎培职教思想的科学内涵与价值意蕴

作为中国近现代职业教育先行者，黄炎培职业教育思想具有平民化、实用化、科学化与社会化的特征，对于中职基层教学改革具有重要的指导意义。黄炎培先生认为，学生接受教育是要用所学知识与技能从事某种社会工作，进而实现个人的生命意义和价值。"无论受教育至何高度，总以其所学能应用社会、造福人类为贵"[2]。笔者在挖掘黄炎培职业教育思想的基础上，探索中职英语课程教学面向社会实践的改革路径，即以人本主义的教学理念，培养学生的综合职业素养，提升学生对社会奉献的使命感、荣誉感和幸福感；以"手脑并用""做学合一"为教学原则，通过编写和排演黄炎培故事系列舞台剧，提升英语学科应用能力和场景服务水平；以"科学性"为原则，进行课程内容、课程考核的综合改革。

黄炎培职业教育思想内容丰厚，以学生发展为本，以"为大多数人谋幸福"为宗旨，强调为社会、国家服务，从职业教育目的、教学原则、办学方针到具体专业和课程设置、职业道德教育，人性化的职业教育制度建设，再到职业就业指导体系，提出了一整套职业教育的理论体系，蕴涵了丰富的伦理思想。

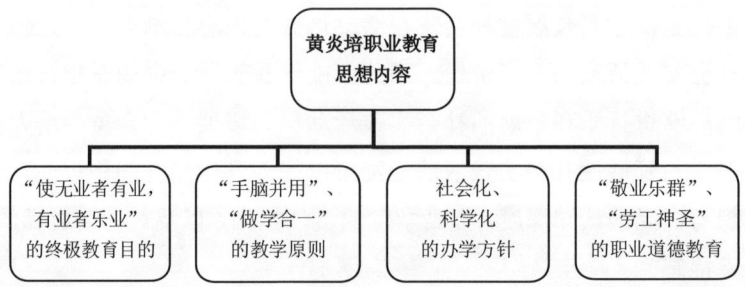

（三）黄炎培职业教育思想应用于中职英语课程的必然性

课程是育人载体，要进一步提升课程铸魂育人价值，必须将黄炎培职教思想落实到课程中。职业教育只有通过转变发展理念、深化课程改革、优化发展路径，方能培养出适合岗位需求、吻合自身追求、契合社会要求的高素质技术技能人才。

四、融入黄炎培职业教育思想的中职英语"课程思政"教学模式

（一）坚持以人为本，提升学生的人文素养和奉献精神

黄炎培提出"使有业者乐业""敬业乐群"，实施"以人为本"的职业道德内涵。结合中职英语课程实践，从人本出发，按照学生的个性发展需求，通过开发黄炎培故事系列舞台剧，将中华优秀传统文化通过教育戏剧的形式融入学生的第二课堂，在学校社团课、外语节、道德讲堂、文艺汇演，乃至校外各类等活动中引导学生亲身沉浸式体验体悟名人职业精神，使学生在提高语言能力的同时也能提升文化底蕴与职业素养，进一步提升师生尤其是学生对社会奉献的使命感、荣誉感和幸福感，培养学生的责任、担当和奉献意识。

（二）坚持"做学合一"，提升英语学科应用能力和场景服务水平

黄炎培先生说"职业教育，不唯着重'知'，尤着重在'能'"。这就意味着，职业教育不仅仅要教会学生知识，更要注重培养学生的职业能力，因此，实践教育在职业教育中显得尤为重要。实践教学不仅能够有效巩固学生对理论知识的深入理解，更能为学生今后的职业生涯作好铺垫和准备。在中职学校的人才培养中，实践教育不单单体现在统一集中的实训课，更要体现在理论实际一体化的课程教学中；不仅体现在课内、校内的活动中，还要体现在各种技能大赛中、社区服务中、课外活动中[3]。坚持"手脑并用""做学合一"，通过师生共同编写和排演黄炎培故事系列舞台剧，提升英语学科应用能力和场景服务水平。建立由学生参与的"教"与"学"的教学过程，提升学生的实践能力，为学生的职业技能与职业素养培养奠定基础。借助师生共同编写和排演黄炎培故事舞台剧，使师生尤其是学生在创作和演绎中感悟先辈们的精神世界和不朽灵魂，活化对英语学科知识和技能运用的技巧，提升英语学科应用能力和场景服务水平。

（三）坚持"科学性"原则，进行课程结构与文教融合的综合改革

深入挖掘课内资源里的思政元素。在学校使用的上教版《英语（必修）》课本中，

挖掘黄炎培思想中的"敬业乐群""服务社会""手脑并用、做学合一""因地制宜、因材施教""耐苦耐劳""求真务实"的美德和态度，并在英语课上进行渗透和引导。比如在上教版《英语》(必修第一册)第二单元听说课"Talking about acts of kindness"，通过听 Gina 获得陌生人帮助的故事，激发学生乐于助人的优秀品质，引导学生成为善良温暖的人；在上教版《英语》（必修第二册）第一单元写作课"Writing an article to describe a person you admire"，教师可以通过介绍并让学生描述与我们学校专业相关的"大国工匠"胡双钱，"全国劳模"吴尔愉等人物，培养学生的工匠精神和服务意识；上教版《英语》（必修第二册）第四单元语法课"The to—infinitive as the adverbial"，通过学习袁隆平的事迹，激发学生为人民为国家努力奋斗的精神；上教版《英语》（必修第一册）第四单元拓展阅读课"A house with a history"通过学习英国的"唐顿庄园"的景点介绍，引导帮助学生学会介绍上海，中国的特色景点和建筑；上教版《英语》（必修第三册）第四单元阅读课"A road less travelled"通过学习语篇，了解负责任的旅游的概念，引导学生奉献社会，了解脱贫攻坚，助力乡村振兴；上教版《英语》（必修第三册）第三单元拓展阅读课"Clothing and jewellery of the Miao people"通过学文中苗族的服饰配饰和传统文化，宣传中华民族传统文化，唤醒学生的文化自豪感……只要深入挖掘，在中职校的英语课程教材中，都能发掘出可为教师所用的思政元素。通过参与黄炎培人文精神和职教思想的传播，将中华优秀传统文化融入英语课堂教学，让黄炎培职业教育思想真正走进学生的心里，多渠道弘扬传统文化，辐射中华文化的影响力，在教学实践与反思的过程中既能聚思政显文化亦能为教师的专业成长助力，提升教师课程资源开发能力。

五、结语

中职英语"课程思政"教学模式改革，适应时代背景，符合社会需求，能够促进中职英语课程思政建设，促使中职英语课程起到思政教育、培养学生的作用。而黄炎培先生对于职业教育的观念，在新时代背景下仍然对中职学校有着指导、借鉴的作用。通过借鉴黄炎培先生的职业教育观，切实推进中职英语课程思政与职业教育思想相融合。为我国培养适应新时代发展的、拥有扎实英语知识、良好职业素养、过硬专业技能和优秀道德情操的社会主义建设者和接班人。

参考文献

[1] 房风文，张喜才. 我国高等职业教育与经济发展的匹配性分析 [J]. 江苏高教，2019（6）：99-104.

[2] 尤建国. 黄炎培职业教育名言解读 [M]. 南京：南京大学出版社，2013.

[3] 张瑜，谈慧，谢永华，王桂花. 黄炎培职业教育观视角下高职本科人才培养的特征研究 [J]. 高等学刊，2021（12）.

（作者单位：上海市航空服务学校）

视听融合 以听促说
中职英语课程思政实践探索

龚艳娜

随着课程思政理念的推广和信息技术手段的更新，中职英语课程思政的实践探究有其必要性与可行性。本文以上海市行政管理学校中本贯通会计学专业学生为研究对象，以"雨课堂"为教学媒介，实时收集课堂数据，以会计学学生职业素养为参照，挖掘中职英语课程中的思政元素，视听融合，以听促说，深入分析中职英语听说课课程思政实施路径。

一、案例概要

随着信息技术的更新换代，语言交际不仅以文本形式为传播媒介，还会借助互联网图片、音频、视频等多模态语言传播形式，凸显语言的多元性与趣味性。本文基于日常教学实践案例，从中职英语听说教学实际出发，"视、听、说"三位一体，结合学生专业素养设计教学活动，促进中职英语听说课课程思政研究，提升学生的职业道德和文化修养，促进中职英语听说课教学改革和发展。

二、背景分析

根据新课标要求，教师深入剖析授课内容，深挖教材文本与职业素养、文化修养、社会道德等方面的契合点，提炼课程内容中隐含的思政元素，开展教学活动设计。同时，学生不断提升自身的思想水平、政治觉悟、道德素质和文化素养，

在跨文化交际活动中发出中国声音,弘扬中华文化。

基于文献和调研发现,传统的中职英语教学侧重于语言技能的教学和西方文化的单向传授,在培养学生的思辨能力方面有所欠缺,对中华文化的推广与介绍也是少之又少。因此,学生在英语语言学习过程中,很容易忽视对中国传统文化的钻研,进而导致学生在弘扬民族文化方面的意识相对薄弱。

在传统中职英语听说教学中,教师往往会依赖于教材文本或音频,忽视文本的延伸与拓展,弱化了语言交际的语用意义。在中职英语教材上,为了最大限度保留教材中语言与文化的地道性,选材多以国外相关内容为主,尤其在视听文本音频选择上更为明显。若授课教师没有对教材的加工与处理,学生则对外国文化有所了解,对本土文化知之甚少,不能接收到中西方文化的异同点;学生不能接触到与自身专业背景相关的语言活动情境,不能将本课程学习的知识内容与其他课程或自身生活经验建立联系,不能做到学以致用,达不到语言学习的实践性。由此可见,中职英语教师课程思政的潜力尚有发掘空间,中职学生在听说课堂中无法与自身所学专业形成共鸣,难以做到学以致用。

三、实施过程与举措

(一)开展分层师生访谈,为课程实践提供依据

通过访谈本校中职英语、会计专业教师和学生,对调查搜集的资料进行讨论,分析中职英语听说课课程思政实践过程中可能出现的短板和问题,归纳中职英语听说课课程思政的实践方向。

访谈结果显示,在传统的中职英语听说教学过程中,教师注重在听力技巧操练和口语对话编写方面进行重点讲解,听说训练往往仅是对教材文本的有限解读,忽略了对学生综合素养的培育。教师反馈,听说课数据的收集是极为有限和费时的,影响了教学的进度与有效性。学生反馈在日常学习过程中,课本是他们获取知识的直接资源,成绩的高低也是家长关注的重点。所以,学生对国家时事政治、社会热点话题、职场沟通技巧等方面的认识都流于浅表,对未来进入职场与社会都充满了迷茫,担心无法将所学应用于实践中。

基于访谈结果,中职英语教师在听说课教学过程中要不断更新知识储备,具备解读课程教材和整合课程资源的能力,精心设计贴近学生日常生活和职场的情境任务,融入情境与内容贴切的视听资源,让学生在情境体验中感悟语言魅力和

价值引领。教学情境的设置需要融入学生的诉求，增强语言交际活动的真实感与体验感，将内隐的思政元素外显于课堂活动。例如，在课例教学实践过程中，结合课前观看的毕业生职场感悟视频和课上学习的典型人物，教师引导学生思考并归纳会计人员职业素养，激发学生民族自豪感和职业认同感。

（二）研读人培方案和政策文件，梳理课程思政清单

在前期研究基础上，分析当前我校中职英语听说课堂现状，参考中本贯通会计学专业学生人才培养方案和课程思政相关政策文件，汇总人才培养需求，以此为依据进行典型中职英语听说课课例分析。通过英语课程的学习，学生初步形成职场英语的应用能力，掌握听说课学习策略，提高自主学习能力，认识中西方文化差异，培养正确的情感、态度和价值观。

基于以上人才培养标准，本课例研究以上海外语教育出版社《英语》必修第三册为例，以中本贯通会计学专业二年级学生为研究对象，探究会计学专业学生的中职英语听说教学现状，挖掘内隐于教材中的思政元素，梳理形成课程思政清单。根据清单，教师创设有侧重点的生活、学习和职场情境，整合学生喜闻乐见的、大有裨益的时政热点、校园生活、企业实践等话题，并将其与相关的语言知识点进行融合，潜移默化地实现育人目标。

（三）构思教学设计，开展教学实践，培育核心素养

教师在教学设计时要准确把握中职英语听说课课程思政的有效切入点，整合课程思政模块和语言学习模块的内在契合点，以巧妙衔接和互融互通的方式完成两个模块的内容，使英语学科和课程思政相得益彰。语言学习模块强调学生通过吃透教材，掌握语言基础知识，培养基本语言技能。课程思政模块主要通过学习中西方日常和职场文化知识，帮助学生理解中西方文化的异同，树立正确的人生观与价值观，提升跨文化理解与交流的能力，讲述中国故事。例如，课例上海外语教育出版社《英语》必修第三册第一单元 Listening and viewing 章节 Teens' understanding of success 中，教师全面分析学情，了解学生学习需求，以此为依据设定教学任务。授课对象是中本贯通会计学专业二年级学生，已掌握一些与成功品质相关的词汇，完成了主题为"stay hungry, stay foolish"成功秘诀的精读训练。学生能听懂发音清晰、语速较慢的简短口头表达，能借助所给句型以小组合作、同伴互助等形式完成简单的语言输出，围绕熟悉的话题开展简单的对话交流。但部分学生在长篇幅听力练习中存在畏难心理、抗拒意识，在主动学习思考、

清晰表达自己想法等方面还需要进一步训练。

结合以上学情以及《中等职业学校英语课程标准》、中本贯通会计学专业人才培养方案、教育部《高等学校课程思政建设指导纲要》和《中国英语能力等级量表》，教师在教学设计上故意"留白"，引导学生回忆有关成功品质的词汇，构建品质词汇表。教师引导学生思考人物成功的具体表现，示范如何表述观点，学生聆听模仿。如此一来，学生抓准时机，充分发挥所学，产生出教材内容以外的语言输出。在此基础上，教师以此为契机，将显性的英语听说教学与隐性的课程思政内容有机融合，培育学生英语学科核心素养。

（四）完善课程设计，整理实施路径，撰写教学案例

经过反复的听说课堂教学实践，反思教学实践中的不足，逐步优化教学设计。在教学研究过程中不断归纳研究实施路径，提炼中职英语听说课课程思政的研究路径与方法，整理成文，便于后续在其他课程内容中推广应用。

在教学设计与实施路径中，教师充分研读语篇内容，结合学生专业人培方案，从语篇中逐步挖掘出相关的思政元素，对标课程思政清单，优化教学设计。例如课例 Teens' understanding of success 是一堂听说拓展课，听力内容主要是美国青少年对于成功的解读，缺少中国元素。本课引入袁隆平、钟南山、苏炳添、屠呦呦等典型人物，引导学生分析其成功品质，以听促说，介绍典型人物的成功人生。

四、经验策略

（一）融入中国元素，彰显专业特色，强化能力提升

为了落实学科育人目标，中职英语教师应注重价值引领，充分发挥英语学科和专业知识的育人功能。教师挖掘教材中的思政元素，借助互联网搜集教学内容，补充具有时效性和关联性的时政新闻、工匠精神、生态文明、民俗传统等内容，融入中国元素和职业特色，设置相应的情感态度与价值观目标，以目标和素材为导向开展教学实践，实现文化传承与价值引领。

在中职英语听说课教学过程中，教学情境的创设与语言素材的选择直接影响课堂的实施效果。为了提高学生课堂参与度，兼顾语言学习的人文效果，教师在听说课课例教学设计中引入了中国典型人物，融入中国元素，以学生专业职场情境为辅助，让学生身临其境，感受语言学习的魅力，开阔专业视野。

（二）构建思维导图，设置驱动任务，提升综合素质

基于学情，中职学生在英语听说课学习过程中对长篇幅听力、长短句分析、情景问答等方面存在畏难情绪、抗拒意识，在主动学习思考、清晰表达自己想法等方面还需要进一步训练。为此，中职英语教师在听说课教学设计过程中要注意搭建有效的语言支架，让学生能够在语言学习与交际过程中找到脚手架，更加自信从容地进行语言操练，逐步拥有"收获感"与"成就感"。

在课例教学实践中，教师在课前资料单中提供详实的人物简介，师生课上合作锁定人物品质、成就及其意义关键词，并以此为依据，师生合作构建思维导图。根据思维导图，师生接力介绍人物的成功人生。在其余人物介绍上，小组成员分工明确，各司其职，互帮互助，构建成功人生的思维导图，利用"雨课堂"投稿至教师端。借助思维导图，小组学生代表现场汇报典型人物的成功人生。学生在情境任务中以师生合作、生生合作的形式逐步完成语言交际，难易程度逐步递增。

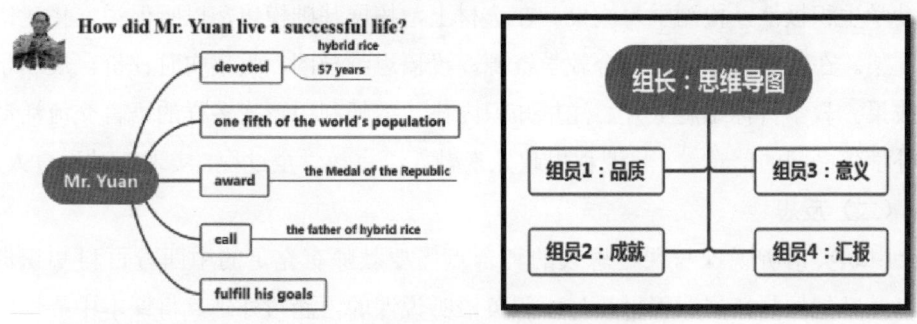

（三）利用多元评价，注重实时反馈，促进师生互动

可观测、易操作的评价标准可推进教学活动的有效实施，发展学生自主学习能力。教师可利用"雨课堂"实时收集听力作答数据和口语语音文件，通过系统智评实时反馈听力选择题和填空题的作答情况，教师能实时掌握学情，及时动态调整教学设计。教师围绕教学内容设计口语评价表，包含语言评价指标和学生思政的观测指标，实现中职英语听说课课堂思政的教学目标。师生可通过主观题、客观题、投票、弹幕等形式完成生生互评和教师点评，实现了多维评价。

通过"雨课堂"课堂报告情况，学生可课下进行自主对比分析，在课内外同步提升英语听说能力。"雨课堂"的课堂报告体现了学生课堂表现数据，也呈现了学生听说进阶历程，增强学生英语听说能力的自信心。教师在"雨课堂"课堂报告中也可以实时记录课堂教学设计与心得，便于反思与优化教学设计，掌握学生课前、课中、课后听说数据，进行个性化指导，形成教、学、评、改的教学模

式，实现学生活动的难易递增，活动效果最大化。

五、成效与反思

（一）成效

在中职英语听说教学中融入课程思政，将专业技能、核心价值观、思想品行、语言学习有机融合，全面提升学生综合素质，落实立德树人根本任务，培育学生职业道德。在教学资源和平台支持下，借助"雨课堂"弹幕、选择、投票、随机点名、投稿等功能，调动课堂参与度，实时收集课堂数据。通过课前预习、课后拓展的线上线下混合式教学方式，延伸了课堂教学，调动学生自主学习的积极性。

课前，学生完成自主学习；课中，教师示范，学生模仿，真实情境互动，难易递增；课后，设置分层作业，夯实语言基础，实现职业发展，突显学生为主，调动学生积极性，检测学习成果。在选材上，拓展基础模块，以听促说，搭建语言支架。在信息技术上，整合教学资源，投稿思维导图，收集实时评价，展示学习成果。教学目标螺旋上升，注重知识内化。教师利用形式多样的语言交流活动填补学生之间的信息差，将课程思政元素融入语言教学全过程，实现全过程育人。

（二）反思

中职英语听说课与课程思政的契合点需要教师有充足的中西方百科知识储备，精准把握与拓展课程思政与中职英语听说课的内涵与外延，将课本中显性和隐性的思政元素与专业技能、职场情境有机结合。因此，中职英语教师要继续深化对中西方文化异同的理解，积极参与中职校跨校、跨专业的教研活动，在观摩学习与头脑风暴中更新教育理念，丰富知识储备，开展教学实践活动。

在中职英语听说课与课程思政的融合中，教师要充分利用信息技术手段，整理相关素材，制作教具与情境道具，让学生"身临其境"，更直观、更迅速地完成语言交际，了解中西方思维差异，发挥英语学科育人功能。

（作者单位：上海市行政管理学校）

二、艺术熏陶篇

随着职业教育改革的深入发展,越来越多的有识之士认识到,职业教育课程"太硬"将可能成为学生未来职业生涯发展受限的"硬伤"。因此重视和加强艺术教育,成为职业院校提升学生综合素养培养质量的有效途径。令人欣喜的是,近年来上海的艺术类院校或艺术专业教师在这方面成为一支异军突起的力量。

戏曲人物造型教学中创新运用中国特色色彩元素研究

倪 萌

一、研究背景及意义

近年来,在全球化思潮影响下,社会上对于中西结合存在过激的看法,一切向外看,什么都要学习国外的观念,导致中国传统文化和艺术逐渐被国人遗忘。甚至有人偏激地认为中国传统文化艺术太古老,不符合新时代的发展,最终导致很多宝贵的中华传统文化及艺术遗产流失,造成了不可弥补的损失。因此,国家大力提倡保护中华非物质文化艺术遗产,发扬民族文化精神,传承与延续中华民族艺术,保持特有的民族灵魂。在这样的背景下,古老的古典戏曲艺术重见天日,又被中外各界重视,从事中国戏曲艺术的相关人员也后继有人,开始铆足精力进行创新。历经800余年的中国戏曲艺术,在现阶段各剧种所创新的新编戏曲剧目日益丰富,演出样式、风格、流派也呈现多样化态势,加之时代与社会的快速发展以及海内外观众的喜爱,传统中国戏曲已不能满足观众的需求。作为戏曲人物造型的核心力量——戏曲舞美服化专业由于观众审美观的不断更新,加速对戏曲服化艺术的发展提出新要求,传统的人物造型已经不能满足新剧目及观众审美的需求，迫切需要设计者在继承的基础上大胆进行创新探索，寻求古典美与现代美的有机融合。因此，戏曲服化设计怎样在继承传统的基础上能够有效地横向借鉴进行创新，是当下戏曲服化艺术可持续发展的重中之重。

二、戏曲服化专业的研究问题

（一）宏观角度

（1）从整个传统戏曲艺术上来讲，戏曲由演员、乐队、舞美三大部分组成。对于艺术来说民族的也是世界的，由于根据戏曲艺术的规定演员扮戏的后台观众不可进入从而导致极少数观众能够近距离观看戏曲服化怎样为演员锦上添花，因为接触少从而使得戏曲舞美服化专业日渐萎缩，对其专业各方面元素与创作作品有一定了解的观众少之又少，最终会使观众对戏曲服装专业的定义、表现形式、寓意作用及与审美风格定位，是否能够理解服化设计者的创作构思没有一个较为明确的概念。

（2）同时，戏曲服化专业要传承发展，作为戏曲服化中重要元素之一的"传统色彩"仅有的"上、下五色"已经跟不上现代观众经过多元化时尚的多媒体成品（古装电视剧、时装秀、舞台剧、微博等）的"洗礼"后的审美需求，被调侃为戏曲"已经老了，过了人气"。需要融入新的中国传统色彩有理有据、循序渐进的探索与创新，使得戏曲服化艺术能够稳步延续发展。

（二）微观角度

（1）学生自身条件限制学生有两类：一类是学习表演专业的学生后期改戏曲舞美专业。这类学生优势是，有舞台表演经验，知晓演员在舞台上的感觉，熟知表演规律及戏曲人物，对人物服化设计的创作有自身独特的悟性与灵气。但他们的劣势是，无绘画基础，对美术及服化设计没有扎实的技术功底与理论知识，导致空有灵感但无法表达成型，涉及服化专业时无从下手。

另一类是一直学习美术专业或舞美系学生。此类学生的优势是，对于美术理论及服化设计专业有一定基础，对于服化设计可以运用各类表现手法将其构思呈现出来达到一定的设计效果。但他们的劣势是，没有演员在舞台上表现人物的感觉与灵气，设计出的作品有时不能帮助演员更好地表情达意，以及服化作品在舞台上的作用不能较好地体现。

（2）教学及具体实践创作过程中，据调查，70%以上的学生不明确甚至不知晓戏曲服化的表现形式，运用规律和寓意象征的自身特性，不太清楚戏曲服化对戏曲人物及剧中规定情境的作用，按自身审美及所学进行设计，色彩款式等运用不够严谨，各大戏曲剧种的服化审美定位不清晰，容易混为一谈。

（3）据调查，近10年期间，除中国戏曲学院还开设专门的戏曲舞美系专业，其他市区的学院基本没有戏曲舞美专业的开设。上海戏剧学院在2004—2008年期间专设戏曲舞美专业，仅一届，之后再无此专业。这个现象导致现在的舞美服化专业学生都以话剧、舞台剧、音乐剧、时装秀、现代服装为主要学习内容，基本不再涉及过多的戏曲服化专业的理论与技能的传授，基本脱离传统戏曲服化，所学内容以时尚现代、写实舞台所需要为核心，绘画技术及色彩审美定位以西方设计图和色彩为主。因此，即便舞美服化专业的学生专业能力不错，但涉及戏曲照样一头雾水，无从下手，不懂戏曲服化的创作规律又要舍其精髓直接运用西方和现代设计观念进行创新，最终导致所设计出的作品在戏曲舞台上呈现出的效果不尽人意，不符合戏曲艺术的审美与表现，容易出现"四不像"的问题，没有恰当地体现出戏曲的"灵魂"，确实，没有传承怎又会有延续与创新？

三、国内外研究现状

立项后，我大量查阅关于中国传统色彩、西方色彩、中国戏曲色彩相关的论文及书籍，目前为止，能够查阅到大多数是中西方色彩的相关论述及讲解。因戏曲一直处于口传心授的教学模式，前几代老艺术家的优秀经验与技能大量失传导致戏曲服化色彩的书籍少之又少，而在国内外的研究报告数据中，进行本民族戏曲色彩与中国传统色彩相互融合贯通，能够涉及到一脉相承的本民族传统艺术如何能够一起传承并创新的书籍和论文也是寥寥无几。因此，本人认为将中国传统色彩能够更好地融入戏曲色彩中进行创新，既能弘扬中华传统文化艺术，又能通过色彩上借鉴，使戏曲服化艺术能够得到更多观众的审美认同，使其成为既具民族传统艺术特色，又能被世界欣赏的现代艺术。

四、研究目标与内容

（一）研究目标

本课题研究的核心是戏曲服化的重要组成要素之一——色彩。对于戏曲服化而言,款式是载体、纹样布局具有画龙点睛的装饰作用,而色彩则是整个服化造型的外在灵魂。因此,戏曲人物造型设计在色彩上是否运用得当,可以说直接关系到整出新编剧目中戏曲服化设计的成败,也是本课题研究的总体目标,具体是:

(1) 通过研究能够更好地掌握戏曲服化色彩的运用规律与表现方式。

(2) 通过研究中国色彩与西方色彩,能够使学生较好地明确两者的特性,有利于学生对于中国传统艺术的色彩有相对恰当的审美定位与较为合理的运用。

(3) 能够将中国传统色彩不为突兀的归类并融入戏曲色彩中,有效地达到增加戏曲色彩运用多元化运用,能够较好地满足现代观众的审美需求。

(4) 通过此次研究,能够在教学中将色彩的理论与审美感进行讲解与分析,能够对学生有一定的引导,授之以渔,使学生更为有效地设计出较为优秀的服化设计作品,色彩的运用能够更好地体现人物灵魂。

(5) 通过此次研究,增强师生的使命感,体会到中国传统艺术的魅力与博大精深。能够传承与延续传统艺术,能够通过传统文化艺术的滋养更好提升本人与学生的文化修养与审美觉悟,能够对将来涉及设计戏曲服化的设计者有一定的借鉴与参考。

(二) 研究内容

(1) 分析与总结当下戏曲服化色彩在创作中出现的阻碍与问题,以及导致这些问题出现的本质原因。

(2) 总结学生对色彩概念及审美的误差与混淆的因素,因材施教。

(3) 重点学习掌握戏曲服化色彩的特性及运用的三大规律,为设计创作打好基础。

(4) 分析、总结、归纳中国传统色彩与西方色彩的特性与差异以及中国传统色与戏曲传统色彩的关系,知晓区别与共通之处,才能明白戏曲色彩的创新为何需要中国传统色彩的融入更为合适。

(5) 以戏曲传统戏中经典人物装扮为例,分析传统戏中服化的色彩对人物与剧情的象征性作用以及表现手法的运用。

(6) 以现代新编历史剧和实践案例为例,在进行服化设计时,需要重点掌握与人物相关的几大因素,把中国传统色较为合理地运用在创新当中,能够体现最终有较好戏曲人物"灵魂"的舞台效果。

五、研究进程与方法

（一）第一阶段

1. 研究进程：积累问题、发现问题、归纳问题

发现近几年的学生及涉及戏曲服化创作的设计者在学习及创作过程中关于色彩这一元素中所出现的阻碍与疑惑，并将学生学习过程中的结果和设计者对的作品进行观看与分析，归纳与总结出优点，重点是总结所出现的问题。

2. 研究方法

通过调查法，经过对近几年舞美系人物造型专业、戏曲导演专业，以及涉及准备开始进入戏曲服化设计过程的设计者的调查，加之近几年有很多学生及设计者对本人在戏曲服化方面的一些询问，让本人了解到85%以上的学生和设计者是不明白戏曲服化造型设计的创作规律，尤其是对款式和色彩上的表现规律基本毫无概念。

（1）例如没有把握住每个剧种的审美风格，定位不准确而导致戏曲剧种色彩运用不恰当影响整个舞台效果（京剧的色彩不能运用越剧的色彩、京剧与昆曲的色彩色系有很大区别、新编历史剧与新编现代戏色彩有差别等）。

（2）不怎么观摩传统折子戏不了解戏曲发展的各个阶段，没有吃透戏曲色彩的运用规律导致对戏曲服化在色彩上所学根基不扎实，没有较为稳定的创作原则，容易在创作过程中"左右摇摆"，最终容易导致色彩失去了原有的象征性作用，视觉效果不好，反而出现"四不像"问题。

（3）不了解传统戏中每个人物色彩搭配的缘由，老前辈在色彩制作上为何这样处理，拿到剧本没有反复琢磨人物与规定情境，以及在观念上比较排斥中国传统色彩，有些盲目崇尚西方或现代流行的色彩，就按着所学的仅有的一些时尚色彩创作经验及理论就直接上手创作，所呈现出的作品效果基本不尽人意。

（二）第二阶段

1. 研究进程

按问题类型搜集相关的书籍和论文，进入理论学习与认证阶段。

将所有出现的问题进行归类后进行反思问题出现的根本原因，大量寻找相关的书籍和学术论文，将自己心中不确定的观念或没有涉及的知识进行总结，戏曲行业讲究"眼高手低"，应该通过理论学习先将思维打开，思路正确才能进入实践创作。

2. 研究方法

运用对比分析法,将归类的问题在理论上得到论证结果。

(1) 例如,因现在舞美课程不论是色彩原理还是设计图的构造都是以西方教学方式为主,学生和设计者对于中西方色彩审美定位的混淆,容易在戏曲服化的设计上大量运用西方色彩或现代时尚的一些色彩,世界上所有的色彩都是美好的,但是需要用对地方才会发挥最大作用。因此,要跟学生讲解用中国传统色彩的必要性,第一步需要跟学生分析中西方色彩的差异,通过书籍的查阅可以得到一定的验证。

(2) 例如,戏曲服化色彩的三大规律:强烈对比、巧妙调和、表情达意,是所有现代设计者一定要吃透并掌握的理论。戏曲虽然只有不到 200 年的历史,但作为世界三大戏剧之一经历过几次鼎盛时期,作为一门综合性艺术,是几代老艺人将所有中华传统艺术的精髓融入汇集,戏曲人物的装扮也是重中之重。戏曲服化的三大规律是现在所有创作的根基,任何色彩的都可以融入,但是不是什么色彩都可以直接运用。因此,第二步是需要跟学生讲解戏曲服化色彩三大规律的运用方法以及分析中国传统色彩与中国戏曲色彩的各个关联,为何运用中国传统色彩对戏曲服化色彩创新最为合适。

(三) 第三阶段

1. 研究进程

观摩戏曲经典传统戏、现代新编历史剧中人物穿戴,反复对理论论点进行核实。

2. 研究方法

运用案例深入调查法和对比分析法,将传统戏和现代新编历史剧中人物的穿戴进行分析与总结,通过一些近期的新编剧目的戏曲服化设计成果为例,用来说明,用西方色彩观念所设计的服装效果、用中国传统色彩进行创新的成果、用戏曲服化的本质规律结合中国传统色彩所设计出的服装效果的区别在哪里。

(四) 第四阶段

1. 研究进程

实践与理论相结合,理论的学习与总结最终落实在教学与创作实践中。

2. 研究方法

通过行动研究法、亲自创作实践将中国传统色在服化色彩中进行融入并将创作作品在舞台中展现，听取并总结观众对各个戏曲人物的服化色彩的反馈与感想，在课堂与讲座中不断对学生进行传统色彩观的引导，能够达到理论与实践真正相结合，逐步解决戏曲服化色彩创新上的阻碍，能够给设计者一定的借鉴与创作灵感和方法。最终设计出较好的戏曲服化作品，得到观众的认可与满意，使得中国传统艺术能够得到自己最好的延续与发展。

六、研究结果和结论

首先，明确了解中国传统色彩的特性。通过查阅大量的书籍及研究论文，厘清了中国传统色彩贯穿中华五千年的文明史，"五色观""比德"是儒家色彩美学思想、道家在色彩上追求自然的平淡的朴素之美作为一种审美理论，无论是在工艺装饰、经济文化、政治舞台上都扮演了重要的角色。上到统治阶级，下至黎民百姓，无不以它作为审美标准。乃至到了今天，我们的建筑装饰色彩设计依然效法其用色理念，以求传达中华传统精神，因此也称中国古典美学色彩。从"五行观"的形成期（先秦时期——清朝末）都称为中国传统色彩，因在历朝代艺术及生活领域都运用中国古典色彩。而中国近代色彩是从民国时期，西方艺术大量的进入中国，也包含了色彩的融入，中国画家学习西方绘画，开始运用了西方色彩，因此，西方色彩与中国原有色彩的融汇，使中国特色现代色彩更加完善。

其次，理解了中国传统色具有象征性。中国传统色彩是抽象的总结，不是对客观现实的描摹，因此色彩的选用并不是模仿自然，而是一种意蕴的表现；中国传统色彩更多注重抽象的含义，具有装饰性，中国的色彩是一种符号语汇。中国传统色中所有的词汇源于天地万物、衣食住行。只有还原于天地万物、衣食住行，才能知其所以。美学的研究对象是事物的虚构面，相对于事物的真实面，人类有能力对事物发生虚构想像，从而产生愉悦感，这类感觉诸如高级、自豪、恢宏、热恋、失魂、膜拜、神往，等等。色彩是颜色的呈现，又不仅仅是色彩的呈现。中国传统色源于天地万物、衣食住行，中国古人既重视植物色和矿物色的呈现，重视颜色功用，又在经史、礼仪、文学、艺术中表达色彩，表达美学价值，中国传统色是中国人看待世界、追求愉悦的方式，这便是传统美学的层面。

第三，从中国人集体意识的角度体验色彩美学的愉悦感。我们既可以站在中国人的集体意识角度讨论，也可以站在个人的自我感受角度讨论，这是色彩的美妙、美学的美妙。正如文化学者郭浩在自著的《中国传统色——色彩通识100讲》

中曾说,中国人的集体意识,中国人的色彩愉悦,可以用4个方面概括:精致、微妙;诗意、曼妙;贵气、携妙;文质、善妙。具体可以通过下表归纳。

1. 权利象征:	1) 明黄色——象征至尊至贵的皇权(黄蟒)。 2) 大红色——主要象征身份高贵(红蟒)。 3) 紫红色——象征老龄、身份高贵(紫红蟒)。
2. 人格象征:	1) 老绿色——象征品格忠义、气质神勇(绿蟒、绿靠)。 2) 果绿色——用于丑行,扮演公子、衙内、文吏时,象征品格卑劣、奸诈或者贪色(绿花褶)。 3) 粉红色——用于吕布这一特定人物时,象征品格有瑕疵(粉蟒、粉靠)。
3. 性格象征:	1) 黑色——象征性格粗犷(黑蟒、黑靠);转义象征性格刚正、气质庄重(如包拯用黑蟒)。还象征性格沉稳(如林冲用黑色箭衣)。 2) 红色——象征热情、豪爽(红娘衣、红色女大打衣裤)。 3) 蓝色——象征沉稳、文静、潇洒(蓝官衣、蓝衫)。
4. 情境象征:	1) 银色——平银绣白靠,象征武将戴孝出征。 2) 白色——用作女素褶、女素袄裙,象征服丧;或是特殊人物(鬼妖或神仙)。 3) 黑色——(文戏)用做男素褶、女素褶,象征贫寒;(武戏)用做黑侉衣裤,含有夜行的象征义。 4) 红色——用做男、女对披,象征喜庆吉祥;男女罪衣,象征凶险。 5) 黄色(群)——用做太监衣,以黄色群体,暗示皇宫。 6) 蓝色(群)——用做水族,以蓝色、湖色群体,暗示水元素(金山寺·水斗)、(虹桥曾珠)。 7) 金红相间(群)——用做神将领、天兵天将。以红色为底、金色绣线。
5. 气质象征:	1) 白色——由"纯洁"转义象征气质英武(青年将帅的白蟒、白靠、白箭衣),亦用于具有儒将风度的中年元帅,象征气质潇洒(白蟒)。
6. 年龄象征:	1) 白色——由"纯洁"而转义象征年轻(白蟒、白靠)。 2) 粉红色——因艳丽而转义象征年轻(粉蟒、粉靠、粉花褶、粉箭衣、粉女袄)。 3) 秋香色——象征老龄(秋香蟒、秋香褶)。 4) 墨绿色——象征妇女老龄(老旦专用墨绿大褶裙)。 5) 杏黄色——主要象征武将年迈(杏黄靠)。

七、研究创新与展望

(一)研究的创新

此次研究的核心——戏曲的色彩,是戏曲服化需要传承、延续、创新的重要元素,戏曲服装、妆容这两门专业,从宏观上说不仅是协助演员在舞台上演绎各个人物,戏曲服化更是中华民族艺术中独立的工艺品,色彩的斑斓曾让世界观众赞不绝口，只是近些年因年轻人浮躁的心态、"快"的做事及利益当先的标准，使得"慢工出细活"的所有传统文化与艺术基本都被排斥，年轻人过度崇尚西方文化与时尚娱乐的做法使其遭受遗忘，从而直接影响中国传统文化艺术的传承，出现严重断层的状况。从具体所遇到的教学上及实践创作过程中的问题来说，之所以要研究中国戏曲色彩，是因从事戏曲舞美专业的人员少之又少，而真正懂得戏曲色彩的学生及设计者更是寥寥无几，近些年没有系统专业课程让学生们潜心学习，导致戏曲舞美服化专业严重的青黄不接；有些戏曲舞美的设计者不认真挖掘、借鉴、吃透传统戏的人物扮相色彩的运用规律，只想跟风走时尚，随意将每年的流行色或自认为好看的色彩运用到戏曲服化创作中，根基不稳怎能呈现出好作品，这对我们戏曲舞美服化的发展是很不利的。毋庸讳言，我们的戏曲服化色彩的研究理论及书籍确实太少，口传心授的特殊教学使得我们这个专业"一代传一代，越传越糊涂"，这是我们戏曲服化教学的短处，迫切需要通过科研克服这一弊端。基于上述现状，本课题创新之处一是归纳总结中国戏曲色彩、分析研究中国传统色彩的特性与相同之处；二是将中外色彩在颜料上的材质、表现方式与手法、寓意的表达进行比较分析，从而得知东西方色彩运用的差异；为什么要用中国传统色彩进行戏曲色彩的融入与延续。三是尝试在实践中运用多样的中国传统色彩元素的融入突破戏曲色彩"上、下五色"的束缚，寻找更多好看的色彩丰富戏曲人物；四是重点强调戏曲色彩运用法则。唯有如此，才能找到目前设计者运用时尚流行色彩直接放入戏曲色彩中进行创新而感到不合适的根本原因所在。我相信，这对戏曲服化色彩的发展来说是有重要作用的，在教学与创作过程中，将较为准确的审美概念与有理有据的理论点能够一针见血地传授给学生、能够给予设计者在色彩的设计构思中有一定的帮助，能够设计出适合戏曲舞台、适合中国传统人物的色彩的作品，这也是此次研究项目的价值和创新点。

（二）研究展望

任何一门艺术都有色彩，色彩随处不在，色彩可以说是最好的"美育"，对提高人文修养与审美观有非常重要的作用。后续本人会将继续将戏曲服化色彩与服化纹样进行研究与分析，中国传统手法的刺绣纹样变换万千各有寓意，纹样与色彩的搭配能够将戏曲人物状态体现得惟妙惟肖，我们需要学习、分析、总结归纳，我们不仅是要保护传统艺术，这是最基础的，我们是要潜心挖掘，细心传承，用心发扬与延续！能够使得更多的中华子弟看到自己民族文化艺术的魅力与价值！

参考文献

[1] 徐城北．京剧与中国文化．北京．人民出版社．1999.1.

[2] 郭浩．中国传统色色彩通识100讲．北京．中信出版社．2021.4.

[3] 郭浩，李建明．中国传统色：故宫里的美学色彩．北京．中信出版社．2020.10.

[4] 徐华铛．中国戏曲装饰艺术．北京．中国轻工业出版社．1993.7.

[5] 谭元杰．戏曲服装设计．北京．文化艺术出版社．2000.9.

[6] 青简．古色之美．长沙．湖南人民出版社．2019.10.

[7] 宋俊华．中国古代戏剧服饰研究．广州．广东高等教育出版社．2003.7.

[8] 何熙文．探究京剧之美．大连．大连理工大学出版社．2012.3.

[9] 刘文峰．中国戏曲史．北京．生活、读书、新知三联书店．2013.8.

浅论中职戏曲艺术教育

刘 凯

当下，为积极响应戏曲进校园的号召，戏曲艺术教育已普遍被中职学校纳入教育体系，大多数中职学校都开设了专门的戏曲艺术课程，引导学生感受戏曲的魅力，主动探索和研究戏曲艺术，让戏曲真正吸引学生，浸润学生心灵，为我国民族文化的大繁荣与大发展注入活力。

一、中职戏曲艺术教育的重要性

当前，戏曲艺术教育是中职教育体系中不可分割的一部分，在戏曲艺术教育正确认识戏曲艺术教育的重要性，对于完善中职艺术教育，培养优秀艺术人才来说有着不言而喻的重要作用。中职戏曲艺术教育的重要性主要体现在以下几个方面：

第一，完善中职教育教学体系。中职公共艺术课在中职教育体系中具有独特地位的课程，在培养高技能人才方面承担着独特的育人功能，戏曲艺术教育课程的开设进一步完善了中职教育体系。

第二，提高学生艺术鉴赏水平。在中职学校开设戏曲艺术教育课堂，有利于引导学生感受戏曲艺术的魅力，拓展学生眼界，在优秀作品的熏陶下提升艺术品位，从而促进戏曲艺术文化的发展。

第三,继承与发扬中华优秀传统文化。戏曲艺术是中华优秀传统文化的重要组成部分,在中职学校开设戏曲艺术教育课堂,培养相关的艺术学生,借助中职戏曲艺术教育这一途径,使中职学校戏曲艺术教育课堂成为传播中国文化的坚实阵地,这是对中国优秀传统文化的进一步传承与弘扬。

第四,培养民族自豪感。戏曲艺术中饱含着积极奋进、乐观豁达、勇往直前、顽强拼搏的民族精神,中职学生通过对戏曲艺术的学习,可以了解大量中国文化经典故事,了解中华民族的发展史,在潜移默化中受到其中强烈的民族精神感染,提高学生的爱国主义精神和道德素养,树立文化自信,增强民族自豪感。

二、中职戏曲艺术教育的实施策略

针对中职戏曲艺术教育的实施策略,主要从课堂教学和社团教学及戏曲实践活动这3个方面进行论述。

(一)课堂教学

1. 开设戏曲艺术课程,培养戏曲艺术专业人才

开设常规化中职戏曲艺术教学课程,教师可以充分利用现代化信息技术手段,利用当下各类网络平台的多媒体资源,制作微视频,在课堂上进行呈现,通过讲解介绍戏曲艺术课程内容,增加学生的戏曲知识,加强学生对戏曲艺术的了解,使学生掌握一定的戏曲表演手法和舞台表演的方式、技巧和手法,引导学生在心中埋下戏曲艺术的种子,培养具备一定戏曲艺术素养的专业人才,并让这些学生成为戏曲艺术与文化的传播者,增加戏曲艺术在学生群体中的影响力。

2. 营造戏曲文化氛围,打造戏曲艺术文化特色校园

通过各种宣传手段在校园内营造浓烈的戏曲文化氛围,张贴戏曲文化宣传海报,利用电子大屏进行宣传,利用一周一次的大晨会进行宣讲,各班级出戏曲艺术主题的黑板报等。还可在校园内的广播内容中设置《中华戏曲艺术欣赏》这一专栏,每周固定时间播放与戏曲艺术相关的一些内容,例如戏歌《梨花颂》除了摘用了一些京剧和昆曲的乐汇外还大量地摘用了越剧或是小提琴协奏曲《梁祝》的旋律,体现出戏曲艺术的一些特征;学生在这种艺术熏陶下,会不自觉地进行哼唱,加深对戏曲知识的理解,从而培养出独具特色的戏曲文化素养。此外,微信公众号也是一种加强宣传的重要手段,通过分享发布各类戏曲艺术的相关文章和视频,普及戏曲艺术文化知识,将公众号打造成坚实的宣传阵地。

（二）社团教学

开设戏曲艺术社团，学校社团是开展戏曲艺术实践活动的坚实阵地，其中戏曲社团能够为学生戏曲艺术培养、给学生打开戏曲学习窗口创造良好条件。中职学校要积极推动戏曲艺术和社团融合，让社团成为学生学习鉴赏戏曲的实践课堂。

社团可以邀请优秀的戏曲表演名家亲临指点，让学生近距离接近大师和接触戏曲艺术，吸引更多的戏曲爱好者投入社团活动。例如，欣赏经典革命英雄主义戏曲《智取威虎山》，通过优美的唱腔、精美的舞蹈和精心布置的舞台布景让学生对剧本、音乐、舞美等具有深入的了解，帮助学生感受中华民族历史长河中，我国人民不屈不挠的奋斗精神；像新编历史京剧《廉吏于成龙》传承版和新编现代京剧《欲火黎明》等则蕴含着不同的情感内涵。

以上海石化工业学校为例，该校自 2017 年以来长期开设戏曲艺术表演社团，供学生自主选择，有的学生对戏曲有着浓厚兴趣，有的学生具备一定的天赋比如音准很好，有的学生声音条件良好等，有的学生虽然天赋有所欠缺但具备吃苦耐劳的品质，教师对学生进行常规训练，聘请上海京剧院的名家担任指导老师，每周固定时间进行排练。

（三）开展戏曲研讨，组织戏曲实践活动

戏曲艺术本身就是一门需要以实践为核心的艺术活动，不管是戏曲艺术的传承发展还是表演创作，都需要把实践放在核心地位。要让学生真正了解、走进戏曲艺术，就要给学生提供广阔的实践平台，让学生在一系列的实践活动当中，深化对戏曲艺术的了解。

除了在课堂上开展戏曲研讨，对经典戏曲和不同风格的戏曲进行赏析外，可以邀请戏曲艺术领域的专家、名家，组织专门的戏曲艺术讲座，讲解普及戏曲艺术的知识和方法，介绍戏曲艺术成果。

同时，组织学生参观、观看戏曲展览演出，在演出之前，教师可以组织学生参观戏曲表演前的各种准备工作，鼓励学生近距离接触与了解戏曲艺术的表演流程，在观看戏曲表演过程中，引导、指点学生鉴赏戏曲表演，另一方面，还可以提供经典戏曲的舞台表演机会，让学生身临其境、亲身体验，化妆扮相、穿搭戏服、亮相走台，在老师的指点下真正实践戏曲表演，对唱、念、做、打 4 种最主要的表演形式加以亲身实践。这种沉浸式氛围能够激发学生主动、自发地探索与学习，深刻感悟戏曲艺术的魅力。

总之，戏曲艺术教育融入中职艺术教育体系有着极高的价值，要通过多种为广大师生所欢迎，大家喜闻乐见、行之有效的各种方法，让学生接触戏曲艺术，拓宽学生了解戏曲艺术的途径和渠道，帮助学生感受戏曲艺术的魅力，领悟戏曲文化深刻的内涵，领略中华优秀传统文化的精髓，从而树立正确而积极的人生观、价值观，这样戏曲艺术也就得到了进一步的普及和传播。

参考文献

[1] 刘丹. 中职"走进戏曲"课堂教学的策略探讨 [J]. 广东职业技术教育与研究，2020，6.
[2] 秋卫峰. 中职戏曲艺术教育的重要性 [J]. 戏剧之家 .2020，11.

（作者单位：上海现代化工职业学院）

艺术高校民族班表演教学的现代性与民族性融合探究
——以上海戏剧学院藏班表演教学为例

杨 佳

1959 年，上海戏剧学院（以下简称：上戏）接到了中央文化部与西藏工委、自治区筹委会交办的一项重要任务：为西藏自治区举办一个藏族表演大专班，为藏族同胞培养一批话剧表演人才。从这个班开始，迄今为止上戏已经培养了 6 届表演西藏班、3 届表演内蒙班，多年来为藏、蒙、满、鄂伦春、维、回、苗等 18 个少数民族培养文艺骨干，取得了骄人的成绩，但也存在制约进一步发展的问题和瓶颈。[1][2] 本文拟在这方面作些探索。

一、民族班培养过程中存在民族性和现代性割裂的问题

尽管民族班表演教学取得了辉煌的成果，但依然存在民族性与现代性难以有效融合的问题，主要表现在以下几个方面。

（一）教学观念上存在民族性与现代性割裂的矛盾

民族班表演教学存在两个观念上的误区。第一种观念认为，民族班和汉族班没有什么不同，因此在教学上不需要特别的设计，采用相同的教育模式即可。这种观念下培养出来的少数民族学生不能发挥原有的民族特点，表演风格上极其相

似，不能最大程度地激发少数民族学生的创作激情。这对艺术来说是一个灾难，因为艺术的表现就是个性的发挥，没有了个性也就失去了艺术的创造力。少数民族学生身上最宝贵的就是深植于民族土壤的文化底蕴，这是少数民族学生的文化之根、表演之根。而在这种教育观念下，少数民族学生很难调动起自身的民族特点来进行表演创作。同时由于习俗文化、语言、行为习惯上的差别，少数民族学生在这种教学观念支配的教学活动中学习起来明显要更加吃力，这也不利于少数民族学生们发挥自身的优势，更便捷有效地投入学习。

与上述教学观念相反的是，片面关注少数民族学生的民族性，强调少数民族的表演风格，而忽略了表演的现代性和普遍性规律。民族班的初衷就是培养少数民族人才，弘扬民族文化，并尽可能地扩大传播范围，在更广泛的地区产生影响。这就需要表演的教学观念中时刻有着表演的普遍规律性这根弦，民族传承的同时也需要与世界接轨。只强调少数民族的民族特色，而不考虑现代性的表演教学，就大大局限了少数民族学生在戏剧表演创作上的发展，难以发掘少数民族学生自身表演创作的潜力，更不利于培养具有更大范围影响的人才，会使得少数民族学生在教育的过程中与社会发展脱轨，更加难以融入现代化发展的表演进程[3]。

（二）日常生活存在的民族性与现代性割裂的矛盾

藏族学生拥有着自己本民族的独特文化以及语言。在日常的交流中少数民族的学生在家乡大多使用自己本民族的语言进行交流，当他们进入学校之后，由于老师们和同学们大多是汉族，所以双方彼此之间的交流就需要使用普通话。然而这对少数民族学生而言是一个极大的挑战，他们不仅需要熟练掌握普通话来进行日常交流，还需要上课，以及使用普通话来进行剧目上的排演。[4] 这样一来，导致很多同学不敢表达自己的想法，怕说不好普通话被人笑话，所以在表演台词课上大都很安静。

其次表现在原有的生活习惯与学校的要求有很大差异。藏族学生在广袤无垠的天地下形成了特有的游牧为主的生活方式，培育了藏族人民崇尚自由、善良淳朴的性格。他们原有的生活习惯被打破，快节奏的课堂教学和排练给他们带来很大压力，他们需要去努力适应这样的节奏和环境。另一方面，他们远离家庭和亲人，情感缺少支持，更增添了疏离感和孤独感，找不到自己的方向。这都影响学习的效率和效果，部分学生甚至在刚入校时害羞得见到不熟的人不敢抬头，一直低着头上课，给同学之间的表演交流造成了困难。

（三）传统教学方法与藏族学生的匹配度有待加强

传统的戏剧表演教学，大多以斯氏体系为主来进行教学。这种表演方法重视人物、角色和生活的关系，强调角色对人物思想、感情、情绪、心态、欲念、希望的体验。体验的目的在于创造角色，进而付诸动作和表演，再现人物的真实性、整体性和戏剧性。这种表演方法，是一种"再体现的艺术创造方法"，称之为"体验艺术学派"，简称"体验派"。[5]在斯氏体系中要求学生解放天性，充分地打开自我，要求学生全身心地融入规定情境当中，与角色合二为一，真实地生活在舞台上。演员自身不仅要与角色引起共鸣，同时角色又要深切地感染观众，产生共鸣。少数民族学生由于生活在偏远地区，传统的表演教学对他们而言是一个完全没有接触过的领域，又由于自身性格上的羞怯，无法打开自己，就成为少数民族学生在学习传统表演教学上的问题。与此同时，传统表演教学中要求演员要松弛且有控制地生活在舞台上，少数民族的学生在走进表演的过程中难免会紧张、害羞，并且这种状态也会体现在学生们的肢体动作上，影响他们全情投入自身的表演。

二、民族班表演教学中现代性与民族性融合的理念重构

进入 21 世纪以来，针对民族班表演教学中存在的现代性与民族性割裂的问题，上戏逐步摸索出一些教学经验，形成了一套独具特色的表演教学理念。

（一）民族语言与通用语言的融合

我国地域辽阔，民族成分丰富多元，各地风土人情差异较大。因此以汉语为主要沟通媒介的传统话剧影视剧培育体系对于少数民族，尤其是在少数民族聚居地生活的学生来说，难免会出现水土不服的现象，其中以台词教学问题最为显著。一般民族类高校表演专业，其招收的少数民族学生基本在入校前已经进行了汉语普通话的系统学习和训练，具备了一定的语言基础，汉语沟通的问题不大，而上戏招收的藏族班学生大多汉语程度不高，讲起汉语极不流畅。以上戏 17 级西藏班为例，22 名学生大部分来自牧区，对于汉语的掌握程度停留在简单的听说层面，表演教学的开展难度较大。除却民族类舞蹈和音乐教学成果，单以戏剧表演而论，中华人民共和国成立以来对少数民族表演人才培养的研究和探讨，留存于世可供参考的资料实属凤毛麟角。如影响深远的 1981 年第三届藏族班的《罗密欧与朱丽叶》，是由精通多种语言的藏族学者索朗坚才翻译的藏语剧本，却遗憾未能公

开于世，仅仅被当时的演员和导演知晓，着实可惜。除此以外，社会各界的"唯结果论"也对少数民族表演教学体系的形成造成了一定的误区。诚然，上戏往届藏班最后交出的答卷都令人信服和满意，但其中的艰辛因果却不为外人所知。

当下，国内关于少数民族表演教学的探讨基本停留在台词层面，形体和表演领域鲜有提及和关注。而"声台形表"作为整个表演体系不可分割的部分，这一领域的发展亟待开拓。藏文化在中华民族文化瑰宝中别具一格，而上戏又有幸拥有培养藏族表演人才的得天独厚的机会，以17级本科班学生为典型，总结培养体系和经验，为后世提供借鉴的可能和探讨的对象，是理应承担的责任。上戏17级西藏本科班作为第六届藏班学员，在入校之时，距离上一届毕业返回西藏话剧团已经过去了整整10年。影像技术发明以来，表演艺术作为将二维的文学故事变为三维的立体呈现的重要载体，只有立足当下，面向未来，才能赶上日新月异的时代潮流。适时总结经验才能更好地扬长避短，吐故纳新，对少数民族人才培养具有战略意义。

（二）基础知识与专业知识的融合

如果说台词教学的难题可以用"勤能补拙"来解决，那么其他方面的难题显然更有挑战。在入学之初，藏班同学对戏剧艺术一无所知，对话剧的概念犹如一张白纸。他们经常用纯真的眼神看着老师，对老师发出的指令感到不解、茫然、但又非常渴望学习。藏班学生大部分都是牧民出身，生活在闭塞的环境，生性淳朴，较为羞涩，容易放不开。从简单的上课点名开始，响亮的回答倒并没有出现，取而代之的是女孩害羞地转过头去，把自己埋在椅子背后，羞涩腼腆至此，也不禁让人惊讶慨叹。对于藏班学生来说，理所应当的"打开天性"这一课进行得尤为困难。为实现日后有效的沟通，在一年级时首先要科学地安排时间，增加晨课与语言基础课的时间。藏班学生在毕业时要求做到藏语和汉语兼通，所有人能用藏、汉语言演出同一剧本。因此，最后一年他们比普通本科生更多一层学习语言的任务。在补齐文化差异之余，还有不能忽略的问题——自身条件。地理环境的巨大差异也带来了生理影响。藏族学生从高原地区到达上海以后，氧气浓度升高，内脏无法适应西部高原到东海之滨压强的变化，头两个月一直犯困，溃散无力，反应慢，出现醉氧状态，甚至出现褪皮瘙痒的情况。在医疗手段介入和生活习惯调整以外，老师也相应地根据他们的状态放慢教学速度，务必要让他们的身体快速进入学习状态。

（三）多种教学方法的融合

藏族学生一般比较粗壮、沉重，不够挺拔灵活。而话剧舞台对于肢体展现的要求并不简单，很多传统的舞蹈翻滚动作在各种层面上都不太适合。藏族传统的舞蹈形式在舞台上可用程度不高，需要设计贴合身体力学的形体课程。由于教学对象的特殊性，传统教学方法的成效不免会打折扣，必须找到一条独特的前进之路。以传统的斯氏教学体系为背景，上戏在新世纪引入了不少西方前沿的表演理念和艺术形式。在不断尝试下，17级西藏本科班通过斯氏体系与迈斯纳方法、迈克尔契诃夫训练方法、菲茨莫里斯声音训练、铃木忠志训练法、格斗工作坊等融合的教学方法，打破了过去斯氏为主的教学理念，为少数民族表演人才的培养提供了新范式。

（四）注重"重建"舞台

上戏招收西藏表演班的初衷，是为了把他们送回去，更好地建设高原上的戏剧领域，开拓新时代下属于高原人民自己的广阔艺术天地。因此，用多种办法从多方向培育藏班学生很有必要的。除了表演的即兴创作之外，《格桑罗布与卓玛次仁》在演出结构层面，藏班学生也积极展现了音乐剧艺术的大胆前卫的理念。不少音乐剧剧目能够席卷票房，靠的不仅是引人入胜的剧情和演员超高的艺术水准，还有匠心打造的视听盛宴。五花八门、瞬息万变的舞台效果能够将精彩绝伦的故事带入幻境般的殿堂，藏班学生在《格桑罗布与卓玛次仁》剧中将有限的条件发挥到淋漓尽致。一条浅浅盈盈的小溪，可以将一见钟情的爱意无限放大，也能把两家的世仇收束镌刻。这在一般的写实话剧中无法做到，音乐剧用一首委婉哀切的情歌便能将时空折叠，寻古溯今，将罗密欧与朱丽叶的故事放置于高原而不生硬。为藏班学生量身定制的改编剧本也为音乐剧表演方法对藏班学生的培养提供了有利的印证。原著中的冗长绵绵情意在《格桑罗布与卓玛次仁》一剧里化为时空交替下的眼波流转，阳台私会变成月下成婚，诀别的难舍难分被握在手中的信物取代。此情此景，静谧的舞台更胜言语万千。在逾越了语言的障碍之后，再将语言尽可能舍弃，用其他方法脉脉传情，这种教学方法用具体的实例带给藏班学生全然不同的体验。

三、民族班表演教学中现代性与民族性融合的实践探索

为了将现代性与民族性融合的理念应用于教学实践，上戏在表演教学中做了

大量的实践探索，特别是 2017 年上戏招收的第六届藏班学员。因为该班是上戏第一届西藏本科表演班（下文简称"上戏 17 级西藏本科班"），所以得到学院领导和表演系教职工的特别重视。该班在校期间排演的《暴风雨》和《格桑罗布与卓玛次仁》引发广泛关注，并受到各界好评。由濮存昕导演的毕业大戏双语版《哈姆雷特》于 2021 年夏季在哈尔滨和拉萨、乌镇轮番上演，得到不同观众的广泛认可。在此背景下，积极梳理新一届藏族表演人才的培育探索之路，对于今后少数民族表演教学中现代性与民族性的融合发展具有重要意义。

（一）借助音乐剧"打开"自我

在地缘文化和藏族风情的独特交融下，能歌善舞和羞涩内敛这两种看似矛盾的特质在藏族学生身上同时存在。对这番纯洁惊喜感慨之余，无法释放天性，"打开"自我的情况仿佛一个亘古难题。一旦脱离了藏班学生熟悉的生活场景，复杂的戏剧情境，纠葛的人物关系让他们总是在外围打转。当今表演艺术中，最为前卫奔放的当属音乐剧表演。音乐剧诞生时间不久，关于形制和内容的禁锢不多，又富于潮流变动的气息，借助音乐剧让藏班的青春脸庞焕发出应有的朝气，不失为明智之举。音乐剧引入我国不过区几十年，却在舶来戏剧中占据了票房的压倒性地位，除了通俗明快的基质之外，还拥有青春、亲和、轻松的特点。作为集戏剧、音乐、舞蹈于一体的戏剧样式，可以充分将藏班学生的歌舞基本功发挥出来，在纵情歌舞中将他们带入戏剧，释放天性，进入角色。表演系的教学剧目一般都是西方古典剧目，而藏班学生在长期努力融入汉文化之后，又要迅速接纳全新的西方文化，并吸收为己用，难度不小。在斯氏体系和迈斯纳表演方法、契诃夫方法长期培养下，藏班学生已经具备了一定的即兴创作能力。尽管在戏剧层面这种创作还显得稚嫩，但在音乐和舞蹈层面，却能以轻松的方式起到如虎添翼的作用。

以上戏 17 级西藏本科班实习剧目《格桑罗布与卓玛次仁》为例，开场的一首藏族歌曲跟随主人公的情感和风而动，余韵悠长。初见定情，互诉衷肠，两方格斗，这些重场戏的情境都引入了舞蹈场面，霎时让整个舞台充分流动起来，演员足以相信，自己便是两大敌对家族的一员，深感陷入命运漩涡的悲恸和无助。从熟悉的歌舞技巧转换，过渡到大幅度的情感节奏转换，这一招"移花接木"在藏班学生身上取得了很好的成效。歌舞先行，将藏班学生讷于宣泄的炽热情感和难以吸收的晦涩台词张扬外露。将这一切充分展现之后，他们会发现，自己就是角色本身，再进入戏剧框定的舞台真实，就不会困难重重了。溯洄从之，道阻且长。藏班学生的表演体系大多采用的是迂回战术，虽然过程艰辛，但是结果喜人。运用音乐剧表演方法，"打开"了藏班学生的自我，既不用完全规避性格弱点，也不会限制他们对于特定角色的塑造，可见这种方法对于少数民族表演人才培养的体系建成有着值得关注和探索的魅力。

（二）迈斯纳表演方法有助于从藏语到汉语的台词训练

迈斯纳表演方法是由斯氏体系演变而来的，在同样追求"真实"的要求下，迈斯纳方法更多地给予了解决办法。为了让藏班学生跟上表演教学的节奏，迈斯纳方法的入门阶段——重复性训练节奏较为合适。藏班学生在将简单的日常汉语台词重复多遍后，可以明白其中的意义，同时在大量机械的反复行为下，自我意识会被逐渐"清空"，对对话本身含义的冲动也呼之欲出，做出条件反射的行为，如此便能感受到舞台上的"真实"。相比斯氏充满设计的舞台真实，迈斯纳方法主导的是萌发型的舞台真实。人作为感官动物，刺激和冲动大多来源于外界。通过暂时摒弃语言这一障碍，藏班学生可以精准地抓到对方的反应，产生双方甚至多方之间的连接。在此之后需要大量的"敲门练习"，用两种紧急的待办事项维持这种连接，不使其断裂。当这一链接得以存续，片段的条件反射行为便能转化成即兴表演。由此在斯氏表演体系中排在"放松肌肉"和"解放天性"之后的"表演真实性"，迈斯纳表演方法在第一步便得以完成，藏班学生也能初步理解表演的含义，接纳舞台。这种抛却"我"的意识的表演方法，需要提供大量充满"渴望"的戏剧情境，而熟悉的生活场景正是触发远在异乡的藏班学生"渴望"能量的契机。当学生们在即兴表演中想像出熟悉的劳作场景时，用母语自编成生活对话教材便相对容易。母语的亲近感可以让藏班学生沉浸在戏剧情境中，在教师的充分引导下可以过渡到汉语台词的训练，可以一定程度上完成说汉语台词的别扭不适之感。

（三）菲茨莫里斯声音训练方法有助于解决醉氧导致的音域受限问题

对于话剧和影视表演而言，声音的要求不会像歌剧那样锱铢必较，但声音和体态的结合不可忽视。当台词诉诸口之后，发声训练势必要接踵而来。由于汉语训练的效率不及所求，近来上戏作为眼界拓展引进的菲茨莫里斯声音训练方法便

被用以教学之中。这是一种通过体态变化，用身体的震颤释放肌肉的紧张感，在舞台上达到声腔共鸣的方法。藏族学生由于海拔差异，时有醉氧问题发生，在表演开始之前需要准备妥当。而菲茨莫里斯训练方法倡导的改变呼吸方法，呼气时紧缩腹部，缓解了部分生理差异带来的疑难杂症，并将声带振动实现扩大。

菲斯莫里斯声音训练法的一个基本原则是通过解构原先自己的发声习惯，再通过各种体式震颤的方式，重塑自己声音的发声习惯，能够科学正确的在舞台上发音，特别是与各种不同体式，简单明了的直击自己的声音短板，通过这种方法，藏班学生找到了正确的发音部位和方法，迅速摘去了音域受限的"困难户"帽子。在得以"自我呼吸"之后，用声音去感知环境变化是菲茨莫里斯训练方法带来的另一个课题。在理解"表演"为何物之后，"舞台"也是一个合格的演员需要充分了解的对象。在贴近地面的体态下如何将声音传递到远处？在打斗动作中如何保持台词音调的平稳输出？通过感知环境来改变发声频率和发声重心，不仅可以有效改善藏班学生禁锢在民族歌舞中的发声缺陷，还能引导他们用声音变化加强专注程度，提升专注力。应用不同节奏的音乐练习使学生获得平静，进入艺术的创造空间；应用呼吸的方法、气的运转，让学生排除外在的干扰，把注意力集中到自身肢体各部分的变化，进而产生内在体验的感觉，同时达到全身各个部位形体的控制和声音语言的控制，并使形体的变化都出自内心的需要。

（四）迈克尔契诃夫训练方法有助于增强藏班学生的形体灵巧性

戏剧起源于动作，本着因材施教的原则，藏班学生的形体教学着重以挺拔、舒展、讲究弹跳、轻巧灵活的芭蕾打基础，加以舞台技能课、格斗工作坊训练，充分调动藏班学生长手长脚的身体机能，持续以打开手臂的手位动作开功。另外，形体训练还要伴以一种从内心到形体的训练方法，即形体动作记忆练习。教师布置作业后，让学生自己去组织形体动作记忆练习，但在回课作业中，学生总是不符合教师的要求，对教学内容的要求无法充分理解。针对这一情况，反复明确做这种练习的目的要求：选择自己最熟悉的生活内容做练习；选择比较细致、有一定持续性的操作过程；先做实物操作过程，再过渡到无实物操作过程，切记保持过程中的逻辑性、顺序性、质感、量感、体积感。经过反复纠正，学生渐渐掌握了这种练习。这种练习对培养演员很有意义，尤其藏班学生应该把形体练习当做日常梳洗的频率来进行。迈克尔契诃夫的训练方法（下文简称"契诃夫方法"）

又是一种不同于形体动作练习的卓有成效的方法。契诃夫方法是一种从外在形体动作走向内心的方法,"四兄弟元素的训练",即轻盈感、形状、整体性、美感、质感的训练,打开身体的感知度,以便更容易进入角色,由外向内感知角色在平日的课堂训练中也取得了良好的效果。铃木忠志训练法在教学中的运用,锻炼腰部以下的控制力,对于舞台动作的张力,造型的塑造都起到了莫大的作用。

(五)斯坦尼体系教学方法有助于藏班学生融入角色

斯坦尼体系作为国内主流的教学方法,是不可或缺的一部分。这并非顺应大众主流而言,斯氏体系对于演员的自律性要求、对角色、人物的细节描摹和观察的细腻程度是其他流派无法比拟的。要想培养出合格的演员,斯氏体系不是必需品,却必须加以尝试。在形体训练的实物操作到无实物练习的过程中,斯氏体系恰如其分地展现了作用。在进行想像与规定情景的练习环节之后,斯氏体系可以调动演员的记忆,启发他们对"生活中的人物和舞台上的人物是什么关系"的问题进行思考,教师也可以结合学生表演的每一个细节加以点评和分析。于是,藏班学生们的创作积极性调动起来了,自觉创造角色的氛围陆续形成:打酥油茶、放牧牛羊、冰天雪地的高原、手持羚羊角吆喝的拉萨市场……一批能够表现西藏高原生活的练习,渐渐在舞台上出现了。在这个过程中,教师也能够向学生学习了解藏族的风俗习惯和西藏人民的生活情况。这种教学相长的过程进一步缩短了师生间的距离,为日后的教学打好了基础。一方面要坚持让藏班学生深入生活,另一方面学生也要根据自己熟悉的生活,创作自己熟悉的人物形象。强调从生活出发的同时,再要求进入角色,方可达到"我就是那一个"的境界。

结语

从当前的时代发展潮流来看,现代性与民族性是教学过程中不可或缺的两个重要组成。现代性与民族性的融合,不仅仅是语言、教学内容及教学方法的变革,也是实现少数民族表演教学发展的未来大势所趋。就上戏而言,藏族表演本科班采用的别具一格的教学体系在少数民族表演人才培育的道路上具有里程碑式的意义,成为上戏表演系在进一步深化教学改革、大胆引进国际最前沿表演理论的契机下产生的新思路,也是上戏培养藏族表演人才教学方法的新突破,更为少数民族戏剧人才培养提供了新范式。因此,立足民族文化、充分挖掘民族特质,以更加开阔的心态融合西方前沿表演理论，进而形成特色鲜明的少数民族表演教学新模式是有必要也有意义的探索。

参考文献

[1] 曹瑛. 为了民族艺术之花更加绚丽——中央戏剧学院少数民族学生工作纪实 [J]. 艺术教育，1998(02):40-42.

[2] 中央戏剧学院党委办公室. 中央戏剧学院重视做好少数民族学生工作 [J]. 艺术教育，1995(02):47.

[3] 顾聪. 少数民族教育的现代性与民族性思辨 [J]. 贵州民族研究，2017, 38(05):225-228.

[4] 赵健. 朝鲜民族班毕业感怀 [J]. 戏剧报，1988(06):58-59.

[5] 李树凯. 中国现代戏剧表演体系的形成 (上)[J]. 甘肃社会科学，1997(01):42-45.

（作者单位：上海戏剧学院表演系）

三、教学改革篇

教学改革是职业教育发展永恒的主题。围绕着"改什么"和"怎么改"的问题，上海各职业院校的管理者和广大教师，殚精竭力，勇于探索，在各自的岗位上积极发挥能动作用，不断优化课程与教学实践探索，努力培养更多更好的高素质劳动者和技术技能人才。

新课标下中职语文小说单元教学案例研究
——以《语文》上册第四版第三单元为例

杨 哲

进入新时代以来，深化素质教育，发展学生核心素养，落实立德树人的根本宗旨成为课程改革的主题。在这样的背景下，《中等职业学校语文课程标准（2020年版）》（以下简称新课标）提出了语文核心素养与语文专题模块的概念，代表了中职语文课程改革的方向。怎样达到语文核心素养的要求，如何融入语文专题模块的概念，单元教学的方式，开始被大家重视，利用单元教学的理念对现行教材进行新的教学设计，是大家关注的重要话题。通过单元教学设计，在品味小说语言的基础之上，让学生习得小说阅读的方法和策略，为学生以后更好地阅读铺路搭桥，也为学生以后的自主学习做准备。小说单元教学设计必然是中职小说教学的一条新路径。本文以高等教育出版社中等职业教育课程改革国家规划新教材《语文》上册第四版第三单元为例，尝试进行单元教学设计。

一、小说单元教学的设计思路

以《新课标》为指导，聚焦语文课程核心素养，聚焦职业人文素养，立足于小说的文本特点，围绕小说教学的语文要素，打破单篇阅读教学模式，整合单篇文章中碎片化知识。让学生在原有的阅读基础上，有发现、有提炼、形成阅读策略，改变学生的阅读态度和阅读参与方法，实现学生小说阅读能力的提升。因此，我们的单元教学设计思路有如下两条：聚焦整合以及问题引领。

（一）聚焦整合：新篇精读融入老篇新读

小说的类型很广，无论是按照内容来分，还是按照流派来分，都有不同的小说形式。在教材编选过程中，入选的小说有古典小说、现当代小说等，也有现实主义小说、诗化小说等，对待不同的小说类型，如何做到知识的贯通、阅读方法的贯通、阅读技巧的贯通，从而形成系统的小说阅读方法，整合，按照小说教学的知识体系来整合，是一个值得思考的设计途径，也迎合了单元教学的理念。以第三单元为例，涉及的小说篇目有《哦，香雪》《项链》《荷花淀》《棋王》（节选）4 篇文章，最后一篇为选读篇目，暂不作为精读对象。我们以前 3 篇文章作为新篇精读内容，同时拓展老篇新读篇目，即学生在初中时学过的篇目（沪教版）包括《最后的常春藤叶》《孔乙己》《故乡》《麦琪的礼物》《最后一课》《变色龙》等。教学课时设定为 10 课时。由旧知拓展新知，让学习资源最大限度地服务于学习目标的实现，老篇可以作为引入，可以作为练习提升，老篇新读，挖掘新知识，感受经典作品，常读常新的魅力。

（二）问题引领：从单篇研学到跨篇拓展

从品读小说语言出发，让学生走进作品，深入文本，强化研究的过程，从单篇经典作品的问题阅读到跨篇的拓展延伸阅读；从研读典型语言现象，到寻找共同点，比对差异点，阅读自主再发现，形成阅读策略与阅读方法。着眼于提高学生小说阅读能力，为学生未来更深更远的小说自主阅读夯实基础。在实施的过程中，也应该结合中职学生的职业素养要求，通过深度阅读文本，实现小说特殊文体的育人价值，提高共情能力，实现职业素养提升。在进行单元教学设计过程中，每一课时的教学不单纯是围绕着一篇文章，而是多篇文章同时进行。在分析人物语言的时候，不仅仅有《荷花淀》，还有《最后的常春藤叶》《变色龙》；在分析人物动作时，不仅仅有《最后的常春藤叶》，还有《哦，香雪》《麦琪的礼物》。举一推三，在真实大量的小说阅读实践中，专题学习小说阅读知识，形成自己的阅读策略，关联阅读经验。

二、小说单元教学的实施方法

（一）确定单元教学目标

依据课标，本单元的教学目标设定如下：

知识目标：品读语言，积累小说的阅读方法。

技能目标：灵活运用习得方法，赏析小说、感受形象、体验情感，提升小说鉴赏能力。

素养目标：实现与小说中人物的共情，完善自身的价值观，增强自身的人格修养，强化职业人文素养。

（二）分解单元教学内容

以小说阅读要素为教学内容，而不是简单的单篇课文，是小说单元教学的核心。那么，小说阅读要素有哪些呢？小说三要素是最基本的，此次之外，还有什么呢？人物可以细分为什么呢？人物语言、动作、性格等，情节除了开端发展高潮结尾，还有什么呢？情节的显和隐、节奏的快和慢，这也是叙事学范畴，叙事角度也属于其中。环境也可以细分为什么呢？自然环境、社会环境等。在进行小说阅读要素的梳理之后，我们就明确了我们的教学内容是什么，就可以把新篇精读和老篇新读的篇目分解为如下任务：

	主任务	主问题
小说单元教学内容	任务一：快读小说（2课时）	你能梳理出小说中的故事吗？
	任务二：初读情节（2课时）	你发现消失的情节了吗？
		为什么情节节奏有快有慢？
	任务三：细读人物（2课时）	你听出他们的言外之意了吗？
		你读懂她的微小动作了吗？
	任务四：研读环境（2课时）	自然环境只负责美吗？
		社会环境在哪里呢？
	任务五：写写看（2课时）	她的高光时刻

在教学内容明确之后，教师可以先发布阅读任务，为教学的研讨环节做准备。在主问题研讨中，品读小说的语言，探究作者的写作意图，实现新课标中对于语言理解与运用、思维发展与提升、审美发现与鉴赏的要求。在一系列活动中，学

生梳理小说阅读方法，拓展发现理解并应用。在最后的两个写作课时中，学生也可以成为阅读策略的构建者，将习得的分项能力做整合输出。

（三）梳理教学流程

1. 阅读课的教学流程

	教学环节	教学内容	教师活动	学生活动
课前	预习		推送学习单、微课视频	完成课前作业并提交
课中	导入	预习反馈	梳理评价	纠错拓展
	定问	指导阅读	指导阅读，明确本课时主问题	引导式阅读发现
	定篇	拓展阅读	发布研读任务，点评各组成果	小组讨论、分享
	自研	老篇新读	发布老篇新读任务，点评补充小组发现	小组讨论、分享
	梳理	总结归纳	明确教学重难点，梳理小说阅读方法	回顾温习
课后	巩固拓展	巩固成果完成拓展	发布学习单课后作业	完成作业

下面以任务一细读人物中的《你听出他们的言外之意了吗？》一课时的课中教学设计思路为例，来进行阐述。

本课时的教学目标是通过品读语言，发现人物对话中的回避、转移、特殊句式、特殊标点符号、前后矛盾等反常现象，进而掌握品读人物对话的方法，提升交流中体察人情的能力。

环节一：定问即明确主问题，明确本课时的教学主线索——小说人物语言。以《荷花淀》为例，通过分析水生夫妻二人月下人物对话的反常，体会人物心理，明确本课主任务，梳理品读对话的方法，形成人物阅读方法。布置任务，学生给对话中的问句写答句，通过对比发现，思考反常原因，从而形成对人物对话异常的思考。

环节二：定篇即在定问的基础上，拓展小说人物语言的分析方法。以《最后的常春藤叶》为例，教师明确篇目，阅读"老贝尔曼两处喊道"，圈画情绪词语，对比分析，体会话语的前后矛盾和心口不一，增加了新的人物对话的阅读路径。

环节三：自研即学生自行阅读《变色龙》的人物对话，发现特别之处，小组接龙说人物对话的反常现象，从而拓展了称呼转化、连续问无需答、简单问复杂答、话语断裂等人物对话的分析路径。通过自研，强化品读人物对话，分析人物形象的能力，形成人物阅读方法。进而学生才会形成在读小说人物对话的时候，要先思考一下他说的话是不是他真正想表达的意思，再按照我们学过的对话反常的观察角度，去思考发现对话的言外之意、弦外之音这样的阅读方法。

环节四：梳理即总结归纳，明确本课的教学重难点，通过人物的对话，思考行为背后的深意，形成人物对话阅读方法的系统认识，同样也可以联系现实生活，增强体察人情的能力，提高共情能力。

2. 写作课的教学流程

	教学环节	教学活动
课前	预习	素材搜集
课中	明规则	明确文本框架 确定材料需求
	试写作	小组讨论作文大纲 完成写作任务
	展成果	小组汇报写作成果 比较互评
	谈收获	教师点评作文 学生畅谈收获
课后	再优化	

写作课以《她的高光时刻》为主题，学生进行人物评价写作，从本单元中涉及到的女性人物形象中选择一个评选高光女性，阐述自己的原因。写作课也是对于前面对小说人物形象的梳理整合，也是评定学生对于人物的鉴赏阅读能力的一种有效途径。以小组讨论的形式来完成写作，课上进行小组展示汇报，也可以让学生自觉发现自己写作过程中存在的不足。

三、教学反思

小说单元教学最理想的状态是围绕一个主问题，学生从自己的阅读储备中，挖掘小说的阅读信息，选择片段进行比较阅读，但是有时会限于学生的小说实际阅读量，所以本单元的教学还是在提供的阅读资源中进行，阅读展开度还有待提升。

小说教学是为了通过品读小说文本，理清小说语言与人物、环境、情节之间的关系，发现小说文本独特的语言魅力，培养学生小说阅读的自觉意识、设置阅读情境，激发阅读小说的兴趣，再品味小说过程中，提升小说阅读的鉴赏能力和

审美能力。在教学中，培养学生的自主探究能力，增强学生的语言敏感性，抓住情节的显隐、叙事的节奏、人物的变化、环境的功能等问题，通过教师定问—教师定篇—学生字眼—师生梳理等环节，引导学生从"学习方法"到"发现方法"到"使用方法"，通过多角度对语言的揣摩和辨析，在分组阅读、经验分享和成果交流等活动中，体会作者的写作意图，培养出自己的小说阅读能力。当然，单元教学也不是强调片段教学，单个篇章的精读在有些篇目中还有很重要的价值，因此我们教师更应该发挥单元教学的优势，挖掘单元教学的潜力，同时也不能忽略篇章教学的完整性，面对不同类型的小说、不同的篇章，教师还是需要具备具体问题具体分析的能力，寻找最优解决方案。

参考文献

[1] 代保明.核心素养背景下的小说单元教学——以普通高中语文统编教材必修上册第一单元为例 [J].中小学教师培训.2021.9.

[2] 纪秋香.指向语文学科核心素养发展的单元教学整体设计 [J].基础教育课程.2020.3.

[3] 黄晶晶.问题教学法在高中小说教学设计中的运用研究 [D].江西师范大学 2018.

[4] 邱仲.基于学习任务的小说单元整体性教学设计——以人教版高中语文必修三第一单元为例 [J].福建基础教育研究.2020.5.

[5] 马建明.指向深度学习的语文大单元教学设计——兼谈统编本教材二年级下册第一单元的实践与思考 [J].语文建.2019.5.

[6] 于秀权.以终为始：成果导向的高中语文单元整体教学策略——以高中语文统编教材必修上册第七单元为例 [J].中学语文教学.2022.3.

学科核心素养视阈下中职历史课模块化教学探微
——以《中等职业学校历史课程标准》"1.9—1.14"学习专题为例

冯志军

为落实立德树人的根本任务，新一轮课程改革把培育学生的核心素养作为落脚点和出发点。2020年教育部制定了《中等职业学校历史课程标准》，其明确指出："学科核心素养是学科育人价值的集中体现，是学生通过学科学习与运用而逐步形成的正确价值观念、必备品格和关键能力。历史学科核心素养包括唯物史观、时空观念、史料实证、历史解释、家国情怀五个方面。"[1] 历史学科核心素养的正式提出为中等职业学校历史教学的实施明确了方向。模块化教学具有综合性、灵活性的特点，可以有效提升中职学生的历史学科核心素养。本文立足中职历史教学实践，提出了中职历史模块化教学的具体实施路径。

一、历史学科核心素养对中职历史教学提出了更高要求

长期以来，中等职业教育以就业或促进就业为导向，许多中职学校把办学的重心放在了学生职业技能的培养上，忽视或弱化了历史等人文学科的育人价值，导致历史课在人才培养方案和课程体系中的缺位。随着《教育部办公厅印发＜中等职业学校公共基础课程方案＞的通知》（教育部职成厅〔2019〕6号）和《教育部关于印发＜中等职业学校思想政治、语文、历史课程标准（2020年版）＞的通知》（教材〔2020〕2号）两个重要文件的出台，在中等职业学校开设历史课程，为培养德智体美劳全面发展的高素质劳动者和技术技能人才奠定坚实基础成为了历史的必然。

《中等职业学校历史课程标准（2020年版）》是中职历史教师实施教学的指导性教学文件，其明确提出了通过学科核心素养的培育，达到立德树人的要求。长期以来，大多数中职学校没有开设历史课程，历史专业的教师储备是有限的，即使有少数历史教师，但又因长时间未从事历史教学，导致对历史教学比较陌生，对培育历史学科核心素养的要求更加陌生。在这种现实的背景下，如何深刻领会和完整把握历史学科核心素养的内涵，如何有效地贯彻落实培育历史学科核心素养的要求，对中职历史课教师都是有一定挑战性的。

历史学科核心素养对中职教师而言是一个"新事物"，课程标准的规定只是一种普遍意义的指导思想。在实际的教学实践中，不同地区、不同学校、不同专业、不同班级的情况不一样，这为历史教师因地制宜，开展历史学科核心素养培育，提供了广阔的空间。"可对教学内容进行及时调整，做出有针对性的教学设计，既能符合国家课程标准的要求，也能符合学生的学习需求。"[2]

二、模块化教学是培育中职历史学科核心素养的重要途径

（一）模块化教学的内涵解析

模块化教学是指教师按照一定的逻辑关系，将教学内容整合为若干个既有内

在联系、又相对独立的教学单位，从教学单位出发，以主题为主线进行教学设计教学实施及教学评价，其具有综合性、灵活性等特点。在中等职业教育领域，在教学实践的基础上，曾总结出"宽基础、活模块"的教育模式，但一般都是运用于专业课教学，目的是提升学生的职业能力。

（二）模块化教学是培育中职历史学科核心素养的重要途径

模块化教学的理念，为中职历史教师培养历史学科核心素养的探索提供了一定的借鉴，为学生系统地掌握历史学科知识、有效提高史料实证、历史解释的能力、涵养家国情怀提供了有效路径。

模块化教学是中职历史教师提升培育学科核心素养能力的需要。从师资方面来说，中职历史课教师大多接受的是历史学科理论体系的教育，对培育核心素养的要求有一个适应过程。过程中，甚至出现了不知怎么教的现实问题。从教学内容来说，历史教学的内容承载量较大，如何在有限的课时内有效地完成纷繁的教学任务，也是一个不可回避的问题。模块化教学有助于教师发挥主观能动性，打破原有的知识体系，将理论知识体系转化为服务学生学科核心素养的价值体系，可以强化历史学科内部知识的联系，甚至为突出职业教育特点，跨学科整合内容提供了可能。总之，中职历史教师应主动适应学科核心素养培育的要求，不断创新教学理念和教学模式，大胆尝试模块教学的探索，提升历史教学的质量。

模块化教学是适应中职学生现实学情的需要。中职历史课是在初中历史课的基础开设的，初中教材的编写采取"点"与"线"相结合的方式，注重历史知识和历史情节的培养。中职教育属于高中阶段，中职学生的思维正处于从感性思维向理性思维的过渡阶段，中职历史教学要在初中学习的基础上，实现由"点""线"的学习向"面"的学习转变，注重历史逻辑等理性思维的培养。在教学中，笔者发现学生受认知能力限制及网络信息碎片化的影响，普遍缺乏历史事件之间联系的认识和对事件背后意义的探索，对自身所处的历史方位与承担的历史使命认识不足。模块化教学可以使教学内容结构更加"综合开放"，容易实现深度学习，形成整体观念，体现以学生为中心，改变围绕知识点进行历史教学的做法，将历史学科核心素养的培育作为教学的出发点和落脚点，实现由知识本位向素养本位的转型。

三、核心素养视阈下中职历史课模块化教学的实施路径

（一）聚焦核心素养，更新教学理念

"中职历史课教师应认真研读课程标准，深刻领会和完整把握历史学科核心素养的内涵及其表现，要认识到历史学科核心素养的五个方面是一个互相联系的整体。"[3]中职学校应通过国培、市培、校培平台和各类教研活动，改变传统课时教学的惯性，主动探索模块化教学的路径，提高历史教师培育学科核心素养的能力。此外，还要结合不同专业的人才培养方案，结合学科核心素养的要求，创设与行业相近的教学情境，突出职业教育历史教学的特色。

（二）厘清历史逻辑，构建教学模块

历史学科核心素养的培育，必须注重教学内容横向之间、纵向之间的关联性。教师要充分发挥主观能动性，根据中等职业学校公共基础课程方案、历史学科核心素养、中职学生学习特点，把教学模块框架建构好，以框架结构为牵引，梳理整合教学内容，逐步形成若干个有内在逻辑关系又相对独立的中教学模块。例如，在"主题1.9 中国共产党成立与新民主主义革命的兴起、1.10 中华民族的抗日战争、1.11 人民解放战争、1.12 中华人民共和国的成立和向社会主义过渡、1.13 社会主义建设道路的探索、1.14 改革开放新时期与中国特色社会主义进入新时代"部分的教学中，笔者按照救国大业、兴国大业、富国大业、强国大业的历史逻辑，将教学内容重整为四大教学模块。在每一模块中，将历史发展线、青年榜样线、职业发展脉络线有机融合，将五大核心素养的要求融合进不同教学模块中，有效解决了"历史之远"与"教育之近"的教学困惑。

（三）细化核心素养要求，设定教学目标

"历史核心素养是新概念，无论对其理论上的认识、理解，还是对其实践上的接受、践行，都将需要较漫长的过程。历史教学是承载育人价值的、有目标指向性的教育活动，三维目标已为历史教师所熟识，且在历史课堂中广为践行。如何将三维目标与历史核心素养相联系，探究其内在的学理关联，并据此在实践上做融合性设计，亦需要引起关注与探讨。"[4]中职历史课程标准是模块教学目标的依据，教学目标的设计要从学生的视角来设计，体现学科核心素养的维度。以1.9—1.14学习专题为例，基于五大核心素养要求和中职学生历史学习的学情，设置教学目标如下：

表1 模块教学目标表述一览表（以"1.9—1.14"学习专题为例）

核心素养	模块教学目标表述
唯物史观	通过梳理中国共产党的百年历程，认识中国共产党领导中国人民实现"救国大业""兴国大业""富国大业""强国大业"的历史征程，体悟中国共产党的领导是历史的选择和人民的选择，培育唯物史观。
时空观念	通过时间轴、地图等教学手段的运用，了解百年党史中的重大历史事件的时间脉络和空间分布，培育时空观念。
史料实证	借助文字、图片、视频等史料，了解党领导人民探索中国革命和社会主义建设道路的历程，培养史料实证能力。
历史解释	能够依据百年党史的主要史实与史料，全面客观地评价历史事件和历史人物，以正确党史观理解、把握党的奋斗历程与初心使命。
家国情怀	从百年党史奋斗历程中，涵养爱党爱国的情感，拥护中国共产党领导，以实际行动，承担历史使命。

（四）基于学生学情，优化教学实施策略

中职历史课模块化教学应以立德树人为根本，以学为中心，以"学习史实——阐释历史——涵养情怀"为基本教学思路，创设历史情境、设计有价值的思考题、组织学生开展史料研习等丰富多彩的活动，引领学生对历史问题进行探究，在探究中培育学生五大学科核心素养。

职业教育是跨界的教育，在模块化教学实施中要体现"跨界融合"的特点，注重内容整合与社会生活、职业生活的联系，充分利用本土历史教育资源和专业学习密切相关的教育资源，突出实践取向。开展课堂内外、校园内外、线上线下多场域融合的实践教学。比如，在"1.9—1.14"学习专题的教学中，笔者充分利用上海中共一大会址、淞沪会战纪念馆、金融博物馆等丰富的实践教育资源，将课堂教学与实践探究相结合，使历史学习"立体化"，融入专业、职业元素，激发学生对历史学习的兴趣，引领学生对历史问题进行探究。

（五）依据学业质量标准，注重教学评价

依据学业质量标准，基于历史学科核心素养，结合具体内容和学生实际，设计教学评价表，更加强调提高学生运用历史知识解决实际问题的能力。综合运用课堂提问、纸笔测试、实践活动等方法，多方式考查学生历史学科核心素养的发展水平。同时，注意评价主体的多元化，以教师评价为主，兼顾学生自评和同学互评，促进学生对历史学习，内化于心，外化于行，实现教学评价由知识体系向素养体系的转化。

表 2 模块化教学学科核心素养评价表

标　准		标准的含义	量化与等级			
内容评价	唯物史观	体现唯物史观的主要观点	20	16	12	8
	时空观念	能结合特定的时间和空间理解与认识史事	20	16	12	8
	史料实证	对史料进行收集、整理与辨析，史实正确、客观，论据充分	20	16	12	8
	历史解释	史实清晰，逻辑合理，能初步建立自己的解释	20	16	12	8
	家国情怀	反映人文情怀、正确的价值追求和关注社会现实的责任感	20	16	12	8
表现评价	合　作	能主动合作探究，积极发表观点	A	B	C	D
	思　路	思路清晰、逻辑性强，有新意	A	B	C	D
	讲　述	口齿清晰，声音洪亮，讲述流畅，	A	B	C	D
	形　体	面部表情、手势和头部动作恰当、自然、精神饱满	A	B	C	D

总之，中职历史课实施模块化教学是践行新一轮课程改革理念的具体探索，有助于历史学科核心素养的培育。但是，要构建一套具有中职学校特点的、以培育历史学科核心素养为宗旨的中职历史课模块教学模式，不是一蹴而就的，需要广大中职历史课教师在实践中不断研究探索。

参考文献

[1][3] 教育部《中等职业学校历史课程标准（2020 年版）》[S]. 北京：高等教育出版社，2020.2.

[2] 李炳新. 中学历史模块化教学实践研究 [D]. 湖北. 华中师范大学，2019.10.

[4] 王德民. 指向历史核心素养的教学目标设计 [J]. 历史教学问题，2019.2.

（作者单位：上海商业会计学校）

优化情境创设，激发探究活力
——以《1+X 物流初级技能》课程为例

万贵银，徐士芳

一、研究背景

在"1+X"证书制度试点改革背景下，高素质、技能型、复合型物流管理人才规格要求逐步提高，课程教学内容的宽度、广度、综合程度也在不断提高。在遵循知识技能习得规律的前提下，如何在有限的教学时间内充分整合教学内容、实施综合性学习，是"1+X"证书制度试点中亟需解决的重要教学难题。

情境是教学的必备要素之一，情境既是学习的大环境，包括任何影响学习者或学习过程的因素或条件，情境也是统整教学内容、开发学习项目的重要抓手。通过对接岗位任务的情境化活动设计，可以将教学内容按照工作任务展开的逻辑来组织，让学生在真实的工作情境中习得和运用知识技能。为此，项目组以《1+X 物流初级技能》课程为载体，围绕"情境创设"开展课例研究，探索物流服务与管理专业教学情境创设及运用的有效做法与经验。

二、研究概述
（一）研究内容

《1+X 物流初级技能》课程是中等职业学校物流服务与管理专业核心课程，课程内容主要围绕物流项目经理的典型工作任务展开，包括 5 个项目 16 个任务。项目四"仓储与配送管理"中的任务 2"仓储作业"包含 3 个代表性工作任务，其中，入库货物堆码组托方案设计来源于我校校企业合作单位的真实工作任务，是围绕入库货物堆码组托方案设计与实施这一完整的工作过程进行学习，旨在培养学生在工作岗位上的综合职业能力，为今后从事物流运营管理工作、适应职业生涯发展奠定良好的基础。本课题选用"十三五"职业教育国家规划教材《物流管理职业技能等级认证教材（初级）》，授课时数为 2 课时。

本次研究以仓储作业中的入库货物堆码组托方案设计为主要内容，在情境教学理论的指导下，对接岗位工作任务，综合运用企业工作情境、技能竞赛情境等，在教学实践中不断调整与优化情境创设，提升学生在真实工作情境中的综合职业能力。

（二）研究过程与方法

1. 研究阶段

本研究分为4个阶段开展：

第一阶段：通过文献研究，了解中职物流专业课教学情境创设对提高课堂成效的作用，并了解目前的总体进展，通过文献整理明确研究问题和切入点。

第二阶段：小组论证。课例研究小组共同协商、探讨，总结教学情境创设的重要性，现状及优化思路。

第三阶段：实施与优化。在小组研究的基础上，优化课例，优化教学情境创设，激发学习探究。

第四阶段：总结与提升。课例研究是"疑问—规划—行动—观察—反思"的循环过程，在前3个阶段的基础上，课例研究小组总结、研讨，形成新的经验，并积极在教学实际中践行，以期提升教学质量。

2. 研究方法与工具

（1）问卷调查法

本课例根据研究主题要求，分别设置了学生问卷、教师问卷和企业问卷，通过问卷了解、分析中职物流专业课情境创设的现状，调查内容如表1所示：

表1 调查内容主要结构

调查对象	问卷发放数量	问卷题目数量	调查内容
企业	134	25	人才需求、课堂教学、毕业生评价
教师	189	20	教学改革、专业教学、情境创设
学生	1543	30	课堂效果评价、教师评价、信息化素养与能力

（2）访谈法

为进一步了解学校课程设置与企业人才需求匹配情况，在课例研究过程中先后对23位中职物流专业课教师和18位物流企业专家进行访谈。

教师访谈内容主要为：如何在课程中引入标杆企业的典型工作任务、如何将工作岗位中所需要的职业道德、职业礼仪、自我管理与沟通合作等职业基础前置在专业课程中、如何根据产业发展需求将"新技术、新工艺、新业态"融入专业课程中等内容。

企业专家访谈内容主要为：企业人才需求的岗位职级和岗位数量、企业认为工作人员最需要具备的核心能力、中职院校物流类专业课程中最大的不足等内容。

（3）课例研究法

在研究过程中，课例研究小组结合主题对课堂教学进行观察记录，分析观察结果，为教学诊断和改进提供现实依据，研讨内容如表2所示：

表2 课例研讨过程

研讨日期	研讨主题	课题名称	研讨人员
2021年3月1日	传统物流专业课教学情境创设的类型	入库作业准备	徐士芳、王玉芹、万贵银、林凤玉、杨晓真、王忠梅
2021年3月17日	传统物流专业课教学情境创设的局限	入库作业计划编制	徐士芳、王玉芹、万贵银、林凤玉、杨晓真、王忠梅
2021年3月25日	物流专业课教学情境创设的方法和类型	入库货物堆码组托方案设计	徐士芳、王玉芹、万贵银、林凤玉、杨晓真、王忠梅
2021年4月2日	物流专业课教学情境创设的配套资源建设	入库货物堆码组托的实施	徐士芳、王玉芹、万贵银、林凤玉、杨晓真、王忠梅

三、实践过程

（一）第一轮教学实践

【教学过程】

1. 视频导入，新课认知

教师通过播放叉车在搬运过程中货物出现倾倒的视频，引导学生思考应如何规划入库货物堆码组托以确保货物安全，由此导入新课。

2. 精讲理论，知识传授

教师结合教材内容，讲授入库货物堆码组托方案设计的注意事项及相关知识点，引导学生通过做笔记、齐声朗读的方式加强对理论知识的记忆。

3. 流程认知，小组讨论

教师讲解流程图的绘制方法，学生以小组为单位，讨论入库货物堆码组托方案设计流程图的绘制注意事项，并绘制入库货物堆码组托方案设计流程图。

4. 归纳总结，布置作业

教师点评各小组绘制的流程图，并对易错点进行重点讲解。教师公布正确流程图，要求学生掌握流程图的绘制。最后，布置作业，巩固本节课内容。

【问题诊断】

（1）一节课的教学活动容量太少。2课时只设置了"新课导入—新知讲授—

小组讨论—课堂总结"四个教学环节，以教师为中心，讲授法为主。教师以"传递—接受"的方法为主，中间穿插抽选分享和课堂练习环节。教学方法相对单一，没有创造有效的教学情境，未布置自主合作探究学习的任务，未能有效激发学生参与课堂的积极性。

（2）教学活动与教学目标的对应性不强，职业素养目标落实有待加强。在教学实施过程中，以知识目标的达成为主，对技能目标和素养目标的关注度不够。

（3）未引入企业真实的工作任务，教学活动情境与实际工作情境脱节。授课对象为物流服务与管理专业二年级学生，他们没有实践经历与经验，对入库货物堆码组托方案设计没有全面、清晰的认识，教师未能将企业工作场景引入课堂，学生缺乏职业认同感。

（4）情境呈现方式单一。在2课时的教学实践中，教师只在课程导入环节通过播放视频的方式，引导学生了解叉车在搬运过程中货物出现倾倒的情境，未能详细分析学情，创设多种情境。

【改进意见】

（1）对标校企合作的企业的真实工作任务，将工作内容设置为任务引领型教学任务。教师以第三方物流企业中仓管员的工作任务为基础，可以设置婴儿纸尿裤、顺心奶嘴等四种不同包装规格货物的堆码组托方案设计任务，引导学生在"做中学，学中做"。

（2）课前学习中，通过推送《邦达隆飞物流岗位说明书》，让学生了解仓管员工作职责和工作流程，提炼关键词，并参与主题讨论。课中学习中，教师通过词云展示，引导学生了解仓管员的岗位职责，将职业素养目标渗透到课堂教学中。

（3）邀请学徒制合作企业邦达隆飞物流导师走进课堂，将企业的工作任务作为教学任务直接下发，实现了工作任务到教学任务的100%还原。

（4）设计探究任务，开展小组合作学习。授课对象为物流服务与管理专业二年级学生，通过前期的学习，他们掌握了仓储、运输的基础知识，具备了完成简单任务的知识和技能。为了激发学习热情，提高课堂活跃度，可以将全班30人分成5组，以组为单位完成任务实施，引导学生提高团体意识和合作能力。

（二）第二轮教学实践

【教学过程】

第二轮教学实践较之第一轮做了很大的调整，将原来教学实践中的"新课导

入—新知讲授—小组讨论—课堂总结"思路调整为"新课导入—任务展示—教师演示—任务实施—任务评价—总结提升",具体的教学环节如下:

1. 新课导入

通过播放视频,引导学生思考:应如何规划入库货物堆码组托以确保货物安全,由此导入新课。

2. 任务展示

教师通过学习平台推送任务单,以小组为单位完成婴儿纸尿裤、顺心奶嘴、婴儿美奶粉、婴儿湿巾 4 种货物的堆码组托方案设计,引导学生明确任务。

3. 教师演示

教师讲解任务实施过程中的:货物组托方式确定、组托示意图绘制、制定组托方案。

4. 任务实施

以小组为单位完成婴儿纸尿裤、顺心奶嘴、婴儿美奶粉、婴儿湿巾 4 种货物的堆码组托方案设计。

5. 任务评价

教师对学生上传的任务进行评分;教师结合学生的任务实施情况,对易错点进行分析。

6. 总结提升

学生使用思维导图,归纳入库货物堆码组托方案制定流程。

【问题诊断】

(1)未能充分利用课前学习。在第二轮的教学实践中,教学活动较第一轮不断得到优化,但是未能借助信息化手段充分利用课前学习时间,这往往会造成课堂教学时间紧张、教学重难点未得到充分解决。

(2)评价方式单一。在课堂教学实践中,以教师评价为主,未设置生生互评、企业评价等维度。

(3)任务设置单一,未能设置螺旋上升式任务。教师虽然以任务引领法为主,通过任务展示—任务分析—任务实施—任务评价,指导学生通过获取相应的知识技能逐步解决或完成任务。但未能设置进阶任务,对知识和技能的训练不够。

【改进意见】

(1)课前学习中,通过推送《邦达隆飞物流岗位说明书》,让学生了解仓管员工作职责和工作流程,提炼关键词,并参与主题讨论。课中学习中,教师通过词云展示，引导学生了解仓管员的岗位职责，将职业素养目标渗透到课堂教学中。

（2）邀请参加"现代物流综合作业"赛项获奖的同学，在竞赛实操一线录制讲解视频，详细解说堆码组托方案设计的流程及注意事项。

（3）在第三轮的教学实践中，遵循"实践—认识—再实践—再认识"的原则，分别设置基础任务和进阶任务。基础任务为：包装规格为520mm*380mm*200mm单一规格医用口罩的堆码组托方案设计。进阶任务为：330mm*210mm*300mm和600mm*500mm*415mm混合规格医用口罩的堆码组托方案设计。

（三）第三轮教学实践

在第三轮教学实践中，总结第一轮、第二轮教学实践的亮点与不足，课题项目组研讨决定，增加课前预习环节；邀请参加过国赛的同学分享方案设计思路，激发学习兴趣；连线企业导师，公布企业真实工作任务；设置基础任务和进阶任务，以螺旋式任务实施，突出教学重点突破教学难点。最终教学环节确定如下：

【教学过程】

【课前】

1. 看微课，绘导图

教师在学习平台上推送微课，学生观看微课，并以小组为单位提炼微课中的关键控制点，并绘制思维导图上传到学习平台。

2. 答习题，测成效

学生在完成课程预习后，完成测试题。

3. 参讨论，知标准

学生阅读学习平台上推送的《新通物流岗位说明书》，了解仓管员工作职责和工作流程，提炼关键词，并回复主题讨论。阅读《2022年全国职业院校技能大赛中职组"现代物流综合作业"赛项评分细则》，了解堆码组托评分要素和评分标准，提炼关键词，并回复主题讨论。

【课中】

1. 课程导入

教师点评课前学习情况；应用"大转盘"邀请小组代表汇报绘制的思维导图；展示主题讨论词云，讲解《岗位说明书》及评分细则。

2. 传帮带，树榜样

邀请参加"现代物流综合作业"赛项获奖的同学，在竞赛实操一线录制讲解

视频,详细解说堆码组托方案设计的流程及注意事项。

3. 企导师,置任务

学徒制合作企业邦达隆飞物流导师走进课堂下发实训任务:

以小组为单位,讨论防疫物资堆码区别于普通货物堆码的特殊要求,并在主题论坛中回复;发布邦达隆飞物流防疫物资入库堆码组托任务。

4. 任务初探

学生以小组为单位,依据邦达隆飞物流防疫物资入库堆码组托任务,完成堆码组托作业工单;以小组为单位,利用下发的模拟货品教具,操作货物堆码组托;将使用模拟货品完成的堆码方式及纸质工单拍照上传到学习平台。

5. 任务再探

教师下发PPT小游戏,学生通过PPT小游戏可以对托盘和货物的尺寸进行轻松的设置,通过拖拽可简单便捷进行不同堆码方案尝试,免去了计算的困难;以小组为单位,在PPT小游戏中操作,"任务初探"中的堆码组托任务,并将游戏结果上传到学习平台。

6. 作品展示,全员评价

企业导师公布堆码组托任务中最优堆码方案;各小组作品投屏展示;企业导师、校内教师、全体学生依据不同的评分细则在线评分;最优小组学生上台展示设计成果

7. 仿真实训,突破难点

各小组将设计成果运用3D仿真实训软件进行实施;查看仿真实训成绩;仿真实训点评

8. 绘导图,再升级

绘制思维导图,梳理防疫物资堆码组托方案的作业流程。

【课后】

完成本节课实训手册的撰写;各组进一步优化本课设计的堆码组托方案,下节课将在实训室对本节课的堆码组托方案实操训练,以巩固提升学生的堆码技能。

【调整内容】

(1)课前通过学习平台推送微课、任务单,设置主题讨论,引导学生自主完成知识学习、熟悉操作要点和评价标准。

(2)增加同伴示范讲解,邀请国赛参赛选手讲解参赛现场的任务实施流程,

感受竞赛氛围,激发学习兴趣。

(3)开展小组合作探究学习,以"一探、二探、三探"螺旋式策略,层层深入逐步突破教学重难点,着力培养学生的流程意识和系统思维,力争提升知识和技能操作水平的同时,实现核心素养的高效内化,有效达成课堂教学目标。

【总体效果】

课前预习学生观看率100%,理论测试题正确率98%;通过参赛选手的分享,学生了解技能大赛相关知识,激发了专业学习兴趣;在进阶任务的实施过程中,正确率由原来的65%提升至95%,学生能根据不同货物特点确定待入库货物组托方式,并能按要求绘制组托示意图,制定组托方案。从课后作业上传数据来看,90%同学能规范完成本任务实训手册的撰写。

四、研究成效与反思

(一)对接岗位要求,揭秘物流职场"真像"

物流活动是系统工程,涉及实物流、信息流和资金流,因此流程化、表单化、标准化是物流活动的核心要求。教学实践中,学生以小组为单位,依据邦达隆飞物流防疫物资入库堆码组托任务,完成堆码组托作业工单,让学生认知工作表单,了解企业标准化的运营过程,有效增强职业认同感。依托学校现代学徒制的成功经验,在教学实践中,一改传统课堂中"教师依靠想像创设情境,引入企业任务"的模式,邀请企业导师走进课堂,下发真实工作任务,以企业标准对任务实施情况进行评价,让学生不打折、不走样的完成真实工作任务,零距离的了解企业"真像"。

(二)区分认识水平,建立任务内在结构

按照低阶思维和高阶思维层次,对课前—课中—课后任务进行分类设计,建立内在结构,体现职业技能习得规律。针对货物组托方式及其优缺点等低阶知识,充分发挥学生的自主性,采用"看微课,绘导图;答习题,测成效;参讨论,知标准"等活动,让学生多参与、多讨论、多练习,基本掌握基础知识和技能。针对绘制托盘码放的奇数层俯视图和偶数层俯视图、设计堆码组托方案等高阶知识,采用"国赛选手传帮带;企业导师走进课堂;任务初探;任务再施"等活动,通过多元情境激趣、任务进阶发展、同伴合作互助等方式,让学生能遵循合理、牢固、节约等方面的要求完成堆码方案设计的效果,综合运用知识技能来解决实际问题。

(三)盘活教学资源,丰富情境呈现方式

情境创设需要依托一定的教学载体,并且以符合学生认知需求和心理需求的方式多样化呈现,才能最大程度地发挥情境"激趣、诱思、导学"的作用。盘活技能大赛资源,实现以赛促教,以赛促学。在教学实践过程中,课题组整合全国职业院校技能大赛赛项规程和竞赛真题,引入《2022年全国职业院校技能大赛中职组"现代物流综合作业"赛项评分细则》,以主题讨论的形式让学生了解熟悉评分要素和评分标准;邀请参加"现代物流综合作业"赛项参赛同学,在训练赛场录制讲解视频,分享堆码组托方案设计的流程及注意事项。盘活信息化教学资源,助力教学方式转型。教学团队充分整合利用信息技术,制作缩微教具,让学生使用模拟货品实现堆码组托微操作;自主开发PPT小游戏,让学生通过拖拽即可简单便捷进行不同堆码方案的尝试;借助百蝶的虚拟仿真平台,为学生打造更加生动、逼真的学习环境,提升其专注能力,激发学习兴趣。

(四)用好思维导图,助力学生思维提升

思维导图是教会学生如何学习和如何思维,提高学习和思维能力的重要方式。思维导图的"关键词"记忆,能促进学生将注意力集中在事物的关键点;思维导图的色彩及图形可以充分刺激大脑,提高学生的记忆力和自主学习能力。在教学实践中,学生课前观看学习平台上推送的微课:《堆码组托方案设计》,以小组为单位提炼微课中的关键控制点,并绘制思维导图上传到学习平台,如图1—1所示。课中,通过思维导图分享及绘制思维导图,梳理防疫物资堆码组托方案设计流程,有效拓展了思维,提升了综合能力,如图1—2所示。课后,通过思维导图归纳本任务实施要点,有效提升了系统思维。

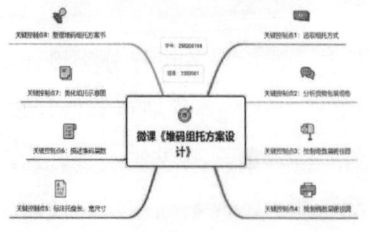

图1—1 微课关键控制点梳理

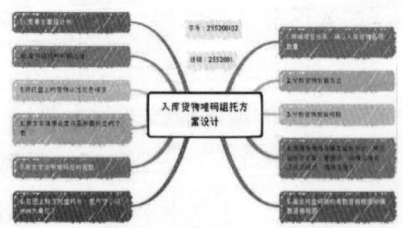

图1—2 入库货物堆码组托方案设计流程图

(作者单位:万贵银,上海商业会计学校,

徐士芳,上海电机学院附属科技学校)

基于教学过程对接工作流程的中职商务英语教学实践探究
——以《跨境电商英语》为例

马晓倩

《国家职业教育改革实施方案》指出:"职业教育与普通教育是两种不同教育类型,具有同等重要地位。"为了使职业教育的学生能更好、更快适应工作岗位,职业教育的课堂应当更重视教学内容的实用性。结合中等职业学校商务英语专业学生基本学情,研究者尝试在中职商务英语课堂上将教学过程与工作流程对接,以探索更贴合学生学习实际与行业要求的教学实践。

一、商务英语教学对标工作流程的原因

随着职业教育不断地改革、发展,中职商务英语专业课程教学中的问题也变得越发明显。商务英语专业的课程需要将商务知识与英语知识相结合,若只采用基础英语的教学方式来组织教学,容易出现学生学习积极性不高的情况,且无法解决商务活动中的具体问题。

中职学生英语基础相对薄弱,语言功底不强。但是他们思维活跃,在遇到感兴趣的话题时会热烈响应、积极参与讨论。在学习习惯上,对死记硬背比较抵触,更愿意学习实用性知识。在知识结构上,对职场英语及商务英语的知识匮乏,语言运用能力不强。

根据上述中职商务英语专业学生的学情,在教学中尝试将教学过程对接实际工作流程,主要基于以下几个原因:

第一,中职商务英语专业人才培养目标的核心是掌握并熟练运用英语语言知识与技能,具备较好的跨文化交际能力,能从事营销推广、客户服务、平台运营等相关工作的应用型技能人才。

第二,在实际工作流程中,学生能够更好地理解和掌握与工作相关的英语知识,掌握行业术语和专业词汇,使他们能够更加自然地在工作场景中使用英语进行沟通和交流。

第三,在实操演练中帮助学生更加深入地了解和掌握工作所需的专业知识和技能,提升其在工作中的综合素质和竞争力。

第四,更好地了解行业的文化和习惯,使其在工作中更加得心应手,为学生

快速融入职场环境奠定基础。

二、商务英语教学对标工作流程的做法

要在商务英语教学中对标职业工作流程，可以从以下几个方面入手：

第一，了解商业流程。首先，要深入了解商业领域的工作流程，包括了解从事何种工作、使用何种工具和技术、主要与哪些人进行交流以及遵循何种程序等方面的信息。

第二，识别词汇与技能要求。在了解商业流程后，需要识别出在这一领域中使用的关键词和短语，包括特定的行业术语、常用工具、专有名词，以及各环节所需要的英语听说读写技能。

第三，制定教学计划。根据了解到的商业流程和关键词，制定教学计划，以确保学生学会与行业相关的英语词汇和表达方式，并具备与特定商务任务相关的听说读写技能。

第四，设计课程内容。在制定教学计划的基础上，设计课程内容。大多数商务英语教材是以学科知识体系来组织教学内容，在实际教学中，要对教材进行重组与整合，调整教学过程的设计思路，使学生通过"目标引领、过程落实、完成任务"，形成解决实际工作问题的能力。

第五，引入真实案例。引入真实的商业案例，以此为背景进行角色扮演活动，让学生在模拟的商业环境中练习使用所学习的英语词汇和表达方式，有助于学生在学习英语的同时，了解商业实践中的问题和解决方法。

三、商务英语教学对标工作流程的教学案例

《跨境电商英语》课程是上海科技管理学校商务英语专业的一门专业核心课，研究者在该课的教学中进行了教学过程对标工作流程的尝试。根据工作流程，将一学期的课程教学分为对应的五大模块。每一课时的教学围绕一个工作任务，教学过程设计对标工作任务的完成流程。

（一）了解跨境电商常见工作流程，识别对应的英语技能

1. 选品

跨境电商企业需要选择合适的产品进行销售。由此对应英语阅读能力，尤其是针对产品描述类的英语文章阅读。

2. 网站建设

跨境电商企业需要建设适合国外市场的网站，包括国际化的网站设计、内容翻译、文案撰写等。由此对应英语应用文写作能力。

3. 营销推广

跨境电商企业需要在海外市场进行营销推广，包括社交媒体推广、网页广告、邮件营销等。由此对应英语口语、写作能力。

4. 订单处理和物流管理

跨境电商企业需要处理订单并管理物流，包括从国外仓库发货、跨境物流、海关报关、国内快递配送等。这一环节主要需要学生掌握大量的专业词汇与术语。

5. 售后服务

跨境电商企业需要提供售后服务和退货管理，包括处理客户投诉、处理退货、维护客户关系等。这一环节对应英语口语交际能力、英语信函写作能力。

（二）配合跨境电商常见工作流程，选定恰当教学方法

本课程教学主要采用了交际法，具体做法如下：

1. 创设情境，提高学生实际应用能力

交际法的核心是让学生在真实情境中使用语言。因此，教师可以设计一些真实的商务场景，比如商品介绍、价格磋商、洽谈合作等，让学生在情境中进行英语交流，提高实际应用能力。

2. 注重语言功能，帮助学生掌握交际技能

交际法强调语言功能，即学生学习的是实际交际中使用的语言技能。因此，教师根据不同的情境，注重训练学生的交际技能，比如询问信息、表达意见、传达歉意、邀请参加活动等。

3. 鼓励学生互动，促进语言交流

交际法要求学生在真实的情境中进行语言交流，因此，需要鼓励学生互动，促进语言交流。可以采用小组讨论、角色扮演等方式，让学生在交流中学习、掌握语言技能。

4. 关注语言环境，提高学生语感

交际法注重语言环境，教师通过教授常用商务英语短语、商务英语常用句型、语言习惯等，提高学生的语感。同时，在教学过程中，也需要创设良好的语言环境，让学生感受到英语的美感和魅力。

5. 多元化教学方式，提高教学效果

交际法的教学方式不局限于口头交流，也可以通过阅读、写作、听力等多种

方式进行教学。因此,教师可以采用多元化的教学方式,以提高教学效果。

(三)营销推广——《电商直播》教学案例

1. 教学目标

通过这堂课的学习,学生能够用英语直播销售中国产品。

(1)知识目标:了解电商直播的基本步骤;熟记产品介绍关键词句及产品特色补充词汇。

(2)技能目标:能够按照步骤,灵活运用关键词句,直播销售所选产品。

(3)态度目标:提升对中国制造的自信心,增强民族自豪感。

2. 教学重难点

(1)重点:在网络直播情景下,了解工作流程,掌握产品介绍的关键词句。

(2)难点:在语言准确的基础上,融入产品的中国特色,有效地完成直播销售任务。

3. 教学困惑

(1)学生较少接触英语的直播销售。

(2)传统的口语课堂中,学生分组上台展示后教师点评,耗时太长,一节课只能进行一次演练。

(3)学生展示后,结果无法记录,不便于教师的分析讲解。

4. 教学策略

(1)外教录制示范视频,学生跟着视频归纳直播销售的步骤及常用语句。

(2)巧用学习平台。学生以小组为单位录制直播视频,上传至平台。5个小组可同时进行。

(3)利用语音识别技术,将学生上传的视频内容当即转化为文字,教师可在文本基础上点评。

5. 教学方法

采用交际教学法,通过情境创设、语言功能训练、鼓励学生互动、关注语言环境、多元化教学方式等,提高学生的英语实际应用能力和口语交际技能。

6. 教学过程

【课前】

(1)产品调研。

(2)词句复习。

(3)产品介绍。

设计意图：锻炼学生自主查找信息能力。运用"一课 e 练"手机 app 巩固词句，为课堂演练打好基础。教师收集学生所写产品介绍，分析学生任务完成情况，从而精准设计课堂内容。

【课中】

工作流程第一环节：筹备

（1）明确任务。

作业点评，情景导入，布置任务。

（2）观看视频。

学生观看外教录制的直播销售示范视频，学习视频中的主播如何直播销售一件中国风 T 恤。

（3）归纳步骤。

展示视频文本，划关键句，引导学生说出直播的主要环节，了解每一环节应做什么。

设计意图：展示并点评前一节课学习成果。创设工作场景，使学生明确知道本节课的任务：以小组为单位组建直播间，销售课前所选商品。学习范例，了解直播销售的各个环节及工作任务。

工作流程第二环节：试播

（1）录制试播 上传平台。

按照正确的步骤，选用合适的关键句子，完成试播稿。学生用手机录制直播彩排视频，上传至学习平台。系统即时转化成文字，提取关键词。

（2）试播点评。

学生相互点评，指出其他小组的优缺点；教师补充评价。

设计意图：根据前一步学习的直播步骤，选用合适的句子形成试播稿。通过试播，检验学生是否掌握直播步骤，能否灵活运用关键句子进行直播销售，完成了本课教学重点。

工作流程第三环节：直播

（1）优化改进。

直播前，对学生提出更高的要求，将中国特色元素融入直播中，学生根据要求优化改进直播稿。

（2）直播。

学生用手机录制直播视频，上传平台，即时转化成文字。教师对比试播与直

播文本，点出每一小组取得的进步。划出每组用到的中国特色关键词，并做点评。

（3）自评师评。

小组代表自述本组直播特色亮点；教师评价学生在试播基础上的进步并指出不足。

设计意图：在试播基础上，提出改进意见，提高要求，加大难度。通过直播并点评，检验学生是否融入中国特色、语言更丰富、更有效地完成直播销售，突破本课教学难点。

工作流程第四环节：复盘

（1）直播打分。

教师和学生在平板上回看视频和文本，对每一小组的直播打分，系统算出每组得分，评出本节课最佳直播间。

（2）直播展示。

得分最高小组上台进行直播展示，其余同学作为观众，通过QQ直播软件实时进行评论互动。

（3）课堂小结。

总结本节课所学知识，并提出：希望同学们以后能运用课堂所学知识，努力传播中国文化，推动更多优秀的中国产品走出国门。

设计意图：得分最高的小组面向全班进行第三次直播展示，其余同学观看、学习并进行互动，考查学生是否能应对真实直播场景中出现的各种提问。总结学生在课堂的收获与成长。学生不仅收获专业知识，并且将中国文化与中国制造深深地埋进心里。

【课后】

在学习通平台发布课堂上的直播视频，学生找不足，再优化，再次录制视频并上传。

设计意图：课后作业是课堂的延伸。大多数小组在试播与直播练习后，仍有不足之处。课后在学习平台上观看课堂直播视频，找出不足，再一次优化后录制直播视频并上传，使课堂所学知识技能得到巩固与提升。

7. 教学效果

（1）教学流程对接工作流程。

结合本课课题，以真实的工作流程"筹备—试播—直播—复盘"组织课堂教学，学生在完成工作任务的过程中达到教学目标。从产品介绍，到试播，到结合产品特色的直播，再到课后再优化，层层递进，实现英语直播能力螺旋上升。

（2）学习任务对接职业能力。

以往教学，课堂练习任务以产品介绍为主，本课结合电商新业态，以直播形式展开教学，完成从课堂英语到职场英语的转化，使学生尽早掌握新业态下岗位工作所需的语言核心技能。

四、对于提高商务英语教学的实效性的思考

通过教学实践，研究者总结出要将教学过程与工作流程相对接，提升商务英语教学质量，应当做到以下几点：

（一）每次课设置具体任务目标

以某一具体工作任务为教学目标，并告知学生。这样有助于学生明确目标、集中精力，掌握关键知识点，攻破难点，在完成工作任务的同时掌握目标技能，提高实际运用能力。

（二）提供实用的学习资源

教师可以为学生提供实用的学习资源，例如文案、案例、录音、视频等，以帮助学生更好地理解和掌握知识，并能够应用于实际工作场景。

（三）引入新技术

可以引入新技术，如智能语音识别、虚拟实景、在线翻译等，辅助教学，提升学习趣味性，提高课堂效率和学习效果。同时，也可以通过网络教学平台，作为课堂的延伸，为学生提供更广阔、更便捷的学习环境和资源。

（四）定期进行学习效果评估

定期进行学习效果评估，可以及时了解学生的学习情况，对教学内容和方法进行调整和改进，提高教学实效性。

（五）教师与学生持续互动和反馈

在教学过程中，教师应该与学生保持持续的互动和反馈，了解学生的学习需求和问题，提供针对性的指导和支持，促进学习效果的提高。同时，也可以向学生征求反馈和建议，以帮助教师不断改进教学内容和方法。

参考文献

[1] 国务院关于印发国家职业教育改革实施方案的通知（国发〔2019〕4号）[EB/OL].[2019-01-24].http://www.gov.cn/zhengce/content/2019-02/13/content_5365341.htm.

[2] 戴锋. 对"教学过程与生产过程对接"的思考[J]. 职教通讯, 2012(36):40-43.
[3] 刘颖, 郭伟光, 冯超. 信息技术与英语教学有效整合的研究[J]. 中国轻工教育, 2009(03):80-81+96.

（作者单位：上海科技管理学校）

中职语文教学与德育融合的路径探析

杨伟悦

中等职业教育担负着为国家培养德智体美劳全面发展的高素质劳动者和技能人才的任务，教师在教育教学过程中，不仅需要注重对学生技术技能的培养，同时还需要加强对学生自身素质和道德修养的提升。中职语文中富含充足的德育资源优势，对于实现"立德树人"的根本任务有着不可或缺的作用，因此在教学过程中应当加强中职语文与德育融合，本文针对中职语文教学与德育融合的路径进行探析，以期实现中职语文与德育协同发挥作用，更好地实现育人目标。

一、中职语文教学与德育融合的意义

（一）利于实现中职语文的育人目标

在新课改背景下，中职语文与新时代德育相融合不仅能够实现中职语文的育人目标，发挥语文课程的育人功能，还能增强中职学生的文化自觉和文化自信，自觉担负起民族复兴的重担。中职语文课程中古今名篇众多，这些文章意义深刻、引人深思，富含着丰富的德育资源，教师可以在授课过程中引导学生进行"新解读"，为学生提供别样的课堂体验，在潜移默化之中融合德育元素，提升学生语文学科素养，实现立德树人的根本任务与目标。

（二）利于彰显中职语文的职业教育特色

《中等职业学校语文课程标准（2020年版）》中在课程结构方面分为了基础、职业和拓展三大模块，其中在三大模块中加入了"劳模精神工匠精神作品研读""职场应用写作与交流"专题，针对中职学生未来职业发展的需要，教师可在授课过程中注重教学内容与学生社会生活、未来职业生活之间的联系，同时加强在授课内容中灵活融入相关职业道德、劳动精神、劳模精神以及工匠精神等的教育，帮助中职学生树立正确的职业观念和培育其职业精神，充分彰显中职语文职业教育特色。

（三）利于提升中职学生的应用能力和审美鉴赏能力

语文课程的基本特点是工具性和人文性的统一，中职语文旨在培养学生掌握基础知识和基本技能，强化关键能力，从而使学生具备语言文字的运用能力、思维能力和审美能力。德育与中职语文的融合不能停留在教师讲，学生听的层面，应该帮助学生应用到实践中，落实在文字中，让德育融入学生写作和生活中，提升学生道德品格素养。同时在中职语文教学中，教师要善于挖掘优秀传统文化中的德育元素，例如古代诗人的报国情怀、崇高的价值追求等多种美好情感，教师可尝试利用巧妙的形式融入课堂，从而提升学生审美鉴赏能力。

二、中职语文教学与德育融合的困境

随着新课改的不断推进，语文教学与德育融合的尝试在不断深入，然而受到各种因素的影响，中职语文教学与德育融合的效果不佳，笔者认为主要集中在以下3个方面的困境。

（一）中职语文德育引领作用弱化

中职语文的教学不仅要求教师注重基础知识的传授，同时还需要注重学生道德修养的提升，提高其未来就业竞争力，但在实际的教学过程中，教师授课的重心依然放在基础知识的方面，而对于德育的融合重视程度不够。大多数时间里，教师只是在加深学生对于知识点的理解与巩固，从而忽视了原本可以进一步延伸和拓展的德育内容，学生也没有足够的时间思考文本背后的精神内涵，无形之中弱化了德育在中职语文教学中的引领作用。

（二）中职语文德育功能发挥不够

中职语文包含了很多德育元素，为德育的融合创造了条件，阅读与写作教学本该成为德育融合的有效途径但却常常被忽略。当前中职语文教学虽能够保证学生的课堂阅读时间，但课内很少能够延伸至课外，学生阅读较少，教师难以从经典书籍或篇目中引发学生共鸣，同时在写作教学环节，教师很少将德育与写作进行有效衔接，没有引导学生在思想和实践等方面提高自身认识，也很少与学生所学专业进行有效融合，职业教育特色并未凸显，对学生职业意识和素养的培养较少，尚未充分发挥中职语文的德育功能。

（三）中职语文德育融合方式单一

中职语文与德育融合工作的开展，缺乏人文性，突出表现为急功近利、形式主义、模式单一等问题，对于德育的融合依然停留在表面，忽视了对中职学生健全人格的培养，甚至存在着德育与中职语文教学脱节等现象。由此可见，在中职语文教学中进行德育融合，不仅要提高对于德育融合工作的重视程度，还要从学生的学情出发，因材施教，合理融合德育元素。教师需要转变教学方式，将德育元素有机融合进日常语文授课过程中，达到润物细无声的作用。

三、中职语文教学与德育融合的路径

中职语文教学与德育融合并非简单的"加法"，而是全方位"融合"，形成"你中有我，我中有你"的局面，让德育贯穿语文教学的全过程才能更好地培养全面发展的高素质劳动者和技术技能人才，中职语文与德育有机融合的路径有3条，具体内容如下。

（一）找准德育融合的切入点

中职语文教师应加强对教学内容的分析与研究，找准语文教学过程中德育融合的切入点，将德育内容灵活渗透到教学内容中。

首先，在"知人论世"环节融入德育。教材中的文章多以名家名篇为主，作者的学识思想是学生学习的榜样，教师可引导学生充分挖掘文章创作背景、作者人生经历和思想情感等，让学生受到作者高尚品质和情操的熏陶，加深对文本的理解。例如在讲授《论语》的过程中，教师可通过布置课前任务的方式要求学生自主收集和整理孔子的简历、成就和主要思想等，在课堂上进行分享并要求学生谈谈孔子对自己的影响，从而丰富学生的情感体验。其次，在人物、情感和重点分析环节融入德育。教材中在进行人物描写时基本凸显出其性格上的真、善、美，教师可引导学生多角度分析人物形象，从中融入德育元素，实现德育和语文教学目标；在情感分析环节需要激发学生的共鸣方可让学生产生德育方面的更深感悟，教师可以引导学生站在作者角度尝试感受文本的情感，尽可能减少教师思想观念的影响，引导学生结合自身实际生活经验勇敢发表自己的看法，深化思想情感教育；在重点分析环节，教师要结合教学重难点有针对性地融合德育，例如在分析《祝福》中风雪环境描写的作用，教师可利用连读方式结合《林教头风雪山神庙》中环境的描写，掌握不同"风雪"的作用，在该环节融入对社会背景、人物遭遇等的思考，拓展学生思考广度，加深学生理解深度。最后，在写作教学中融入德育。在中职语文写作教学中融入德育的重要性不容小觑，例如，在仿写、

扩写及续写等写作中，教师应引导学生明确方向，强化和弘扬中华民族传统文化的意识；在应用文写作求职信、自荐信等过程中，引导学生树立职业意识和培养职业素养，养成实事求是的精神，在作文讲评环节以赏识教育为主，肯定学生才华的同时加强细节问题的调整，帮助学生养成精益求精的工匠精神。

（二）创新德育融合的突破点

德育与中职语文教学的融合并非机械相加，而应在课堂教学中灵活融入德育元素，这就要求中职语文教师必须创新课堂设计，通过不同方式让中职语文与新时代德育更加生动和巧妙地融合。

一是结合时代热点问题，反映时代特征，体现当今社会主旋律和正能量，帮助学生自觉主动地抵制不良社会风气的影响。例如《反对党八股》一文，教师可结合文章创作的历史文化背景，掌握文章结构，深入探析为何要反对党八股，最终落脚到当今现实生活，结合所处时代的现实情况，引导学生坚持实事求是的精神，反对各种形式主义的不良风气，同时还要引导学生思考作为新时代的中职生，能做的有哪些方面等。二是结合文本具体内容设计德育环节，构建相关德育情境，给予学生适当的话语权，邀请学生发表自身看法。教师可以通过分组讨论、个人3分钟发言或者辩论赛等方式，激发学生思考，鼓励学生表达，提升学生教学参与度。例如讲解《陈情表》一文时，可由原文引申到"自古忠孝两难全"的思考和讨论，同时可结合当下社会现状，很多年轻人远离家乡，远离父母独自一人前往大城市拼搏，邀请学生谈谈自己的看法，还可以融入对当下社会老龄化问题的讨论，激发学生孝顺父母、兼顾家庭和感恩父母的心态。三是利用多种丰富多彩的活动，激发学生潜能和积极性，加强传统文化中德育教育与实际生活的联系，践行相应的道德准则。教师在语文教学中可运用情境模拟、演讲比赛、辩论赛等方法，让学生就文本中某一场景进行表演或者某一观点进行讨论和评价。例如在讲授"民贵君轻"的思想时，可通过小组演讲的方式阐述这一思想的合理性；在讲解《鸿门宴》一文时，组织学生进行表演，在表演中鼓励学生根据文中人物的性格特征合理加入"台词"，辩证分析刘邦和项羽的性格特征。除此以外，在升华学生德育素养的同时，要引导规范中职学生的行为，做到学以致用，在生活中践行传统文化中的德育思想。例如儒家的"三人行必有我师焉""己所不欲勿施于人"等思想，引导学生结合自身实际情况，讨论自己哪些行为与此契合，哪些行为则是违背了这些思想，帮助学生在理解传统文化的基础上，将其中的理念践行到实践中。

（三）深化德育融合的落脚点

中职语文教学与德育的融合不应只停留在课堂上，而不仅应注重课上、课后的衔接，还要注重课内、课外的整合及家校协同共育等，深化德育与中职语文融合的深度和广度。

第一，通过课内外结合的方式，利用课外活动巩固德育内容，例如在爱国诗歌的教学过程中德育目标是培养和激发学生爱国的思想情感，教师可组织学生通过开展以爱国为主题的演讲活动、为爱国题材的电影撰写影评或者推荐语、以小组为单位探究中华人民共和国成立后不同时期爱国人士的代表人物及其故事等方式，不仅可以帮助学生巩固所学知识，还可以激发学生学习热情，在活动中感悟何谓"爱国"，在做中学，在做中悟，从而达到德育和学科教学的双目标。第二，采取课上强化训练，课后实践巩固的方式帮助学生加强德育知识的学习。语文课堂教学时间十分有限，教师可以采取课后德育活动加强中职学生对于德育知识的学习，例如组建读书小分队定期开展班级读书分享会，每个小队进行所读书籍的推荐和分享，不仅能够丰富学生课后生活，开阔学生视野，还可提升学生思想品质。第三，突出学生主体地位，加强典型示范作用和家校协同共育。教师要根据学生的学情为学生选择最佳的教学方式，尊重学生发展规律，做到学生缺什么补什么，采用学生更易于接受的方式，将德育内容转化为自己的行为准则和实践，做到学以致用。同时教师还要为学生树立榜样作用，选取行规示范员，发挥榜样的示范作用。除此以外，教师还可加强家校协同共育，组织家长进行家长会或座谈会，交流学生思想问题，形成合力共同引导学生全面发展，推动语文教学与新时代德育的有机、有效、长效的融合。

参考文献

[1] 金星霖，周娜. 中职语文教学中德育渗透的途径研究——基于专家教师的语料分析 [J]. 中国职业技术教育，2019(17):5.

[2] 王惜华. 中职语文教学中德育渗透的途径研究 [J]. 2020.

[3] 赵亚东. 中职语文教学中的德育渗透研究 [J]. 成才之路，2022(28):25-28.

[4] 何永青. 高中语文与新时代德育融合的探索 [J]. 广西教育，2022(20):31-33.

[5] 苏湘涵. 新课标背景下高中语文阅读教学与德育的巧妙融合 [J]. 吉林教育，2021，000(019):P.10-11.

（作者单位：上海电机学院附属科技学校）

四、内涵建设篇

从关注外延和规模的发展到重视内涵建设,是职业教育改革和发展的必由之路。这些年来,上海职业教育经历了并校、扩建、硬件投入和新设专业等一系列外延发展之后,迫切需要静下心来扎扎实实地加强内涵建设。职业院校广大教师正积极借助于信息化和数字化转型,努力提升学校的办学水平和教学质量。

企业沙盘在中职思政课教学中的应用
——以《中国特色社会主义》经济单元教学为例

卞 玥

沙盘是一种可用于开展教学的有效工具。中等职业学校具有关联企业的优势;中职思政课中,中国特色社会主义经济模块学理性较强;为顺应学生认知风格,可尝试运用沙盘推演的形式开展探讨式、体验性学习。

一、实施背景

沙盘(sandbox)是一种通过模拟操作来推演各种潜在可能性的工具,根据不同场合、不同需求,呈现为实物或计算机程序等物质形态,并被广泛应用于企业经营、军事分析、设计、展演等众多场景。目前,在企业经营、财务管理、心理健康等诸领域教学中,沙盘正以其特有的实践性、交互性和对抗性充当着体验式教学、合作学习和技能实训的热门方案。

《中等职业学校思想政治课程标准(2020年版)》(以下简称《课标》)规定,关于课程内容的划定中,"中国特色社会主义经济"是基础模块——《中国特色社会主义》的重要组成部分。有关课程实施,《课标》建议"注重探讨式和体验性学习"并"运用现代信息技术,提高学习效率"。

在教学实践过程中,研究者在中职思政课"中国特色社会主义经济"的教学过程中,尝试设计和利用电子沙盘来演绎经济活动、呈现经济规律,学理性和实践性相统一,达到了有效提升学生学科核心素养的教学目标。

二、企业沙盘应用于中职思政课教学的优势

基于对学情和教学内容的分析考察,结合沙盘工具的特质,将企业沙盘应用于中职校思政课程"中国特色社会主义经济"模块的教学具有诸多优势。

(一)沙盘情境与职业学校办学特色相呼应

从职业学校的办学特点出发,校企联合的教育模式给予了职校生特有的企业视角。本课例的教学对象为上海科技管理学校2021级轮机维护与管理专业学生,该专业为现代学徒制试点专业,学校与关联企业上海水产集团有限公司在专业建设上有着深度合作。学生在校学习轮船机械知识,练就轮机维修保养技能后,可以进入关联企业实习,成为其正式员工。学生在校期间,来自集团的企业导师和带教师傅均在专业课中发挥着重要作用。学生对企业有足够的了解,为思政课借助或创建企业情境提供了便利。学生可以以企业人、职业人的身份视角在以沙盘作为载体的企业情境中,通过推演探究,领略与中国特色社会主义经济相关的宏观原理。

(二)沙盘模式与职校生认知特点相符合

从学生的认知风格出发,依托于企业沙盘进行的发现式学习可以很好地激发学生的学习兴趣。中职生对于被动学习缺乏耐心,对于理论知识缺少兴趣。相比于知识的灌输,通过自行探究、对比、甄别得出的判断会更具说服力;同时,提升课堂参与度,在做中学,以身动带心动,能使学生更加专注于当前议题并对决策和结果之间的逻辑关系更有体验感。先提出设想,再通过交互式的行为得到一个结果。通过平行对比不同选择带来的不同结果,使得建构或调整认知,最终形成正确判断。这种由沙盘工具引导的认知过程符合中职生认知风格。

(三)沙盘机制与教学内容特性相匹配

从教学内容的特点出发,经济问题本身内在逻辑性较强,适合用步步推导的方式展开。认同中国特色社会主义经济,关键在于深刻理解为什么要坚持"两个

毫不动摇"以及为什么"两只手"要优于"一只手"。在生产资料所有制方面，国有和非国有经济成分如何平衡；在资源配置方式方面，市场和政府调节如何统筹？不同选择会引发不同的经济现象。这种基于宏观经济规律的反应链很适合用沙盘机制进行演绎，可以在保证逻辑性的前提下兼具开放性和体验感。

（四）沙盘特性与教学过程特点相适应

从沙盘本身的性质出发，它是一种可控的方式。思政课教学的过程，应该保证预设性和生成性相统一。学生在沙盘中面临的问题，解决问题的条件和方式，都是经由设计的。教师在备课和教学实施过程中通过控制沙盘的机制，对学生进行有效引导，是谓预设。学生进入情境，自主地探讨国家和企业应如何发挥和利用社会主义市场经济的优势。通过沙盘的交互机制拟定决策，通过沙盘结算机制得到结果，通过对比不同结果的优劣验证自己的假设，这种认知和认同的形成路径体现着生成性。

三、实施方法和过程

将沙盘应用于中等职业学校思想政治课，需在把控教学目标、教学重难点的基础上对沙盘机制和活动方案进行专门设计。

以"国有经济在国民经济中的主导地位"教学内容为例，在学习该课时之前，学生已对社会主义生产资料所有制有所了解，并且深刻领会了我国必须在坚持公有制主体地位和国有经济主导地位的同时，发展多种所有制经济。但就职校生而言，聚焦本行业的微观经济视角仍是一个盲区。本课时主要结合职校生特有的职业属性，借助关联企业提供的企业情境，帮助他们理解我国的经济制度，与前一课时形成呼应。

该课运用议题式教学法。以"水产集团如何进一步发挥国有企业的示范引领作用？"为教学议题，下设3个子议题分别为：

子议题1：水产集团经济结构调整的历程是怎样的？

子议题2：水产集团如何协调各类经济成分的关系？

子议题3：水产集团如何发挥国企示范引领作用？

企业沙盘应用于第二个子议题，探讨国有经济成分如何在坚守自身主体地位的同时更好统筹其余非公有制经济成分共同发展。这一教学片段对应的目标、重难点及沙盘设计思路如下：

（一）教学目标

知道可以通过资产重组和结构调整，在市场竞争中提高国有经济的效益，实现国有资产的保值增值。理解"两个毫不动摇"与我国社会主义初级阶段生产力发展水平相适应，是党和人民的伟大创造。能够对于学校关联企业如何在行业内更好发挥示范引领作用发表自己的看法。

（二）教学重难点

为何统筹国有企业内部的国有经济和非国有经济成分，能够提高国有经济效益，更好发挥企业作用，促进企业发展。

（三）沙盘情境设计

以学校关联企业上海水产集团有限公司为原型，虚构一家正在进行混合所有制改革的国有企业——上海"随"产集团。学生扮演该集团决策层成员，首先对于集团生产经营中所遇到的一些意向性合作事件作出"合作"或"不合作"的决策。此阶段决策不受条件限制，每决策一次，对内可能引起国有股权控股程度和集团总资产的变化，对外可能改变集团在水产市场上所占份额和集团的社会声望。经过6个事件和6次决策的累积，"随"产集团的资产组成、资本总量、市场份额和社会声望会较初始状态产生较大改变。随后的第二阶段，集团会遇到两个有附加条件的机遇性事件，此时如果国有控股经济成分占比、市场份额、企业声望等指标无法满足条件，则只能选择"不合作"致使集团坐失重大发展机遇。

（四）沙盘机制设计

课例中企业沙盘参考ERP（Enterprise Resource Planning）沙盘的积分模式，将国有股权控制力、集团总资产、产品市场份额、企业声望4个评分项对应的数值简化为个体指数。每经历一次事件视为一个阶段，每一阶段计分一次。每一阶段的评分，代表着集团当前的状态。当面临有条件事件时，通过数值比对判断集团状态是否满足合作条件。具体如下表所示：

说明
1.上海"随"产集团初始数值：国有股权控制力80分，总资产40分，产品市场份额25分，企业声望60分。
2.事件1～6不设条件，企业可以任意选择合作或不合作；事件7和事件8设置参与条件，如特定数值不能满足相应条件则无法选择"合作"，只能被迫选择"不合作"并承担不合作带来的影响。

(续表)

	说明
3. 事件 1～8 按时间顺序依次发生，在某个时间点，企业只能知晓过去和当前事件及选项带来的影响，无法预知未来尚未发生的事件及相应影响。	
4. 企业发展较好的评价标准：国有股权控制力＞50%，总资产评分≥100 分，综合产品市场份额≥60%，企业声望评分＞150 分。	

	事件	决策	影响			
			国有股权控制力评分(%)	总资产评分	综合产品市场份额（%）	企业声望
1	秀丽村水产养殖合作社"金枪鱼人工养殖"项目	合作	－10	＋10	＋5	＋5
		不合作	不变	＋1	－3	－1
2	好聪明水产品精深加工科技公司"新型保健食品研制"项目	合作	－10	＋6	＋10	＋10
		不合作	不变	＋1	－3	－1
3	澳大利亚 Wonderful 渔业公司"海产品远洋捕捞"项目	合作	－10	＋5	＋5	＋5
		不合作	不变	＋1	－5	－1
4	卖得好网络科技公司"直播平台长期供货"项目	合作	－2	＋10	＋10	＋15
		不合作	不变	＋1	－6	－5
5	送新鲜物流公司"冷链配送"项目	合作	－10	＋10	＋10	＋10
		不合作	不变	＋1	－8	－2
6	好实惠国营水产品批发市场"园区收购重组"项目	合作	＋10	＋10	＋10	＋8
		不合作	不变	＋1	－8	－10
7	疫情下市民菜篮子水产品平价保供工程	合作	要求＞50	＋30	＋20	＋50
		不合作	不变	－15	－20	－50
8	进口博览会参展	合作	不变	＋30	要求＞60	要求＞150
		不合作	不变	－10	－20	－5

（五）沙盘活动实施

设计完成的沙盘借助本校"融·和—思政"在线平台呈现，学生可以利用手机或平板电脑等智能设备开展沙盘推演。

在实际课堂教学中，教师需做好流程引导、进度把握，前台释疑、后台监控的工作。在学生各自完成沙盘推演后，教师需通过后台反馈，选取推演路径不同，所得结果相异的同学。让他们介绍和分享自己在推演过程中的考量，自评、互评各自所得不同结果之间，何为更优解。学生发言结束，教师需进行最终总结和点评。引导学生认识重点，指明统筹国有企业内部的国有经济和非国有经济成分，需要牢牢把握国有经济在国民经济中的主导地位，在坚守国有成分的话语权的同时，重视非公有成分的重要作用。带领学生突破难点，指明如果在决策时一味关注国有经济成分的绝对优势地位，则企业的市场份额、资产总量、社会影响力等并无明显起色。如果在决策时对非公有制经济成分全盘接收，则会发现企业丧失了国有资产的绝对控股。国有经济成分失去话语权，再难发挥示范引领作用。

五、结语

将企业沙盘和中职思政课相结合，不仅遵循了《课标》的指导理念，顺应了学生的认知特点，而且充分利用了中职院校校企联合的办学特色。将原来单纯的经济类宏观政策、知识点的讲解摒弃，用沙盘推演促使学生积极参与到课堂的推演和思辨中，极大地提升了思政课堂教学的互动性和趣味性。

参考文献

[1] 中华人民共和国教育部.中等职业学校思想政治课程标准（2020年版）[S].北京：高等教育出版社，2020.

[2] 徐公仁主编.把企业搬入课堂"管理沙盘"教学理论与实践[M].北京：北京理工大学出版社，2018.

[3] 沈越，张可君著.经济政治与社会（第4版）[M].北京：北京师范大学出版社，2018.7.

（作者单位：上海科技管理学校）

元宇宙关键技术
在智能新能源汽车技术教学应用的设想

朱 列

近年来，元宇宙作为虚拟数字世界未来可能的发展方向，已经成为社会各界关注的重点研究与探索对象。在数字化转型时代下新能源汽车作为最有可能实现智能化发展的产业，其对专业职业人才的技术要求也与日俱增。《教育部2022年工作要点》提出实施教育数字化战略行动，积极发展"互联网＋教育"，加快推进教育数字转型和智能升级。可见，元宇宙的应用与实践探讨已进入教育领域。

一、元宇宙关键技术在教学应用中的价值

随着大数据、云计算、物联网、5G 移动通信、XR 扩展现实、区块链、人工智能、远程互联、数字孪生等高新技术手段的发展与应用，建立一套满足学校应用环境的智能新能源汽车元宇宙软硬件应用系统。完善"5G+XR"综合应用场景、完善实训基地数字化和智慧化综合管理目标，且实现与企业端实训平台和实训资源联动的数智化综合平台，是实现教育教学应用发展、专业技术能力提升、实训设施设备科学管理、实训基地高效运转、校内外资源综合利用，最终实现教育全生命周期综合数字化转型的关键所在。

时至今日学界对元宇宙的概念仍然没有达成统一意见，但还是有一些基本共识，即元宇宙是一个基于下一代互联网新技术支持的、平行于现实世界运行的、能与现实世界互动融合的人造的虚拟空间。元宇宙是建立在高新科技基础上的，包括虚拟现实(VR)、增强现实(AR)、混合现实(MR)、扩展现实（XR)、用户交互（人机交互)、计算机视觉、数字孪生、5G 等。随着这些技术的发展，人们发现除了可以切实构建一个虚拟空间外，也需思考这样一个数字世界的作用与意义。而元宇宙在职业教育领域的应用，可使每个学生都能免费获取多样化的学习资源，可以在任何地方使用设备进行学习，这或许就是职业教育元宇宙的价值所在。

通过元宇宙最为关键的 5G+XR 技术在智能新能源汽车技术教学中的应用，能够解决在实训教学过程中高投入、高损耗、高风险及难实施、难观摩、难再现的"三高三难"痛点和难点。

（一）构建基于"5G+XR"智能新能源汽车技术虚拟仿真技术的理论加实践的教学体系

"5G+XR"智能新能源汽车技术虚拟仿真技术一种基于新技术的汽车行业人才教学体系，利用元宇宙技术和虚拟仿真技术，实现对智能新能源汽车维修中的各个环节的数字化和模拟化。通过这种方式，学习者可以更加深入地了解智能新能源汽车的相关知识和操作技能，提高实践操作能力和应变能力，利用元宇宙和互联网信息平台的有效连接，学习者可以通过自身作为学习终端来自主选择学习资源。

（二）优化传统新能源汽车教学方式

在"5G+XR"智能新能源汽车技术虚拟仿真教学实践应用中，将虚拟仿真系统与现实操作步骤进行有效的融合，实现人机对话的学习状态，并借助系统课程中音频、文字及图像和视频形式的教学内容的呈现，和通过专业工程拆解流程的教学应用，丰富学生传统课堂学习模式，将理论和实践在"5G+XR"智能新能源汽车技术虚拟仿真系统中有机融合。

（三）多样化实践培训教学方式

在智能新能源汽车的教学应用过程中，培训设备和场地的建设是教学必不可少的硬件基础之一。"5G+XR"虚拟仿真技术在智能新能源汽车技术教学中的应用，可以为学习者提供身临其境的视觉和听觉体验，在数据可视化展示方面做到更多样生动。传统实操培训往往存在一定风险，而通过虚拟现实技术，可以构建一个不受时间、空间和成本限制的安全、可靠的学习环境，让学习者可以充分练习和调试操作技能，并有效提高操作的安全性。

二、元宇宙关键技术在教学应用中的场景举例

元宇宙中关键的即是"元宇宙 5G+XR"技术，"5G+XR"技术指的是利用 5G 网络连接元宇宙，并使用 XR 技术为用户打造更加真实、沉浸式的数字世界体验。元宇宙是一个由虚拟世界和现实世界共同组成的数字化世界，它是一种新的计算机环境，可以完全模拟现实世界的方方面面。XR 技术则是指增强现实（AR）、虚拟现实（VR）和混合现实（MR）技术的统称，它可以为用户带来更加真实、沉浸式的数字世界体验。

5G 技术：在元宇宙中，5G 技术的应用是通过高速稳定的 5G 网络将现实世界与元宇宙进行实时连接。其利用新的高频段、更大带宽、更高的数据传输速率，提供更加高速、可靠的无线通信服务。同时通过将 5G 技术与 XR 技术相结合，用户可以更加真实地感受到数字世界中的各种信息。这种技术在远程教育、医疗、虚拟社交等方方面面都有很广阔的应用空间。该技术的应用会给人们在虚拟现实世界中提供更广泛、更深入的体验，人们以此构建新的工作和日常的沟通通道及所支持的全新方式和模式。

基于元宇宙技术实现了虚拟与现实深度融合、数字化技术集合、高灵活性与智能化教学，因此从教育的模式、资源、活动及评价等要素出发，分析教育元宇

宙的教学优势。

（一）新型高技能人才培养

在高技能人才培养模式中，元宇宙技术可发挥以下优势：首先，元宇宙技术可以通过虚拟场景的方式，为学习者提供更加真实、全面、系统的培训环境。如通过虚拟场景进行机器设备的维护和维修操作，可以帮助学习者熟练掌握操作和维护机器设备的技能和知识。其次，元宇宙技术可以实现学习者之间的实时互动和交流。在元宇宙中，高技能人才可以通过虚拟现实设备等多种方式进行实时的沟通与交流。再次，在元宇宙中可以实现共享资源的在线教学和互动学习。学习者可以在不同地方与其他共享最新的研究成果和技术知识，跨越地域限制获取最优质的学习资源，提升学习的效率和质量。

元宇宙的技术可记录和跟踪学习者的学习历程和绩效表现，从而实现针对性的评估和反馈。这样，培养模式就能够更快地发现问题，改善教育方式，为培养高技能人才提供新模式。

（二）多元化学习活动

元宇宙技术通过模拟各种实景场景，使学习者在虚拟场景中体验实践操作，增加实践经验，提升实践能力。同时，提供由学习者和教学者组成的虚拟班级、虚拟团队、虚拟社区等，学习者可以在其中进行技能比拼等多种协作活动，锻炼协作能力和社交技能。另外，还可以根据学习者的学习习惯、兴趣和需求，智能化推荐适合个人的学习内容和习题，方便学生进行个性化学习。而且，学习者可以使用元宇宙技术与其他学习者进行交流互动，分享各自的专业和技能，增强跨领域交流能力。

综合来看，元宇宙技术提供了丰富多彩的多元化学习活动，使学习者在学习过程中可以自由选择不同的学习形式和方式，发掘自身潜力和能力，提高学习效率和学习习惯。同时，元宇宙技术的多元化学习活动也为教学者提供了更多的教学手段和教育资源，能够更好地满足学生的个性化学习需求，提高教学质量和效率。

（三）智能教学评价

元宇宙技术可以通过收集、分析学生行为数据，结合机器学习、数据挖掘、自然语言处理等人工智能技术，实现智能教学评价。首先，通过元宇宙技术收集学习者的学习行为数据，包括学习时长、浏览记录、交互行为、学习成果等。其次，

将收集到的学习者行为数据通过数据加工和数据清洗等技术进行初步处理，提高数据的可信度和可用性。再次，学习者行为数据经过初步处理后，可以通过机器学习、数据挖掘等技术进行深入分析，发现学生学习的规律、强项、弱点，为教学评价和个性化教育提供基础数据，结合机器学习和自然语言处理等技术，可针对学生的学习情况和历史行为数据，制定教学反馈策略。最终，通过机器智能化处理和分析，为教育机构、教师和学生提供更加可信、客观、全面的教学评估服务。同时，它还可以通过对学习者行为数据的反馈和调整，进一步优化学习者的学习效果和学习体验。

三、元宇宙关键技术在教学应用中的难点与破解

在智慧新能源汽车教学中大量采用元宇宙技术在提升教学体验和效果的同时，对于教学硬件、软件配置与教师能力的匹配均提出巨大挑战，如何破解，成为元宇宙应用成功与否的核心环节。目前元宇宙应用中 5G+XR 硬件技术环境是整个元宇宙技术发展中最为先行的，各类 XR 手段和硬件解决方案较为稳定，单次硬件投入可满足今后数年的使用，并基于各类型标准硬件平台开发元宇宙应用软件系统。元宇宙平台中各类软件开发要遵循标准化、模块化开发要求，最大化的实现硬件系统的互通与重复利用，并保留扩展接口，依据智能新能源汽车技术的发展实时扩展培训模块。在统一规划软硬件系统应用的基础上，建立统一的元宇宙"数智化"系统在线教学平台。该平台上各类软硬件应用提出标准化开发要求。

（一）虚实融合

虚实融合是以数字化为载体的虚拟教育与现实中的"现实"教育融合为一个整体，而教育元宇宙除去将教学场景、设备等实物要素进行完整还原外，还需把教学内容、教学方法、教学评价等教学模式融入其逻辑体系，从而实现在数字化虚拟场景中衍生出新型教学体系。此外通过利用终端设备模拟现实交互效果，跨越现实空间限制和物理阻碍，使整个教学活动的所有参与者在虚拟现实场景中实现强交互、深融合，从而推动教育教学向更高层次进步。

（二）协同作用

协同作用是指在教育教学过程中相互合作，共同完成教学任务，并取得最佳的学习效果和成果。这种协同是可充分发挥虚拟现实技术的优势，将传统教育主体与虚拟教育充分结合起来，帮助学习者寻找适合自己的学习路径和方法，为学

习者提供了一个全面而无缝的学习体验，促进了教育的高效性和可持续性。

（三）校企互通

校企互通指的是学校与企业之间通过元宇宙进行信息共享、资源互通、互联互动的一种新型教育模式。这种模式的实施，可促进职业教育与企业实际需求的紧密连接，在教育内容、教学方法、实践培训等方面实现更加紧密和深入的合作，进而使教育机构与企业的实际需求之间进行深度融合，实现职业教育与企业实践的紧密对接，为培养更加符合企业需求的高技能人才提供坚实的基础和支持。

四、展望

以"5G+XR"虚拟仿真技术在智能新能源汽车教学中的应用为切入点，围绕未来汽车电动化、智能化、网联化、共享化的发展趋势，为"上海智造"提供有力支撑。善于运用元宇宙关键技术"5G+XR"在智能新能源汽车教学中的教学优势，培养学习者具备更高的职业素质，同时创造具有竞争力的职业技能水平，使其自主锻炼学以致用的能力，加快教学改革步伐。

参考文献

[1] 钟正，王俊，吴砥，朱莎，靳帅贞.教育元宇宙的应用潜力与典型场景探析[J].开放教育研究，2022(1):17.

[2] 傅贞林.VR技术在新能源汽车教学中的应用[J].时代汽车，2022(7):108-109.

[3] 刘革平，高楠，胡翰林，秦渝超.教育元宇宙：特征、机理及应用场景[J].开放教育研究，2022(1):25-27.

[4] 冯云，杭州市科技信息研究院.数字现实技术：元宇宙的入口及核心技术[J].杭州科技，2022(3):32-35.

[5] 史晓楠，熊春山，倪慧，王丹.5GXR及多媒体增强技术分析[J].电信科学，2022(3):57-64.

[6] 张烨，蔡翔华.元宇宙+职业教育：未来虚实融生的职业教育发展新趋势[J].教育与职业，2023(2):5.

（作者单位：上海南湖职业技术学院）

微信学习平台在中职汽车机械常识课程中的建设与运用研究

唐晔

一、研究背景与方案

（一）研究背景

微信软件是由腾讯公司于 2011 年初推出的一款免费聊天软件，用户可通过手机、平板、网页来发送和接收语音、视频、图片和文字。微信提供公众平台、朋友圈、消息推送等功能，用户可通过搜索号码、扫二维码等方式添加好友和关注公众平台，运用微信还可以把各种内容分享给好友或分享到微信朋友圈。

《汽车机械常识》课程是汽车运用与维修专业的基础核心课程，是我校汽车工程系一年级新生的必修课程。在以往的教学过程中，任课教师运用最多的就是配套的教学 PPT 课件，在有限的课堂时间内无法将一些抽象难懂的知识点彻底讲清讲透。如果利用微信软件建立一个学习平台，将在课堂中很难讲解清楚的知识点或需要反复多次讲解的知识点制作进去，不但可以拓宽学生课堂学习的宽度与广度，使学生实现课前课中课后连续性的学习过程，也可以随时随地实现师生、生生对某一知识点的交互，潜移默化地帮助学生们形成热爱学习的好习惯。

我校汽车工程系学生基本都是 16～18 岁之间的青少年，他们易于接受新鲜事物，运用互联网通信技术获取知识和信息、使用智能手机或平板电脑进行互动讨论等都已成为他们生活中的常态。在这些学生中，微信软件的使用率超过 90%，微信为他们提供了一个功能强大的独立平台，这个平等开放的人际交往平台恰恰契合青少年学生渴望交流、乐于自我展示的价值需要，让他们摆脱了传统交流渠道的束缚，拥有了更大的话语空间和自主权。

如果利用微信对《汽车机械常识》课程建立学习平台，将汽车机械常识各项目的知识内容以文字、视频、动态图片等方式呈现并配套对应的互动练习，必定是学生们所乐接受的。建立课程微信学习平台可以达到激发学生学习兴趣、提高学生学习效率、拓展学生学习能力的作用，也可以弥补传统教学在一定范围内的不足之处。

（二）研究方案

1. 研究目标

（1）创建《汽车机械常识》课程微信公众号，建立《汽车机械常识》课程微信学习平台（以下简称"微信学习平台"）。

（2）确立适合微信学习平台的教学内容，以文字、图片、动画、视频、互动讨论等形式呈现。

（3）微信学习平台建立后，完成一个教学周期的使用，监控教师的教学过程和学生的学习过程。

（4）形成微信学习平台的教学效果评价要素。

2. 研究内容

（1）申请微信学习平台的微信公众账号。

（2）确立微信学习平台的制作内容。

（3）设计并建立微信学习平台。

（4）在实际教学中运行微信学习平台。

（5）总结微信学习平台的建设运行效果。

3. 研究方法与途径

（1）文献研究法。

① 针对我校汽车工程系一年级学生学习的实际情况，对由陈仲武主编、高等教育出版社出版的《汽车机械常识》教材中的教学内容进行提炼和筛选。

② 收集相关素材，在微信学习平台上对提炼和筛选出来的各知识内容进行文字、图片和视频等的编辑。

4. 调查研究法

（1）以一个学期的课程教学为调研周期，从教师的角度出发，对比"课堂教学"和"学生"两者在运用了微信学习平台后的各种变化，并分析利弊。

（2）在往届采用传统学习法学习本课程和本届运用了微信学习平台学习本课程的学生中各随机抽取 5～10 名学生进行访问。两批次访问的内容尽可能一致，分析对比访问结果，得出相应结论。

（3）针对微信学习平台在学生学习过程中的具体运用设计一份调查问卷，使每一名运用平台学习该课程的学生完成此调查问卷。

5. 统计分析法

统计学生在调查问卷中每一道题目的回答情况，剖析数据反映出来的结论。

二、《汽车机械常识》课程微信学习平台的建立

1. 创建微信学习平台账号
2. 精简素材内容

微信学习平台创建成功后，由于平台编辑的局限性，结合汽车专业学生的学习特点以及课程教学进度的要求，研究小组经过了两次删选，最终确定的内容如下表：

项目一： 识读较简单的汽车零件图	活动 3	识读三视图
项目二： 识读常用的汽车零件图和装配图	活动 1	识读剖视图和断面图
项目四： 汽车常用机构的识别和检测	活动 1 活动 2	识别汽车常用机构和运动副 判别铰链四杆机构的类型
项目五： 汽车齿轮的测量和拆装	活动 1	测量汽车齿轮的几何尺寸
项目十二： 汽车液压设备的使用和液压元件的识别	活动 1	使用液压举升装置

三、《汽车机械常识》课程微信学习平台的研究成果

（一）微信学习平台使用的背景

2018 年 8 月底，研究小组完成了微信学习平台的初次编辑，每一名微信软件的使用者都可以通过扫一扫课程微信学习平台的二维码或微信搜索公众号"QCJXCS"来关注课程微信学习平台。

上海市大众工业学校 2018—2019 学年第一学期正式开学后，微信学习平台就在汽车工程系 18 级汽车运用与维修 180301 班和汽车制造与检修 180302 班两个班投入使用。开学一周后，研究小组在后台对课程微信学习平台的关注人数作了统计，截至 2018 年 9 月 10 日，共有 60 人。其中 180301 班有 30 人，关注平台人数 28 人（2 人无手机）；180302 班 26 人，关注平台人数 24 人（1 人无手机、1 人使用非智能手机）；另有 8 名未在两个班级学生范围内的关注者。

（二）微信学习平台使用的过程

任课教师按学期初制定的教学计划进行教学，在教授编入微信学习平台的 6 个活动内容之前分别向学生提出预习要求，提示他们可以登录微信学习平台，结合课本教材进行预习工作，以学生喜闻乐见的教学方式来激发学生的学习兴趣；在课堂教学过程中，对于一些复杂、抽象、难懂的知识点，教师通过平台上的图

片、Flash 动画、视频等辅助教学手段向学生们进行讲解；课堂教学结束后，教师通过平台布置回家作业，既免去了在传统教学过程中让学生抄写回家作业的步骤，也降低了学生忘记完成回家作业的概率。另外，学生在课余时间也可通过平台对自己在课堂上未理解的知识内容向老师和同学发出提问，在平台上交流的过程中提升学习氛围。

以任课教师教授项目 4 "汽车常用机构的识别和检测"活动 2 "判别铰链四杆结构的类型"这一教学内容为例：课前，请学生们登录微信学习平台的相关菜单进行预习工作，并可以留心寻找出"铰链四杆机构"在我们生活中的实际运用。在课堂教学过程中，有些同学的空间想像能力比较有限，他们很难在脑海里构建出书本上静止状态的图片所表达的"铰链四杆机构"的运动状态，教师利用平台中的视频微课即可帮助这部分学生构建空间运动状态，提高他们对知识点的理解能力，提升了课堂教学效率。课后，教师通过微信学习平台布置作业，将作业内容编辑成动态图，要求学生根据所看到的动态的"铰链四杆机构"来判断其所属类型（双曲柄机构、双摇杆机构、曲柄摇杆机构），这无疑又帮助了那些空间想像力较差的学生建立了三位立体空间模型，提高了他们的作业准确率，也在潜意识里增强了学生们的学习兴趣。

（三）微信学习平台使用的调研

（1）经过一个学期的试运行，在学期即将结束之前，研究小组以 30% 的比例分别在两个班级中各抽取了 8 名同学，总计 16 名同学参与了一次简短的口头调研。口头调研的问题主要有："你每天都会登录微信学习平台吗？""你认为微信学习平台的创建对你学习这门专业基础课有帮助吗？""本学期课程结束之后你会取消对微信学习平台的关注吗？"从调研的结果中可以看出,《汽车机械常识》课程是学生们本学期学习的重点课程之一，绝大多数学生每天都会登录平台，除了完成老师课前布置的预习工作，也可以平台代替书本，达到随时随地翻阅知识内容的效果；但仍有个别学生认为每天使用平台会过多耗损自己的手机流量，因此并未有每天登陆平台的习惯。16 名被调研的学生中，有 14 名学生认为平台的创建对自己学习这门专业基础课"帮助很大"，另外 2 名学生则认为"说不清"；有 13 名学生肯定了自己课程结束之后不会取消对平台的关注，另外 3 名学生则表示"不确定"，要视手机微信软件的运行情况才能决定。

（2）研究小组组织两个班级的全体学生共计 52 人（3 人无手机、1 人非智能手机）参与了发布在微信学习平台上的"问卷调查"。"问卷"的内容包含了10道单选题。

问卷第3题"本课程学习平台的'活动内容'是否有助于您复习课堂知识？"的结果统计为50人选择"是"，0人选择"不是"，2人选择"不确定"，认为学习平台"活动内容"菜单栏有助于自己复习课堂知识的学生比例超过了96%。第4题"本课程学习平台的'技能训练'是否有助于您巩固课堂知识？"的结果统计为50人选择"是"，0人选择"不是"，2人选择"不确定"，认为学习平台"技能训练"菜单栏有助于自己巩固课堂知识的学生比例同样超过了96%。第5题"本课程学习平台的'活动小结'是否有助于您梳理课堂知识？"的结果统计为45人选择"是"，1人选择"不是"，6人选择"不确定"，认为学习平台"活动小结"菜单栏有助于自己梳理课堂知识的学生比例占到了87%。以上3个数据都反映了学生对平台持有肯定的评价，充分反映了平台的运用价值。

（四）微信学习平台使用的亮点

研究小组组将以"项目四：汽车常用机构的识别和检测"中"活动2：判别铰链四杆机构的类型"这一课为例，分析微信学习平台使用的亮点。

（1）符合青少年学生"易于接受新鲜事物"的性格特点，他们在很短的时间内就能灵活自如地运用微信学习平台。

（2）强调了"课前"和"课后"的预复习工作。实现了"课前""课中"和"课后"的无缝串联。

（3）微信学习平台上的知识内容，只要学生有空，就可以利用手机登录平台进行知识点的阅读、微课和Flash动画演示的观看，将学生们碎片化的时间整合起来，提高了他们的学习效率。

（4）学生们可以随时随地在平台的后台提出自己在学习过程中遇到的问题，与老师进行习题研讨，师生研讨的过程无形地提升了学习氛围，不仅能够增加学生的学习兴趣，也能够增强他们的自信心。

在学习"判别铰链四杆机构的类型"的这节课后，有同学在微信学习平台的后台反馈他利用课中学习到的知识仍然没有办法判断大客车车窗雨刮器连杆机构究竟属于铰链四杆机构的哪一种类型，想请老师帮忙分析。老师很快就在平台的后台上传了大客车车窗雨刮器连杆机构的Flash动态演示，其实这个机构不是一个单一的铰链四杆机构，而是两组铰链四杆机构的组合体，没有动态演示图对于刚学习铰链四杆机构类型判别方法的学生来说确实有点难度。但是看了 Flash 动态演示之后，这名学生很容易就能根据课堂学习的知识作出了正确的判断，他自己感到很高兴。

四、研究结果对未来教学发展的思考

为了进一步推进信息化教学的脚步，研究小组在接下来运用微信学习平台参与教学的过程中，提出以下几点思考：

（1）由于本研究小组成员的能力有限，人力物力资源不够充分，又受到课程教学安排的限制，使得能够参与微信平台试运行的学生人数较少，涉及的班级只有 180301 和 180302，总计学生人数 56 人，实际参与微信学习平台运用的仅 52 人。且调查周期太短，问卷调查的样本也不够大，因此，以上由本课题组讨论研究得出的结果只能算作是一个粗浅的结果。研究小组思考，应该继续在我校汽车工程系《汽车机械常识》课程的教学过程中运用微信学习平台，保留每一届学生的作业、成绩单等材料，与往届学生的作业、成绩单作对比，以便后续更好地研究平台创建的价值。

（2）在一个学期微信学习平台试运行的实际调研过程中，学生采用的网络都是自己手机套餐自带的网络流量，部分网络流量使用不节制的学生会产生两种结果：第一，虽然流量不够但仍然愿意使用平台，导致每月手机费的花费有所增多；第二，因担心过多使用平台会加快手机套餐所包含流量的耗费而不愿意在课程学习需要以外的时间使用平台。因此，研究小组思考在接下来推广学生运用微信学习平台进行信息化学习之前，学校必须先建立可供学生们免费登录的校园无线局域网，扫除他们使用手机流量的后顾之忧。

经历了整个研究过程，研究小组认为创建微信学习平台是开展信息化教学的有效手段。信息化教学，是指在教学中应用信息技术手段，使教学的所有环节数字化，从而提高教学质量和效率。以现代教学理念为指导，以信息技术为支持，应用现代教学方法的教学。本研究小组创建并编辑了《汽车机械常识》课程的微信学习平台，并将微信学习平台投入实际的教学实施过程中运用，对其使用效果的调研也采用了在平台中推送问卷调查的信息化方式，充分体现了教学环节的"信息化"，提升了教师的教学质量，也提高了学生的学习效率。

（作者单位：上海市大众工业学校）

中职校体系化资源超市系统的构建与实践研究

武文彪

教学资源是支持学校教学工作的重要资源,特别是线上教学对教学资源提出了新的要求。学校建设的教学资源库大多是教学资源的简单存储,造成寻找资源费时费力,优质的教学资源得不到最大化的共享等现象。本课题创新地提出运用知识图谱技术构建教学体系、技能体系、知识体系三位立体式结构化资源超市,应用大数据技术跟踪分析师生的教学行为和学习行为,通过因需而动的优质教学资源智能推送,实现优质教学资源最大化共享的常态化,满足未来学校线上线下混合式教学和学生个性化、泛在化学习需求。

一、引言

随着信息技术的不断发展,教育信息化已经是促进学校快速发展的有效途径。应用信息技术构建校本化的教学资源库已经是学校教育的通常做法。然而在教学资源库建成后,虽然投入大量的人力和经费,建设了教学资源库,但是一段时间以后教学资源库的使用频率越来越低,发挥不出应有的作用。究其原因,存在的主要问题:一是教学资源库仅仅是教学资源简单的存储堆砌,查找和使用不方便;二是资源库建成后大量的教学资源输入工作耗时费力,增加了老师们负担;三是教学资源更新不及时,跟不上教学的需要。特别是由于新冠疫情的影响,当学校开展大规模线上教学的情况下,教师对教学资源的需求更加强烈。为此,构建一个由人找资源向资源找人转变的基于知识图谱技术的体系化资源超市系统是解决上述问题的有效办法,也是中等职业学校在日常教学活动中实现教学资源高效服务于学校教育教学的有效途径。本文主要探讨如何利用知识图谱等信息化技术,为师生提供适合其教学或学习需求的资源服务,提升教学资源库的使用频率,促进学校持续发展。

二、构建目标与核心技术

(一)构建目标

基于知识图谱技术,构建基于知识图谱技术的体系化资源超市,建设覆盖学校开设专业课程的教育教学资源体系。通过体系化资源超市系统,建立教学资源实体与知识图谱框架关系的网络,将知识与专业、课程与教学过程关联起来,有效地管理各类知识素材和教学资源,为"教"与"学"提供更为高效便捷的服务。同时,系统后台适时统计资源使用的频度与用户使用需求的数据,按照预设的逻辑实现智能的资源推送、优质资源过滤、热点资源排行、关键资源互联等功能,同时吸纳和融合学校内部、外部的各种优质数字资源,将工匠精神、传统文化、德育教育融入数字资源,为师生的"教"与"学"提供体系化的智能服务,让教学资源共享实现最大化。便捷的推送给学习者,实现优质资源智能服务师生"教"与"学"的新常态。

(二)核心技术

1. 知识图谱技术

知识图谱1,在学术上是指结构化的语义知识库,用于以符号形式描述物理世界中的概念及其相互关系,其基本组成单位是"实体—关系—实体"三元组,以及实体及其相关属性,实体间通过关系相互联结,构成网状的知识结构。

知识图谱(Knowledge graph)早先是由 Google 提出来的,Google 是做搜索引擎的,知识图谱出现之前,我们使用 google、百度进行搜索的时候,搜索的结果是一堆网页,我们会根据搜索结果的网页题目再点击链接,才能看到具体内容,2012 年 google 提出 Google Knowldge Graph 之后,利用知识图谱技术改善了搜索引擎核心,表现出来的效果就是我们现在使用搜索引擎进行搜索的时候,搜索结果会以一定的组织结构呈现。这抓住了知识图谱的核心,也点出了知识图谱加入之后搜索发生的变化,以前的搜索,都是将要搜索的内容看作字符串,结果是和字符串进行匹配,将匹配程度高的排在前面,后面按照匹配度依次显示。

2. 知识图谱的架构

知识图谱由数据层(data layer)和模式层(schema layer)构成。模式层是知识图谱的概念模型和逻辑基础,对数据层进行规范约束。多采用本体作为知识图谱的模式层,借助本体定义的规则和公理约束知识图谱的数据层。在知识图谱的模式层,节点表示本体概念,边表示概念间的关系。在数据层,事实以"实体—关系—实体"或"实体—属性—属性值"的三元组存储,形成一个图状知识库。其中,实体是知识图谱的基本元素,指具体的人名、组织机构名、地名、日期、时间等。关系是两个实体之间的语义关系,是模式层所定义关系的实例。属性是对实体的说明,是实体与属性值之间的映射关系。属性可视为实体与属性值之间

的关系，从而也转化为以"实体—关系—实体"的三元组存储。

三、研究策略与实践

（一）研究策略

1. 将资源体系化，构建知识图谱

依据专业人才培养方案中职业能力与课程，运用知识图谱技术，以职业能力为线索，将学科相关知识点与职业能力关联起来，建立教学资源实体与知识图谱框架关系的网络，构建由专业、职业能力、课程、知识点、技能点与教学资源相互关联的教学资源图谱，有效地管理各类知识素材和教学资源，为"教"与"学"提供更为高效便捷的服务。教师通过应用工具，快速获取适合其教授课程需要的各类教学资源，便捷地进行备课，轻松地组织教学。学生通过应用工具，方便的获取想要的学习资源，进行个性化学习。

2. 对接课程体系，自动归类资源

教学资源如果是简单的导入到资源超市，在应用时就很难快速准确地找到想要的资源。若是对资源逐一鉴别、归类、作标签，那一定是一件耗时费力的事情。好的教学资源一定是受学生和老师欢迎，应用频率高的资源，因此将教学库与教学管理平台、课程建设平台关联起来，将教师备课上传的资源和学生搜索的资源同步导入到教学资源超市，同时记录下关联的专业、课程、知识点、技能点的信息，并按照专业、课程、知识点、技能点的归类逻辑自动生成知识标签，应用知识图谱技术利用这些标签建立资源图谱，这样一来就将资源与教师备课的需要和学生学习的需要建立了关联关系，方便后续教师与学生的教与学。

3. 对接图书体系，获取资源信息

图书馆是学校校园内除课堂之外另一个重要的学习场所，但是到了图书馆找一本自己需要的书或资料并不是一件容易的事，往往需要借助图书检索系统检索后再寻找，这就需要熟悉图书的分类系统，并掌握文献检索的一般方法。将图书的分类体系纳入资源超市资源归类体系，并将图书目录信息导入资源超市应用后，就将图书馆的文献资料与资源超市建立关联关系，应用资源智能分类推送体系就能方便地将信息传递给用户，避免了耗时费力的信息检索，轻松地获取有效资源。

4. 构建智能引擎，实现智慧推送

资源超市系统后台适时统计资源使用过程中的各类数据，如资源调用频度、时长或调用用户类型，以及用户使用需求（相关知识体系归属等）的数据；然后按照预设的逻辑（针对不同使用需求或习惯用户或不同应用场景拟定不同的推送规则），在适当的时机（如用户访问资源超市、检索资源或备课时）实现智能的资源推送、优质资源过滤、热点资源排行、关键资源互联等功能，为师生的"教"与"学"提供体系化的智能服务，让教学资源共享实现最大化，实现优质数字资源高效服务职业教育的新常态。

（二）实践研究

为实现优质教学资源高效服务于教师的"教"和学生的"学"，实现体系化资源超市应用自动根据师生"教与学"的行为实现智能推送，从而形成一种优质资源高效服务教学的新常态。

1. 调查研究

本课题围绕教师、学生这两个主体，对教师教的行为、学生的学习行为和教师、学生分别对教学资源的实际需求开展的调查研究。本课题研究对学校75位教师（年龄在25～50岁）和150名学生（每个班级随机抽取3名学生）开展调查研究。通过问卷调查、个别访谈的方式，收集了大量的调研材料，经过梳理后形成本课题研究的一手材料。

2. 需求分析

我校信息化应用标杆校培育校的目的是构建基于大数据的教学模型，利用大数据技术提升教师教学质量和学生学习成果的路径，开展学情分析和学业诊断，从而改进教学模式，实现信息技术助力"教与学"的因材施教。基于知识图谱的教育资源管理是信息化应用标杆校的三大支点之一。随着信息技术的发展，学校数字化转型是必然趋势。未来学校一定是一个虚实结合的复合体。学校教育教学必须打破时间空间的限制，让学生不管在哪里都可以获得虚拟校园的智能服务，虚实交融的泛在学习无处不在。在泛在学习中，学生学习将从有限的教学时空，转向无边界的知识构建。

3. 功能定位

构建基于知识图谱技术的"体系化资源超市"应用，吸纳和融合学校内部和外部的各种优质数字资源。"体系化资源超市"要覆盖学校九大专业所有课程相关资源(含教学及实训资源)，利用知识图谱技术将专业课程资源进行分类体系化，构造资源概念模型，并且抽取其中所有知识点，通过大数据以及智能算法将他们标记关联起来,形成大型的知识资源网络神经元。为全体师生提供智能化的、自由的、方便简洁的在线资源交互平台。体系化资源超市的功能定位如表1。

表1 体系化资源超市应用的功能定位

系统名称	实现功能	目的
体系化资源超市	1. 提供多重角度、多种体系的资源管理(知识点/技能点体系、专业/课程体系、类型体系等) 2. 作为基础平台,能够对外向学校教学及实训应用平台提供资源服务 3. 重视资源使用数据的积累及进一步综合利用 4. 引用企业一线的真实案例,提供高度仿真的虚拟实训资源 5. 重视实训资源使用情况的积累及进一步综合利用(包括与智慧学堂的对接)	利用智能算法+教师人工干预,实现对各类资源进行多重体系管理

4. 功能设计

根据对师生对教学资源需求的分析,结合学校当前实际情况,经过团队研究分析,我们队体系化资源超市建成后的应用场景进行设计。我们发现建设"体系化资源超市"系统时,需要重点实现下功能:

(1)资源的收集。教师的教学工作较为繁忙,一些专业的课程资源相对较少,教师很难花精力去搜集资源。采取的解决方案是构建"智慧资源爬虫"。

用户的日常使用中,一切操作将记录日志,包含了访问模块、访问方式、处理结果、访问时间、访问次数等都将作为用户足迹数据的分析,利用这些数据,我们将每位用户的日常访问资源最多的资源类型总结为用户的习惯,自动从设置的网站上按频率捕获符合资源标准的优质资源,然后再推送给用户(首页或搜索页),这样一来资源超市的资源将越来越多,从而实现自我成长。

(2)资源梳理与分类。为了方便师生的使用,根据资源的特点进行梳理和分类是至关重要的。根据资源被采用的行为分析,经过总结分析与研究,我们得出对接学校师生教学与学习行为习惯的3种分类体系。一是教学体系,即根据专业人才培养方案,将课程、课程标准、授课计划、课堂教学、作业设计、学业考核等全链条式教学环节的对应关系,建立适应教学业务需要的资源分类体系,为建成后更好地服务教学。二是技能体系,即根据国家职业分类和职业技能等级考试的技能鉴定细目表,将各专业职业技能与人才培养方案中设定的职业能力之间建立关联关系，同时按照技能的熟练程度进行等级划分，从而形成层技能体系。三是知识体系，即国家图书分类体系，将资源进行分类归档。这样很好地将资源与学校的图书馆建立了关系。

（3）生成资源使用大数据。要让资源"活"起来，实现"人找资源"向"资源找人"的转变，就需要构建资源使用大数据采集、存储、分析、决策系统。体系化资源超市的另一个重要功能就是整理日常资源使用情况，精确并直观地产生各类数据报表。

我们采取的解决方案是运用"大数据分析技术"生成能对应实际需求的资源使用大数据。具体做法是：资源超市在日常使用中记录了资源的详细访问信息，涉及访问数、资源数、资源访问用户数、资源访问频率、被引用次数、被引用系统、被引用率等。再结合资源的分类体系，分别对资源体系知识图谱分布、资源外部引用、资源内部引用进行分类汇总。

（4）资源智能推送。根据基于知识图谱技术构建的体系化的资源分类体系，我们很清晰地掌握到资源与知识点、技能点、职业能力之前的关系，当教师需要教授这一知识点或技能点时，体系化资源超市的智能搜索引擎就感知到教师的资源使用需求，就会及时地将使用频率高的优质的教学资源推送给教师。同理，当学生学习时系统也会根据学生的学习行为实现资源的智能推送。

我们采取的解决方案是构建"智能搜索与推送引擎"，实现因需而动的资源智能化推动。具体做法是：通过设立统一的数据及资源存储标准，规范数据及资源调用的方式，使多系统间的数据访问如同在一个系统内访问一般，系统根据"智慧学堂"传回的关键字信息，譬如资源名称、资源分类名称等进行匹配，将相应资源及符合该资源分类体系的其他高质量资源一并推送。

5. 系统设计

"体系化资源超市"系统以分类体系设计为主线，资源涉及九大专业的所有课程，为用户提供如超市般自由体验的同时，记录用户的操作习惯，利用后台大数据及人工智能算法不断自我调整、自我成长。实现能够向学生、教师推荐个性化的教学资源，根据其能力的不同所看到的资源各不相同，结合学生的学习能力、学习进度信息，让教师在备课阶段能"因材施教"地准备课件，实现信息化辅助教学的目标。

"体系化资源超市"系统还与学校其他应用（如"智慧学堂"）进行对接，实现汇聚优质教育资源，提供各类工具与应用服务，支撑线上线下学习相结合的教学方式。因此"体系化资源超市"总体架构由"资源体系""核心功能"及"辅助功能"3部分构成，说明如下：

（1）"资源体系"设计。

主要分为客观分类体系与主观分类体系两大类：

● 客观分类体系，主要通过资源基础属性，如课程资源（文本、图像、音频、视频）、评测（试题）资源（课堂评测、期中期末考试、竞赛考证）、前沿动态（行业规范、政策文件、职教动态），构建资源管理模型。

● 主观分类体系，主要通过课程"知识体系"，构建资源管理模型。

（2）"核心功能"设计。

"体系化资源超市"的"核心功能"是提供符合授课计划和教案的教学资源，满足教师教学需求。核心功能包括资源展示、资源管理功能。在资源的呈现方面除了普通的展现方式外，还提供了图谱呈现模式。图谱能够让资源结构化，能够很清晰地标注出资源和分类体系之间的关联性，利用可视化图谱，形象地展示学科的核心结构，以及整体资源架构的多学科融合性，使用户更容易理解和接受。

（3）"辅助功能"设计。

"体系化资源超市"的辅助功能包含：智能工具、数据分析。总体架构如图1：

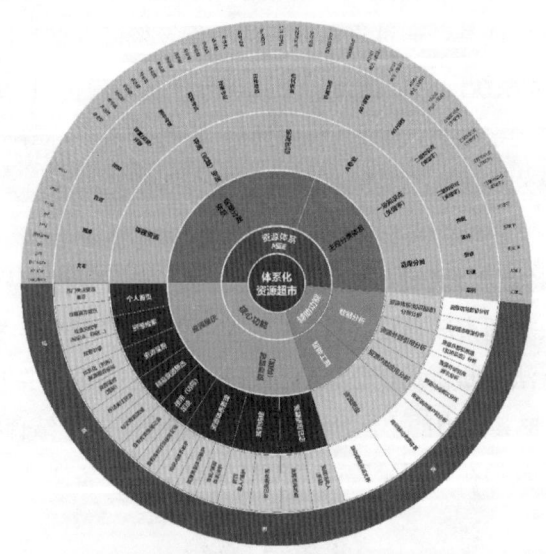

图 1　体系化资源超市总体架构示意图

"体系化资源超市"构建以优先形成初步分类体系资源为原则,满足在校师生的日常使用为基础,在资源使用过程中,不断地自我调优、自我纠错、自动捕获资源的建设模式,从而实现资源的体系化分类、与自我成长的目标。根据对现有业务需求分析的结果,建立体系化资源超市应用核心业务流程,如图2。

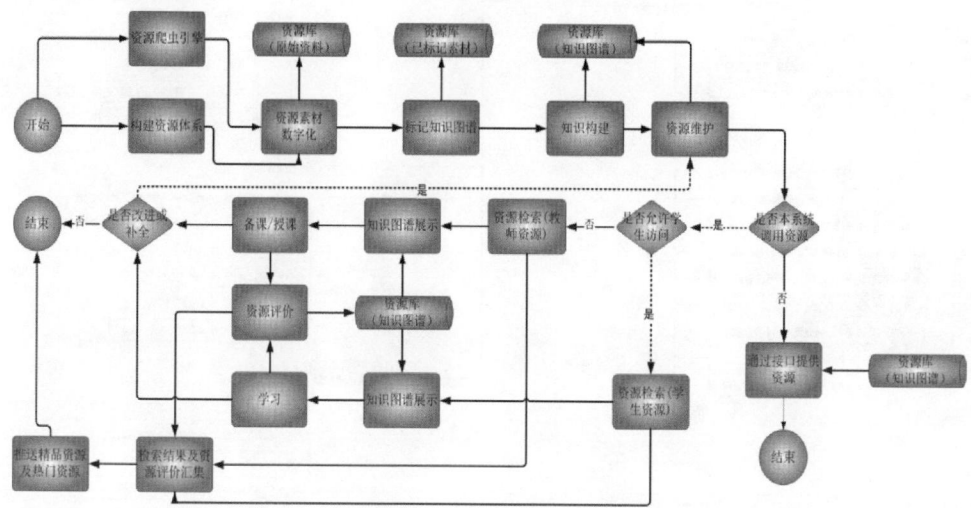

图2 体系化资源超市应用核心业务流程图

如图2所示,教师可用利用"资源爬虫引擎"自动化的采集数字资源素材,并结合已构建的资源体系,形成知识图谱。完成知识构建后的资源即可允许第三方应用利用预设接口进行调用,也可用开放给教师或学生使用。师生一方面可用通过内置的检索工具进行主动检索,此时系统可用利用结合知识体系,提供与检索知识点相关的资源供师生使用(教师备课/授课或学生学习);另一方面师生在使用资源的过程中,也可用对已有数字资源的知识图谱模型提供改进或补全意见,继续完善已有的数字资源。最终,师生们对数字资源的使用痕迹会被自动记录,在适当的时候作为资源推送的判定依据之一。

"体系化资源超市"应用软件功能由架构图中"核心功能"及"辅助功能"实现,覆盖了学校九大专业所有课程相关资源,利用知识图谱技术将专业课程资源进行分类体系化,构造资源概念模型,并且抽取其中所有知识点,通过大数据及智能算法将他们标记关联起来,形成大型的知识资源网络神经元。为全体师生提供智能化的、自由的、方便简洁的在线资源交互平台。体系化资源超市系统功能结构,如图3。

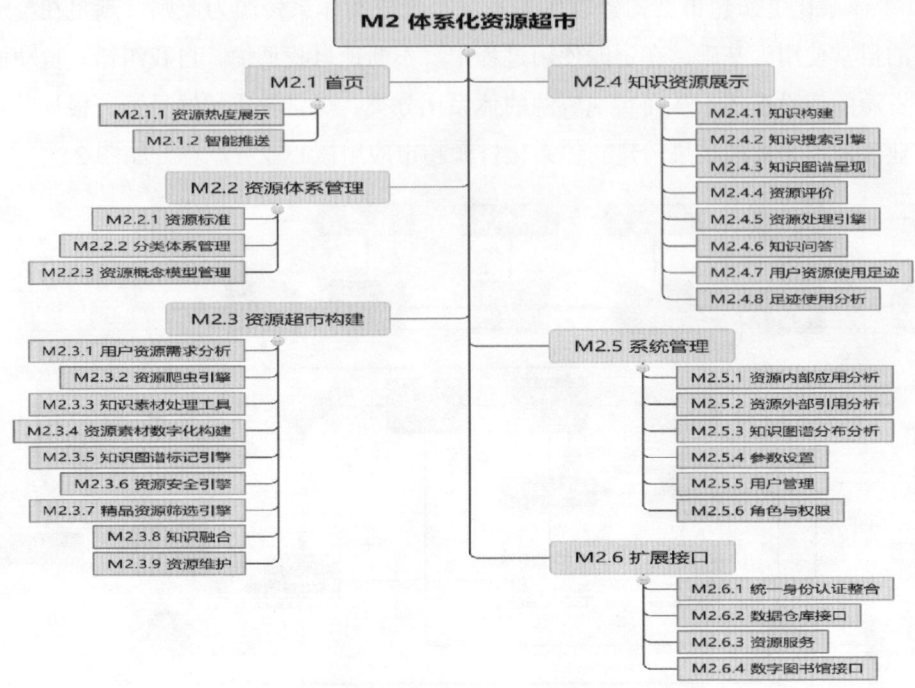

图3 体系化资源超市系统功能结构如图

上述功能中,"首页"属于辅助功能,作为系统入口,应用于用户进入系统的引导阶段,为师生提供功能入口,并与其他功能(如"系统管理")相结合,提供数据推送服务;"资源体系管理"属于核心功能,用于维护本系统的资源知识体系,为师生提供基于学科知识点的资源体系;"资源超市构建"属于核心功能,主要基于资源爬虫及知识图谱构建技术,构建学科知识图谱;"知识资源展示"属于核心功能,用于图形化展示知识体系,为师生提供直观的知识图谱关系呈现;"系统管理"属于辅助功能,基于采集到的课程资源应用过程数据,结合预先设置的规则产生分析报表;"扩展接口"属于辅助功能,用于实现与其他应用系统的对接。

四、取得成果与成效

(一)建设成果

我校体系化资源超市系统已经建成,目前正在试运行阶段。体系化资源超市覆盖了学校九大专业所有课程相关资源,利用知识图谱技术将专业课程资源进行分类体系化，构造资源概念模型，并且抽取其中所有知识点，通过大数据及智能算法将他们标记关联起来，形成大型的知识资源网络神经元。为全体师生提供智能化的、自由的、方便简洁的在线资源交互平台。

体系化资源超市系统的主要功能介绍如下：

1. 系统应用入口

主要通过"首页"功能实现。应用于用户进入系统的引导阶段，为师生提供功能入口，并通过类似图书馆的形象化界面，展现相关内容，主要界面如图4所示：

图4　体系化资源超市应用主界面

2. "资源体系管理"及"知识图谱展示"

主要通过"资源体系管理"和"知识资源展示"两大功能实现。能够根据一定的体系，如知识点组织或管理教学资源，并以知识图谱形式进行呈现，引导师生开展教学，主要界面如图5所示：

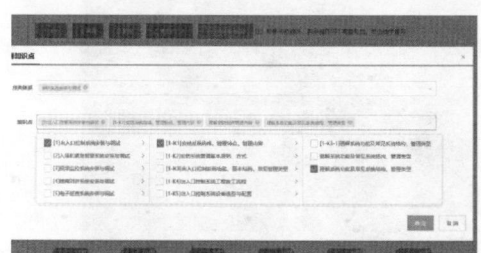 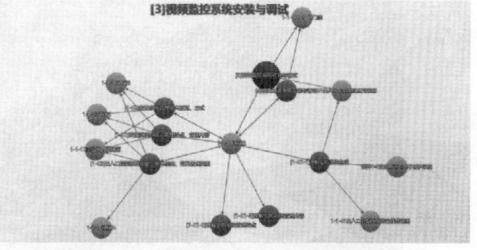

图5　体系化资源超市应用界面

3. 知识图谱构建

主要通过"资源超市构建"功能实现，应基于资源爬虫及知识图谱构建技术，构建学科知识图谱，主要基于以下思路进行建设：

（1）建立基于知识点分类的知识图谱体系，依照各专业及专业课程知识点或技能点体系，将各类知识点通过一定的属性，关联起来，定义本平台的知识图谱体系。

（2）知识点是知识体系当中最基本的单元，本平台定义的知识图谱体系是考虑知识点之间的相关性所构建的学科知识点模型。本平台其他各项功能，如知识构建，将引用所定义的基于知识点分类的知识图谱体系，构建资源模型。

（3）为了便于师生更好的理解平台所定义的知识点分类体系，将理论术语进行可视化识别，利用知识图谱相关技术，以图形化的方式展示这一分类体系。

4. 个人资源管理

主要通过"我的云盘"功能，为教师提供个人教学资源管理功能，相关资源也可以知识点关联，形成学科知识图谱。

5. "数据分析"和"智能推送"

主要通过"系统管理"模块各分析报表及智能助手实现，基于采集到的课程资源应用过程数据，结合预先设置的规则进行分析，主要界面如图6所示：

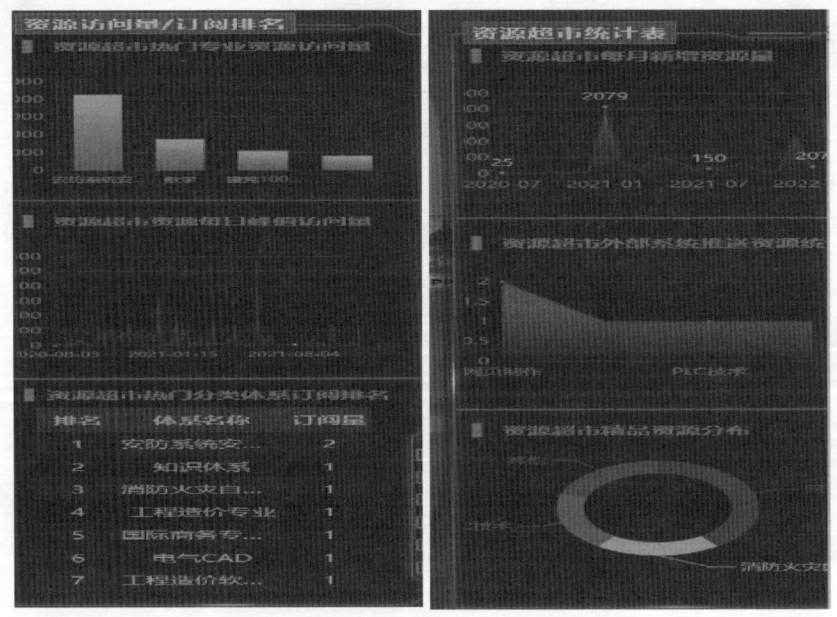

图6 体系化资源超市应用界面举例

（二）建设成效

通过体系化资源超市的构建，将资源超市中的"资源"按照学校的教学体系、图书馆的知识体系、各专业领域的技能体系进行了归类。同时在3个体系之间建立关联关系，形成了立体化的资源分类存储体系，方便资源超市后台智能搜索与推送引擎识别和调用资源。基于知识图谱技术和智能搜索与推送引擎的作用下，在学校教与学的过程中，省去了耗时费力地寻找资源，轻松地应用体系化资源超市高效地获取资源。

1. 实现了由"人找资源"向"资源找人"的转变

体系化资源超市建成后，进入体系化资源超市的资源按照教学体系、技能体系、知识体系组成的三位立体结构化存储实现了资源的图谱化。应用大数据、人工智能等信息化技术构建的智能搜索引擎、资源使用行为采集、大数据分析等信息化应用，实现了资源应需而动的智能化推送。体系化资源超市中的资源不再是原来教学资源库中静态的资源，资源与教学工作、技能训练、知识体系建立了关联关系，实现了资源根据教师教学行为和学生的学习行为的需要进行智能推送。

2. 为师生的"教与学"提供了泛在化支持

基于知识图谱技术构建的体系化资源超市系统，建立了教学资源实体与知识图谱框架关系的网络，将知识与专业、课程与教学过程关联起来，有效地管理各类知识素材和教学资源，为"教"与"学"提供更为高效便捷的服务。教师通过应用工具，快速获取各类教学资源，便捷地进行备课，轻松地组织教学。学生通过应用工具，方便地获取想要的学习资源，进行个性化学习。

3. 实现了优质教学资源共享的常态化

系统后台适时统计资源使用的频度与用户使用需求的数据，按照预设的逻辑实现智能的资源推送、优质资源过滤、热点资源排行、关键资源互联等功能，为师生的"教"与"学"提供体系化的智能服务，让教学资源共享实现最大化，实现优质数字资源高效服务职业教育的新常态。

五、思考与展望

信息技术的飞速发展深刻影响着学校教育教学方式的改变。在物理校园的基础上构建一个虚拟校园是未来学校发展的必然趋势。低成本高收益的线上线下"混合式"教学方式将打破了传统教学的壁垒，开创信息技术与教育教学融合创新的职业教育新模式，实现学校教育更加开放、更加人本、更加平等、更加友好的可持续发展。

参考文献

[1] 中华人民共和国国家标准智慧校园总体框架（GB/T 36342-2018）．

[2] 国务院.国务院关于印发《新一代人工智能发展规划》的通知.http://www.gov.cn/zhengce/content/2017-07/20/content_5211996.htm>.

[3] 教育部.教育部关于印发《教育信息化 2.0 行动计划》的通知.<http://www.moe.gov.cn/srcsite/A16/s3342/201804/t20180425_334188.html>.

[4] 教育部办公厅.2020 年教育信息化和网络安全工作要点,2020.2.26.

[5] 中共教育部党组.关于统筹做好教育系统新冠肺炎疫情防控和教育改革发展工作的通知,2020.2.28.

[6] 联合国教科文组织(UNESCO).疫情下远程教育解决方案《Distance Learning Solutions》,2020.3.16.

[7] 田萌.新冠疫情下基于虚拟现实技术的实训教学平台建设研究[J].价值工程,2020,39(21):1-4.

[8] 张枝实.虚拟现实和增强现实的教育应用及融合现实展望[J].现代教育技术,2017,27(01):21-27.

[9] 北京师范大学智慧学习研究院.弹性教学手册:中国"停课不停学"的经验,2020.3.16.

[10] 中共中央国务院.中国教育现代化 2035[J].人民教育,2019(05):7-10.

[11] 张岩."互联网+教育"理念及模式探析[J].中国高教研究,2016(2):70-73.

[12] 王卫军,蒋双双,杨微微.基于协作学习的在线课程设计探讨[J].电化教育研究,2016,37(02):68-74+101.

[13] 宋亚峰,王世斌,潘海生.一流大学建设高校的学科生态与治理逻辑[J].高等教育研究,2019,40(12):26-34.

[14] 刘佳."直播+教育":"互联网+"学习的新形式与价值探究[J].远程教育杂志,2017,35(01):52-59.

[15] 黄炜,刘璇,石沛,李岳峰."互联网+"背景下的在线教育模式评价研究[J].情报杂志,2016,35(09):124-129.

[16] 刘峤,李杨,段宏等.知识图谱构建技术综述[J].计算机研究与发展,2016,53(3):582-600.

(作者单位:上海市西南工程学校)

深化校企多方合作 推进贯通协同育人
——信息安全技术应用专业"1+3"产业学院建设探索

上海市行政管理学校 李爱生

上海市行政管理学校和上海电子信息职业技术学院贯通的信息安全技术应用专业于2018年被上海市教委批准立项为上海市首批中高职贯通高水平建设专业。高水平专业建设期间，上海电子信息职业技术学院和上海市行政管理学校携手上海神州数码有限公司等3家企业共建信息安全产业学院，打造信息安全人才培养产教融合高地，共育创新创业高层次人才。通过重新构建校企多方的战略合作关系，以信息安全高层次人才培养为导向，打造校企利益共同体，开展产教融合协同育人。

一、实施背景

随着信息安全产业的迅速发展，高水平的技能型信息安全技术人才需求旺盛。但现有的人才培养过程中，存在诸多待解决的困境。第一，信息安全专业中高贯通运行管理机制不畅。中高职双方作为独立人才培养主体，在专业建设等多方面存在制度壁垒，尤其在校企合作方面，往往各自开拓合作企业，难以形成一体化机制。第二，校企合作中的中高职"一头热"。校企合作成本高、收益低，合作容易"流于形式"。同时专业缺乏有效的校企合作实践技能培养方案，难以保障学生实践能力满足企业一线需求。第三，信息安全专业课程体系与行业发展脱节。相对于信息安全行业前沿技术更新快的特点，本专业课程体系设计滞后于行业要求，专业课程内容缺乏时效性。为了解决这些问题，本专业在高水平专业建设期间不断深化校企合作、产教融合，通过构建产业学院推进贯通专业协同育人。

二、实施方法和过程

（一）共建"1+3"产业学院，对接高效能校企合作机制

校企共建"1+3"产业学院。"1"代表信安专业一体贯通的中高职院校，"3"代表合作的3家企业，其中上海神州数码有限公司是产业学院合作主体企业，该公司是国家产教融合型企业及上海市产教融合型企业，同时引入了上海豌豆信息技术有限公司和上海博弋信息科技有限公司等企业。构建了基于"一体化—对称

性互惠"的产教融合共生模式,形成了多方联动、贯穿全程、互惠互利的深度合作机制。

(二)共议管理制度体系,对接高效率运行管理机制

信息安全产业学院采用理事会管理模式,建立一体化教学管理机制,形成完整、适需的教育教学管理制度。校企双方共同组建产业学院理事会,共同制定了信息安全产业学院建设与管理办法等管理制度。产业学院制定了季度会议制度,每个季度校企多方召开一次工作会议,制定详细工作计划,共建产业学院。

(三)共制育人方案,对接高水准课程教学

"1+3"多方协同合作,针对行业发展和企业需求,对接岗位能力,融入企业行业标准,构建工学轮动培养方式。针对《Web服务安全》《渗透测试》等专业课程,引入企业生产技术和案例,注入行业前沿技术,优化《Web服务安全》《网络设备安全配置》等课程的课程标准。企业工程师定期到校给学生开展技术培训和讲座,参与学生技能考核评价,建立了企业参与的多元主体评价体系。

(四)共享实训资源,对接高规格教学条件

产业学院在中高职建立信息安全学生工作室和校企合作项目工作室等校内实训基地。企业选派技能骨干为主持人,成立工作室技术服务团队,负责项目教学实施等工作。"1+3"合作开发共建信安专业教学资源,研发以培养岗位能力为目标的智慧实训平台。同时结合企业真实项目开展实训培训,先后参与了在"某酒店集团渗透测试服务项目""某公安小程序检测项目""某高校信息系统安全运维服务项目"等10余个项目的工作。

(五)实践"双元"培养模式,对接高素质教师队伍

设立上海豌豆信息技术有限公司信息安全高级工程师兼CEO宋国徽命名的"宋国徽信息安全技能大师工作室",选聘上海豌豆信息技术、上海神州数码等多家企业的高级技术人员,组建以宋国徽为引领的"双师型"专兼结合校企混编教学团队,对学生实施校内和企业双师训教。混编教学团队定期为学校师生开展讲座和辅导;参与企业课题和技术研发;指导信安专业建设和人才培养;组织开展社会培训和产学研合作平台建设。探索"课堂+项目、教师+工匠"的"双元"教学新路径,构建融合型教学团队。

(六)实施创新创业人才培养,对接高层次服务能力

本专业以信息安全产业学院为载体,校企联动共建创新创业中心,以科研、项目交付为驱动来牵引学生的创新创业活动，促进产学研协同创新。先后实施了"学院虚拟网络靶场平台项目""攻防竞技人才培养系统项目""双因素加密智能解锁项目"等3个创新创业科研类项目，惠及100个学生的双创项目教育培训。

三、实施结果和效果

（一）构建了"多方共育、四链合作、五业联动"的"1+3"产教融合模式

通过信息安全产业学院的建设和实践，探索形成了"多方共育、四链合作、五业联动"的共生模式。中高职与企业多方在产业学院制度机制共识的基础上，探索了校企"合作办学—合作育人—合作就业—合作发展"的"四链合作"人才培养机制，实现产业、行业、企业、职业、专业的"五业联动"，深化了信息安全技术应用专业校企合作的路径和模式（见图1）。

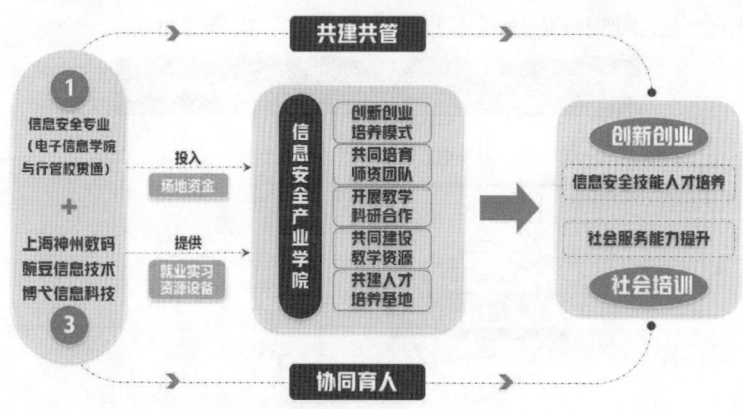

图1　信息安全产业学院"1+3"一体化产教融合模式图

（二）实现了"一体化—对称性互惠"的多赢局面

打破原来校企合作中高职"一头热"的局面，通过建立信息安全产业学院，推动校企合作实现互惠双赢。首先，依托产业学院拓展贯通专业校内外实训平台。依托信息安全产业学院平台，共建了信息安全专业校内实训基地；同时在3家企业均建立了校外实训基地。其次，依托产业学院丰富贯通专业产学研合作成果。本专业培养学生成功参与了合作企业16个项目实施，并获得成功验收；2020年21届中高职信息安全班6名学生参与上海豌豆16个生产性实训项目，给企业创造利润约30万元；通过校企多方联合科研，攻克了基于虚拟机下操作实时监控和虚拟靶场中实时恶意攻击监控与回溯两大技术难题。再次，依托产业学院建成

了高水平创新型"双师"教师队伍。学校教师进企业参与专业培训和课题研发，校企双方共同合作建设信息安全教材和课程资源。团队获得国家二类信息网络安全赛项二等奖1项，上海市信息安全赛项二等奖3项、三等奖3项，申请专利2项、软件著作权9项，发表论文25篇，完成课题5个。

（三）培养了"高质量、能发展"的信息安全人才

此模式已在上海市行政管理学校和上海电子信息职业技术学院其他专业中进行实践推广，学生整体素质和技能水平明显提升，年均受益学生2000余人，人才培养质量大幅度提升。近3年，学生获得上海市信息安全类竞赛7项，2020届学生就业对口率达100%，大部分学生工作1年左右能成长为技术骨干，通过2~3年左右的时间可成长为班组长或技术能手。2020、2021两届毕业生就业率96.7%，专业对口率87.5%，用人单位满意度92.86%。有9名学生在信息安全产业学院合作企业上海豌豆信息技术有限公司就业（如图2）。

图2　学生取得成果

四、启示和展望

经过"1+3"产业学院构建，本专业校企合作、产教融合取得了较好成效，但也有一些不足之处。如，校企共建资源不足，未能覆盖信息安全类所有专业课；校内教师参与企业培训人次不足，未能覆盖所有专业教师；企业教师有丰富的生产经验，但是教学方法和教学能力需要进一步提升；双创人才培养实施时间较短，创新创业经济效益产出不高。

针对以上不足，上海市行政管理学校和上海电子信息职业技术学院与上海神

州数码有限公司等企业将进一步加强合作，拓展合作范围。继续依托产业学院共建教学资源，建立校内教师轮流参加企业培训制度，以结果为导向进一步优化创新创业实施过程，实现社会效益、经济效益双产出。

参考文献

[1] 于意，谭慧子，盛欣．高校现代产业学院建设中"三链"有效衔接研究［J］．当代教育论坛，2023.

[2] 童藤，张艳晓．基于产教融合的地方本科高校产业学院建设的模式与对策研究［J］．湖北经济学院学报(人文社会科学版)，2023，20(03):131-134.

[3] 王伟，郑睿．基于创新扩散理论的应用型高职院校产业学院的路径研究［J］．杨凌职业技术学院学报，2023，22(01):47-51.

[4] 巩帅，郭卫东．政校企合作共建产业学院路径研究——以山西电影学院为例［J］．视听理论与实践，2023，(02):60-64.

[5] 宗玮，施轶华．高职院校产业学院建设面临的困境与解决策略研究［J］．常州信息职业技术学院学报，2023，22(02):13-15.

[6] 张杰，朱七二．产教融合背景下高职院校产业学院建设研究与实践［J］．科技风，2023，(09):81-83.

[7] 胡会欣，朱妍．产业学院建设的目标定位、行动逻辑与推进路径[J].河南农业,2023,(09):6-7.

五、对口支援篇

对口支援体现了上海人民对西部地区人民的深情厚谊,也是上海市委市政府对党中央国务院的一份承诺。教育对口支援是所有对口支援方式中最根本、最有效的方式,是"授人以渔"式的雪中送炭。各校教师在各自的岗位上为对口支援班级的工作呕心沥血,谱写了许多感人的篇章。

沟通从"心"开始 育人方显实效
——以上海现代化工职业学院云南班学生为例

罗 茜

中等职业学校的学生来源多样,家庭、社会及学生自身成长等因素都会影响到一个学生在学校的成长。我校云南班是在"沪滇合作"政策下的一种教育帮扶政策。云南班的学生与我校本地生源在行为习惯、学习基础等方面又呈现出不同的特点,加上2022年上半年上海市新冠疫情反弹,学校对这些学生实行"准封闭"管理的政策,种种因素使得当时的教师管理育人呈现出复杂的局面。

一、主题确认

中学阶段是孩子们学习成长的黄金阶段,也是孩子们心理发展逐渐成熟、自我独立意识强烈的一个阶段。处于这样年龄段的学生,不再像小学时那样对老师"唯命是从"。若老师只是一味地对他们提出"你们要做什么、怎么做"的刻板要求和"你们不能做什么"的强制限制,必然会加速其反抗、叛逆情绪的出现,使后续管理更难推进。

作为一名班主任，我们首先要以学生为中心，尊重在先。因为最合适的管理和最有效的交流，无一不是从相互尊重出发的。我们站在学生的立场上分析问题、制定策略，就可以弱化管理的刻板和强制色彩，让学生"被约束"的同时感受到轻松、自由和快乐。

二、背景描述

2022年上半年，上海市疫情反弹，我作为留校青年教师担任我校201旅游01班（云南）的临时班主任，与这些孩子们同吃同住，一起度过了88天。该班一共16名学生，全部学生均通过上海市的"滇西合作计划"来到我校就读，校园实行准封闭时这批学生刚从云南返校两天，面对教育局的政策要求，他们在封闭期间除了要完成基本的学业之外，还要配合防疫的各项要求。

随着校园封闭时间的延长，学生们的心理或多或少出现了波动。有的学生向我打探解封的时间，有的学生问我他们返乡的时间。作为他们的临时班主任，面对这些问题我一开始也只能一边让学生听从政策安排，一边宽慰学生。

然而，在校园已经封闭50多天的情况下，在4月底的一个晚自习，该班有一个名叫和顺琪的学生突然在班级排练手势舞时表现得极不配合并且大力捶打桌子。之后，这位学生极度不配合日常的学习活动，具体表现为不参加课间锻炼及不上晚自习。针对这个情况，结合当时的社会环境及他们这个年龄的心理特点，我意识到这位学生在长期封闭的校园环境中和日益思乡及渴望外出的情绪中陷入了极度焦虑，作为他当时的班主任，如果不能及时疏导他的情绪，那么后果将不堪设想。意识到这一点之后，在与这位同学之前的班主任沟通后，我决定尊重其表达情绪的权利，为了帮助其摆脱不良情绪的干扰，促使他重新投入正常的学习生活中去，我决定从尊重其表达需求、约法三章和鼓励教育这3个方面出发，对这位学生进行教育和引导。

三、活动内容

（一）尊重需求 学会共情

为了取得这位同学的信任，我在某一天的晚自习再次找到他，并且这一次我从自身出发，表明了作为老师，我在经历长时间的封闭之后也会有心理上的波动这一情况。这样一说，就轻松地拉近了我和和顺琪同学之间的距离。之后我表示

他可以完全信任我，将这一段时间以来心中最真实的想法都说给我听听，而我作为班主任，始终是以自己的学生为中心的。之后在我的循循善诱之下，和顺琪同学倾吐了自己在准封闭期间对家乡和亲朋好友的思念，以及对过于"严苛"的封闭管理规定的不理解，所以他提出想"休息"一个晚自习好好调整的诉求。

（二）约法三章 有限自由

在了解了和顺琪同学真实的想法之后，我表达了对其出现情绪波动这种情况的理解。我表示在长期与校园外的环境隔绝的情况下，个人正常的社交、情感等需求得不到满足这是再正常不过的事。但是我也强调，作为一个即将成年的孩子，稳定的情绪和强大的心理是非常重要的。我可以给你一个晚自习去调整你的情绪，但是之后你必须保证正常出席班级的所有课程和活动。如果因为突发事件不能上课或是参与班级活动，要事先跟我说，并且要学会管控自己的情绪。学生听了我的建议和要求后表示同意，于是我就给了他一个晚自习的时间让他自由安排。

（三）鼓励教育 正确疏导

这位同学在那个"放空"的晚自习之后，这位同学的情绪有所好转。经过一段时间的观察，这位同学果然按照约定正常上课并出席班级的所有活动，并且在之后30多天的校园准封闭期间再也没有出现情绪波动等问题。结合那时同学们的心理状况和云南学生重情义、守约定的性格特点，我利用晚自习时间开了一次班会。本次班会除了表扬了和顺琪同学守承诺的优点外，还鼓励学生大胆讲出自己当时内心的真实想法，而我则根据学生所表述的内容进行引导，最后还介绍了几种心理调适的方法，并且告诉学生一定要坚信抗疫胜利的曙光就在不远的将来。经过这次班会，不仅缓解了同学们紧张焦虑的情绪，而且还坚定了同学们对未来的信心。

四、经验分享

通过这件事情，我意识到作为班级的管理者，不仅要有一颗稳定的、良好的心态，以"人类灵魂工程师"的精神真心实意地去爱护、理解和关心学生，给每一个学生开口的机会，更要有"拨开云雾见青天"的态度，为学生们拨开成长过程中的迷雾，守得学生心境云开。

著名的教育家张伯苓说过："作为一个教育者，我们不仅要教会学生知识，教会学生锻炼身体，更重要的是教会学生如何做人"。在学生的成长过程中，是需要教师去进行积极引导的，而教师的成长，也在学生的蜕变中体现出来。作为一名教育工作，我也始终坚持育人育德也是育学育心的理念，在日常工作中依旧保持当初从业时的初心与坚守，热爱教育，尊重学生，与学生一起成长，一起进步。

参考文献

[1] 程婷.近几年关于赏识教育的研究综述[J].沈阳.辽宁教育行政学院学报.2009，7.P30.
[2] 兰利.赏识教育的功能及实施方法[J].西华大学学报.2006，2.P54—55.
[3] 白铭欣主编.班级管理论[M].天津.天津教育出版社.2000年.P27—30.
[4] 李伟胜.班级管理新探索[M].2006.P30—40.
[5] 王志君.普通高中班级管理柔性化改革策略研究[D].广州：华南师范大学，2007.
[6] 常虹.大职业教育视野下的校园文化建设[D].石家庄：河北师范大学，2011.
[7] 范学谦，吴国萍.奖惩预警机制在班级量化管理中的应用[J].班主任，2007(2).
[8] 黄正平.培养自我管理能力要处理好三个关系[J].班主任，2011(9).

（作者单位：上海现代化工职业学院）

浅谈"三扶"视角下的学生教育管理
——以上海石化工业学校沪滇办学为例

唐辰炜

摘要 教育扶贫是脱贫攻坚的重要组成部分，为贫困地区学生提供优质服务是职业教育一项重要任务。本文以沪滇对口帮扶为切入，分析滇西学生的特点及遇到的问题，从教育、教学和管理角度提出针对性解决问题的举措，为实施差异化的教育管理提供可借鉴的思路。

关键词 学生教育与管理　沪滇对口　教育扶贫

教育扶贫是脱贫攻坚的重要内容，也是脱贫的长效举措。党中央指出，必须坚实做好"三扶"工作，即扶志、扶智、扶技，让贫困地区的孩子们接受良好教育，是扶贫开发的重要任务，也是阻断贫困代际传递的重要途径。在诸多扶贫策略中，职业教育参与扶贫，较其他教育扶贫方式，具有产业相衔接、技能易上手、

工作有需求、脱贫见效快的独特优势。"一技在手，终身受益"，职业教育在促进扶贫、防止返贫方面具有根本性、可持续的作用。

2017年教育部办公厅印发《职业教育东西协作行动计划滇西实施方案（2017—2020年）》的通知（教职成厅〔2017〕4号）。方案明确了上海等东部4省市和10个职教集团对口帮扶滇西10州市职业教育发展，精准识别和组织动员滇西地区建档立卡贫困家庭"两后生"到东部地区省(市)接受优质职业教育。上海石化工业学校从2017年开始至今已连续5年招收累计300余名滇西地区学生。学校通过分析滇西学生的现实状况，制订针对性的培养方案，从教育、教学和管理上采取一系列措施。通过3年时间，促进滇西学生在思想观念、学习方式和行为习惯发生了巨大的改变，达到了培养目标，学生实现了异地就业或返乡就业创业。为对口帮扶区域的脱贫攻坚提供了坚实保障。

一、分析现状，找准突破口

（一）滇西学生初入学校的基本情况

滇西地区学生与上海本地学生相比有明显的差异：第一，生源成分复杂。学生中有应届初中毕业生，也有辍学多年的社会学生，进入学校时，年龄最大的有24岁，最小的只有14岁。生源中有傣族、彝族、哈尼族等10多个民族，不同的民族有不同的习俗。第二，家庭收入低，生活困难。他们大都来自滇西地区偏远山村，家庭全部是"建档立卡户"，家里一般没有固定收入，全年靠零散收入和农耕提供生活保障，全年全家收入只有几千块。

（二）起始教育教学中实际面临的难点

通过分析，滇西地区学生在教育教学上存在着许多困难之处，主要表现在：

第一，学生学习基础薄弱，文化水平参差不齐。部分学生已经完成初中教育，但个别学生文化基础课水平停留在小学水平，个别学生语言表达能力较差，在同一个环境里学习，共同推进学习进度十分困难。个别学生对所学专业也并不感兴趣。调查问卷显示，刚入学校的滇西学生更愿意选择餐饮行业作为他们的落脚点，学生从根本上抵触自己所学的专业，对自己未来也没有明确的目标，教学难度较大。

第二，生活及行为习惯较差。学生宿舍卫生较差，垃圾混投，个别学生甚至连续一个星期不洗澡洗漱，穿着鞋子直接上床睡觉，思想上没有良好的卫生习惯意识，存在"懒汉思想"。个别学生在金钱支配方面较为薄弱，有些学生在每月拿到父母和国家补助的第一个星期就几乎将补贴全部用完，后续通过老师和同学帮助维持生活。大部分学生时间观念薄弱，存在各类活动迟到现象，待人接物也缺少基本的文明礼仪，缺乏感恩意识。由于滇西地区种植烟草，几乎所有学生都有抽烟史，从小的习惯随生活环境变化较难改变，据调查问卷分析，甚至有班级吸烟率高达95%，教育难度较大。

第三，身心素质普遍薄弱。滇西地区过来的学生身体大都瘦黑，身体素质较差，容易感冒生病。在与老师沟通方面，个别学生语言表达能力弱，不善于表达，个别学生不会说普通话，需要靠其他学生进行翻译，学生比较内向，碰到挫折容易逃避。

二、精准施策，合力培养

针对滇西学生在教育教学上普遍存在的问题，我们感到要结合滇西学生的特点"因材施策"，寻找适合他们特点的教育。确立了"转观念，树目标，纠偏差，强技能，重关怀"的培养思路，提出培养策略是：在思想教育上，以强国需要高素质技能人才为重点，教育引导学生树立为振兴云南，改变生活现状而学习技能的观念；在行为习惯培养上，以合格职业人和社会人所应有的素养与习惯为基点，纠正自身偏差，锤炼形成良好习惯，培养优良素质；在学习上，通过优化教学内容，实施针对性教学，提升学生的综合技能；在生活上，注重人文关怀，帮助解决生活困难，以消除学生心理障碍，融入学校环境。通过学校培养，使滇西学生能够突破自我，掌握基本技能，顺利就业，真正地实现一人脱贫，全家脱贫。

（一）课程精心设置，转变学生观念

入校一学期后，学生想踏入餐饮行业的想法逐渐开始转变，这与学生工作管理者、班主任及任课教师的引导密不可分。班主任大多数为本专业任课教师，他们将自己的切身经历融入日常管理与教学中。以化工专业为例，任课教师在阐述云南作为"西部能源中心"和"有色金属王国"是西南地区最重要的门户，而化学化工行业是云南更好实施"一带一路"倡议的重要物质基础[1]，是学生们通过奋斗可以改变命运的地方，激发学生的成就感。再以机电专业为例，课程中融入"中国为何被称作'基建狂魔'？"问题引发学生强烈的民族自豪感。将思政融入课堂，学生的学习兴趣就容易被激发，对自己所学的专业充满信心。学校同时根据

滇西学生的文化基础，量身定制教学方案。学生与班主任老师每天沟通交流，班主任组建任课老师群，将班级学生的学情与任课老师进行交流，根据学生的学情调整教学进度，有效维持学生的学习积极性和诉求。针对学业成绩特别薄弱的学生，由科室党支部组织结对，党员教师通过不同的方式提升学生学习成绩[3]。

（二）严格落实管理，改善行为习惯

滇西学生是学校的一个特殊群体，为了让其养成良好的行为习惯，在新生入学教育中，组织学生学习《学生手册》[2]。入学后，面向全体在校滇西学生，不定期召开纪律教育大会，让学生公约、学校纪律条例扎根于学生心中，让每位学生明白做每样事情的正确与否。例如教师日常强调吸烟的危害性并通过学校纪律处分条例约束学生；学生管理工作者利用晨会，班会课走入教室，开展各类主题教育工作，诸如文明礼仪教育，感恩教育等。各专业科行政领导与各班级结对，同时开设校级、科级"信心"班，会同滇西班主任一起帮助违纪学生，查找原因与差距，提出对策，鼓励学生积极向上。经过长时间有效的管理，学生能够辨别是非，作出正确的判断。教师们深入寝室关爱学生。针对个别学生懒惰不起床等行为，班主任每天一大早到寝室跟踪并教育，在物质奖励方面予以减少，从而让学生改善懒惰行为。寝室每月会开展内务评比，针对综合评价优秀的寝室给予洗发水等物质奖励。经过一段时间管理，就餐满意度和寝室卫生整洁程度显著提高。

（三）着重技能培养，提升综合素养

职业教育以面向市场，实现就业为导向，与产业发展升级、经济结构调整密切相关，在课程设置、技能传授上凸出应用性与实践性特点[4]。在专业课教学过程中，着重培养学生的动手能力及思维能力。通过努力，学生取得化工总控工（高级）、电工（高级）等相应职业资格证书，帮助他们在未来就业道路上迈进一大步。在专业技能提升的同时，学校每周四下午开设 60 余个不同类型的社团课程，供学生选择，例如烘焙、插花、舞龙、舞狮、交谊舞等特色课程，全面提升了学生的综合素养。学校通过各类课程积极动员和鼓励滇西学生参加市级、区级各类比赛和志愿者活动，学生在各类活动中也取得了优异的成绩。学校创设星亮学分评价体系，该体系能够很好地判断学生进校到毕业的综合素养的提升。每学期每位学生的基础分为 3 分，滇西学生参与市级比赛获奖，获得的各类职业技能奖项与证书，参与各类社会活动、志愿者活动均能加分，而违反学校校纪校规、仪容仪表不合格等则在基础分上减分，星亮学分恒定可以给班主任和学生提供一年以

来综合素养的参考依据,随着技能提升、参与比赛的增加、年龄的增长、行为习惯的转变,每学期的学生总分呈递增趋势。

(四)注重人文关怀,保障学生生活

来沪就读的学生每年能够享受云南当地政府的补贴(雨露计划),国家助学金(每月补助 200 元),优秀学生在校期间还能享受国家奖学金,上海市奖学金等各类奖学金奖励。学校和企业还设立各类帮困奖励金,毕业学年,每人还能享受每人 6000 元的创业补贴,学生从进入学校直至毕业,不会因贫困而失学,真正消除了学生家庭经济上的负担。除了各类资助外,为了不让一名学生因家庭经济困难而辍学,学校还为家庭经济困难学生提供食堂勤工助学岗位,通过自身的努力缓解经济压力。教师为每位学生配备记账本,针对生活支出有计划地进行分配,引导学生养成记账习惯。

滇西学生背井离乡来到一个陌生的地方,心理上会有生疏和些许的恐惧。学校安排心理老师以及社工开展学生团体辅导活动,帮助学生正确面对入学适应、各类民族文化和而不同等问题,合理疏导心理压力。结合节假日特点,学校会组织清明祭扫活动,端午节包粽子等活动,传承中华传统文化,学校也会根据学生的口味调整菜单。学生也会走访参观上海东方明珠电视塔,烈士陵园等场所,激发学生民族自豪感以及国家认同感。每月,全校滇西学生会相聚一堂,学校会给当月生日的滇西学生举办集体生日,让学生感受到家的归属感。每年冬季,党支部组织科室教师捐赠衣物给予滇西学生,让他们真正从心理感受到温暖。每逢假期,相关教师护送滇西学生返乡,开展家访活动,教师和家长们面对面进行沟通交流,更好地掌握学生深层次的情况。

三、教育扶贫,成效丰硕

职业教育肩负着服务地方产业发展、促进个人就业的重担,上海中职学校就应根据云南当地产业需求,增加相关专业对接云南当地的产业能力,改革人才培养模式,实现学生的精准就业。职教贴近市场,紧跟市场需求,培养出的技能人才符合实际需求,能够实现"毕业即就业,就业即脱贫"的预设目标,从而更好地让学生在上海与云南间进行择业。

我校连续 5 年对口滇西地区进行招生,针对滇西学生的特点,学校在教育教学实践过程中不断完善,学生通过 3 年时间学习,思想观念和意识不断得到改变,

行为习惯不断地改善，综合素养及各类技能不断地提升，达到了教育目标，成效较为显著。滇西学生也逐步适应了上海的生活，并爱上了上海，有 70% 以上的毕业后选择留在上海就业，由于滇西学生就业目标明确，就业心态稳定，拥有了更好的视野和创新的思维，养成了良好习惯和学习工作作风，同时掌握了一定的专业技能，以此更受到企业的欢迎，截至目前学校两届滇西毕业生，学生毕业后进入宝钢、巴斯夫、虹桥迎宾大酒店、新昇半导体等知名企业工作，他们的薪资待遇远超同类院校毕业学生，实现了"一人就业，全家脱贫"。也有一部分学生选择回到家乡，他们发挥在校培养的开阔视野和先进理念，运用学到了知识技能，就业或者自主创业，有的学生经商已然成为小企业家；有的学生创业成为茶商开发当地资源，将家乡的茶叶出售到中国各地。他们不仅实现了自身脱贫，更为家乡的脱贫作出了贡献。

全面建成小康社会后，《东西协作行动计划》告一段落，而乡村振兴计划随之而来。滇西家庭长期固有的观念要发生改变，走出滇西看看世界的愿景，还需要靠上海市与云南省政府的大力保障与支持。因此，乡村振兴如何持续开展，职业教育如何在乡村振兴中发挥更大作用，需要及早谋划。教育帮扶需要坚持不懈、稳扎稳打、层层推进，乡村振兴攻坚战定会胜利，共同富裕的目标必将会实现。

参考文献

[1] 刘志萍. 一带一路下云南化工教育发展思路 [J]. 云南化工，2018，45(S1):67-69.

[2] 金学文. 中职精准扶贫项目班学生管理的实践探索 [J]. 汽车维护与修理，2019(18):52-53.

[3] 王官发，孙雨萌. 基于精准扶贫下贫困大学生管理教育模式的探讨——以贵州大学科技学院为例 [J]. 现代职业教育，2017(10):60.

[4] 李尧磊，韩承鹏. 东西部职业教育协作参与滇西扶贫的模式研究 [J]. 中国职业技术教育，2018(09):5-8.

（作者单位：上海现代化工职业学院）

在沪云南中职学生教育管理策略的初探与实践
——以 191 旅游 01（云南班）学生为例

薛 飞

职业教育扶贫在顺利完成脱贫攻坚战略任务中发挥了重要作用。其中，职业教育东西协作行动计划为西部贫困学生提供了赴东部接受优质职业教育、实现就业的机会。文章探讨了上海石化工业学校通过在学生生活习惯、学生的心理、学生的实习、创新教学方案和家校合力等方面，对在沪云南学生进行教育和管理。为职业教育扶贫工作提供一点参考。

引言

党的十八大以来，我国制定了以贫困县的建档立卡等贫困人口为对象的教育精准扶贫战略，确立了"智力扶贫优先"的基本思想，形成了教育强民、技能富民、就业安民的总体路径。其中，以就业为导向的职业教育在践行"精准扶贫"方略中起到了有力的推进作用。2017 年 6 月，《贯彻落实〈职业教育东西协作行动计划（2016—2020 年）〉实施方案》中明确指出，"兜底式支持西部地区省（区、市）建档立卡贫困家庭应、往届初、高中毕业生，到东部地区省（市）接受优质中等职业教育"。2017 年 9 月，《职业教育东西协作行动计划滇西实施方案（2017—2020 年）》将职业教育扶贫的内容进行具体化，以促进就业脱贫为导向，以建档立卡贫困人口为主要扶助对象，直接统筹安排西部学生来东部 4 省接受职业教育。职业教育东西协作行动计划的实施，为实现贫困人口稳定就业、阻断代际贫困传递打下了坚实的基础。

笔者有幸于 2019 年 9 月起担任上海石化工业学校 191 旅游 01（云南）班的班主任，通过 3 年的带班实践，对在沪云南班学生的教育管理进行了一些思考。

一、云南班学生的基本情况及特点

笔者所带的班级共 25 名学生，其中 8 名男生，17 名女生，2019 年来校报到的时候，最小的 15 岁，最大的 19 岁。与学校招收的本地应届生相比，云南班学生具有如下明显的特点：

（一）基础文化水平薄弱

西部偏远地区基础教育相对薄弱，学生基础参差不齐，有的已完成初中教育，有的是中途辍学，有的是已在外打工好多年。大部分学生基础较差，缺乏学习兴趣，且行为懒散，学习习惯较差。

（二）生源地和民族结构复杂多样

来沪云南班学生有的来自云南保山，有的来自云南楚雄，有的来自云南丽江。民族结构以汉族为主，另外还有彝族、纳西族、布朗族、普米族、苗等少数民族。学生经历不一样，有应届初中毕业生，也有在外打工的辍学学生，更有沾染不良习气的社会学生。

（三）生活方式落后，甚至存在陋习

云南班学生大多家庭贫困，我班同学全部是建档立卡贫困户，甚至有一些学生家中没有收入来源。他们中大多数是第一次走出大山，视野狭窄，思想观念守旧，身上存在一些打架、抽烟的陋习。

（四）家长劳作繁重，文化水平有限，家校合作难度大

家长劳作繁重，文化水平有限，家校合作难度大。例如，小余同学的爸爸是个初中生，在我班家长中算做比较高的学历，因为要去喂猪，而没有时间参加班主任老师组织的云端家长会。通过对云南班学生的摸排和精准识别，针对他们的特点，找到适合云南班学生的新的教育教学管理模式，实施精准扶贫教育，让更多的大山学生完成学业，习得一技之长，摆脱贫困，改变生活，让更多的学生实现梦想，为家庭、为家乡、为社会作贡献。

二、云南中职学生教育管理的策略

（一）以教师为友，做好心理辅导

开学1个月，班主任除了上课，大多数时间都和云南班学生待在一起，每天进班级、宿舍陪伴学生，倾听他们的心声，了解他们的思想动态；用心安抚他们，帮助他们解决学习、生活中遇到的各种困难，帮助他们适应新环境，做他们的良师益友，让他们在关爱中获得成长。不仅如此，学校还安排学生参观校史馆、参观实习实训中心、走访企业，真正做到让学生留得住、留得下。

（二）以学生为本，做好生活引导

云南班学生远离家乡，远离父母，千里迢迢来到上海，首先面临的主要问题是如何融入上海的生活，其次是跨地区的文化适应。他们最初对上海的生活节奏

很不适应，尤其是作息时间。另外，乡土观念在云南班学生身上表现得很明显。因此，学校通过在生活习惯上指导、语言行为上引导、观念意识上疏导，帮助云南班学生融入上海。

（1）定期开展卫生健康与安全主题教育，加强个人良好卫生习惯的养成和传染病预防的宣传教育，班主任和宿舍老师督促云南班学生勤洗澡、勤洗衣服，并结合管理制度和日常的"组织活动"及"行为示范"等，让云南班学生规范自己的行为习惯。宿管组每月在云南学生中开展文明宿舍评比，对表现优秀的宿舍进行表扬，并奖励生活日用品，学生逐步养成良好的卫生习惯。从教室到宿舍，从集体到个人，层层帮教，处处帮教，这些措施融洽了师生之间的感情，成为育人效果产生的保障。

（2）组织好云南学生每学期一次的免费体检工作，统一购买寒暑假返乡火车票，各类助学金、奖学金政策向云南学生倾斜，组织开展困难学生勤工俭学，在食堂为他们安排工作岗位。开展爱心义卖活动，用于捐赠云南学生就餐券；开展送冬衣活动，为每一位云南学生赠送羽绒服；每月组织一次集体生日，学生们收获生日祝福，感悟成长和责任。

（3）学校开展师生结对活动，党员教师结对学生个人、结对班集体，及时发现和解决学生遇到的困难；党员教师进班级上班会课，进宿舍走访；心理教师对个别性格偏激的学生开展心理辅导，帮助学生提高情绪控制能力，改善人际关系。每逢佳节倍思亲，为缓解学生思乡之情，学校精心组织各类活动。在清明、劳动节、端午、中秋、国庆、元旦等节日开展慰问活动，和学生共度佳节。组织学生走访红色爱国主义教育基地，组织观看庆祝建党一百周年电影，开展手工艺品制作和才艺表演，组织学生去上海欢乐谷、上海海昌海洋公园、上海朱家角、陈云故居等地社会实践活动，学生在第二故乡感受到家的温暖，安心学习。

（4）学校组织云南学生参加各类文体活动，带领学生到上海歌剧院观看庆祝中国共产党成立100周年系列音乐会。培养云南学生成为舞龙舞狮和龙舟社团的骨干力量，锻炼体魄的同时，提高意志力。指导云南学生编排民族特色歌舞，在国庆节、运动会开幕式等活动中演出，充分展示云南学生能歌善舞的特长，增进沪滇两地学子之间的感情。学校在生活管理方面尽心尽力，得到云南班学生的认可，帮助他们更快地了解上海、熟悉上海、融入上海。

（三）以专业课程，做好课堂教学

在课程设置及课时安排上，从云南班学生的实际情况出发，调整教学内容，使教学内容更贴近云南班学生。学校适当地减少专业理论课学时，增加实操、社会实践、职业技能培训等课时，以增强学生的实践能力。针对专业课，采取"理实一体化"的教学模式，以学生顺利就业为目标，强化实践操作。为保证教学质量，实行小班化教学，让学生充分体验学校先进的实训设备，让每个学生都有动手训练的机会，为学生打下扎实的专业基础。

（四）以实习管理，做好就业准备

经过两年半的在校学习，2019级学生于2022年2月开始进入上海对口企业实习。为确保学生尽快地适应毕业实习，学校多次开展针对性的专业实习教育、实习心理准备以及学习《学生实习日志手册的填写》等活动，鼓励学生建立自信心，明确对自我的认知，促使他们认认真真做事、踏踏实实做人。在半年的实习期内，班主任每周也通过电话或者微信了解学生的实习情况，学校也安排实习指导教师定期深入企业了解学生对岗位的适应情况、工作环境和劳动强度等，提醒学生加强实习期的安全意识及自我管理。同时，在每个实习单位确定一个学生干部，定期汇报实习情况，遇到问题及时向企业和学校反映。班主任在学生实习期间不间断地对他们进行指导回访，发现问题后及时协调解决。

（五）以千里家访，做好家校合力

家访是学校教育的延伸和补充，也是加强家校合作的重要途径，对云南班学生的千里家访更有实际意义。通过家访，教师能更全面、更准确地了解学生的家庭情况，和家长近距离地交流沟通，让家长更加清楚地了解学生的在校学习情况和生活状况。交流中，家长很希望自己的孩子能够留在上海发展，同时十分感谢学校和教师对孩子无微不至的关心和照顾，对学校和教师的工作也更加理解、信任和支持。家校协作，为学生坚持学习、坚定依靠学习实现脱贫致富的信念打下了坚实的基础。家校的交流不局限于学校内，师生的情谊也绝不止于课堂上，因为疫情，每个学期，班主任老师也通过云端家访，将学校的关心与关怀送入每个云南学生的家庭，鼓励学生们坚定信心，激励学生们奋发学习，不负青春韶华，不负家庭和学校的期待，用奋斗的青春换取人生的幸福。

三、教育管理的效果

（一）教育成果明显

2022年2月，我班所有云南学生都进入上海企业实习，岗位与所学专业匹配，学有所用。学生能较好地适应企业实习环境，自我感觉较满意，也得到了所在实习公司的好评。2022年6月份毕业，我班八成的云南毕业生留在上海企业单位工作。

（二）"问题学生"的蜕变

班上有个叫小明（化名）的学生，在云南丽江当地学校是出了名的"混世魔王"。初中3年基本不上学，每天就睡宿舍。并且经常逃学和社会小青年混在一起喝酒、抽烟、打架。在家长无力无助的时候，恰逢国家实施东西合作教育扶贫项目，家长毅然把他送到了上海石化工业学校。环境能改变一个人，也能造就一个人。在我校的几年学习和生活中，小明有了很大的变化，基本保持按时出勤，作业按时完成，变成了懂事和讲道理的孩子。2022年2月份在企业实习，也得到了企业的好评。

四、结束语

"教育扶贫"惠及的学生是一个特殊群体，他们来自贫困地区，与外界交流较少，需要班主任和科任教师特别的爱心和耐心的陪伴。陌生的生活环境和学习压力会让云南班学生感到自尊心受挫，害怕别人以嘲讽的眼光看待他们。时间一长，他们容易出现心理健康问题。老师们要学会运用情感因素有针对性地对其进行心理教育与引导。唤起他们向上的信心。苏霍姆林斯基在《要相信孩子》这本作品中写到：我们的教育对象的心灵绝不是一块不毛之地，而是一片已经生长着美好思想道德萌芽的肥沃的田地。因此，教师的责任首先在于发现并扶正学生心灵土壤中的每一株幼苗，让它不断壮大，最后排挤掉自己缺点的杂草。我们要相信孩子并且帮助孩子唤起向上的信心。此外，还要积极组织丰富多彩的活动，无活动，不教育，无实践，不德育，让他们的才华得到展示，让他们在活动中远离孤僻，祛除自卑，感受到幸福的教育。

总之，正如习近平总书记多次强调的，扶贫必扶智，而扶智不仅仅是扶贫困地区人口的知识与技术，更重要的是扶思路，帮助和指导贫困民众着重提高脱贫致富的综合能力，不再轻易返贫，这就是教育扶贫。在沪滇职教东西合作教育帮扶中，学生落后的思想意识、不良的行为习惯在不断地改变，综合素养也在不断地提升。学校和教师需倾情投入，做好工作，让来自大山的孩子找到自己的未来。让无梦者有梦，让有梦者追梦，让追梦者梦成！

参考文献

[1] 沈林.沪滇"对口支援 合作办学"中学生管理问题的研究——以上海市经济管理学校为个案 [D].上海：华东师范大学，2009.

[2] 李兴洲.公平正义：教育扶贫的价值追求 [J].教育研究，2017（3）：31-37.

[3] 文成.试析如何做好"教育扶贫"学生的思想政治教育工作 [J].思想政治与法律研究，2018（8）：161，163.

[4] 丁永安.我国精准扶贫工作机制问题探析 [J].农村实用技术，2020（6）：103-104.

（作者单位：上海现代化工职业学院）

非沪籍中职生"三阶递进式"创业教育实践

熊红菊　薛志雄

非沪籍学生主要是随迁子女、成人中专和对口支援学生。上海市第二轻工业学校非沪籍生源占比从 2010 年的 45% 左右，到目前的 63%，人数从 230 名左右到目前的 473 人，比例和人数呈上升态势，相比于本市户籍统招生，非沪籍学生主要存在流失率高、就业为主升学为辅、有创业需求等特点，部分学生无法对口就业或者推迟就业，还有部分对口支援的学生，毕业返乡难以就业，如何为这部

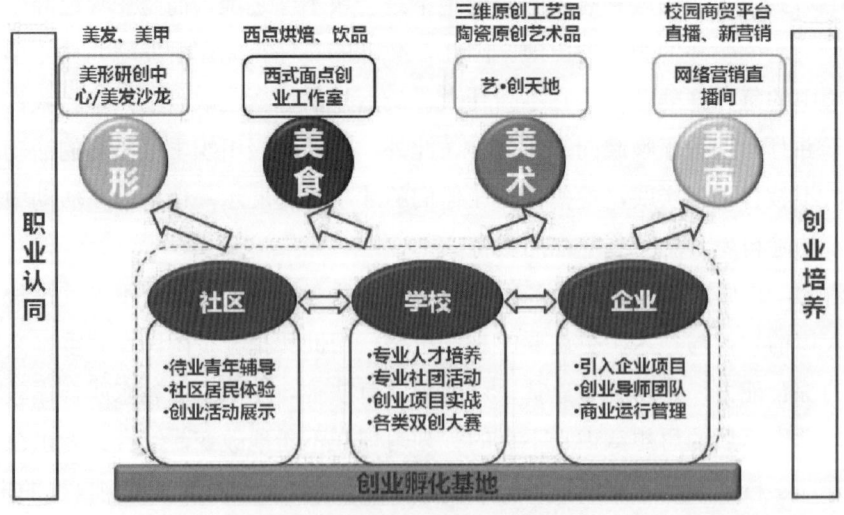

图 1 非沪籍中职生创业教育实践

分学生拓宽就业出路、如何让这类学生"留得住、学得好、走得畅"成为我校亟待解决的问题。从 2013 年开始，我校以上海市中等职业教育改革发展示范校建设为契机，结合学校现代服务类专业特点，开始设想用创业教育提升非沪籍学生职业认同感、培养创业素养、拓宽就业出路。以"美丽文化"驱动职业认同，建设"校区联动、产学一体"创新创业孵化基地，强化课程设计的创业导向，完善创业教育管理制度，开展非沪籍中职生"三阶递进式"创业教育的探索与实践，培养学生创业意识和创业精神，促进学生敢于创业、主动创业。

一、解决的关键问题

（一）非沪籍学生流失率高，职业信心不足

非沪籍学生对上海的归属感不强，对将来是否能够留在上海缺乏信心，在返乡和留沪之间摇摆不定，流失率高。而这些学生以就业为主升学为辅，2012 年、2013 年这两年就业形势比较严峻，部分学生无法对口就业或者推迟就业，还有部分对口支援的学生，毕业后返乡就业压力也非常大，因此，他们的职业信心不足，如何稳定这部分学生并增强职业信心？

（二）非沪籍学生的创业意愿与学校教育有差距

非沪籍学生中随迁子女和成人中专学生，其父母基本在上海，有较多家庭开店或者办小微企业，这些家长非常希望孩子能够不仅学习一技之长，还能够系统学习创业和经营管理知识，毕业以后能够跟着家里创业，如何满足这部分家长和学生诉求？

（三）创业教育实践缺乏环境、路径和资源

按照面向人人的教育，为解决非沪籍学生稳定性差、就业难、想学创业与经营的问题，学校应该开展创业教育，如何在创业的氛围、基地、路径、内容、教学资源上去探索、开拓与实践，让创业教育实践提升职业认同感、拓宽非沪籍学生就业出路？

二、解决问题的路径和方法

（一）坚持以"美丽文化"驱动职业认同

学校以"美丽职业人——美丽学业、美丽职业、美丽事业"为培养目标，通过学校"以美为德、全美浸润"的美育实践与专业教育的融合，让学生热爱专业，

朝着"心灵美、形象美、行为美"的美丽职业人目标奋斗；通过校园美丽文化与企业文化融合，在课堂、各类校园文体活动、学习实践、学术研讨、典礼制度等过程中，融入企业家精神和行业大师工匠精神，通过感受和学习企业家和行业大师的成长路经，加深对职业的认同、对学校创业文化的认同，有意识地树立学生的职业信心、实现对学生的创业价值引导；通过校园环境与创业氛围营造的融合，在创业孵化基地、校园文化宣传栏、系部文化墙、教室美化、寝室美化等中进行一体化设计，充分融入职业与创业元素，结合学校标识、字体和颜色，树立学校特有的创业文化标签，渲染良好的校园创业氛围。

（二）形成了"产教融合"创业教育工作机制

学校将创业教育工作作为重要工作来抓，形成了"产教融合"创业教育工作机制。首先，学校主动积极争取政府大力支持，在政府主导下，为学校创业基地建设提供政策支持；学校提供场所，依托学校"四美"专业群，校企共建创业工作室；遴选合作企业，引进企业的商业运行模式；选派专业教师、遴选优秀学生，聘请企业大师、创业导师、技术人员进驻基地，指导创业基地开展产品研发、生产、经营，实现学生创业教育培养、"双师素质"师资培育以及社区居民"生活艺术化"体验项目开发。其次，校企结合形成一套创业教育运作制度，按照3个阶段，通识阶段创业教育课程学分认定制度，模拟阶段社团项目管理制度，项目实战阶段包括人员选拔、运营管理制度、考核等制度；最后，以系部为主导运行创业管理机制，按照"学校、系部、专业、班级"4级分层管理，突出系部主导作用，形成了创业教育工作层层有人抓、环环有人管的工作格局，级级助推、上下联动，推动学校创业教育工作不断取得更大的实效。

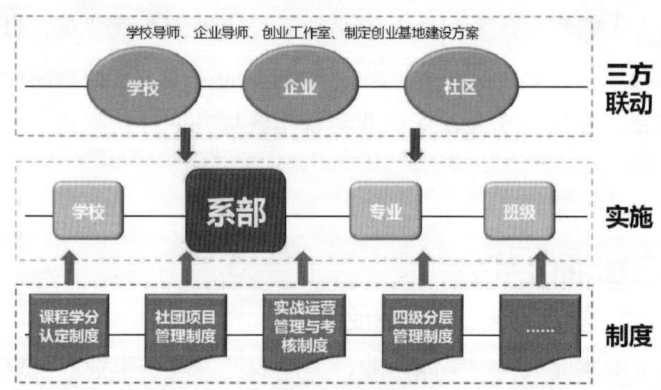

图2 "产教融合"创业教育工作机制

（三） 打造了"校区联动、产学一体"创业孵化基地

共筑创业孵化基地：学校以校企合作、校区联动为基础，积极整合社区、企业和学校资源，建有集西式面点创业工作室、美形研创中心、美发沙龙、社团活动室——艺·创天地、播客社——网络营销直播间、美发博物馆于一体的创业孵化教育基地，初步形成了包括美发、美甲、西点烘焙、饮品、三维原创工艺品、陶瓷原创艺术品、校园直播、商贸平台等为主要业态的"创业"孵化基地，成为学生、教师、社区共享共赢的教育教学终端。

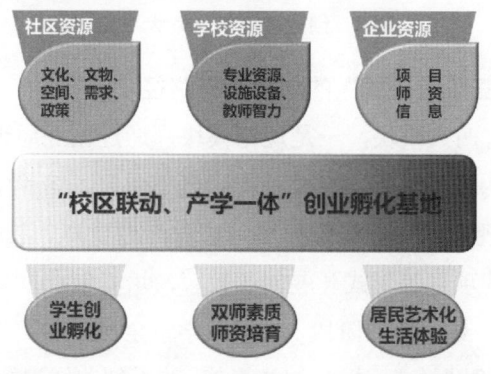

图3 "校区联动、产学一体"创业孵化基地

共建创业导师团队：企业专家与专业教师合作，共同打造"双创"师资队伍，从创业通识教育、专业课程、专业社团，到创业孵化基地以及双创大赛辅导，专业教师和企业教师都深度参与，尤其引入企业家和行业工匠大师进校为学生讲座、辅导，本校专业教师实际参与指导项目全过程，很好地提升了教师创业指导能力，打造了一个创业校企合作的导师团队。

共研创业实践课程：根据创业教育目标，由校企共同参与制定非沪籍学生创业教育培养方案；以创业模块、流程为主线共同开发创业教育实践课程；围绕工作室的主要业态，开发创业教育培训资源包，有《创业实战训练手册》《创新、创业教育概论（初级教程）》《西点制作》微课程，以及创新创业线上课程等，为学校开展创业教育奠定基础。

共享创业基地资源：把"创业"基地打造成具有"普职融通的交流平台、新生职业的认知平台、职业能力的训练平台、创新创业的实践平台、综合能力的学习平台以及推进社区就业的服务平台"等六大功能，不断丰富和完善"创业"基地功能和作用。

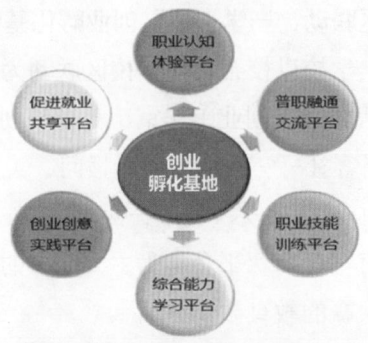

图 4 创业孵化基地六大平台

（四）构建了"三阶递进式"的创业教育路径

创业教育主要有两大模块，一是理论模块，通过创业通识课程和专业模块课程设置，通识课程为线上学习，专业课程为线下学习，培养学生结合专业选择创业方向，设计创业规划；二是实践模块，通过专题讲座、社团活动、参观学习、创业大赛、真实创业项目等形式开展创业教育，培养创业意识，开展创业实践。

三阶段——（1）通识教育阶段：一年级学生全员参加，为必修课，开展基本创业训练，培养学生创业意识、提升创业素养、熟悉创业知识、掌握创业基础能力；（2）项目模拟阶段：实施创业项目模拟训练，由专业社团和创业社团组成，二年级非沪籍学生全员参加，学生通过校园社团、专业实践及社会实践等，开展模拟训练；（3）实战体验阶段：以个体或团队形式完成真实创业项目，遴选三年级有创业意向的非沪籍学生，由企业人员、社区人员和学校人员组成带教团队，开展实景实岗的实体店运营管理。

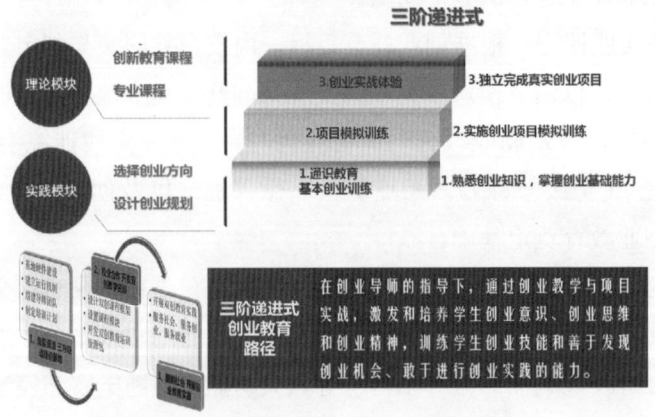

图 5 "三阶递进式"的创业教育路径

（五）实施了创业教育与专业教学融合的实践教学

创业教育应该与专业教育有机融合，才能切实有效地促进学校创业人才培养质量的长足发展。首先，创业教育与专业人才培养方案结合。我校成人中专班和对口支援班级单独成班，主要是西烹、美容、动漫、电商和物流等几个专业，这些班级的专业人才培养方案区别于统招班级，更多地融入企业元素，在专业课程和技术技能综合实训教学中，从企业的角度为学生提供行业和企业最新的创新资讯与实践机会；其次，重点发展专业社团。通过瓷刻、蓝染、工美等社团的创意作品、美形研创发布会，美食菜品开发，机器人大赛、创意方案、商贸社等等开展模拟训练；最后，学校"美形、美食、美术、美商"四美专业群建设的创业孵化项目。美形专业群以美发、美甲为主，美食以西点烘焙、饮品为主，美术以三维原创工艺品、陶瓷原创艺术品等为主，美商以校园商贸平台、直播、新营销为主，各系部在三阶递进式创业教育中，与专业充分融合，通过课程与实践浸润的方式，体现专业特色。

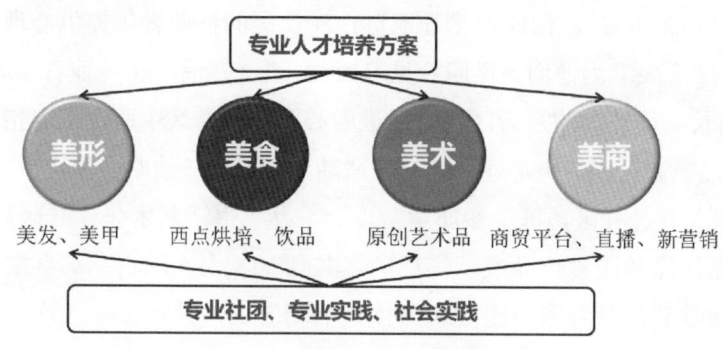

图6　创业教育与专业教学融合

三、创业教育实践推广应用效果

（一）非沪籍学生职业认同感显著上升

非沪籍学生从2013级的15%左右流失率，到2019级的7%左右的流失率，流失率降低一半，创业人数据不完全统计，成人中专班级平均2～3人左右创业，以16年毕业的西烹班级为例，有3人开设西点店或餐厅，对口支援学生，以往都江堰、江西等地学生基本回原籍就业，而近几年毕业的云贵学生，留沪率达到80%以上。

其中，非沪籍学生李娜被评为最美中职生，胡鲁飞成长为世赛选手。创业工作室每年培训学生40余人，不少学生在校内已初露锋芒，开展创业实践。工作室学生何良芬在合作企业支持下成功开店营业；原创艺术设计工作室借助O2O网络营销模式，实现学生原创作品的成功销售；美食艺术与文化工作室依托校园店，帮助学生成功创业。非遗民艺社团孵化出"三九木"蓝染非遗艺术创业项目，设计制作销售蓝染文创产品，收益可喜。学生抓住当下热门的直播营销模式，直播带货大获成功。更有学生合作开展"商猫"校园无人售货学生股份制微创业，创业形式不断创新，双创人才逐渐低龄化。

（二）校内外推广应用效果显著

创业教育实践从非沪籍学生开始，不仅极大地激发了非沪籍学生活力，对沪籍学生也产生了很好的正面影响，创业通识教育从非沪籍学生推广到全校，创业教育对学生的技能学习也起到了很好的推动作用，近年来，学校参与的各级各类技能比赛在数量和质量上都有较大突破，办学质量稳步提高。

创业基地与洋泾社区合作项目达12项，与洋泾街道社区事务受理服务中心签订"见习外派协议"，创业孵化基地对洋泾社区的待业青年提供心理疏导、职业培训和创业辅导，为他们提供职业见习岗位，并先后有6位待业青年成功开店，2位成为店长。被评为浦东新区就业促进中心"浦东新区中职生创业指导服务工作站"。与浦东新区洋泾街道建立"社校联动"创业服务战略合作协议。

基地深入洋泾社区，每年参加学雷锋、举办"生活艺术化"社区居民体验、原创艺术品作品和美食作品展示等活动，共计118人次左右；举办家庭西点制作、花式咖啡制作等专题讲座及居民体验活动5次，共计286人次，为居民提供美甲、美发、美食服务，共计118人次。

基地面向全市中小学生提供职业体验服务，形象设计系学生自主开发"云鬓花颜——梦回唐朝之汉服造型体验"创业项目，财经商贸系学生自主开发"物流小当家"和"我是小主播"创业项目，餐饮文化系的"提拉米苏带你走进烘焙"和"帕尼尼的制作"创业项目，美术信息系的"CG动漫绘画——《哪吒之混世魔童降世》"和"计算机组装VR体验"创业项目大受欢迎，仅2021年职业体验日期间就收获800人次体验，启迪中小学生职业兴趣和职业意识，为增强职业教育社会影响力和吸引力做出贡献。

（三）创业社团活动展示影响大

近年来，学生参加街道社区各种形式的创业活动，如创业集市直播带货、"五校联盟"线下售卖活动等,展示了我校学生创业实力。比如由非遗民艺社团孵化出的"三九木"蓝染非遗艺术创业项目,曾在亚信会议期间,为彭丽媛老师展示蓝染围巾的制作,彭丽媛老师参与体验,为同学们点赞,寄语大家继续将蓝染非遗技艺发扬光大。该创业项目还参与"纸、语、境——两岸文创个展""2016年上海民博会"展示,在由教委组织的上海大世界非遗传习教室课程活动中,该创业项目以蓝染手作技艺课程和体验活动与市民进行互动。欧盟足球队成员也来参与体验活动,被蓝染的魅力和文化的博大精深所征服。活动接待体验者450人次,创业项目得到大力宣传。

（四）学生"双创"比赛成果突出

学校积极选送优秀团队和个人参加创新创业大赛,"以赛促学""以赛促创"。无论是学校的市级双创大赛参与度、师生的大赛参与率,还是大赛的获奖质量和数量,都呈稳步上升趋势。我校师生在浦东新区中职学生创业、洋泾社区公益创业项目、"挑战杯"、"一带一路"跨境电商创新创业、中国国际"互联网+"大学生创新创业等大赛中,共计获得奖项61项,包括金奖一枚。

（五）创业成果创业模式示范辐射面大

《新民晚报》《学生导报》先后五次对我校双创教育进行整版报道。《成才与就业》杂志刊登我校学生优秀创意——电控调光智能淋浴房。近年来,创业教育模式已被上海曼都创业投资管理有限公司、大庆市美食乐食品有限责任公司两大合作企业分别在上海城建、工会管理、黑龙江及苏浙两地职业院校进行推广。接待桂林、日喀则、云南、贵州、南澳洲TAFE学院等国内外参观学习数次。为中职校"双创"人才培养树立起可示范、可引领的标杆。

（作者：上海市第二轻工业学校）

以"1+X"证书试点驱动计算机专业群课程改革

李 妮

一、深化课程改革的良好机遇

自教育部部署启动职业院校"1+X"证书制度试点工作以来,上海市行政管理学校于2019年成为《WEB前端开发》"1+X"证书首批试点院校之一。试点初期学校采用考前集中培训的方法，但专业人才培养方案课程与"1+X"证书标准要求分离、教师教学能力对证书内容要求不适应、评价主体单一等问题成为课程改革的焦点，为此学校整体规划在计算机专业群推进试点工作，抓住机遇提升人才培养质量。

二、计算机专业群岗课赛证融通实践

计算机专业群由信息安全技术与应用、物联网应用技术和大数据技术3个中高职贯通专业、计算机网络技术1个中职专业组成。学校经过企业人才需求新调研，优化专业人才培养方案，在4个专业中设计《WEB前端开发》证书的共性内容，以专业群共设的《网页设计与制作》课程为核心，开展以点到面的岗课赛证融通试点。

（一）校企合作融合岗课赛证5个项目课程

学校与4家上海市行业发展领先的公司参与专业人才需求调研和人才培养方案优化，聚焦《网页设计与制作》课程，根据WEB前端开发的岗位职业要求，同时参照上海市中职《网页设计与制作》课程标准，结合上海市中职生星光职业技能大赛中《网站设计与开发》的技能要求，分析教育部《WEB前端开发》职业技能等级证书的初级标准，把企业真实案例转换为教学案例，确定职业素养、知识结构、技能要点，将原有教材中的《网页设计与制作》课程内容整合为5个教学项目。课程思政以国家意识、时事热点、公益活动、民族团结、校园生活等为载体融入5个教学项目中。

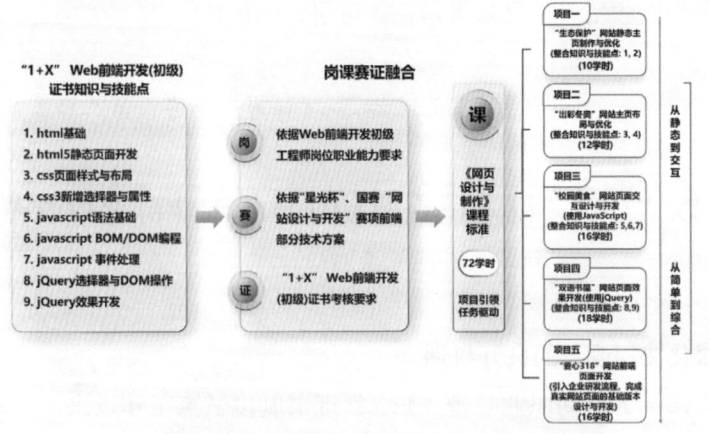

图1　融合岗课赛证的《网页设计与制作》课程

前4个项目通过整合相关知识与技能点，定位为专项技能项目，侧重于网站模块功能开发。第5个教学项目是课程综合实践项目，引入企业开发流程，并根据岗位发展需求适当拓展。学生通过5个项目的学习，能完成一个真实网站基础版面设计与开发，遵循了职业规范、提高了知识技能，同时激发了学生的爱国热情、职业素养。

（二）校企合作3种途径建设师资团队

在3年试点工作过程中，学校采用外引、专培、岗培3种方式加强师资团队建设。如从企业引进2名具备前端开发实践经验的工程师作为专任教师，将企业的真实案例转换成教学项目。3年内选送4名专任教师参加《Web前端开发》证书实施专项培训，具备《WEB前端开发》师资资格。每学年组织2~3位专业教师参加上海市或学校级的企业实习，参与前端开发项目。组织教师4次到合作企业了解前端开发行业变化和发展，有针对性地提高个人能力，并对岗课赛证的融合设计和实施进行研讨。学校的企业工程师兼职教师队伍与学校专任教师共同参与《网页设计与制作》课程的教案设计与授课，师资优势互补，为课程改革奠定良好的基础。

图2　计算机专业群教师参加企业项目实践

（三）校企合作三阶段实习锻炼学生成长

计算机专业群人才培养方案的设计，非常重要的一个内容就是对学生实训、实习制度的优化。在试点过程中，每个学期学生都安排校内项目实训。更重要的是，新生入校后，第一学期学校组织学生进行企业认识实习；从第二学期至第五学期，设立企业实践周，让学生到企业参与辅助性质的岗位实习；第六学期让学生完整参与到企业的实际开发项目中,作为准员工完成岗位实习。每学期企业参与实践周教学评价,评价内容把课程考核和企业员工要求融合起来。通过校内实训、岗位辅助实习、岗位实习阶梯式三阶段,学生掌握 WEB 前端开发岗位所需职业素养与知识技能,也为岗课赛证融合有效实施提供了坚实基础。

图3　学生企业实习场景

三、实施成效

学校借助《Web 前端开发》"1+X"证书试点的机遇,把优化课程内容、深化校企合作、改革评价方式很好地结合起来,高质量地培养了 WEB 前端开发人员,达到了"1+X"证书试点推进深化课改的目的。

(一)优化了课程内容和教学过程

在计算机专业群,通过校企合作,分析岗位职业能力、技能大赛要求、《Web 前端开发》证书内涵、重构共同的《网页设计与制作》课程,将课程原有的知识体系和企业真实案例结合,设计整合为 5 个项目,以此为核心开展课改试点。

(二)变学校评价为校企多元评价

通过校企合作,评价方式将原有的学校评价融入企业员工行为规范及业务能力要求,在掌握知识、技能过程中,突出了把价值观、情感态度、工作方法纳入到评价中。多元评价更注重学生职业素养的养成、创新创业能力的发展。

(三)"1+X"证书试点取得明显成效

3 年的课改试点实践,从原来的信息安全专业扩展到计算机专业群全部 4 个专业试点,有效提升了学生的职业素养和能力。试点人数逐年递增,初级取证率从 14.7% 增加到 83.7%。为下一步学校全面推广专业群课改提供了成功经验。

四、特色创新

（一）岗课赛证探索深化专业群课程改革

专业群依托《网页设计与制作》为核心实施深化课改，各专业积极探索，开发岗课赛证融合的多本校本教材，包括信息安全专业的《基于 Python 编程的信息安全技术应用》、物联网专业的《物联网技术基础》、计算机网络技术专业的《路由与交换技术》等。从1门课程、1个专业，到多门课程、专业群的试点，优化人才培养方案、重构课程实施，培养了学生的综合能力，促进了学生的可持续发展。

（二）藏汉同心思政元素促学生自信自强

上海市行政管理学校是一所有西藏日喀则学生在读的对口支援职业学校，曾获得"全国民族团结进步示范学校"荣誉称号。在《网页设计与制作》课程教学设计过程中，遵循学校的"藏汉同校、普职融通"特色，课程教学团队对教学内容重构，进行思政资源的挖掘。如第5个综合项目，《"爱心318"网站前端页面开发》立意为"318"国道始于上海、终于西藏日喀则。使"爱心318"成为一个沪藏院校共建，师生间具有定向捐赠、校园义卖、校园微扶贫功能的网站，搭建起沪藏师生间爱心桥梁和交流平台。项目实施过程激发了学生民族团结的热情，在课改成果不断优化迭代中，锻炼了学生精益求精、科学严谨的职业精神。

（作者单位：上海市行政管理学校）

六、职教发展篇

职业教育要提高自身吸引力,获得社会认同和考生及家长的青睐,打破层次教育的藩篱,为学生有效开辟职业生涯发展通道是重要的途径之一。此外,引入国外通用资格证书,加强课程建设及科研管理,多管齐下谋发展,是提升职业教育自身地位的重要保障。

"五年一贯制"新型高职院校英语课程体系构建初探:
现实挑战、理论框架与实践向度

杨 红

摘要: "五年一贯制"高职作为一种新型的培养模式,其英语教学在课程设置、教学模式、教学方法和手段、教学评估,以及教师职业能力的培养与专业化发展等方面均面临着一定的挑战。学校应依托《上海市中高职贯通教育英语课程标准(试行稿)》,依据 DACUM 分析法和需求分析理论,从改变教育理念、探索教学模式、拓宽培养途径、完善教学评估及强化师资建设等方面重塑五年一贯制英语教学体系,以构建符合新型高职院校人才培养方案的英语课程体系,为促进经济社会发展和提高国家竞争力提供优质人才资源支撑。

关键词: "五年一贯制"新型高职院校; 英语课程; 体系构建; 理论与实践

中图分类号: H319; G420; G712

文件标识码: A

一、问题的提出

（一）核心概念

1. 五年一贯制新型高职

五年一贯制新型高职是一种新型培养模式，指融中等职业教育和高等职业教育于一体、实施五年一贯制培养模式的高等职业院校。五年一贯制高职院校主要招收参加中考的初中毕业生，学生达到录取成绩后，直接进入高职院校学习，进行一贯制的培养；学业期满颁发国家教育部统一印制的《普通高等学校毕业证书》，此学历为国家承认的全日制大专学历，证书注明"五年一贯制专科"字样，与"三年制专科"字样基本无异；颁发就业报到证；学生毕业后可参加专升本考试，继续深造大学本科学历。举办五年一贯制新型高职，目的是更好地适应经济社会发展需要，深化校企合作、协同育人，培养大学专科学历层次的高素质技能人才，代表着上海市职业教育的新布局和重构现代职教体系的发展方向。

2. 新型高职院校的英语教学

二语习得是个复杂的适应性系统[1]，同时受到内因和外部环境的因素影响，因此新型高职院校的英语教学应综合考虑课程标准、专业培养方案、职业能力结构、实训基地及师资建设等要素，在动态调整和全面优化原有教学体系的基础上，探索基于"工学结合"人才培养模式的英语教学改革与内涵建设的途径，构建以"市场需求为导向、职业能力为本位、职业资格证书为依托、理论与实践一体化"的课程开发和评价体系。

（二）研究背景

我国对"五年一贯制"专科培养模式的研究最早见于《试论高等工程教育专科层次的一种学制——恢复初中毕业"五年一贯制专科"的必要性与可行性》[2]及《试办五年一贯制大专班 探索高等专科教育改革的新路子》[3]，之后有《五年一贯制专科创办五年的回顾》[4]。上海对五年一贯制专科培养模式最早的典型性研究是上海电机技术高等专科学校（上海电机学院前身）的《"四五套办"与五年一贯制的比较》[5]，近期则有《五年一贯制数字媒体应用技术人才需求调研》[6]，以上研究均是从专科教育改革、专业发展及课程建设等方面进行研究、论述，但对五年一贯制英语教学的探索，均属罕见。

五年长学制的统一管理和运行，即同一个机制运作兼顾中职阶段和高职阶段不同模式的职业教育，集中体现了衔接、贯通和一体化管理。因为中职、高职都在一个学校，五年一贯制比在中职院校和高职院校两个不同办学主体进行的中高贯通培养模式更有利于课程衔接和学生职业素养的培育和职业发展。作为公共基础课的英语课程建设，也应将课程设置、教学模式、教学方法和手段、教学评估以及教师职业能力的培养与专业化发展等方面作为一个整体的研究客体，以构建符合新型高职院校人才培养方案的英语课程体系，为促进经济社会发展和提高国家竞争力提供优质人才资源支撑。

二、五年一贯制高职院校英语教学面临的挑战

（一）对高职教育的一些理解误区

提到高等职业教育，一些人，不论是教育领域的专家、学者或教师，还是其他行业的人员，潜意识里会认为这是一个低层次的教育形式。其实，高等职业教育既不是普通高等教育，更不是"低层次"的教育，而是一种相对较新的教育类型，是现代社会高新技术发展的必然产物，其培养目标主要是使求学者获得某一特定职业或职业群所需要的实际能力，包括专业知识和专业技能，并为求学者提供通向某一职业的道路[7]，对经济建设和社会发展起着非常重要的作用。笔者认为，对高职教育的理解误区与我国教育界对于知识的内容和方法的认识论的单薄狭隘有关，也与我国教育社会机制的行政化主导有关[8]。鉴于此，高职外语教学不应等同于大学外语教学，高职外语教学的重点不应仅停留在语言知识的灌输和传授，有些专业开设的行业外语也不应只是纯粹的基础外语教学，更不是专业外语教学。

（二）五年一贯制高职院校英语教学的现状及其面临的挑战

五年一贯制高职是职业教育发展到一定阶段的产物，目前上海有上海南湖职业技术学院、上海科创职业技术学院、上海闵行职业技术学院、上海现代化工职业学院和上海建设管理职业技术学院等5所五年一贯制新型高职院校，均是以原有的中职校为主体创设，所以学校需从办学理念、管理机制、师资队伍和教育教学等诸多方面实施整体转型。其中，英语教学在完善课程体系、强化师资建设等方面面临着诸多困难与挑战。

1. 学校教学管理部门

学校教学的主管部门一般为教务处或教务科，对专业建设比较熟悉且重视，会优先考虑、重点研究，包括英语课程在内的文化基础课往往面临着重视程度不

够、资源配置不均衡、建设需求落实滞后等情况。

2. 英语教学团队

经调查、访谈发现，高等职业院校的英语教师相对本科院校而言，其学历普遍偏低；相对于行业、企业专业技术人员而言，其专业技能有待提升；英语教师的学缘结构、职称结构、年龄结构比例失调；部分教师（尤其是新教师）实践教学能力明显不足。而目前新型高职院校的英语教师大多是原有中职校的教师，在教学工作中，除上述问题外，还普遍存在培训与教学工作存在时间冲突、教师企业实践经验获得比较困难、知识更新较为缓慢、科研力量薄弱等问题[9]，且他们多年来一直从事中职英语教学，对高等职业院校的办学理念、课程标准、学情及教学资源缺乏了解，对高职英语教学比较陌生，职业发展规划比较模糊。

3. 教学资源

目前各出版社、学校开发的包括教材、教辅及配套的音视频等数字资源在内的教学资源基本都是面向中等职业学校、三年制高等职业院校以及本科院校的英语教学，尚无专门针对五年一贯制高职英语教学研发的教学资源，教学缺乏有效的载体，英语教学面临衔接、贯通不畅及出现不必要的重复等诸多问题。

4. 教学研究

资源配置不均衡、教师团队不健全、教学资料不完备，直接造成五年一贯制高职英语教学研究的阻滞，大部分教师缺乏理念引领，有职业发展规划的教师缺乏团队支撑，反作用于教学则体现在日复一日的机械教学，整体研究水平不高，对教学促进效果不显著。

三、五年一贯制高职院校英语课程体系构建的理论框架

（一）指导思想

本研究以《中华人民共和国职业教育法》为依据，以贯彻落实《国家职业教育改革实施方案》《职业教育提质培优行动计划（2020—2023）》《关于推动现代职业教育高质量发展的意见》《关于深化现代职业教育体系建设改革的意见》及《上海市职业教育条例》和《2023年上海市教育委员会职业教育工作要点》等文件精神为基本要求，依托上海市教委2022年10月最新颁布的《上海市中高职贯通教育英语课程标准（试行稿）》（以下简称"《课程标准》"），运用学科整合与思维互补等研究方法，理论联系实际，探讨新型高职院校英语教学体系的构建，以

实现融合育人、公平教育和全人教育。

（二）理论基础

（1）以《上海科创职业技术学院人才培养方案》（以下简称"《人才培养方案》"）为导向，依据"DACUM 分析法"和"ESP 需求分析理论"，聚焦新型高职院校英语教学中的难点和瓶颈问题，构建符合新型高职院校办学要求的英语课程体系，以提升新时代职业教育的水平。

（2）将"动态系统理论"[10]和"产出导向法（POA）"[11]（如图 1 所示）的启示作为研究的理论基础，从《人才培养方案》、外语教育教学规律和课程研究三者之间关系的维度开展研究，优化教学设计，提高教学质量。

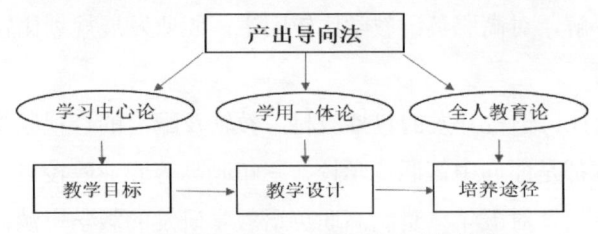

图 1 "产出导向法"对课程体系建设的启示

（3）对标《课程标准》，对"五年一贯制"新型高职院校英语课程体系进行实践性探索，尝试建构一种本土化、一体式的英语教育"现代化"观念和全方位、立体化的职场英语（Workplace English）[12]课程体系，以期切实提高职业院校英语教学的有效性，实事求是地推动职教事业的健康发展。

（三）建设思路

本研究通过梳理目前职业院校（包括中等职业学校和高等职业院校）英语教学中存在的、已经解决的和亟待解决的问题，提出应从改变教育理念、探索教学模式、拓宽培养途径、完善教学评估及强化师资建设等方面，分析《人才培养方案》、外语教育教学规律、课程原理三者之间的逻辑关系，重塑五年一贯制英语教学体系，突出"衔接"与"贯通"，并有效融入课程思政建设，尝试建立一种知识取向与能力取向相结合、符合外语教学规律、同时具有信度和效度的针对新型高职院校学生的英语能力培养的研究范式。

四、五年一贯制高职院校英语教学的实践向度

本研究以《人才培养方案》、《课程标准》、需求分析、教材设计及使用、教学评估、教师发展、课程探究与反思及教学管理等方面的前期研究为基础，提出多维度、全方位、立体化、一体式地探究"五年一贯制"新型高职院校英语课程体系建设，为促进经济社会发展和提高国家竞争力提供优质人才的资源支撑。

（一）基本原则

《课程标准》明确了聚焦语言能力、提升核心素养，凸显职业特色、服务生涯发展，倡导知行合一、强化语言实践，实施多元评价、推动教学变革及运用数字技术、促进有效学习等5个方面的课程理念，确立了通过课程学习，学生应该能够达到课程标准所设定的职场语言运用能力、跨文化理解能力及可持续学习能力等3方面的核心发展目标。所以高职院校的英语教学不仅须重视学生的英语语言基础，同时要培养学生实际应用英语的技能，特别是运用英语处理与未来工作岗位相关的业务的能力。故在新型高职院校英语课程体系构建过程中，应以"市场需求"为导向，继续完善人才培养目标，落实《课程标准》，并以"实际、实践"为核心，构建基础英语、专业英语和岗位实践的教学内容；以"工学结合"为抓手，探索"三位一体"的新型高职英语教学模式；以"校企合作"为基础，积极参与技术服务与社会服务，探索中外合作办学项目，开拓海外实习基地；以"能力培养"为依据，建立动态的、综合性的新型高职英语教学评价体系；以"双师素质"为标准，建立制度完善、结构合理、行业知名度较高的优秀团队，并以"优质、创新"为目标，加强新型高职英语教材建设。

（二）实现路径

1. 研究教学目标，落实《课程标准》

不同的国家和地区对外语教学有不同的期望，但无论哪里，大家都有这样的共识：外语教学的最终目的是提升外语教学的效率，使学生的学习效果更好，并能够尽快地获得外语交际能力。[13]《职业教育提质培优行动计划（2020—2023）》明确提出：提升职业教育专业和课程教学质量。所以新型高职院校的英语教学应重视培养学生的职业能力，突出"提高教学质量"在课程中的主体地位，学校教学主管部门应组织专家、学者及授课教师，根据需求分析和人才培养目标，认真研究《课程标准》，明确教学目标，制定新的英语教学大纲，开发满足行业或企业岗位（群）需求的教学内容与资源，实现由"语言知识＋语言技能"向"职业知识＋职业技能"的转化。授课教师应遵循教育学原理和语言学习规律，以《课程标准》为指导，熟知课程性质与任务，明确学科核心素养与课程目标，研究教学大纲，并根据基础英语、专业英语和岗位实践的教学要求，确定课程结构和授课内容。教师在教学过程中，还应关注学生学业质量和教师自身专业发展，引导学生向理想人生境界不断接近[14]的同时，促进语言教师与专业教师与合作，提高教师语言教学的敏感性和能动性[15]，全面提升教育教学质量。

2. 改进教学模式，优化教学设计

职业教育既要满足社会需求、关注经济发展，又要满足个性需求、关注人的发展[16]，故新型高职院校的英语教学应以《课程标准》为依据，以《人才培养方案》为导向，以"工学结合"为抓手，重视课程思政建设，以培养学生综合能力和职业素养为目标，理论和实践并重，在"平台+模块"的基础之上，构建"技能培养+知识传授+职业素养养成"三位一体的教学模式。因此，教学内容设计要"把握两条线"：一是以职业岗位典型工作任务为教学内容选择主线，以工作过程及流程为导向，分解工作任务，分析职业核心能力，融入拓展能力的培养；二是以"语言运用能力——语言运用能力+工作技能——综合能力"为教学内容序化主线，使学生在活动中增强团队合作精神，发展职业能力，灵活运用语言知识和专业知识。

此外，"动态系统理论"[17]的研究结果表明：外语教学环境具有复杂、动态、非线性的特点，可视作一个复杂的动态系统，而学生的语言和认知发展也具有动态性，所以教师在教学过程中，还应依据学生的个人特点和实际需求提供适时、适量、适当的支架[17]，促进语言运用的自动化，从而有效地促进二语习得[18]，实现学生综合能力培养的逐步提升。

3. 重塑发展策略，拓宽培养途径

关注人的发展是教育的基本属性，在职业教育中体现为整体行动能力的培养，即帮助学生具备独立思考、善于存储、解决问题和发展定位的能力，以便能在职业世界和生活世界中，对自己的技能学习、认知学习、情感学习和社会学习进行设计，对自己的职业生涯进行可持续性的规划、调节与评价。[19]《关于深化现代职业教育体系建设改革的意见》明确指出：职业教育的改革方向，即坚持以人为本、能力为重、质量为要、守正创新。所以，当高等职业教育已由一个层次向一个类型进行转变，新型高职院校的英语教学也由"普及"到"重视"向"必须、够用"的方向转化，其教学目标、课程设置、教学模式、教学方法与手段等方面的变化势在必行，而新型高职院校的英语教师也经历着由"够用"到"不够用"向"剩余"直至"转型"的阶段发展。

我们通过重新审视英语教学的走向及基础英语和专业英语的定位，提出新形势下五年一贯制英语教学的发展策略，即以"校企合作"为基础，以"培养职业型、复合型人才"为导向，以"能力本位和岗位需求"为主线，积极参与技术服务与社会服务，并遵循"产学结合"的原则，尝试开发和构建职场英语教学体系，拓宽培养途径，包括：(1) 立足"两个点"，即立足校内实训点和校外实训点，这是教学实施的条件与基础；(2) 支撑"两个面"，即坚持面向核心岗位职业要求、面向就业市场的目标指向原则，这是教学实施的目标与效果对培养途径的要求；(3) 实现"四个结合"，即实现在校学习与实际工作相结合，实现课堂与实训基地相结合，实现课内与课外实践相结合，实现学习与创造相结合；(4) 探索"四个贯通"，即依据职业教育理论剖析新型高职院校英语教学的课程改革与发展方向，对人才培养进行"四个贯通"的实践性探索，即语言基本能力与职业核心能力融会贯通、校内实践教学与校外（包括海外）顶岗实习融会贯通、课程考核与职业证书获取融会贯通、课程学习与工作就业融会贯通。

4. 改革评价方式，完善教学管理

对学生进行考评，是评价教学效果、提高教学针对性的必要手段，而真正有效的评价是促进学习的评价。科学的考评方式具有正确的导向性、激励性和实效性；反之，则将桎梏教学的发展。传统的教学评价多采用期末笔答试卷这种终结性考核的方式进行，很难反映学生运用知识和技能解决实际问题的能力。新型高职院校英语课程的考评内容应多元化，突出对学生全面的、综合的语言技能的考核，力求客观、准确、科学。考评可根据评价的时间点，采用形成性评估、真实性考核和终结性测评相结合的综合性评价（见表1），即学生平时成绩（包括课堂参与、学习资料和合作学习活动等学习档案的积累）占学期成绩的30%；小组实践考核环节（包括模拟任务的完成情况等）占学期成绩的40%；期末考试（包括考试与考察、口试与笔试、开卷与闭卷、独立完成与分组完成、考场完成与考场外完成、线下完成与线上完成等多种方式）占学期成绩的30%（如图2所示）。

表1 综合性评价分析

考试类型	比重	性质	内容	侧重
平时成绩	30%	形成性	学习档案	学习积累
小组实践	40%	真实性	活动任务	努力程度
期末考试	30%	终结性	综合运用语言的能力	学习效果

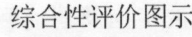

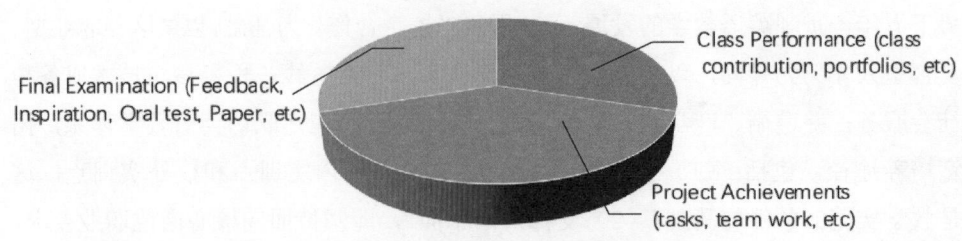

图 2　综合性评价图示

动态的、综合性的考评方式将极大地调动学生学习英语的自主性和积极性，有利于学生综合职业能力的培养，是"有效"的评价，是促进学习的评价（如图3所示）。通过教学评价和教学反思，教学主管部门及授课教师可以及时发现教学的成效与不足，并帮助学生找到自己的弱项和学习策略中的问题。[20] 同时需要引起重视的是，涉及评价的教学改革是一项全面的、系统的教学环节，需要各级领导、各二级学院充分重视并适当注入政策性、鼓励性的引导，为教改实践的展开提供强有力的保障。

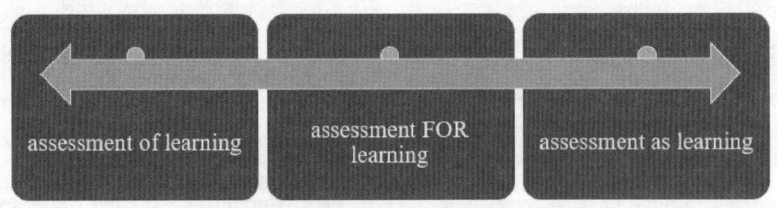

图 3　促进学习的评价（assessment FOR learning）

5. 提升教师素养，强化师资建设

在五年一贯制高职院校专业多样化和生源差异化的背景下，英语教师不仅需要具备扎实的语言功底和教学能力，还要熟知学情，了解行业及各类职业技能对语言教学的需求，并通过科学、合理、经济的教学手段实施有效教学，所以英语教师面临着必须胜任多元化角色的挑战。但由于政策信息渠道不畅通等因素，英语教师专业发展及提升途径近年来虽有所好转，但还远远不能满足英语其专业发展的需要。所以，推进五年一贯制高职院校英语教学的师资建设，可从如下几个方面进行，形成探究性团体（如图4所示），以促进英语教师在专业、实践、心智等方面的全面提升[21]。（1）加强"双师型"教师队伍建设，建立一支"双师型"骨干教师队伍，突出其语言、专业、实践的结构特色和优势；（2）制定专任教师职业能力培训计划，进一步整合现有专任教师类别，构建语言、专业、实践师资结构分类；（3）落实专任教师脱产短期培训计划，有计划安排青年骨干教师赴国外相关院校和国内知名院校进行短期脱产学习；（4）支持学科专业及梯队建设，通过以老带新、传帮带等措施，带领中青年教师进行"语言＋专业"的实践研究；（5）明确科研定位，增强科研意识，培育科研团队，加强科研梯队建设和教材建设，推动信息技术与外语教学深度融合[22]，引导自发式研究向学科集群式研究发展，形成有影响的研究方向；（6）探索专兼结合的团队保障制度，并积极推进和完善制度、资金、时间及资源等方面的保障。

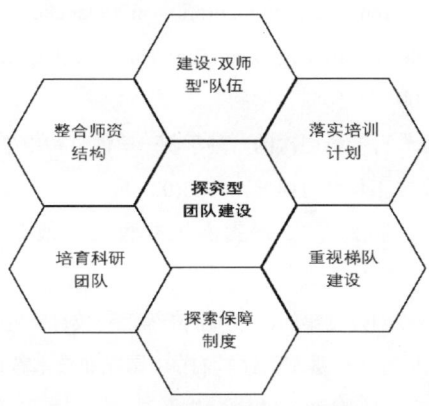

图 4 "探究型"团队建设图示

此外，从个体教师的发展与教育环境之间的交互影响[23]的角度而言，教师的专业发展需要社会提供一个良好的发展环境，所以社会和教育主管部门应该对职业教育及职业院校英语教师的专业发展高度重视，通过各种渠道引导教师不断发展和完善自我，如有目的地创建学习和发展大型数据库，设计干预工具促进教育教学效果，重视动态管理，加强成果跟踪和分析等[24]，为职业院校的英语教学和研究创设条件，为职业教育的可持续发展奠定基础。

五、结语

职业院校的英语教学是一项全校性的、系统的、需要学校多个部门、各方人员共同参与的立体化工程，需要上下形成共识、多方人员配合、专项资金保证、全体教师参与，从统筹教学资源、优化考核制度、完善教辅环境、建设师资队伍等方面多方位搭建发展平台，合理制定措施并认真贯彻落实，以优化人才培养模式，创立和保持学校品牌，为教学实践的开展提供强有力的保障。

教无定法，贵在得法，我们建议可在有条件的基础上，依据高职英语教学体系的构建原则并以英语语言学习规律为基础，尝试进行"双主模式"的ESP（特殊用途英语）课程建设，或者有针对性地开展双语教学，从而培养出高技能、高素质的复合型人才，体现学校教育与经济发展及市场需求的均衡与统一，实现外语教学服务社会的真正价值，推动高等职业教育高质量发展。

参考文献

[1] Swain，M. Language，agency and collaboration in advanced second language learning. In H. Byrnes (Ed.)，Advanced Language Learning: The contribution of Halliday and Vygotsky. London: Continuum，2006:95-108.

[2] 徐茂义.试论高等工程教育专科层次的一种学制——恢复初中毕业"五年一贯制专科"的必要性与可行性[J].高等工程教育研究，1983(02):76-82.

[3] 忻福良.试办五年一贯制大专班 探索高等专科教育改革的新路子[J].江苏高教，1986(01):22-24.

[4] 施祖烈.五年一贯制专科创办五年的回顾[J].高等工程教育研究，1989(04):71-74.

[5] 何锡涛."四五套办"与五年一贯制的比较[J].中国职业技术教育，1997(02):13-14.

[6] 陈小红，袁明.五年一贯制数字媒体应用技术人才需求调研[J].计算机时代，2021(07):75-77+80.

[7][16][19] 姜大源.职业教育的学习结构论[J].中国职业技术教育，2007(1):1.

[8] 张莲.高校外语类专业教师知识基础及其建构与发展的现象图析学分析[J].解放军外国语学院学报，2019，42(05):40-48+159.

[9] 韩保磊，雷正光.中等职业学校教师专业化发展的困境及对策建议[J].江苏教育，2015，(40):54-56.

[10][17] 徐锦芬,外语课堂中的教与学[M].北京：知识产权出版社，2019: 17-20

[11] 文秋芳，毕争.产出导向法与任务教学法的异同评述[J].外语教学，2020，41(04):42-46.

[12] 孔文，李迪.《全球职场英语能力量表》的研制及其启示[J].北京第二外国语学院学报，2020，42(05):57-70.

[13] 邹为诚.把握外语教学的发展方向，提升外语教师的教学实践能力[J].中国外语，2019，16(06):1+10-11.

[14] 刘蕴秋，邹为诚.华东地区优秀外语教育传统研究[J].外语教学理论与实践，2009(04):33-44.

[15] 徐锦芬，张姗姗. 生态视角下 EMI 学科教师语言教学能动性研究 [J]. 现代外语，2022，45(03):369-380.

[18] 徐锦芬，陈子逸. 国内课堂教学中教师支架研究述评 (2006-2020)[J]. 语言教育，2022，10(01):11-19.

[20] 文秋芳. 二语习得重点问题研究 [M]. 北京：外语教学与研究出版社，2010:55.

[21] 严玲. 专门用途英语课程构建 [M]. 北京：中国传媒大学出版社，2011:219.

[22] 张志荣. 从元认知理论看高职外语教师的职业发展 [J]. 课程教育研究，2014(1).

[23] 徐锦芬，李高新，刘文波. 线上线下融合情境下大学外语教师能力框架构建 [J]. 外语界，2021(04):11-18.

[24] 杨维嘉，李茨婷. 高校英语教师的教学学术实践与发展研究 [J]. 外语教学理论与实践，2022(01):92-101.

[25] David A. Sousa 编，周家仙等译. 心智、脑与教育——教育神经科学对课堂教学的启示 [A]. 华东师范大学出版社，2013:56-58.

（作者单位：上海科创职业技术学院）

协同"老字号"企业出海 共筑商科丝绸之路
——"双渠道 四模块 云平台"课程输出模式探索与实践

夏莹 邵元君

上海商业会计学校勇挑职业教育开放使命，服务上海国际贸易中心城市建设与"四大品牌"打造，在政府指导下，紧密对接相关行业协会和国际组织，构建跨国产教协同育人机制，携手"老字号"出海企业，探索以"双渠道 四模块 云平台"课程输出模式，与企业联合培养海外本土化跨境商务人才，以满足出海企业对人才的需求。

一、实施背景

随着上海国际贸易中心建设的快速推进，国际贸易和海外营销促进平台的日益完善，上海已与 14 个"一带一路"沿线国家经贸部门和重要节点城市建立经贸合作伙伴关系，并制定了"走出去"行动计划，鼓励本土"老字号"企业出海，扩大中国品牌在全球的影响力。因此，"老字号"企业积极转型，据不完全统计，

90家"中华老字号"企业,正探索开拓"一带一路"新兴市场。

然而,中国企业"走出去"是一个包含政治、经济、文化等因素的系统工程。"人才"和"品牌"是企业出海需要翻越的两座大山。通过提前布局海外本土化商务人才,尝试提升品牌的美誉度和认识度,以"老字号"品牌集群出海的初尝试将会是中国企业在海外开拓疆土的利器。

上海商业会计学校主动相应政策要求,积极探索职业教育协同中国企业尤其是"老字号"商贸类企业走出去可实施的路径,与"一带一路"沿线国家和地区致力于商科建设的职业学校共商、共建和共享职教建设成果与先进经验,持续加强职业教育国际交流与合作的链接纽带作用。

二、实施方法和过程

上海商业会计学校拥有优质财商专业资源和国际交流与合作品牌,致力于服务上海产业经济的发展,助力"老字号"品牌出海。基于此,学校主动对接"老字号"出海企业,围绕着如何产教协同联合培养海外本土商务人才、如何重塑海外本土商务人才对"老字号"品牌的认知、如何提高海外本土商务人才适应性这3个问题开展课题研究,并形成"双渠道 四模块 云平台"课程输出方案,结合上海市"一带一路"职业教育经验对外输出项目开展实践(见图1)。

(一)以"行业协会+国际组织"为双渠道,构建跨国产教协同育人机制

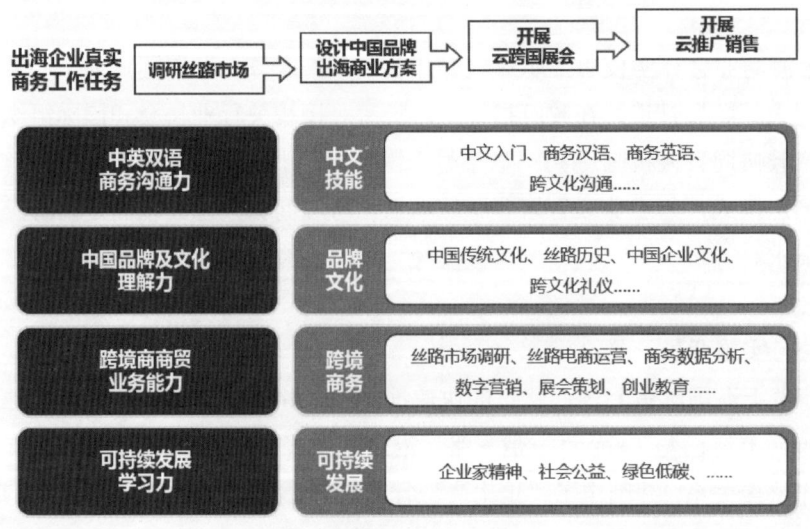

图1 四模块拓展型课程图

由学校牵头，多方联动组建丝路商科人才联盟，发挥"行业协会＋国际组织"双渠道作用，形成高效跨国商务人才培养运行机制。政策引领，市教委、经信委和商务委提供决策咨询和政策指导；行业搭桥，通过行业协会如中国跨境电子商务行业协会对接中国一铅、邵万生、奇美等"老字号"出海企业10余家。国际联通，通过青年成就、联合国开发计划署等对接菲律宾圣斯科拉丝蒂卡学院（St. Scholastica's College Manila）、巴基斯坦 Khwaja Fareed 工程信息技术大学（KFUEIT）等海外院校52家；校企共育，聚焦核心能力和素养，中方校—出海企业—外方校共建标准、资源，实施岗课赛证创融通培养；科研助力，市教科院组建专家团队6人，发布科研课题提供海外本土商贸活动政策法律、风俗等共性特征。

（二）以四模块拓展型课程为内核，塑造"老字号"品牌新认知

四模块拓展型课程联合开发逻辑起点："一带一路"沿线国家和地区的商贸类职业院校均有学习《学生公司》课程的经历，跨专业背景的海外学生已有商务知识基础。基于中外学校，出海企业和国际组织的共性需求，四方共建跨专业交叉融合的中文技能、品牌文化、跨境电商、持续发展四模块课程。

模块课程兼具出海企业和中国文化内涵：中文技能模块包括中文入门、商务汉语、商务英语、跨文化沟通等，旨在帮助中外学生具备中英文开展跨境商务沟通的能力；品牌文化模块包括中国传统文化、丝路历史、中国企业文化、跨文化礼仪等，旨在帮助中外学生提升中国文化理解力和中国品牌认同感；跨境电商模块包括丝路市场调研、丝路电商运营、商务数据分析、数字营销、跨境电商直播、视觉营销等，帮助中外学生能够开展市场调研、对中国产品开展营销推广、运营跨境电商平台、跨境电商直播等；持续发展模块包括绿色低碳、创业教育、企业家精神、社会公益，旨在提升中外学生领会共同发展、可持续发展的全球价值观和共同利益观，获得终身学习能力。

立体化教学资源动态更新至四模块课程：教学资源根据新业态发展作动态更新和调整，中方学校、出海企业、行业协会三方研发《跨境商务课程标准》《新媒体运营制作课程标准》，出版《创业教育》《市场营销》等中英双语活页教材，配套100个微视频资源。协同培养具备用中英文沟通、中国文化深植于心、能开展跨境电商运营的创新复合型实战人才。

模块课程出海必审机制确保高质量输出：由丝路商科人才联盟推荐专家组成

模块课程及教学资源审核团队，避免输出内容引发法律、文化等方面的冲突，确保课程高质量输出。

（三）以跨境电商云平台为手段，提升学生跨境商务实战能力

以"校＋企＋企"合作模式搭建跨境电商云平台：学校通过中国跨境电商行业协会对接跨境电商龙头企业，与"老字号"出海企业协同开发面向海外学生、教师及"老字号"出海企业集群，集培训、实战及创业于一体的跨境电商云平台。中外师生可在云平台上进行四模块课程的学习，也能运用云平台开展跨境商务模拟演练。

以营销推广＋跨境直播＋云商务挑战赛＋创业孵化为组合拳递进实战：学校"职业教育先进经验对外输出"项目是上海市教委职教处批准的市级项目，"一带一路"新商科青年创新赋能营是项目实施的主要内容和载体，赋能营以"老字号"出海企业如邵万生、奇美、中国一铅在跨境平台运营实战项目为导向，在"异地课堂"版块学习中文技能、品牌文化、跨境电商、持续发展等四模块课程；在"丝路展会"版块实践线上"老字号"品牌跨境直播推广、线下豫园展会等跨境商务场景，实地实践"老字号"产品销售等技能；在"云挑战赛"版块交流展示中国出海品牌的丝路国家商业推广方案；在"孵化创业"版块运用跨境电商平台开设店铺，销售"老字号"产品，运营中国品牌等创业潜在机会。

以跨国组队形式协作指导与评价：组建跨国校企教学团队全过程参与课程指导和评价；中外学生跨国组队，协同开展学习和实战，同向提升跨境商务实战能力。校企双元教学团队通过云平台对中外学生参与"教、学、训、赛、创"跨国电商项目的所有数据进行"全程"式跟踪实时反馈评价。专业教师将中外学生视为"学习者"，按照中英文语言应用、中国文化理解力、跨境电商技能、可持续发展4维度对学习效果进行过程性评价；企业导师将中外学生视为"工作者"，按照跨境电商运营工作岗位实绩，对跨文化工作场景中团队协作、中国品牌认同感等软技能进行表现性评价，实现"全方位"评价。

四、实施成果与成效

经过4年的建设和实践，"双渠道 四模块 云平台"课程输出模式取得了一定成效，已累计面向21个"一带一路"沿线国家和地区87所职业院校的学生进行了课程输出。

（一）人才培养有效果，海外学生获职业发展更多可能性

（1）培育了一批"一带一路"本土电商主播，化身"老字号"品牌推广大使

参与课程学习的海外学生中，约2%的人成为当地网红电商主播，以中国"老字号"品牌推广大使的身份持续为品牌宣推发声。

（2）涌现了一批创新创业者，挖掘当地产业发展新赛道：跨境电商云平台的实战为他们打开了创业之窗，他们创新设计产品，成为跨境交易平台上的创业店主。

（3）输送了一批跨境商务人才，成为中资企业香饽饽：海外学生中涌现出一批优质跨境商务人才，他们对课程满意度及前往中资"老字号"品牌企业实习就业的兴趣浓烈，获得了中资企业在线实习机会。

（4）成就了一批中外学生团队，协同完成跨境商战项目：99%学生获跨境数字能力学习证书，参赛成绩优异。如全球商务挑战赛一等奖10人次，中国学生则获全国技能大赛金奖。

（二）国际产能合作有成效，职业教育国际影响力持续增强

1. "老字号"品牌焕新声，海外市场消费者信任度提高

经市场调研，以凤凰自行车品牌为代表的"老字号"品牌在海外市场的存在感提高了93%，87%的消费者对凤凰牌感兴趣。与国外其他品牌相比，78%的消费者选择购买凤凰牌自行车。

2. 高质量课程海外输出，丝路学校师生认可度提升

吸引来自马来西亚、土耳其、泰国等22个"一带一路"沿线国家和地区及荷兰、芬兰、德国等发达国家的52所职业院校加入丝商联。《跨境电商运营课程标准》等5个双语课程标准、《创业教育》等5本双语版活页教材被土耳其、泰国、荷兰等52所职业院校使用。自实践以来，累计国内师生参与国际交流298人次，国外做相关报告近百场。

3. 树立中国职教新形象，丝路商科项目公信力增强

该项目获跨境电商行业协会、联合国开发计划署等相关负责人高度评价中外学生团队的全球化视野、商业创新能力和社会责任意识。人民日报、中国教育电视台、学习强国、中国日报等20余家主流媒体对育训创新实践成果进行广泛深

入的报道，累计报道 150 余次，海外社交媒体平台重点报道相关内容产生广泛影响，全媒体相关话题阅读量总人次突破 1.1 亿。

五、启示和展望

学校基于"清荷国际交流与合作"的校园子品牌建设，集聚国际交流资源，发挥商贸类专业优势，聚焦培养海内外跨国商务人才，服务中国企业，以及"老字号"企业走出去作出了一定贡献。未来，学校将在如下方面进行探索。

（一）探索"老字号"品牌集群出海的新路径

"老字号"品牌出海存在着品牌认同度不高、信任度不强的关键问题。为发挥职业教育的适应性，服务产业的发展，学校通过与海外当地职业院校联合培养出海企业所需技术技能人才不仅能为"老字号"品牌找到潜在目标客户人群，使海内外 Z 世代年轻人全面了解中国"老字号"品牌，也能逐步认同中国品牌。学校协同出海企业培育未来具备本地化营销能力的海外团队，有效地助推中国品牌走向世界舞台的中央、树立中国品牌形象，帮助中国品牌顺利着陆。

（二）形成职教跨国校企合作可借鉴的模式

通过四模块拓展型课程的开发、实施和运营，学校有机地将本地政府、国内职业学校、国外当地政府、国外当地职业院校、国内行业协会、国内企业尤其是"老字号"企业和国外企业等跨国职教多元主体有机融合了起来，形成了可借鉴的跨国产教融合协同育人的模式。未来学校将进一步开展丝路商科人才联盟的保障机制、运作机制等方面的优化工作，将四模块课程的标准进行新的研发和迭代，做好该模式的持续推广工作，吸引更多职业学校和中国企业加入联盟，携手开启跨国产教融合新篇章。

（三）创造中国文化软输出的更多可能性

以"老字号"如中国第一铅笔、邵万生、凤凰自行车等品牌集群为载体，开展跨境电商云平台运行为实战，以四模块拓展型课程为核心内容，持续保持与企业的紧密对接，动态更新模块课程内容，将新业态、新技术有机融合到课程和实战项目中，帮助海外师生用中文为沟通工具，对丝绸之路历史、中国产品、中国企业文化、中国品牌的价值有潜移默化的认知，认同中国文化，讲好中国故事。

（作者单位：上海商业会计学校）

澳洲 TAFE 培训包中资格证书要求的职业能力标准的变迁研究
——以运输与物流培训包物流三级资格证书为例

康阅春

本文在简单介绍澳大利亚 TAFE 及培训包制度基础上,梳理了上海市医药学校引进的运输与物流培训包中物流三级资格证书及课程从 2003 年办学至今的变更或更新情况,对其中九个课程中列示的职业能力点进行阶段性比较分析,归纳了澳洲职业教育在能力要求上更加强调法规、精准、安全、规范等方面,然后作者作出了总结思考,认为在职业能力上总体有文档工作能力的柔化、健康与安全意识的提高、评估标准严格与能力标准对应等特点,希望对我国的"工匠"培养有所借鉴。

一、澳大利亚 TAFE 及培训包制度简介

TAFE (Technical and Further Education) 是澳大利亚十年制义务教育后政府投资主办的职业教育和培训机构,类似于我国的职业院校。其目的是实现学校人才培养与就业市场需求的有效对接,为各行业培养有实际工作能力的人才。在澳洲独立设置的 TAFE 学院与综合性大学中 TAFE 部门并存,向学员提供从职业教育初级资格证书培训到专科文凭学习再到学位课程(包括博士学位)的一系列教育机会。

TAFE 学院招生没有年龄限制。TAFE 所有的文凭资格是全国认可与互通,专科文凭课程受到各大学的认可,允许学分互换,学生继续攻读大学学位时可以免修部分课程。

TAFE 学院的课程由国家行业技能委员会开发的一系列培训包 (Training Package,TP) 组成,培训包具体内容包括职业技能的资格框架、课程能力标准和评估要求。培训包是澳大利亚国家层面制度的一揽子培训计划,是基于劳动力市场的人才需求,行业深度参与并得到国家认证的职业教育与培训规划,在澳大利亚职业教育资格框架 (framework) 中处于至关重要的地位。培训包详细规定国家统一的资格、职业能力标准和评价指南,并提供相应的培训教学辅助资料。其中职业能力标准是培训包的核心内容,明确完成某项职业工作所需的技能、知识和工作态度的行业标准,指导培训机构的教学工作,使学员有机会通过多种途径获

得国家资格证书,具备从业资格。培训包由澳大利亚资格认证框架下的许多资格证书组成,其中包括一、二、三、四级证书、文凭证书和高级文凭证书共 6 个等级。

在一定层次上,培训包与我国的专业教学标准有非常大的类似之处,用于指导各职业院校和培训机构开展人才培养工作。但在我国,专业教学标准中对于评估方面的要求弱化了很多。澳洲职业教育与培训遵循一个原则:高质量评价是职业教育与培训部门信誉的基石。评价按成果导向,以培训包标注的行业所需的知识和技能要求进行评估,分为"能力满足"和"能力不满足"两个评价结果。

二、运输与物流培训包物流三级资格证书变迁情况介绍

2003 年上海市医药学校与澳大利亚博士山学院(BoxHill Institute)开始合作办学,引进了 TAFE 运输与物流培训包物流三级资格证书课程,近 20 年来培训包进行了 5 次升级或更新,具体如下表:

年份	培训包/资格证书名称
2002	TDT02 Transport and Distribution Training Package (Warehousing & Storage)
2010	TLI07 Transport and Logistics Training Package/ TLI31107 Certificate III in Transport and Logistics (Logistics Operations)
2011—2014	TLI10 Transport and Logistics Training Package/ TLI32410 Certificate III in Logistics
2016—2018	TLI Transport and Logistics Training Package/ TLI32416 Certificate III in Logistics
2020—2021	TLI Transport and Logistics Training Package/ TLI30319 Certificate III in Supply Chain Operations
2021—	TLI Transport and Logistics Training Package/ TLI30321 Certificate III in Supply Chain Operations

从上表培训包/资格证书的变更历程可以看出,在 2010 年后澳洲培训基本保持 5 年一次大升级,期间进行每一两年一次更新的频率。2010 年后培训包中对应资格证书所列示的核心课程(Core Units)也有所不同,具体列示如下:

资格证书名称	核心课程
TLI32410 Certificate III in Logistics	TLIE3004A Prepare workplace documents
TLI32416 Certificate III in Logistics	TLIE3004 Prepare workplace documents &TLIF0001 Apply chain of responsibility legislation, regulations and workplace procedures

（续表）

资格证书名称	核心课程
TLI30319 Certificate III in Supply Chain Operations	TLID1001 Shift materials safely using manual handling methods &TLIF0009 Ensure the safety of transport activities (Chain of Responsibility)(F0002)
TLI30321 Certificate III in Supply Chain Operations	TLID0020 Shift materials safely using manual handling methods &TLIF0009 Ensure the safety of transport activities (Chain of Responsibility)

由上表核心课程的变动情况可以看出，重点由文档工作转向技能操作和安全职责，说明由于信息技术的发展，文档工作能力逐渐弱化，但对操作技能和安全意识更加注重。

三、运输与物流培训包物流三级资格证书引进课程职业能力标准的变化分析

本文作者在运输与物流培训包三级资格证书引进课程中分析了9个在近一二十年来持续存在（但期间变更或更新了若干次）的课程，发现在这些课程中，职业能力标准也跟随培训包大致在2010年、2015年、2020年每隔5年左右有不同程度的变动或更新，在2021年运输与物流培训包三级资格证书TLI30321中又有5个模块进行了变更。近两年物流培训包变动的幅度和频率有加大的趋势，一定程度上反映了澳大利亚在物流领域的迫切发展要求。

在梳理如下表所示TLIF0025、TLIE0008、TLIG0002、TLIA0004、TLIA0015、TLID0020、TLIF0009、TLIF3003、TLIJ0003等九门课程要求达到的职业能力标准2010年之后的变更或更新情况后，作者总结了以下几个变化特点：

课程代码	课程名称	中文译名
TLID0020	Shift materials safely using manual handling methods	搬运作业
TLIF0025	Follow work health and safety procedures	遵守WHS规范
TLIF0009	Ensure the safety of Transport activities (CoR)	运输安全职责
TLIA0004	Complete receival and despatch documentation	文档管理
TLIA0015	Organise receival and despatch operations	出入库操作
TLIE0008	Calculate mass, area and quantify dimensions	储运量计算
TLIF3003	Implement and monitor work health and safety procedures	WHS实施与监控
TLIG0002	Lead work Team	团队建设
TLIJ0003	Apply quality systems	质量管理

1. 强调法规

在职业能力标准的描述上更加注重法规。具体表现有：

（1）在 TLIF0025 模块中，职业能力标准 1.1 和 1.2 由原来的 workplace procedures and legislation 改动为 workplace legislation and procedures。

（2）在 TLIE0008 模块中，职业能力标准 2.1 中由原来的 in accordance with workplace procedures 改为 in accordance with legislation requirements and workplace procedures。

（3）在 TLIG0002 模块中，职业能力标准 2.2 中由……and other WHS/OHS policies 改为 WHS/OHS legislation and workplace policies。

2. 强调精准

在职业能力的描述中用词更加精准到位，尽量使用准确描述的语言表述。具体表现有：

（1）在 TLIE0008 模块中，删除 Estimate 或用 Calculate 代替 Estimate。

（2）在 TLIF0009 模块中，标题由原来的 Apply chain of responsibility legislation, regulations and workplace procedures 变更为 Ensure the safety of transport activity (Chain of Responsibility)

（3）在 TLID0020 模块中，1.8 中 the goods 和 3.4 中 materials 更改为 products, goods or materials. 在 1.10 中 for application 修改为 when moving loads. 在 1.11 中 PPE is worn(2012 年) 修改为 PPE is determined(2015 年)，后又修改为 PPE is identified and used.(2021 年)

3. 强调安全

在职业能力描述中更加注重安全意识的重要性，体现更多的人性关怀。具体表现有：

（1）在 TLIF3003 模块中把原来的 OH&S 变更为 WHS/OHS.

（2）在 TLID0020 模块中 2.1 新增 risk assessment.

（3）在 TLIF0025 模块中 1.5 新增了 hygiene practices, health and wellbeing for self and others 这样的表述。

4. 强调规范

主要表现在语言表达的规范上和专业用词的规范上。具体表现有：

（1）在 TLIG002 模块中，职业能力标准 2.3 中 enterprise 修改为 workplace，

全文 work team/group 修改为 work team 规范表述。

（2）在 TLIA0004 模块中，删除 any relevant 或 where applicable 这样的表述。

（3）在 TLIF0025 模块中，职业能力标准 1.1 中由原 accident，fire，emergencies 修改为 incident，hazards，emergencies 专业用词。

四、职业能力标准变迁总结及相关思考

本文作者通过对澳大利亚 TAFE 体系运输与物流培训包物流三级资格证书课程的八年沉浸和思考，在职业能力标准的变迁中有以下几个感想：

（1）澳洲运输物流培训包的职业能力标准原来的很多课程都有完成文档（Complete documents）这部分的能力要求，但随着信息技术的发展，在工作中文档的书面书写工作越来越少，通过信息管理系统（如仓储管理系统 WMS）进行工作文档的录入与传递，电子表单的形式对文档的填写要求大大降低，规范化填写也更容易实现，从而导致很多课程在完成文档这个能力要求点整合或缩减成一个分能力点列示。核心课程中原来的 TLIE3004 Prepare workplace documents 也被替换，不做强制要求。

（2）澳洲运输物流培训包的职业能力标准历来非常重视工作人员的健康与安全问题，这一意识现在也越来越得到重视，在多门课程职业能力标准中列示了健康与安全 WHS/OHS 或相关的法规要求，也多处提及个人防护设备（Personal Protection Equipment，PPE），并且出现了卫生（hygiene）、福利（wellbeing）等用词，更加注重人文关怀。

（3）澳洲运输物流培训包的职业能力标准的评估一直强调要严格按照列示的能力点进行一一对照，从 2015 年开始，在课程职业能力标准文件中还单独编写了评估要求（Assessment Requirements）文档，文档中列示了评估需要的证明文件（Evidence）和评估所需的条件（Assessment Conditions），最新的评估资料每一门课程都分为知识（knowledge）考核和技能（skills）考核两部分，对考核内容细化后逐一与职业能力标准中列示的能力点进行一一对应形成对标文件（Unit Mapping），确保职业能力标准落实到位，对我国专业教学标准的执行和成效评估有参考意义。

澳洲运输与物流培训包在强调紧密融合企业、实时动态更新、维护健康安全、严格按标准培训评估上做得比较好，但职业教育的发展和经济的发展密切相关，

随着我国的信息化水平、经济发展速度和对职业教育的重视程度日益提升，在技能培训和评估条件上有诸多优势，也对职业能力标准中列示的操作能力点有更好的教育条件，相信我国的"工匠"会涌现越来越多。

参考文献

[1] http://www.training.gov.au.

[2] 段圣贤.澳洲TAFE教育对于提升我国物流职业教育水平的借鉴.机械职业教育,2017(4).

[3] 苗睿岚.TAFE学院的理念与实践对我国发展职业教育的启示.无锡商业职业技术学院学报，2021.2.

[4] 于建明.澳洲培训包开发流程对深化产教融合的启示.机械职业教育，2019（11）.

[5] 刘晓华.解析澳大利亚职业教育体系中的培训包制度.文教资料，2018（14）.

（作者单位：上海市医药学校 ）

中等职业学校教师教科研管理实践探索
——以上海市医药学校为例

范 伟 田 晖

近年来，上海市医药学校在已有教科研管理工作经验的基础上，进行了一系列的改革和提升，建立了一套有机高效的教研服务体系。学校校长负责分管教育科研工作，发展规划处承担教科研具体工作，聘请专家组建学校学术专家团队。严格以制度为依据，先后修订和完善了教科研管理系列文件，包括《上海市医药学校教科研管理办法》《上海市医药学校校本教材管理办法》《上海市医药学校精品课程管理办法》等，形成了较为完备的教科研管理流程，不仅使教科研课题建设有据可依，同时还为校本教材、精品课程等的管理提供了有效的借鉴，科学、高效地服务教师参与教育科研活动。

一、重视课题管理信息服务工作，确保教科研情报的时效性

（一）调研教师教科研情报信息需求，探索有效的服务模式

学校在调研全体教师教科研需求和工作习惯的基础上，探索出科研情报信息

服务模式。学校购买万方数据平台,向全校教师开放了期刊论文、学位论文查询功能,助力教师高效完成文献查阅,满足教师在教科研过程中不同阶段不同类型的需求,提供良好的教科研信息环境。

(二)及时开展课题信息通报,发动、组织教师进行课题研究

学校通过校园网信息发布平台、校园网邮箱、中层干部管理群和全体教职员工群,及时发布上海市教委、上海职教在线、上海市浦东新区教育局、各类行业协会和上海市医药学校各类教科研信息(见图1),对符合条件可以申报的各类项目进行及时宣传,发动并组织教师进行项目申报,如遇困难,发展规划处会进行针对性的指导,确保教科研项目申报工作的顺利开展。

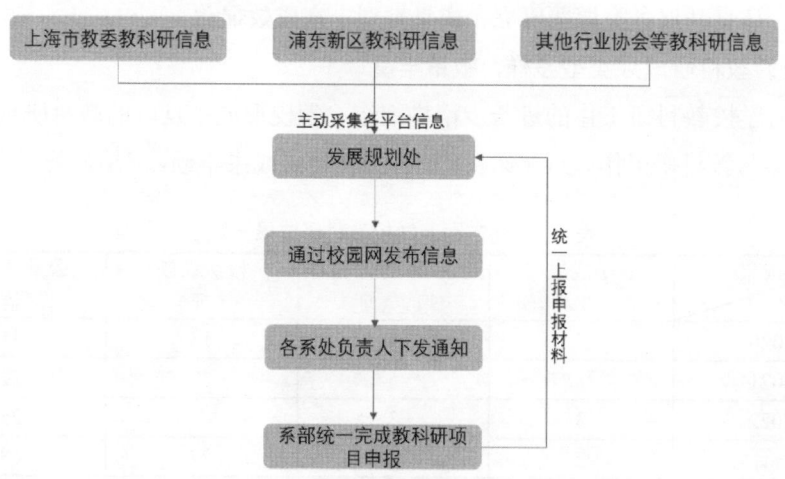

图1 上海市医药学校教科研信息发布流程图

二、积极普及教育科研知识,培养教育科研骨干队伍

(一)组织多种形式的教科研讲座

邀请上海市教科院职教专家与华东师范大学职成所专家来我校开展面向全体教师的讲座,陆续开展了"新时代职业教育需要什么样的教师""教师科研如何选题""如何做好课题申报",以及"教育科研实证研究"等主题讲座,培训内容与指导具有针对性,主题涵盖了如何确立研究课题、如何填写课题申报书,以及如何开展有效的实证研究等,解决了一线教师在教科研方面的困惑。同时邀请上海市知名职教专家对参与教科研课题建设的老师进行一对一的指导,从课题开题、中期到结题验收,每个部分都有具体可操作性的专家建议,确保课

题开展的方向准确。

（二）培养教科研骨干教师，组建教科研骨干队伍

在号召教师全员参与教科研的基础上，学校各系部根据自身发展需要，着力培养教科研骨干教师。发展规划处根据各专业发展需求，为教科研骨干教师提供更多的教科研交流机会，充分发挥他们在各专业创新发展中的引领、示范和带动作用。学校生物制药工艺专业教师教学团队在通过长期的科研与教学经验积累，获得了第二批国家创新教学团队，承担了教育部课题"校企双元生物化工专业群新形态教材开发"，展示出团队教师深厚的教科研功底与素养。

三、认真开展各类课题研究，成果类型丰富成效显著

（一）教科研成果类型多样，数量丰富

随着学校教科研工作的进一步精耕细作，学校形成了良好的教科研氛围，教师积极参与教科研工作。近年来，学校各类教科研成果丰硕，成绩显著（见表1）。

表1 上海市医药学校教科研成果一览表

成果类型 年份	教学成果奖 国家级/市级	区级以上含市级 课题（项）	校级课题 （项）	公开发表论 （篇）
2020	/	3	13	21
2021	/	5	7	22
2022	3	3	7	25
合计	3	11	27	68

（二）教科研成果内涵深刻，凸显办学特色

学校以校级教科研课题培育为抓手，引导教师紧扣教学实践中的问题开展教学研究，培育发展区级和市级课题，进一步提升研究层次，通过长期积累，形成可推广可复制的教科研成果。近年来，学校在实践导向课程模式构建、中外合作办学的探索与实践、生物医药高新技术技能型人才培养模式的探索与实践、国际化师资队伍培育体系构建的探索与实践、医药类中等职业学校"融合型德育模式"的创新与实践、中职教师教学能力提升的校本模式实践、中职医药类专业"模块化—轮岗式—双主体"教学模式的探索与实践、上海中职校面向滇西学生双创教育模式实践探索等领域均取得了一定的研究成绩，并获得了国家级教学成果奖1项，上海市教学成果奖5项。其中，《上海市医药学校医药类专业"实践导向"

课程模式研究与实践》获得 2014 年上海市级教学成果奖（职业教育）特等奖，并获得国家级教学成果奖一等奖。

四、重视教育科研成果的应用与推广，辐射效应较强
（一）教育科研促进形成各类成果

通过开展教育科研，学校各类成果建设均有所提升。从各类成果的内部关系来看，教科研课题对学校教学提升、教材开发和课程建设等都起到了引领作用。在学校教材建设与在线开放课程的开发中，通过校级层面立项、建设和一年时间的培育，优秀校本教材与校级开放课程脱颖而出，继而申报市级项目，在更高层面继续提升优化。近 3 年来教科研的发展助推了学校市级教材与在线开放课程在市级层面获得显著成果。

（二）教育科研成果辐射全校乃至全市

从教科研项目推广并开发的教材以及课程资源应用来看，各类资源辐射全校，深入到校内的每个教学过程中，包括课堂教学、校内听课评课、教学法大赛、信息化大赛、学生职业技能大赛、职业体验日活动等。在上海市中等职业学校第六届校本教材展示交流评比活动中，学校有 3 本校本教材被评为"优秀校本教材"，学校获得"优秀组织奖"；编写校本教材的教师还被推选参加全国医药中等职业教育药学类专业"十四五"规划教材编写，成效显著。各类资源在校内应用推广的基础上，目前已形成部分典型案例，向其他学校进行了推广。

五、当前教科研实践方面存在的不足之处
（一）选题新意不够，存在一定的重复性

从学校近 3 年校级课题选题来看，不同年份的选题存在着一些较为类似的现象，出现这一现象的原因在于教师们在教学实践中遇到的问题较为相似，且教师间交流不够充分，没有在以往研究的基础上继续深入探讨。

（二）教师教科研合力不够

从教科研课题团队成员数量来看，有 1/3 的课题组成员不足 5 人，且主要研究任务均为课题负责人完成；另一方面，存在同一教研组教师同时申报类似主题的课题，"单打独斗"现象尚存在，不利于激发出课题建设的活力与潜力。

（三）部分教师参与教科研功利性较强，研究目标不明确

目前参与教科研的教师基本是由评职称的需求驱动，部分教师对于自身研究的课题缺少明确、可操作性的具体目标。这一现象导致教师在课题进展的过程中缺少动力，难以顺畅开展。

六、教科研管理未来改进与发展方向

（一）把握国家职业教育发展方向，加强教科研管理顶层设计

学校在教科研管理顶层设计中要全面贯彻落实党的二十大精神，深入贯彻落实党中央关于职业教育工作的决策部署和习近平总书记有关重要指示批示精神，中共中央办公厅、国务院办公厅印发的《关于深化现代职业教育体系建设改革的意见》文件要求，准确把握国家职业教育发展方向，设计课题申报指南，布局"提升中职学校关键办学能力"系列课题，确保课题研究的方向性，从而真正实现教科研对教学实践的指导性，更好地服务学生全面发展、服务经济社会发展、服务国家发展，推动职业教育提质升级。

（二）校内课题布局系统性有待加强，提升教师研究合力

学校各系部及各教研组在日常教学活动开展过程中，注意积累和布局。在进行选题申报时，如有同一研究主题或类似研究内容，可以组队完成。既能够实现将课题做深做透，易于产出课题研究成果，又能够实现完成课题的人员保障。

（三）顺应时代发展需求，全面加强教师行动研究及教学反思

教师是立教之本、兴教之源。职业教育的大力发展为职业学校带来了机遇和挑战，教师要更新教育理念，转变育人方式，加强行动研究及教学反思，在实践中积累研究问题，不断提升新课程的实践转化能力，推动课堂教学深度变革，凸显主动作为和专业担当，从而真正实现新时代赋予教师的使命。

（作者单位：上海市医药学校 ）

中高贯通实训教学"数智化"改革
——信息安全技术应用专业"数智"资源中心的建设与实践

王 萍

在当今的信息时代，网络安全成为国家安全的重要组成部分之一，同许多方面的安全有着密切的联系。结合上海经济社会发展和产业转型升级对高等技能人才的巨大需求，基于上海全面推进"技能中国行动"，依据国家和上海产业政策导向及产业布局新形态，以国家专业教学标准为指引，参考相关职业能力标准，探索上海职业教育贯通培养模式的高质量发展。

一、实施背景

上海市行政管理学校和上海电子信息职业技术学院贯通的信息安全技术应用专业于2018年被上海市教委批准立项为上海市首批中高职贯通高水平建设专业。高水平专业建设期间，基于岗课融通、赛课融通和证课融通的"三融通"课程体系开展生产性实训教学，利用人工智能、大数据等数字化技术，构建数字化智慧实训资源中心（简称"数智"资源中心），促进从传统的"线下实训"教学模式到新型"数字赋能"实训教学的快速转变，依托信息化实训平台开展智慧型实训教学改革探索。

信息安全技术应用专业主要进行网络安全产品的安装与调试、数据备份和系统加固、网络的病毒防范、网站的安全管理等。专业技术更新快、设施设备成本高等实际情况给专业实训教学带来4个方面的问题：第一，传统实训课程和教学缺位于行业企业，实训内容与实际工作岗位任务脱节；第二，传统实训教学受到场地和设备等的限制，只能在校内专用实训室进行，不利于学生课后操作训练；第三，传统实训教学中教师评价反馈滞后、实训情况记录整理困难、学生学习过程无法全面监控；第四，传统实训教学不符合新生代学生的认知特点，难以激发学生学习兴趣。为了解决这些问题，本专业在高水平专业建设期间不断推进信息化实训教学改革，构建智慧型实训教学平台，开发数字化实训教学资源。

二、实施方法和过程（主要举措）

（一）多方合力架构"信息化"平台顶层设计

作为高水平专业建设的重点项目任务，本专业根据人才培养方案相关课程体系实施及人才培养目标和规格要求，组建专门团队开展"数智"资源中心顶层设计。2019年9月，与上海育赛网络科技、顶澄科技、众恒智能等多家企业合作完成"数智"资源中心建设需求分析，并聘请专家反复研讨、论证，完成了"数智"资源中心的智慧实训资源中心架构设计（见图1）。制定分年度工作任务、确定各项任务负责人、督促任务实施、确保经费投入，于2019、2020和2021三个年度在行业专家和专业课任老师的共同参与下，完成"开放式虚拟交互实验中心建设""虚拟交互实训课程建设"和"数字化实训课程开发及实训效能评估体系"建设。

图 1　信息安全技术应用专业数字化智慧实训资源中心架构

（二）支撑课程体系开发"一体化"实训资源

以课程设计为载体，强化数智资源作用效力。"数智"资源中心开发设计团队于2019年完成开放式虚拟交互实验中心建设，2020年完成开放虚拟交互实训课程建设，从而利用智慧实训虚拟交互系统和部分数字化课程实训资源，打造"平台+课程资源"在线开放式自主学习模式。2021年开发设计团队完成并完善了共计8门数字化课程实训资源，最终实现"数智"资源中心课程资源与专业课程的高效对接（见表1）。同时8门课程资源融入证书性学习的要求，涵盖了华为HCIA—安全（A级）、红帽认证工程师（RHCE）、CISP—PTE渗透测试工程师和企业网络安全防护(初级)等证书涉及的大多数知识点或技能点。其中《Linux操作系统》和《Linux服务与安全管理》课程对应系统工程师岗位、《网络设备配置与管理》和《网络安全设备配置》对应网络安全工程师岗位等。以系统工程师岗位就业为导向，"数智"资源中心加入了FTP服务、Samba服务、Web服务的配置等实训内容。在学生完成《Linux操作系统》和《Linux服务与安全管理》课程的实训内容后，可进一步进行深度的岗位技能训练。

表 1　专业课程对应实训课程资源列表

序号	专业课程名称	实训课程资源名称
1	计算机网络技术、计算机网络技术综合实训、网络设备配置与管理	网络技术实训课程资源
2	网络安全设备配置	网络设备安全配置实训课程资源
3	渗透测试、渗透测试实训、网络攻防技术	网络攻防技术实训课程资源
4	防火墙与VPN技术、网络系统安全管理	网络工程师考证训练课程资源
5	Linux操作系统、Linux服务与安全管理、Linux服务安全管理实训	Linux技术实训课程资源
6	应用服务器加固	系统安全加固实训课程资源
7	Windows系统管理与应用、Windows系统安全实训	Windows技术实训课程资源
8	企业网络安全防护(初级)、企业网络安全防护(初级)实训	企业网络安全防护—初级课程资源

（三）对接工作任务构建"真实化"实训场景

首先，基于AI智能建立了本专业共享的、智能化监控与指导的实训云环境，每一门课程资源都装载了若干高度贴近岗位实际工作环境的真实案例供学生练习。其次，根据信息安全技术应用专业教学计划，任课教师于2020年5月利用"数智"资源中心设计实训教学场景，同年9月开展系统服务安全、渗透测试等较能体现职业能力的课程开展实训教学活动（见图2）。在授课教师登录"数智"资源中心后，使用或调整"数智"资源中心内置的授课计划，构建自己的"教师专题"开展实训教学活动。学生登陆"数智"资源中心后，根据老师设定的不同层次的要求完成相应的实训内容练习。学生完成后，教师可在"数智"资源中心查看所教班级的课程整体完成度、各项任务的达成度和学生个人实训过程情况。

图2　信息安全技术应用专业"数智"实训资源中心设计的实训教学场景

（四）对接教学目标构建"智能化"实训评估体系

针对信息安全技术应用专业传统实训不能对学生学习情况进行智能评价的问题，2020年上半年完成了开发智能实训效能评估体系。利用数智资源中心实训结束后，教师可在数智资源中心中查看所教班级的课程整体完成度；查看某个学生的总体完成情况、单个任务完成情况、每次完成实训任务的过程情况（包括得分、用时、查看提示的次数、尝试的次数、完成时间等）；查看某个班级的学生对于某个任务的完成情况。综合学生各课程、各任务的实训完成情况，资源中心可生成智能化学生实训效能评估结果，绘制学生技能肖像。教师也可以根据课程的班级整体评估结果及时调整教学方法，同时可以根据不同学生的实训结果和实训需求进行针对性辅导。

三、实施结果和效果

（一）数字赋能实训教学改革，推进职业教育数字化转型

第一，推进实训教学从"模块化"向"个性化"变革。通过引入人工智能和大数据分析技术，建了基于虚拟环境的信息安全技术应用沉浸式实训平台，加强对学生实训过程和结果数据的融合与挖掘，为学生提供个性化学习支持和教学指导。第二，推动实训教学从"专用教室"到"突破时空"变革。利用"数智"资源中心，学生可以随时随地利用笔记本电脑进行虚拟实训，教师可以随时随地利用笔记本电脑了解学生的实训情况。第三，推进教师信息化教学能力提升。教师在数字化平台使用过程中不断改革教学方法，增加师生互动，加强过程评价。

（二）数字赋能课程资源建设，构建企业真实案例场景

通过"数智"资源中心作为中间媒介链接信安专业实训环节，带来课程之间、岗位之间、产业之间的深化与互动。将企业真实案例引入专业实训，将以往单一任务实训模式转变为以项目为载体的任务引领式实训模式。目前"数智"资源中心中 8 门课程资源已有 6 门应用于实训教学，使用率 75%，覆盖本专业 4 个年级 120 名学生。辐射到计算机网络技术、物联网应用技术、大数据技术等 3 个不同专业，334 名学生使用其中 4 门专业基础课程资源，覆盖面达 100%。

（三）数字赋能教学空间拓展，教学质量和学习兴趣同步提升

首先，实训课程教学质量明显提升。学生利用"数智"资源中心开展学习过程中能在第一时间得到操作指导，并自主进行下一阶段实操训练，学习效率提高。比如传统实训模式下《Linux 服务与安全管理》中"RAID 磁盘管理的操作"模块需要 2 课时完成，使用"数智"资源中心后所有同学 1 课时就能掌握所有技能点，同时课程实训成绩从原来的平均 62 分提高到平均 81 分。其次，数字化实训教学系统呈现的人机互动、师生交互式学习，通过线上、线下、虚实结合的教学方式，激发了学生参与网络攻防演练实训的兴趣。此外，"数智"资源中心在实训的过程中会对每一位学生进行岗位职业能力评估，做出岗位推荐，并为学生个人指出针对这个岗位尚存在的技术缺陷，指引学生到所对应的技能模块上进行再次强化练习，最终出具个性化的"岗位指导鉴定书"，为学生就业提供参考依据。

四、启示和展望

经过为期 3 年的建设与实践，信安专业以"数智"资源中心为载体，以数字

化人才培养为中心，以课程内容与数字化技术有机融合为主线，构建了数字化赋能的实训教学模式。数字化赋能模式，有效解决了信安专业实训教学中存在的难题，形成了智慧实训教学的特色，带动了学校计算机网络技术、物联网应用技术、大数据技术等专业的发展，相关实施经验在亳州职业技术学校、桐乡技术学院等长三角地区多所院校中推广应用，发挥了示范引领和辐射带动作用。

未来，信息安全技术应用专业将进一步优化"数智"资源中心的相关课程资源，根据行业企业岗位能力要求引入更多相关真实案例，适时更新并丰富实训内容，进行仿真模拟训练。推进已建成数字课程的使用，进一步提高资源的利用率，同时根据师生的反馈意见进一步优化平台的相关模块和功能。

七、评价诊断篇

职业教育的质量，最终要通过评价来体现，职业教育存在的问题，必须通过诊断来发现。在推动现代职业教育高质量发展的新阶段，质量年报的编制、测评方式的改变，科研评价指标体系的构建，都是评价与诊断改革的重要方面。

构顶层　抓亮点　重组织　讲方法
——上海市医药学校质量年报编制实践的探讨

李园园　田　晖

一、背景

为深入贯彻落实《国务院关于加快发展现代职业教育的决定》《教育部关于印发〈职业院校管理水平提升行动计划（2015—2018）〉的通知》等文件精神，按照《教育部办公厅关于开展中等职业教育质量年度报告工作的通知》（教职成厅函〔2016〕2号）和《关于编制和发布2016年度中等职业学校质量年度报告的通知》（教职成司函〔2016〕118号）的文件要求，从2016年起，中等职业学校每年度要完成年度中等职业教育质量报告的编制和发布工作。

年度中等职业教育质量报告是对学校一年教育教学工作的全面总结，通过凸出学校办学理念、办学特色，展示学校教育改革发展成果，向社会和家长展示了学校风采，是提高职业教育和学校社会影响力的重要途径。上海市医药学校通过总结、反思、改进，摸索出适合学校自身特点的年报工作方法，学校年报在上海市级合规性评价中名列前茅，每年多个案例入选上海市级年报，教学改革案例入选2021年度国家年报。

二、实施过程

（一）总结经验规律，更新任务框架

中等职业教育质量报告属于年度常规工作，内容包括：中等职业学校年度质量报告的编制和发布、数据采集（上海市数据平台和教育部数据平台）、典型案例编写和发布，年报编制每年在内容和要求上稍有变化，但是大的方向和原则是不变的，因此，把握历年文件、总结经验规律、提前做好准备、更新任务框架模板，能在给予的较短时间内高质量完成高强度的工作。质量年报总结具有两层意义：总结工作经验，提炼工作方法，提高将来工作效率和质量；总结数据采集过程中的问题，在框架模板中及时更新，避免重复劳动或反复出错，提高工作便捷度。

（二）加强日常积累，关注学校发展

只有对学校情况进行全面、深入的了解，才可能在学校当年的整体教育教学工作中，找出学校的工作重点，挖掘出体现办学成效的工作亮点，才可能全面且有重点地在年报中反映学校当年的办学情况。年报工作一般是每年年底学期结束前开展，而材料收集工作是在一整年都在开展，发展规划处作为负责部门，通过各种方式，了解学校发展情况，重点关注影响学校发展的大事、要事，做到学校工作心中有数。按照报告框架建立文件夹，通过关注校园网每日"新闻"，将相关新闻收入对应文件夹，做好第一手资料的准备。

（三）认真研究文件，理清任务要求

顶层设计的质量决定着整个年报的质量，学校非常重视顶层设计的建构，每年都会花很多精力进行年报顶层设计的研究和制定。吃透文件精神，编制年报工作任务，是顶层设计的核心。认真解读当年文件，反复研究文件对报告、案例和数据的要求，梳理学校一年的工作，抓住反映学校办学的要点，明确案例数量、主题，根据系部工作职能，明确工作目标和任务，制定该年度质量报告工作方案，经由校级领导反复讨论，以excel文本形式形成年度质量报告工作任务。

（四）校级领导牵头，布置工作任务

年度质量报告工作由校级领导牵头，根据校级领导各职责范围，划分质量报告中一级指标和二级指标负责范围，牵头相关案例、数据、报告资料的布置工作。年度质量报告工作经过校长办公会讨论决议后，召开中层干部会议，带领大家解读文件，了解当年质量报告的变化和新要求，发布各个部门在数据、案例、年报板块中的工作任务、要求和时间节点，针对不明确的问题，会上进行一一解答，

工作过程中遇到任何问题进行针对性沟通。

（五）查收工作任务，整理校对资料

按照年报任务中划分的任务、要求、时间、负责人等具体要求，各项任务具体负责人任务完成后，经系部领导和校级领导审核通过后，报告第一手资料和案例提交至发展规划处专门管理人，发展规划处对资料进行整理、校对、完善；数据在发展规划处下发的excel共享文档中采集，通过后台监测，管理人员与相关数据负责人进行实时沟通，推进进度或校正数据。

（六）编制质量报告，完成上报工作

第一阶段，将编辑、完善好的案例和沟通、校对的数据，经年报负责领导和校长审核后，在平台上上传；第二阶段，着重力量进行年度报告的编写，用案例、数据支撑报告，做到突出重点，图文并茂，反映当年办学情况，兼顾版面优化设计。

三、成效与特色

中等职业教育质量报告工作至今已开展7年，学校在工作中总结积累，逐步形成一套年报工作方法，体现出学校特色，取得一定成效。

（一）学文件，重积累，挖亮点，强调顶层设计

高质量的顶层设计才有高质量的质量年报，学校非常重视顶层设计环节。发现问题，总结经验。及时记录质量年报编制过程中的问题及解决方案，总结当年经验，提炼注意要点，为下一年工作做足准备。重视积累，关注发展。探寻多种渠道，时时关注学校，关注学校事事，结合报告框架，按照发展主题，收集整理资料。解读文件，把握精神。反复阅读，认真研究，发现变化，弄清要求，经过数轮研讨，理清工作思路，结合学校发展情况，建立工作方案雏形。梳理工作，挖掘亮点。以文件提供的报告框架为主线，梳理学校一年的工作，理清体现学校当年发展的硬件、内涵，挖掘反映学校当年办学成效的重点、要点、亮点，抓取报告编写重点，选取案例主题，这是顶层设计、任务制定的基础和重点。理清责任，制定任务。根据文件要求，结合学校发展，依据系部职责，形成工作方案，以excel文本形式呈现报告各框架、案例、数据采集工作内容、对照的分管校级领导、具体负责人等工作分工以及各项内容具体要求，经由校级领导反复讨论，形成年度质量报告工作任务。

（二）重组织，讲规范，展成果，激发工作动力

校级领导牵头,有效推进工作。学校成立年度质量报告工作组,年报工作由校长挂帅指导,校级领导分管推进,发展规划处专人专管,强化组织领导,明确责任分工。校级领导根据条线,参与年报分工,推进工作任务,监督分管系部,审核上交材料。校领导亲自参与,激发具体负责人动力,推动工作有序开展,提升年报质量。制定工作流程,形成年报规范。总结历年工作经验,逐步形成年报工作规范。总结经验、积累资料——研究文件——回顾工作——梳理重点——确定报告重点、明确案例主题——校级分管领导研讨沟通——工作任务初稿——校级领导研讨沟通——工作任务定稿——校长办公会通过——中层干部会议、发布工作任务——负责系部开展工作——校级分管领导监督、发展规划处提供咨询——负责系部提交工作任务、发展规划处校正数据、完善案例、撰写报告——校长审核——提交市级审核。系部积极参与,展示工作成果。发挥年报对外宣传、展示学校风采这一名片优势,学校自上而下,从校级层面至系部层面,都非常重视和珍惜展示各自成果的机会,在分管领导的带领下,挖掘各条线亮点,层层激发动力,展示各自成果,推出众多备选案例,由发展规划处结合文件要求,经过研讨,筛选出最具代表性的案例摘入年报,保障了年度质量报告优质、高效。

(三) 重效率,讲便捷,激动力,启用共享文档

在总结历年经验、教训的基础上,探索出适合学校和年报特点的新型工作方式,以 excel 共享文档形式呈现工作任务,解决了历年数据采集问题,凸显出不可替代的优点。

工作任务清晰,操作简单便捷;工作流程简化,提高工作效率。报告、案例、数据采集 3 项工作任务,在内容、要求、分工上,一目了然,清晰明了,校级领导、系部中层、具体负责人打开共享文档即可准确理解信息,提高效率,避免因层层转发,出现传达或理解错误。

数据采集高效,节约时间成本;科学减轻工作量,缓解工作压力。减少原始数据加工次数和工作量,对一次性加工后的数据设置可修改范围和修改权限,快速做到个性化分配任务;省略数据采集后的大量回收和合并工作,在数据采集过程中,发展规划处即可与系部具体负责人进行校正、沟通,系部数据采集完成,学校数据采集工作结束;减轻新增数据下发后的高负荷工作量,去掉二次数据采集下发工作,一键加入新增数据指标,一键录入采集数据,简单便捷。

随时监督过程,激发具体负责人动力;动态更新数据,确保优质高效。负责

人可随时打开文档进行编辑、修改、查看他人进度；条线领导可随时查看、监督、提醒；管理员可动态了解进度、发现问题、及时沟通、即时更新。工作过程透明，提高具体负责人工作主动性；信息随时跟进，提高工作效率；数据动态调整，提高数据采集准确性。

参考文献

[1] 教育部办公厅关于开展中等职业教育质量年度报告工作的通知.教职成厅函〔2016〕2号.

[2] 关于编制和发布2016年度中等职业学校质量年度报告的通知.教职成司函〔2016〕118号.

[3] 上海市教育委员会关于做好2023年职业教育质量年度报告编制、发布和报送工作的通知 沪教委职〔2022〕45号.

[4] 汪德旭.中职学校教育质量年报编写策略的探索[J].中外交流,2017(38).

[5] 罗源.诊改视阈下高职院校质量年报内涵提升研究[J].安徽化工,2019(1).

[6] 李洪亮,聂爱林,徐婵.诊改背景下高职院校质量年报质量提升的策略[J].中外交流,2020(5).

（作者单位：上海市医药学校）

基于悦测评的对比性持续默读行动研究报告

蔡 莉

国内外的阅读研究都指出持续默读是较好地提高学生阅读能力的方式。但无压力无任务型的纯粹性持续默读和在教师指导下带有一定任务和压力的改良性持续默读的效果优劣，一直都没有定论。笔者借助悦测评工具，开展了两者之间的对比性行动研究。结果发现两者都能提高学生的阅读能力，但后者效果明显好于前者。

一、研究背景

多年来，许多中等职业学校学生的英语学习停留在简单职业功能性交流的层面，谈及英语阅读，就是做阅读理解题，学生的课外英语阅读量几乎为零。新的中等职业学校英语课程标准指出："中等职业学校英语课程的任务是在义务教育基础上，帮助学生进一步学习语言基础知识，提高听、说、读、写等语言技能，发展中等职业学校英语学科核心素养。[1]"王蕾教授提出英语阅读恰是提升学生学科核心素养的一个重要途径。阅读对于提升中小学生的英语语言能力、发展他们的思维品质、塑造良好的文化品格、促进他们学习能力的全面发展都具有举足轻重的作用[2]。在这个强调"全民阅读"的时代，作为教师的我们有必要帮助学生培养好的阅读习惯，掌握一定的阅读策略，提高他们的阅读能力，为培养未来的大国工匠做出自己应有的贡献。

二、研究方法和过程

（一）研究方法

2019年笔者在所教班级实施了一年的英语持续默读活动，想观察一下课堂上10分钟的师生共同持续默读能否帮助学生消除英语阅读的畏难情绪，提高阅读兴趣，培养自主阅读的习惯。根据学生反馈，这一活动的确收到了以上成效。对于学生提出的关于阅读水平测试和阅读策略辅导等问题，笔者均未能给出满意的答案。

为了更好地回答以上问题，也为了比较一下有无教师指导和阅读任务对学生水平提高的区别，笔者对现在所教的30名学生开展了新一轮对比性的持续默读研究。所谓对比，就是纯粹性持续默读和改良性持续默读之间的比较。

1982年，Krashen区分了"纯粹性持续默读"和"改良性持续默读"两种方法。前者指学生自选读物、自主阅读，无考试，无技巧训练，无人监督，教师不讲解、不干预，而是营造阅读氛围，与学生共读；后者指教师引导学生选书、阅读过程适度监督、做少量检测，学生适当做读书笔记和讨论[3]。根据这一区分，笔者将纯粹性持续默读定义为无压力无任务型阅读；而改良性持续默读是指在教师指导下带有一定任务和压力的阅读。陈则航（2016）指出纯粹性持续默读和改良性持续默读之争并没有定论，值得进一步探索和研究[4]。

通过研究，笔者想达到以下3个研究目标：

(1) 比较纯粹性持续默读和改良性持续默读在提高学生英语阅读能力上的差异性。

(2) 探究影响阅读能力提升的阅读策略因素。

(3) 总结一个适合中职生英语阅读能力提高的持续默读实施策略。

如何达到第一个研究目标呢？如何用权威性的测评工具去比较学生前后阅读能力的变化呢？2020年，王蔷教授领导下的中国英语阅读教育研究院和外语教学与研究出版社联合研发了一套名为"悦测评"的英语阅读能力定级测试工具。这是针对中国学生的K—12阶段自适应英语定级测试，能精准定位学生的阅读水平。

笔者实施的是一个对比性研究，前期需要根据学生的阅读意愿进行分组，过程中需要根据学生的阅读状态调整进度和辅导策略，最终孰优孰劣也悬而未决。对于这样一个动态变化的实践，行动研究是比较理想的研究方法。在整个过程中，研究者可以充分发挥一线教师的优势，利用教学日志记录、访谈、问卷调查等多种方法，获得反馈。最后研究者分析数据、评价结果、反思过程，撰写研究报告，实现其对某一问题更加深刻的认识。

（二）研究过程

本研究分为3个阶段，每个阶段行动计划的实施都注重学生的阅读感受，及时获取学生反馈，有针对性地进行计划的调整和改善，让行动呈螺旋式上升状态。

1. 宣传和前测阶段（2020年10月）

笔者通过介绍Krashen的《阅读的力量》和崔姆·吉利斯的《朗读手册》这两本名著，宣传了"阅读"的作用。同时，笔者也和学生解释了纯粹性持续默读和改良性持续默读的异同。在自愿原则的基础上，全班30名学生中有11人参加了纯粹性小组，19人参加了改良性小组。

表1 持续默读活动任务清单

组别	持续默读活动的任务清单
纯粹性	1. 每天课堂10分钟的默读活动，完成阅读记录卡的填写
改良性	1. 每天课堂10分钟的默读活动，完成阅读记录卡的填写 2. 词汇整理，每天一词 3. 暑假阅读打卡 4. 参加阅读策略的辅导

分组之后，学生参加第一次悦测评，即前测，显示我班学生的平均等级是10（见表2）。根据王蔷教授的英语阅读素养发展阶段与目标年级、读物级别对应表[5]，这是小学六年级的理想级别，相当于上海初中预备班的水平。全班只有1位学生达到了18，即标准中高一学生的等级。

表2 学生阅读能力等级前测结果

测试对象	最高等级	最低等级	平均等级
全班	18	5	10
纯粹性小组	16	5	11
改良性小组	18	5	10

2. 课堂持续默读开展阶段（2020年11月~2021年11月）

（1）纯粹性小组和改良性小组共同开展的活动。

好的开始是成功的一半。根据学生阅读能力等级测试的结果，笔者提供了适合学生阅读的英语分级读物。这些书包括《典范英语》的7~10系列、《神奇树屋》和《书虫》的初三和高一年级系列。我没有指定哪位学生读哪本，而是告诉学生选书要遵循"5指原则"，即书本任何一页的生词不能超过5个[6]。

在学生选择读物后，教师给学生分发阅读记录卡（表3），确立持续默读的开展原则：

① 每次铃声响后的10分钟为默读时间，学生需要在铃声之前就座。

② 阅读中大家都保持安静。

③ 阅读中教师不干预学生的阅读。教师和学生一起看英文书。

④ 阅读后将书名和阅读的页数记录在卡上，没有别的任务。

表3 阅读记录卡

	Reading Record	
Dates	Book Title	Pages

在刚开始的几次持续默读活动中，笔者注意到大部分学生能较快进入到阅读状态，个别学生会东张西望。对于这样的现象，笔者也不批评。逐渐地，在全体阅读氛围的影响下，几次之后，那些张望的学生也开始了阅读。

后期通过整理学生的阅读记录卡和课堂观察发现每位学生平均5天左右会更换一本书。为期一年的课堂阅读内，每位学生平均完成了28本书的阅读。

（2）改良性持续默读小组开展的活动。

① 词汇整理。

在每天的课堂阅读后，改良性小组的学生选取当天阅读中给他留下最深印象的一个单词，摘录其页码、所在原句、英文解，补充英文解释和同义词。词汇整理旨在提高学生根据语境猜测生词的能力，培养学生用英语去解释英语的能力，最终改变学生原来在阅读中遇到生词就害怕的心理状态，克服英文阅读的畏难情绪。

表4 Vocabulary Log

Vocabulary Log				
Book Title				
words	page	sentence	interpretation	synonyms

② 假期阅读打卡。

根据约定，改良性小组的19名学生在暑假需要坚持自主阅读，完成微信上的阅读打卡。打卡日记可以是阅读概要、阅读感受、字词理解、疑难问题等任何内容。

由于校安工程，本次暑假时间有90天，笔者要求学生完成80天的打卡。统计发现：19人中有16人参与了打卡，最高记录86篇，最低记录9篇，平均打卡篇数60。由于这个阶段学生的年龄特征和性格原因，脱离集体阅读的氛围后，学生很难坚持自主阅读。

③ 阅读策略指导与分享。

Pritchard R认为，阅读策略指的是"读者为了发展对所读内容的理解而有意识地采取的行为"[7]。

因为日常阅读教学中教师已经对学生的词汇、句和段落策略进行了训练，所以这次笔者对学生的阅读策略辅导侧重从篇章、元认知和补偿3个层面展开，具体体现在阅读安排、激活背景知识、联系、监控、评价与反思、识别作者意图和视觉化等。每次辅导时，笔者会利用范文就如何使用该策略进行示范，然后再用一篇合适的文章引导学生去进行练习，说出自己认知的过程。

在研究后期，笔者采用李克特量表的方式进行了关于阅读策略使用情况的问卷调查。

3. 后测和总结阶段（2021年12月~2022年2月）

课堂持续默读活动在 2021 年 11 月底结束,笔者在 12 月组织学生参加了第二次的悦测评,即后测。30 名学生中 29 人参加了测试,1 人参加了补测。前后测的等级比较发现,学生的阅读能力都有提高。纯粹性小组提高了 1 个等级,改良性小组成员提高了 3 个等级。

笔者整合整个研究过程中的实证材料,分析前后测结果差异的原因,总结对比性研究的结果和启示。

三、研究结果和效果

基于两次悦测评、一次阅读习惯调查和一次阅读策略问卷调查的结果,笔者通过对数据的收集和分析,形成了以下 3 个不成熟的观点,具体如下:

(一)持续默读能有效提高学生的阅读能力水平,改良性的提高效果优于纯粹性

根据悦测评的前后两次测试结果,本班 30 名学生的阅读等级变化如下(表 5):

表 5　前后测等级比较

测试对象	前测平均等级	后测平均等级	平均提高级
全班	10	12	2
纯粹性小组	11	12	1
改良性小组	10	13	3

经过 1 年的持续默读,全班后测平均等级达到 12,比前测提高了 2 个等级,这说明持续默读活动能提高学生的阅读能力。纯粹性小组比前测提高了 1 个等级,而改良性小组则提高了 3 个等级,说明改良性小组的效果要明显优于纯粹性小组。

这一观点对应第一个研究目标,说明纯粹性持续默读和改良性持续默读在提高学生英语阅读能力上确实存在差异性,后者的效果要优于前者。

对于学生而言,量化性的阅读能力提高能坚定他们的阅读信心,从而坚持英语的阅读习惯。前后测的班级报告还为不同等级的学生设定了相应的阅读发展目标,给予了书单建议,为学生后续的阅读提供了清晰的方向。

对于教师而言,悦测评的数据能缓解教师的教学焦虑,坚定阅读本身的力量。

两种持续默读方式的数据差别也能增强教师教学的信心和勇气,破除"教学无用论"的消极影响,激发教师尽其所能对学生进行指导,助力学生阅读能力的提高。

(二)阅读策略掌握更好的学生是阅读能力更强的学习者

悦测评前后测的比较发现学生个体之间的提高差距较大。纯粹性小组那个提高了 11 个等级的学生仅仅只是进行了课堂上的 10 分钟阅读吗?同为改良性小组的学生,为什么有的能提高 8—11 个等级,而有的阅读水平停滞不前呢?笔者通过详细分析阅读策略问卷的答卷得到了答案。

笔者将答卷数据分组比对后发现纯粹性小组成员阅读策略上的掌握均好于改良性小组。在实际阅读过程中,他们之间的角色已经发生了动态的改变。某些纯粹性小组的成员并没有停留在课堂 10 分钟阅读的层面,他们也会去整理单词,甚至还会制定阅读计划,进行阅读的反思。他们成了真正意义上的改良性阅读者,和改良性小组里能一直遵循教师建议的学生一样都获得了明显的进步。在阅读策略的掌握上,这些学生的自我评价整体处于"基本符合"的状态。

由此可见,这些学生是因为掌握了较好的阅读策略,才提高了自己的等级,成了阅读能力更强的学习者。学生一旦真正掌握了阅读策略,就能通过独立的阅读活动不断提升自己的阅读能力。教师需要去研究更好的阅读策略辅导方法,辅之以实践,帮助学生去体会,实现从"教了"到"教会"的提升。

(三)集体阅读是保证持续默读有效实施的必要条件

根据前文所提,改良性小组成员的平均打卡篇数是 60,并未达到教师设定的 80 篇目标。对于中专阶段的学生而言,脱离了课堂,要坚持自主阅读非常困难。要想取得良好的持续默读效果,一定要确保课堂集体阅读这个环节的实施。

四、结束语

此次基于悦测评的纯粹性和改良性持续默读对比研究结果说明了持续默读本身就具有提高学生阅读能力的效果,而教师指导下的改良性持续默读效果则更佳。本次研究对象在一年的持续默读中实现了 2 个等级的提升,从预初提高到了初二的水准。这给了包括笔者在内的英语教师一种信心和勇气,我们要更好地利用自己的专业素养和教学经验来引导学生,让他们喜欢上阅读,只要他们上了阅读的钩,其阅读能力就一定会得到提高。

本研究还存在一定的局限性,如只选取了一个班级开展研究;样本具有一定的特殊性，他们是来自中外合作专业的中专学生。所以，研究结果的推广应用还需要慎重考虑。

参考文献

[1] 中华人民共和国教育部. 中等职业学校英语课程标准 [S]. 北京：人民教育出版社，2020.

[2][5] 王蔷，陈则航.《中国中小学生英语分级阅读标准（实验稿）》，[M]. 北京：外语教学与研究出版社，2016.

[3] 黄振远. 2015. 高中英语持续默读教学的理论与方法 [J]. 中小学外语教学，(8)：44-48.

[4] 陈则航.《英语阅读教学与研究》，[M]. 北京：外语教学与研究出版社，2016.

[6] 罗少茜，李知醒.《持续默读在中小学英语教学中的应用》[J]. 中小学外语教学（中学版），2014，37（11）：8-12.

[7] PRITCHARD R. The effects of cultural schemata on reading processing strategies [J]. Reading research quarterly，1990，25 (4)：273-295.

（作者单位：上海市医药学校）

以诊改为抓手 推进中职思政课程建设
——以上海石化工业学校思政课程建设为例

蒋方平

教学诊改工作是促进中职学校加强内涵建设、提升技能型人才培养质量、增强职业教育吸引力的重要举措。为深入贯彻落实全国教育大会精神，增强思政课教学的有效性和针对性，切实提高思政课教学质量，学校依据《中等职业学校思想政治课程标准（2020年版）》《关于深化新时代学校思想政治理论课改革创新的若干意见》等相关文件精神，以教学诊改为契机，紧紧围绕"需求导向、自我保证、多元诊断、重在改进"目标，通过完善思政课建设制度保障、加强思政课教师队伍建设、丰富思政课程内涵等方面大力推进思政课程建设工作。

一、思政课教学诊改工作背景

"办好思想政治理论课，最根本的是要全面贯彻党的教育方针，解决好培养什么人、怎样培养人、为谁培养人这个根本问题。"在学校思想政治理论课教师座谈会上，习近平总书记从党和国家事业发展的全局出发，深刻阐述了办好思政理论课的重大意义，为新时代思政课的改革创新指明了方向；同时，教育部印发了《中等职业学校思想政治、语文、历史课程标准（2020年版）》，对中职思政教育提出了新的目标和要求。在此背景下，学校以诊断改进为思路，以问题为导向，定目标、定标准，着力解决思政课教学中存在的问题，推进思政课程建设。

二、思政课教育教学存在的问题

思政课教师队伍在思政课教师中扮演着重要角色，根据习近平总书记在学校思政课教师座谈会上的讲话精神，对标"六个要"的标准及"八个相统一"的要求，思政课教师在理论功底、教科研水平、信息技术能力等方面有待进一步提高；其次，从学生主体来看，由于思政课教学形式单一，主要以讲授式为主，纯理论灌输难以使学生产生心理共鸣，学生学习的主动性、能动性欠缺；此外，思政课仅体现课堂育人的功能，未能体现在学生的实践及应用能力的培养方面的重要作用，在实践中的拓展性和引领性不足。

三、推进中职思政课程建设的举措

学校督导室联合多部门制定《思政课程教学诊断与改进工作实施方案》，通过完善思政教师队伍建设规划、思政课程建设规划及学校大德育规划等体系，形成内部质量保证体系的目标链。同时，结合新课标要求，从课程内容、教学形式、课程考核与评价等不同维度制定课程建设标准、课程标准和课程诊断标准；以提升教师的执教能力、教研能力和实践能力为要素，制定教师发展及评价标准；以学生的德育素养、职业素质、综合素质等制定德育工作标准。

（一）加强组织机构建设　完善思政课建设制度保障

为切实推进德育工作高质量发展，充分发挥学校教育质量保证主体作用，学校强化党建引领，成立德育课程教学诊改工作组织机构，全面推动、指导和组织德育课程建设工作。学校党委将思政课建设作为重要任务，定期召开由党委书记、教学校长以及思政教师等全员参与的德育课程建设联席会议，落实相关文件精神；同时，学校进一步完善《思政课教师队伍建设实施办法》《师德建设长效机制实施办法》等，在思政课教师队伍建设制度体系和标准方面形成完善的制度保障。

（二）坚持多管齐下 建强思政课教师队伍

学校以《思政教师师资队伍建设实施办法》为依据，按照"政治要强、情怀要深、思维要新、视野要广、自律要严、人格要正"等6项要求，不断加强思政课教师队伍。一是加强政治建设，通过开展党史、新中国史、改革开放史、社会主义发展史学习教育，使思政课教师不断增强"四个意识"、坚定"四个自信"、做到"两个维护"，模范践行教师师德规范，强化理论功底；二是抓好业务建设，学校组织开展"海鸥杯"教法竞赛、"集体备课"教学研讨活动等，不断提升思政课教师教学水平和育人能力，实现"以赛促教、以赛促学、以赛促改、以赛促升"；三是积极落实大思政格局，学校以思想政治建设为主线，探索建立思政课教师服务专业教师开展课程思政的机制，推进思政课程和课程思政同向同行，全面深化思政课教学改革与创新，积极落实大思政格局。

（三）创新方式方法 丰富思政课程内涵

1. 深耕"主课堂"，提高思政课教学实效

思政课程建设团队针对课前、课中、课后三个环节设置思政课程诊断要素，利用科大讯飞"智慧课堂"实时采集学生课堂互动、作业完成、学习效果等数据并进行分析，发现问题及时诊断预警，优化和完善教学实施过程，提高课堂教学质量和教学效果，构建有利于学生成长的引导性环境；开展思政课"正当新闻小主播"特色活动，鼓励学生探讨社会热点问题，通过主动学习发现思想政治理论对于解释和解决社会现实问题的巨大能量，发挥学习的积极性和主动性，从而更加坚定学习马克思主义理论的信念，内化马克思主义世界观、人生观和价值观教育；在教学过程中，教师积极探索形式多样的教育教学方法，打造创新教学团队，利用富有实效性并紧贴实际生活的音视频资料、案例等，实现任务导向教学法、情境教学法、实践教学法等多种方法立体综合实践与应用，激发学生的学习兴趣，提升课堂教学质量，使思政课堂变得"有趣、有理、有用、有实效"。

2. 延伸"第二课堂"，发挥思政课引领作用

思政课教学团队积极发挥课程引领及拓展作用，将学校的品牌社团——时政社团作为思政课的第二课堂，积极开展实践型教学环节，把思政小课堂同社会大课堂结合起来，帮助中职生锻炼综合思维能力，拓展学习视野；此外，在思政教师的引导下，学校的演讲社团、辩论社团等也积极以议题的方式推动思政课的延伸学习，指导学生开展"中职生参与社会实践活动""身边的志愿者"等相关调

研活动，鼓励学生明辨是非、追求真理，帮助他们实现勇于、乐于担当民族复兴大任的理论自信和行动自觉，增强思政课实践育人效果的持久力和鲜活度。

3. 融合实践活动，推进思政课协同育人

学生发展标准重点考虑学生的德育素养、学业成绩、职业素质，思政课教师与学生处等多部门形成联合工作机制，协同合作积极开展"学党史、知党情、跟党走"主题团日活动、"少年工匠向党 青春奋进新时代"主题演讲等活动，引导学生坚持和运用马克思主义的基本原理，点燃学生对于真善美的向往，增强学生的价值判断能力、价值选择能力、价值塑造能力，指引学生树立远大理想，坚定崇高信仰。

四、诊改成果和成效

通过完善思政课建设制度保障、加强思政课教师队伍建设、创新思政课程内涵等举措，学校思政课的教学质量得到稳步提升。在学生对教师评价中，学生对思政教师的满意度由诊改前的83.7%提高至诊改后的98.2%，思政课好评率大幅度提高。思政课教师专业化得到了进一步提升，思政教师撰写的论文如《愉悦教学法在中职思政课教学中的运用》《"翻转课堂"模式在中职德育课的应用研究》等发表于各类期刊，并顺利完成"基于道德认知水平发展理论的中职德育实践研究——以上海石化工业学校为例"区级课题，思政教师在上海市青少年法治教育优秀教案征集、学校教学法竞赛等比赛中频频获奖。思政课引领辐射作用日益凸显，思政教师指导学生成立"校史志愿宣讲团"，累计接待校内外参观近千人次；时政社团在第十六届、第十七届上海市中学生时政大赛屡获佳绩。

随风潜入夜，润物细无声。一年来，学校坚持以立德树人为中心，将诊改作为思政课程改革持续发展的重要抓手，把思政教育有机地融入课堂内外，融入学生专业学习和专业实践中，融入生活的方方面面，实现全程育人、全方位育人，切实提高了中职思政课程教学实效，让思政课成为学生喜爱的"网红课"，为学生创造了乐于接受、丰富多彩的思政大课堂。

参考文献

[1] 赵颖慧. 校园文化与思想政治理论课有机结合途径的研究[J]. 教育学理论，2012（36）：345-346.

[2] 卢汉龙. 社会转型与青年发展 [M]. 上海：上海社会科学出版社，2004.7.
[3] 马林海. 大学生思想政治教育范式转换与辅导员核心能力的提升——基于互联网思维的视角 [J]. 高校辅导员学刊，2015，05:49-53.
[4] 张捷树. 中职学校思政课教师引领课程思政的策略研究 [J]. 当代职业教育. 2021（6）.
[5] 李明，姚成刚. 中职学校课程思政建设中的问题与应对策略 [J]. 现代教学，2022（18）.

（作者单位：上海现代化工职业学院）

高职院校科研评价指标的构建研究

陈 悦 岳芸竹

2022年《中华人民共和国职业教育法》修订后正式实施，提出"国家鼓励和支持开展职业教育的科学技术研究"，职业教育中科研的地位日益凸显。2020年，中共中央、国务院印发《深化新时代教育评价改革总体方案》，要求完善立德树人体制机制，遵循教育规律，系统推进教育评价改革。"破五唯"背景下，扭转不科学的科研评价指标也成为高职教育评价改革的关键问题。因此，高职院校科研评价改革势在必行。高职教育既具有职业教育类型的特征，也具备高等教育的特征，科研同样是高职教育的四大功能之一，高职科研又区别于普通高校以基础研究为主的科研。但目前的高职科研评价在评价体系、评价内容和评价标准等方面还存在诸多问题：第一，评价定位未体现高职院校的应用型科研特征，直接迁移普通高校的评价体系，导致高职院校科研发展目标偏移。第二，评价内容比较单一，重结果轻过程，忽视符合高职院校特色的应用型成果评价，缺乏对科研投入和过程的评价。第三，评价方式缺少对高职院校科研分类评价，未突出高职院校科研特征。因此，亟需依据高职院校自身科研内涵建立全方位、多维度的科研评价体系。

一、价值导向与理论基础
（一）价值导向

高职院校科研评价的过程是引导高职院校科研不断发展、创造价值的过程。[1]因此，厘清高职科研的价值内涵，确定高职科研评价的价值导向，对于高职科研评价具有关键意义。首先，在高职科研定位方面，高职院校的科研需要与研究型大学错位发展，不能盲目地把科研活动与研究型大学等同起来。既要体现出高职院校是大学的一种类型，是知识创新的主体，同时也要体现职业院校服务于企业的技术创新。高职科研应以技术开发与实践为中心，以高素质的技术技能人才培养和应用技术开发、推广与应用为主要目标，开展面向区域和行业企业的针对性较强的知识整合与应用。其次，在高职科研评价主体方面，高职科研评价涉及利益相关的多元主体，不同主体对高职科研有着一部分共同的利益，同样也存在着利益的冲突。当某一客观事物与群体成员或社会成员的利益和需要相关时，人们便会以各自的价值观去影响他人对该事物的反映，这样就出现了价值冲突的现象。这就需要第三方评价机构协调利益相关者之间的价值观，开展高职科研评价。最后，在高职科研分类评价方面，高职科研在高校不同的发展阶段里，内涵和定位也有所不同。对不同的科研类型进行分类评价，引导高校依据自身的类型、特色及发展阶段。高校分类是把复杂问题简单化的方式，分类评价是教育治理的一种方式，把相似的高校分为一类，使用相同的标准进行评价、管理和指导。不同发展阶段的学校应依据自身特征，从科研内涵出发，制定侧重点不同的科研发展策略，从而走一条异质性的高质量内涵建设道路。

（二）理论基础

斯塔弗宾等人 1966 年提出 CIPP 模式时认为，教育活动中所需的评价应该是广义的，不应仅仅局限于确定目标是否达成，新的评价定义应该有助于方案的管理和改进，这与高职院校科研评价价值取向相契合。CIPP 评价理论是一种基于决策和过程导向的教育评价模式，主要背景、输入、过程和成果进行评价。背景评价，就是在特定的环境下评定其需要、问题、资源和机会。本质上属于诊断性评价，包括外界给予的各种资源和寄予的价值期望，同时也包括内在的环境，为了实现外部认可所创造的内在环境氛围，也就是自身的价值定位。输入评价，为组织教育过程中的决策服务，主要是对达到科研目标的投入进行评价，包括收集及评估科研人员、科研财力和科研物力是否能够支持达到科研目标的要求。过程评价，是对教育过程进行指导并实施决策，主要是对所确定的科研活动方案的实施过程进行评价，包括科研方案是否按计划实施、是否利用了可用资源等。科研生产活动是探索性、创新性的活动，存在着一定的失败风险。当预期的科研成果没有产生时，对科研活动过程的评价就显得尤其重要。这也是纠正"五唯"，唯结果的重要环节。成果评价，为教育评价过程的循环迭代提供支持，主要是判断科研活动是否有效，对科研活动的成果进行分析判断，包括科研目标是否达到，是否满足科研需求，以及对成果进行质量和数量上的分析等。是对目标达到程度所做的评价，包括：测量、判断、解释方案的成就，确证人们的需要满足的程度等。结果评价本质上属于终结性评价。在现有的科研评价中，几乎都是以科研产出结果来进行评价。因此，本研究基于 CIPP 评价理论，通过对高职院校科研活动进行评价，以期为高职院校科研可持续发展提供科学的评价体系和改进建议。

二、高职科研评价体系的构建

本研究构建的科研评价体系以应用型科研为中心，能够考核高职院校科研发展的整体水平与管理过程，同时也能够反映高职院校科研活动的实施过程质量，及时发现科研实践过程中的问题并寻找对策。因此，本研究从背景、投入、过程和结果 4 个层面剖析高职院校科研活动的管理与实践过程，构建面向高职院校的科研评价体系。

（一）评价指标的选取与修正

本研究遵循专家需具有高职科研的理论和实践经验，专家人数要求与研究规模相匹配的原则，最终确定 17 位专家参与德尔菲法的咨询。包括国内知名师范大学教育管理教授、职业教育教授；国内知名教育研究机构职业教育研究员、科研管理研究员；知名大学的管理科学与工程学主攻科研管理方向的教授；省级教育行政机关科研管理人员、教育督导人员；科研成果较为显著高职院校的科研管理人员等。本研究进行了两轮问卷咨询和一轮访谈咨询。

（二）指标体系确定

最终确定高职院校科研评价指标体系包括 4 个一级指标、11 个二级指标、27 个三级指标，如表 1 所示。

1. 科研环境背景

"科研环境背景"是为形成对科研活动的计划决策，是对科研发展的需求、目标进行评价。二级指标分为科研外部环境和内部环境两个方面。外部环境是指国家、地方政府等对高职科研活动的支持情况。评价政府层面对高职整体建设的资源配置情况。结合现阶段高职建设情况，三级指标为高职院校纳入教育部等国家各部委支持计划，如"双高建设"计划和纳入上海市等地方各委办局支持计划，如"一流高职建设计划"。内部环境是指高职院校自身对科研活动的重视情况，由于每所高职院校发展阶段不同，对于科研的认知和支持力度存在较大的差异。选取了院校科研管理部门建设情况、科研管理制度建设情况、科研管理信息化系统建设情况等列为三级指标。评价高职院校是否具有科研管理的能力。

2. 科研资源投入

"科研资源投入"为组织科研活动的决策服务，二级指标包括人力投入、经费投入和设备投入。人力投入是指高职院校从事科研工作的人员数量、学历情况、职称情况等，经费投入是指高职院校在科研方面投入的资金，设备投入是指高职院校对科研设备投入的资金。科研资源投入，在开展科研绩效的研究中，是重要的自变量，对绩效评价有着关键作用。同时科研资源投入，在对科研产出的影响因素研究过程中，是重要的因素。

3. 科研活动过程

"科研活动过程"是对科研活动进行指导并实施决策，二级指标包括学术氛围、校企合作和科研平台建设等方面。学术氛围是指高职院校在举办学术活动、教师参加学术活动的积极性等方面做出的工作，校企合作是指高职院校与企业之间的合作情况，比如服务企业的数量、与企业共建的研发机构情况等。科研平台建设主要是指高职院校与政府、学校主管机构等设立的平台情况。

4. 科研产出结果

"科研产出结果"是为科研活动的循环迭代提供支持，结合高职应用型科研的论述，本文将高职科研产出分为技术应用、技术研究、教育科研3个二级指标。技术应用是指高职院校在产教融合、校企合作过程中从事的技术服务、技术咨询和技术转让等活动，如横向经费到账、技术合同认定等。技术研究是指高职院校联合政府、行业、企业、部分科研机构，围绕应用技术领域的核心问题，在技术开发过程中的学术总结，如专利授权、形成技术标准等。教育科研是指高职院校为解决课程教学面临的实际问题，研究教育教学规律、促进教学改革的学术成果，如相关科研项目、教学成果奖、教材出版等。

表 1　高职院校科研评价指标

一级指标	二级指标	三级指标
1. 科研环境背景	1.1 外部环境	1.1.1 国家各部委支持情况
		1.1.2 地方政府各委办局支持情况
	1.2 内部环境	1.2.1 科研管理部门建设情况
		1.2.2 科研管理制度建设情况
		1.2.3 科研管理信息化系统建设情况
		1.2.4 技术转移机构建设情况
2. 科研资源投入	2.1 人力投入	2.1.1 教学科研人员情况
	2.2 经费投入	2.2.1 当年科研经费投入
	2.3 设备投入	2.3.1 教学科研设备经费投入
3. 科研活动过程	3.1 学术活动	3.1.1 学术论坛、讲座、沙龙等活动举办的次数
	3.2 校企合作	3.2.1 服务企业数
		3.2.2 与企业共建的研发机构数
	3.3 平台建设	3.3.1 由政府设立的教学科研平台数
4. 科研产出结果	4.1 技术应用	4.1.1 企事业单位横向委托项目
		4.1.2 横向科研经费到账额
		4.1.3 企业增长的经济效益
		4.1.4 技术合同（技术开发、技术咨询、技术服务、技术转让）认定数量
	4.2 技术研究	4.2.1 发明专利授权情况
		4.2.2 科学技术类政府奖
		4.2.3 科学技术研究相关政府立项项目
		4.2.4 专著出版情况
		4.2.5 发表高质量论文数量
		4.2.6 研究形成技术标准
	4.3 教育科研	4.3.1 教育科研相关科研项目
		4.3.2 教育科研相关成果获奖
		4.3.3 教学成果相关获奖
		4.3.4 教材出版情况

三、研究启示

（一）加大科研投入，开展有组织的科研活动

第一，扩大高端人力投入。高职院校应实现高端化定位，围绕国家、区域重大发展战略需求及院校自身的长期发展规划，有目的、有计划、多领域地合理引进高层次人才，并从机制、政策、待遇、环境等方面创造系统配套与支撑保障。可通过实施项目聘用制，临时聘用具有较强学术能力的专家，辅导校内教师开展科研工作。第二，增大科研经费投入。高职院校应关注国家、地方政府及委办局等单位组织立项的纵向项目，鼓励教师积极参与项目申报工作，在校期间组织教师学术能力提升培训，提高纵向项目立项率，从而加大政府资金投入。此外，也应加强与企事业单位的沟通交流，争取达成合作意向，吸引横向项目资金到账学校，建立科研成果共享共建平台，促进院校科研成果转化。第三，提高科研设备的利用率。高职院校设备投入是科研活动的重要资源保障，如何提高科研设备的利用率，充分发挥设备投入的资源，是提高院校科研水平的重要措施之一。在校企合作过程中，与企业协商，引进企业高端设备，不仅为企业培养专业性人才，也为院校的科研工作提供了设备保障，实现校企双赢。

（二）转变科研类型，以技术应用为发展主体

高职院校科研发展应以教育科研为基础。教育科研是高等职业学校科学研究的初始阶段，为技术应用和技术研究提供研究基础。在本研究中教育科研成果主要是指高职院校为解决课程教学面临的实际问题，研究教育教学规律、促进教学改革的学术成果，如相关科研项目、教学成果奖、教材出版等。高职院校当前属于教育科研型，说明大部分教师在开展教学研究工作，在科学的教育理念指导下，进行教学交流、反思与研究，创新教学理念、改进教学实践以及促进教学成长，并由此促进教学和研究持续发展的过程。未来，高职院校应继续保持教育科研稳步发展的基调，保障科研的基础性工作要求。高职院校科研发展应以技术应用为主体。技术应用是指高职院校在产教融合、校企合作过程中从事的技术服务、技术咨询和技术转让等活动，如横向经费到账、技术合同认定等。高职院校应强化自身的主动服务意识，积极承担助力地方产业与经济发展的责任，强化与地方产业发展相关部门的联系与互动，开展产业转型升级专项调研与课题研究，把握区域经济特别是地方经济产业结构调整的方向。利用优势专业与王牌专业的核心竞

争力，大力开设校办产业，以专业建设为着力点，推动产业效益提升；反过来，产业发展亦能促进高职院校的专业建设成效，从而形成"产教结合、产教并举、以教促产、以产养教"的良性循环。同时，也应注意拓宽专业与产业的合作边界，探索多种专业与产业对接的形式，主要注重课程上的对接、过程上的对接、文化上的对接。高职院校科研发展应以技术研究为趋势。在本研究中技术研究是指高职院校联合政府、行业、企业、部分科研机构，围绕应用技术领域的核心问题，在技术开发过程中的学术总结，如专利授权、形成技术标准等。高职院校应联合政府、行业、企业、部分科研机构，围绕应用技术领域的核心问题，在充分调研市场需求的基础上，研究制造新产品、新技术、新工艺等成果。高等职业学校的技术应用能力提升关键在技术研究。因此，高职院校应当提升教师与企业、研究院所、其他高校等合作开展技术研究的能力是提升高等职业学校技术服务能力的突破口。高等职业学校中的技术研究主要体现在技术开发和技术理论总结。

（三）多维激励措施，实现教师院校共同发展

第一，加大科研绩效在职称评定的比重。高职院校可在职称评定政策中，加大科研绩效的比重，促进教学与科研并进。在职称评聘、科研考核、科研奖励中，鼓励高等职业学校教师开展应用型科研。第二，设置科研奖励。建立完善的科研经费资助机制，加强科研团队活动扶持，强化科研成果奖励。针对科研绩效突出的教师进行杰出贡献奖的表彰，发挥优秀科研任务的带头作用，营造浓厚的科研氛围。第三，关注推动教师参与科研的精神激励。高职院校应当将经费资助、考核奖励等外动力与感情投资、精神激励、教师自我学术发展等内动力有机结合起来，形成内外动力相结合的科研激励体系。应关注高职教师如何在科研工作中获得自身学术发展的成就感，产生自我价值实现的科研参与内部动机，提升其对于学科建设成效的满意度以及科研参与的幸福感，为高职教师持续产出科研成果提供内在驱动力。在高职院校教师参与科学研究的过程中，要充分考虑教师开展科学研究的内动力因素，加强科研环境与学术氛围的塑造，重视软环境建设，为教师开展学术交流与科研创新提供宽松的心理环境、良好的人际关系环境，努力提高学校的科研向心力与凝聚力，关注教师在科学研究开展过程中的实际满意度与幸福感，领导部门应聆听教师开展科学研究工作的真正需求，将"以人为本"的理念内嵌于科研激励制度当中，使得教师内

心真正产生提升自身科研与学术水平的主动意愿,从而不断在科研实践中实现自我发展与价值实现,提高科研产出效率。

参考文献

[1]　约翰.杜威.评价理论[M].上海:上海译文出版社,2007.3.

[2]　基金项目:本文系 2022 年度上海市教育科学研究项目"以技术服务为核心的上海高职院校科研评价体系构建研究"(项目编号:C2022079,项目主持人:陈悦)。

作者简介:陈悦,女,江西赣州人,上海工艺美术职业学院科研处处长,主要从事教育管理研究;岳芸竹,女,山东威海人,上海工艺美术职业学院科研处,硕士,主要从事教育管理研究。

(作者单位:上海工艺美术职业学院 科研处)

第四部分

2022年上海中华职业教育社事业报告

第四部分
2022年上海中华职业教育社事业报告

2022年，上海中华职业教育社深入学习贯彻党的二十大精神，在中华职业教育社指导和市委统战部领导下，以习近平新时代中国特色社会主义思想为指引，秉承中华职教社优良传统，以落实新《职业教育法》为契机，立足自身优势，加强开拓创新，为助推职业教育高质量发展，服务上海经济社会全面进步作出了积极努力。

一、大力推进建言献策、理论探索

（一）建言献策有声有色

上海中华职教社充分发挥职教社的智库功能，社员中的人大代表、政协委员尽其所能，在各级两会上围绕国家建设和经济社会发展重点问题建言献策。上海中华职教社各级人大代表、政协委员全年共提交提案议案200余项。其中，他们在全国"两会"上的建言、发言引起热烈反响。如，全国政协常委、上海中华职教社主任周汉民提交的《加紧对等立法，坚决回应霸凌》等7篇提案，受到全国政协高度重视；接受澎湃新闻专访，"自贸区要为加入CPTPP和DEPA做压力测试"等发言受到舆论高度关注。上海中华职教社常务副主任胡卫受邀参加全国两会委员通道采访，"挺起职业教育脊梁""建立职教高考制度，职校学生也有机会上清华大学"等观点成为网络一时热搜词条，引发广大职教界乃至全社会的踊跃讨论。

图1　周汉民常委在全国两会上接受澎湃新闻专访

（二）职教探索稳步推进

1. 召开《职业教育法》学习座谈会

2022年4月29日,为及时学习贯彻国家职业教育领域最新精神,上海中华职教社举办《职业教育法》线上学习座谈会。社常务副主任胡卫出席会议并讲话指出,近年来习近平总书记对职业教育高度重视并多次作出指示,强调在全面建设社会主义现代化国家新征程中,职业教育前途广阔、大有可为。胡卫认为,此次《职业教育法》的修订意义重大,充分融入了中共中央、国务院关于职业教育改革发展的政策举措,聚焦职业教育领域热点难点问题,回应了社会的期待,弥补了这一领域原有规范体系的空缺,在法律层面上实现了职业教育从"层次教育"到"类型教育"的转变。职业教育不仅迎来了春天,也到了收获的季节。胡卫要求,要将新修订的《职业教育法》的贯彻落实与黄炎培职业教育思想的传承结合起来,同职教社的发展结合起来,充分发挥"统战性、教育性、民间性"的优势,贯彻好、宣传好、落实好《职业教育法》,更好地服务上海职业教育高质量发展。

与会专家们围绕新修订的《职业教育法》,分别从弘扬法治精神,增加法律、政策制度统筹和推进体系贯通、完善保障机制等角度出发,结合如何充分发挥职教社的群团特性和组织资源优势,进一步助力对校企合作的深化、对职业教育重要性的宣传和对职业教育高质量发展的推动等方面作了探讨和交流。

2. 继续编撰年度职业教育事业蓝皮书

蓝皮书编撰工作是10年来上海中华职教社年度固定项目。自2014年起,组织社内外职教领域的专家学者,连年编撰年度《上海职业教育事业蓝皮书》丛书,《2022上海职业教育事业蓝皮书》是丛书的第9本。该丛书是上海中华职教社首创的全国职业教育领域的蓝皮书,受到国内职业教育界的广泛关注,被北京图书馆、上海图书馆等收藏。第9本蓝皮书突出反映了中共二十大胜利召开及新版《职业教育法》颁布实施的时代背景和年度特征,继承弘扬黄炎培职教思想,聚焦现代职业教育高质量发展,突出职业教育类型定位,重点剖析当前职业教育领域的热点、难点、堵点问题,阐释稳步发展职业本科教育对现代职业教育体系建设的重大意义,强调建设一批高水平技师学院的必要性和可行性,分析论证职业教育典型案例,为服务上海经济区域性发展提出系列对策和建议,全面展示了"十四五"规划开局之年最新的职业教育理论和实践探索成果。

（三）课题研究持续发力

1. 积极推进所承接的总社立项课题

上海职教领域向总社黄炎培职业教育思想研究院申报的第一届黄炎培职业教育思想研究规划课题共有7项，其中由华东师范大学教授、博士生导师马庆发领衔的重大课题《以黄炎培为代表的中国近代职业教育先驱人物思想研究》，10月底召开课题推进会，进一步明确了后续任务；由上海中华职教社常务副主任胡卫领衔的《新时代黄炎培职业教育思想传承与创新研究》等3篇重点课题，在2月中旬召开了开题会议。成功组织上海6所职校参与总社《中等职业教育高质量发展模式》课题工作。

图2 第一届黄炎培职业教育思想研究规划上海重点课题开题会议

2. 大力发动基层组织开展课题调研

2022年度上海中华职教社共收到基层单位递交的课题37篇，其中重大课题3篇，重点课题12篇，一般课题22篇。内容上涉及社务工作的各个领域，涵盖职业教育、统战理论、组织建设、温暖工程、职教社事业发展等多个方面，集中反映了统战工作、职业教育理论研究和实践探索的最新成果。从数量上看，与往年相比基本保持稳定，各单位参与课题调研的力量更加壮大；从质量上看，相较往年有较大提升，篇幅、体例更加规范，问题导向更加鲜明。总而言之，2022年度课题调研工作成绩突出，经上海中华职教社专家课题组评审，所有课题均验收合格，其中一工委提交的《对接行业需求，推进校企合作，上海市养老护理行业人才培养实践探索与优化对策》等15篇课题分获一二三等奖。

图3　为2022年度优秀课题调研成果一等奖颁奖

同时，选送市委统战部研究室的《上海区级中华职业教育社组织建设情况调查与对策研究》课题获得2022年度全市统战理论政策研究创新成果二等奖，《统战百年与中华职业教育社创立及启示》课题获得三等奖。

二、积极推进职业教育实践

（一）举办职教沙龙，深度聚焦上海职教实践

9月23日，围绕"贯彻落实新修订实施的《职业教育法》，上海职教面临机遇与挑战"的主题，周汉民主任主持第七期职教沙龙。市职业技能鉴定中心、市教委民办教育处、市多家职业院校和上海凯航通力船用设备有限公司的参会代表，就培育"双师型"教师、促进产教融合与校企合作、完善中高职院校布局等进行了交流研讨。11月11日，周汉民主任率上海中华职教社调研组就沙龙讨论的产教融合议题赴浦东相关单位开展调研，与基层同志一起研究新《职业教育法》背景下智慧厨房建设的产教融合工作，并提出针对性意见和建议。针对职教沙龙项目撰写的《打造职教沙龙品牌，助职教高质量发展》文字材料，获得2022年度全市统战工作实践创新成果特色奖。

图4　上海中华职教社第七期职教沙龙

扎实开展大调研大走访活动,周汉民、胡卫等社领导率队线上线下调研企业、学校、基层组织和团体社员单位30余家,详细了解复工复产复学难题,及时提出针对性意见和建议。

(二)组织"中华杯"职业技能竞赛

"中华杯"职业技能竞赛以"面向社会、面向青年、面向技能"为宗旨,首届是在2013年,此后每年举办一届,参赛项目和范围也不断扩大。2022年的杯赛是第十届,引进苏浙皖省中华职教社作为合作单位。9月26日正式启动,在全市设置13个赛点,21个竞赛项目,历时2个多月,至12月3日完赛,来自长三角地区的社会从业人员、职业院校师生、培训机构学员等710名选手参赛。12月24日下午,"中华杯"职业技能竞赛闭幕式以"线上会议+直播"方式举行,在闭幕式上宣读了《关于2022年第十届"中华杯"职业技能竞赛获奖选手和表扬单位的通报》,夏静等196名选手获得竞赛名次及"中华杯"奖项。至此,"中华杯"职业技能竞赛已历十年,作为市级年度职业技能竞赛项目,社会影响力不断扩大,成为上海中华职教社事业发展的重要品牌。

图5 与会领导参观第十届"中华杯"职业技能竞赛启动仪式宣传图片展

上海中华职业教育社的统战工作和职业教育实践蹄疾步稳,蒸蒸日上。2022年向市委统战部报送信息16篇,建言11篇;出版《上海社讯》12期,社官网刊登稿件485篇,微信公众号"上海中华职业教育社"推送信息386件,上海中华职教社的社会关注度得到稳步提升,事业发展持续向好。

三、大力拓展社会服务功能

(一)恢复"中华"牌学校办学

1. 与政府相关职能部门共商办学事宜

6月24日下午,市教委、市民政局、上海中华职教社就学习新《职业教育法》,落实市政府有关会议精神,加强"中华"牌学校建设,推动有关工作开展,通过视频方式召开了三方协商会。市教卫工作党委副书记、市教委副主任闵辉,上海中华职教社常务副主任胡卫出席会议并讲话。

胡卫代表上海中华职教社感谢市教委、市民政局长期以来对多所"中华"牌学校工作的指导和支持。胡卫说,2022年是习近平总书记致中华职业教育社成立100周年贺信5周年,也是中华职业教育社成立105周年,上海中华职教社始终把"中华"牌学校建设作为助推现代职业教育高质量发展的重要工作,积极加强中华职业技术学院等多所学校的建设,为社会培养更多的高素质技术技能人才、能工巧匠积极作为,请市教委和市民政局就"中华"牌学校面临的困难矛盾给予政策支持和帮助。

闵辉就学习贯彻好《职业教育法》,落实好市政府有关会议精神,不断推动职业教育高质量发展,建设管理好"中华"牌学校,提出了具体的指导性意见,同时对目前学校建设碰到的相关问题给予了积极回应。

2. 以"大树论"指导办学工作

9月8日下午,上海市副市长陈群、副秘书长黄永平、市教委主任王平等到上海中华职教社调研,重点听取了"中华"牌学校办学工作情况。座谈中,大家形象地把职教社办学工作比作大树,即以上海中华职业教育社为大树的主干,由

"中华牌"公办学校、民办学校以及非学历培训机构作为大树的枝叶，逐步形成中华牌学校紧密联系、相互支持的体系完整的职业教育架构，既有学历教育，也有非学历教育，以"中华"之名，将黄炎培职业教育思想融入新时期新形势下的办学实践，服务地区中心工作和经济社会全面发展。

图 6　陈群副市长到市中华职教社调研办学工作

2022 年 11 月，上海中华职教社与上海剑鑫服饰有限公司签署合作运营"上海市中华职业第二进修学院"协议，标志着 5 所社办"中华"牌学校全部通过签订合作办学协议的形式，基本达到了"积极引导、明确责任、统一管理、服务社会"的整改目标。通过对 5 所院校的整改，加强了上海中华职教社作为举办者对学校的思想政治引领、优质资源对接、办学过程监管和社会导向服务等。

图 7　陈群副市长率市教委一行在市中华职教社参加调研座谈

3. 形成"中华"牌学校大格局

目前,"中华"牌学校大格局基本形成,即由 1 所民办高职(上海中华职业技术学院)、4 所民办非学历培训机构和原中华职教社创办后转为公办学校的中华职业学校、比乐中学(现上海音乐学院附属黄浦比乐中学),以及上海商业会计学校这 3 所学校组成的"1+4+3"架构,具备纵向贯通(从民办培训机构到高职院校)、横向融通(公办+民办联动发展)功能。同时,办学工作所采用的"授权运营+公益捐赠"模式,直接为上海中华职业教育温暖工程基金会引流,从而拓展了全新的公益资金筹措渠道,解决了基金会募集资金难的问题。截至 2022 年底,已通过"中华"牌学校办学项目,累计筹措到公益捐款人民币 453 万元,所有募得款项全部用于资助困难学生和开展温暖工程项目,为上海中华职教社的另一品牌项目"中华助学金"的持续开展提供了稳定的资金支持,形成了"1+1>2"的效应。

(二)大力开展公益讲座

中华职业教育社开展"公益讲座"的历史渊源可以追溯到"九·一八"事变后。彼时,中华职教社积极投身抗日救亡和爱国民主运动,决定利用每周星期日的时间举办抗战知识讲座、学术讲座和职业青年讲座,主要组织中华职业学校、中华职业补习学校的学生和职业青年参加,这就是中华职业教育社历史上有名的"青年星期讲座"。讲座邀请沈钧儒、郭沫若、老舍等社会知名人士演讲,向社会各界尤其是青年群众宣传职业教育和抗日救国思想。

当时在重庆的周恩来也曾受邀演讲。1940 年 9 月 29 日,黄炎培邀请周恩来到中华职业教育社主办的"青年星期讲座"作公开演讲。周恩来精辟地论述了国际形势和中国抗战前途,并以真凭实据揭露了国民党消极抗战,积极反共的真相,阐明了中国共产党坚持抗战,反对投降,坚持团结,反对分裂,坚持进步,反对倒退的基本政策。扭转了很多国统区民众悲观失望的情绪,增强了抗战到底和抗战必胜的信心。

2022 年上海的夏天也是一个特殊时期,大上海保卫战形势相当严峻。在上海中华职教社主任周汉民倡导下,决定效仿当年"青年星期天讲座"的传统,利用周日在线上开展公益讲座,以振奋精神,团结奋斗,共克时艰。周汉民亲自讲了第一场,题为"众志成城战疫情 千方百计促发展",关心服务职校生心理健康,线上观看人数达 27 万余众。全年共开展公益讲座 7 场,主讲人有奥运冠军、非遗传承人、职教专家等,在非常时期给广大社员、青年学生送去了一缕关爱。

(三)发放第十批"中华助学金"

"中华助学金"设立于 2013 年,由上海中华职教社、上海中华职业教育温暖工程基金会共同发起。自那时起每年资助一批团体社员职业学校的困难学生,资助金额为每人每年 2000 元。2022 年是第十批"中华助学金",总资助金额达 50 万元,受助学生 250 名,涉及本市 61 所职业院校。其中上海本地学生 144 名,来自新疆、西藏、贵州、云南、四川、青海、重庆、湖北等对口支援的中西部地区学生及民族学生 106 名。12 月 10 日下午,以"直播+线下"方式在市委党校梅陇校区举行发放仪式。同时还举行了捐赠仪式,春申汇(上海)创业孵化器有限公司、上海中华职工中等专业学校、上海剑鑫服饰有限公司、上海玮仕振华公益基金会、上海远播教育科技集团股份有限公司和上海凯航通力船用设备有限公司等 6 家单位,捐款 123 万元。市政协副主席、上海中华职教社主任、上海中华职业教育温暖工程基金会名誉理事长周汉民出席并讲话,上海中华职教社常务副主任胡卫主持仪式,解放日报、新民晚报、人民网等多家媒体进行了报道。

图 8 第十批"中华助学金"发放仪式

四、全面加强自身建设

（一）加强理论武装

1. 学习贯彻党的二十大精神

按照中央和市委、市委统战部的部署，从4个层面抓好抓实党的二十大精神的学习，将其作为首要政治任务。一是社领导层面，召开社务委员会会议，周汉民主任带头交流二十大精神学习体会；二是社机关部门负责人层面，召开行政办公会，进一步学习传达；三是机关干部层面，党总支和退休支部举行主题党日活动，专题学习党的二十大精神；四是基层组织层面，召开社务委员会扩大会议、基层建设工作会议，举办骨干社员培训班，集中开展二十大精神学习。同时，通过门户网站、微信公众号、《上海社讯》等宣传阵地开展党的二十大专题学习交流。通过以上多形式、分层次、全覆盖的学习和培训，团结引领广大社员把思想和行动统一到党的二十大精神上来，把智慧和力量凝聚到完成党的二十大确定的目标任务上来。

2. 召开庆祝习近平总书记贺信5周年暨立社105周年线上座谈会

2022年是习近平总书记致中华职教社成立100周年贺信5周年，也是中华职业教育社成立105周年。105年来，中华职教社始终高举爱国主义旗帜，把推动职业教育发展与国家命运、民族振兴紧密相连，走出了一条践行立社宗旨、弘扬爱国情怀、坚定跟共产党走的世纪之路。特别是上海中华职教社及各基层组织，5年来认真学习贯彻习近平总书记贺信精神，坚持以习近平新时代中国特色社会主义思想为指导，积极贯彻落实党和国家关于职业教育的重要决策部署，围绕上海改革发展稳定大局，在政治思想和理论学习、建言献策和理论研究、品牌建设和社会服务、港澳台合作和海外交流、组织建设和自身发展等方面都取得了可喜成绩。

为进一步贯彻落实贺信精神，弘扬职教社传统，5月10日召开线上座谈会。周汉民主任出席会议，勉励广大青年社员为中华民族伟大复兴戮力奋斗，同时要求各级组织贯彻《职业教育法》，更好地履职尽责，确保完成年度重点工作。8名基层组织代表围绕贺信精神、辉煌社史、《职业教育法》等进行了交流发言。社常务副主任胡卫主持会议，社务委员、市委统战部党派处和各基层组织负责同志，以及全体机关干部参加了会议。

（二）加强党史、统战史、社史教育

充分发挥社史展示厅统一战线史、社史教育基地作用，设立"党员责任岗"，开展"讲史评星"活动，营造人人参与的浓厚氛围。从7月初至11月中旬共接待市内外参访人员33批530余人次。推动党史学习教育常态化长效化，把党史学习和统战史学习、职教社社史学习结合起来，推动学习教育成果转化为工作动力和成效。依托有关主题活动，加强相关历史学习和职教社宣传。

1. 举行"职教先贤与百年统战"座谈会

图9 "职教先贤与百年统战"座谈会

2022年是中国共产党明确提出统一战线政策100周年。一百年来，统一战线作为党克敌制胜、执政兴国的重要法宝,在我国新民主主义革命、社会主义革命和建设时期、改革开放和社会主义现代化建设新时期、中国特色社会主义新时代,在中华民族伟大复兴战略全局和世界百年未有之大变局的背景下,历经无数仁人志士的长期接续奋斗,凝聚人心、汇聚力量,取得了历史性成就。中华职教社一直走在统一战线的正道上,作为统一战线浩荡大军中的一员,始终高举爱国主义旗帜,抱定职教救国志向,与共和国历史、百年统战历史血脉相连、休戚与共、唇齿相依,为统一战线作出了独特、独到、独有的贡献。在这个伟大的历程中,中华职教社的先贤们也把自己的名字刻在了中国大地上。

为缅怀职教先贤,弘扬统战精神,9月9日隆重举行"职教先贤与百年统战"座谈会暨社史展示厅揭幕仪式。市政协副主席、上海中华职教社主任周汉民出席并讲话,号召广大职教后辈要继续学习职教先贤们矢志不渝的爱国精神、锲而不舍的奋斗精神和坚持不懈的探索精神,要求广大社员把坚持中国共产党的领导作为基本原则,把推动职业教育高质量发展作为历史使命,把创新职教社统战工作作为新时代发展方略。职教社先贤的后代、老领导、老中青三代社员代表动情分享职教社的统战故事,在广大社员中激起强烈反响。上海中华职教社常务副主任胡卫主持座谈和仪式。

2. 积极参与统战宣传节目录制

在统一战线政策提出100周年这样的特殊年份,统战宣传密度很高,形式多样。7月25日,黄浦区委统战部联合人民网上海频道,到上海中华职教社进行"海纳百川 百花齐放"——纪念党的统一战线政策提出100周年主题系列宣传活动摄制。社常务副主任胡卫参与节目录制,在修缮一新的中华职教社旧址大楼内接受了"看昨天·话今明"专题采访。胡卫结合社史展中的一张张图片和一件件实物,回顾了1917年黄炎培联合蔡元培、梁启超、张謇、宋汉章等48位教育界、实业界知名人士在上海创立中华职业教育社的职志与宗旨,介绍了通过办学校、办杂志、首创职业指导所、探索农村改进来推动职业教育实业发展的丰富实践,再现了职教人秉持"教育救国"理念,与中国共产党风雨同舟抗战建国的艰辛历程。11月7日,上海中华职教社配合市社会主义学院和上海广播电视台,拍摄"不忘合作初心,同心走好新时代"系列微视频《同心启航》——"历史的选择",讲述了社所大楼里发生的统战故事,市委统战部和市委宣传部微信公众号均作了转发推送。

（三）加强组织队伍建设

1. 举办骨干社员培训班

培训是加强队伍建设的重要手段，上海中华职业教育社每年都会举办一期中青年骨干社员培训班。11月25—26日，"上海中华职业教育社第11期中青年骨干社员培训班"在市社会主义学院举行。培训班为期2天，安排了4场专题报告，分别题为《党的二十大精神宣讲》《深入学习贯彻二十大重要精神，努力开创统一战线工作新局面》《高质量发展 高水平开放 全面推进中国式现代化》《从互联网时代到元宇宙》。此外还观看了中华职业教育社百年专题宣传片，组织了1次小组讨论、1次大组交流，来自本市各级职教社组织的39名学员参加培训。

图10 周汉民为培训班学员上"开班第一课"

市政协副主席、上海中华职教社主任周汉民专门为培训班学员作了题为《高质量发展 高水平开放 全面推进中国式现代化》的"开班第一课"，阐述了如何通过高质量发展和高水平开放，推进中国式现代化的理论思考，勉励上海中华职教社社员要坚持党的全面领导、坚持中国特色社会主义、坚持团结奋斗、坚持贯彻新发展理念，用新的伟大奋斗创造新的伟业。

2. 召开基层建设工作会议

2022年全年净增个人社员131人，增长率为2.73%；净增团体社员14家，增长率为4.22%。截至2022年年底，上海中华职业教育社共有个人社员4930人，团体社员346个，社员之家12个，团结社员、服务社员的触角继续向基层延伸。

为总结一年来的工作，加强下阶段工作部署和指导，11月25日在上海社会主义学院召开第六届社务委员会第九次（扩大）会议暨2022年基层建设工作会议。会议对徐汇、黄浦、松江、嘉定、浦东和宝山等6个被评为2022年度基层建设先进集体的区社进行了表彰，并授牌和颁发荣誉证书，回顾了2012年以来"老三篇""新三篇""再三篇"的成功实践，要求各级组织自觉将社务工作融入党和国家的发展大局，为推进中国式现代化凝心聚力。会上，3位先进集体代表，分别就一年来的政治学习、建言献策、温暖工程、特色活动、组织制度建设等方面的工作情况和先进经验作了分享交流。

图11　六届九次社务委员会（扩大）会议暨2022年基层建设工作会议

老骥伏枥，志在千里。上海中华职教社秉承百年社团传统，立足国际国内发展形势，理论研究、实践探索、社会服务、自身建设等多管齐下，大力推进统一战线、职业教育高质量发展，积极开展民间交流交往，奋力实施长三角一体化战略，为推动社的事业全面发展，大踏步迈进现代化国家建设新征程，凝心聚力，砥砺前行，在中华民族伟大复兴的道路上留下了坚实足迹。

2023年8月

后记

上海中华职业教育社自2014年起，按期发布年度《上海职业教育事业蓝皮书》，今年已是第十本。《蓝皮书》力争突出专业性和独立性、客观性和实证性，通过科学判断时代背景，梳理年度成绩，深入剖析问题，提出策略建议，为推进上海职业教育高质量发展提供政策性咨询和理论与实践性参考。

《2023上海职业教育事业蓝皮书》由全国政协常委、上海中华职业教育社主任周汉民担任主编，上海中华职业教育社常务副主任胡卫，以及副主任张岚、毛丽娟担任副主编，并得到市教委、市人社局等有关部门的支持与协助。上海中华职业教育社机关承担本书的组织协调工作，机关干部参与书稿校对。

全书共分上海职业教育改革发展报告、专题研究、实践案例、上海中华职业教育社事业报告四个部分。改革发展报告第一、二节由张晨、王琴等负责编写，第三、四、五、六节由罗尧成负责编写，马庆发为编写顾问；专题研究部分由郭扬负责编写；实践案例部分由董奇、雷正光负责编辑整理。上海中华职业教育社事业报告由社机关同志撰写。郭扬对全书进行了统稿。

上海科学技术文献出版社对本书的出版给予了支持，在此一并致以衷心的感谢。

编者
2023年8月